U0525840

魏涛 著

中和立本

司马光哲学思想研究

中华之源与嵩山文明研究系列丛书

商务印书馆
The Commercial Press

图书在版编目（CIP）数据

中和立本：司马光哲学思想研究/魏涛著. —北京：商务印书馆，2022
（中华传统中文化研究丛书）
ISBN 978-7-100-21591-6

Ⅰ. ①中… Ⅱ. ①魏… Ⅲ. ①司马光（1019—1086）—哲学思想—研究 Ⅳ. ①B244.99

中国版本图书馆CIP数据核字（2022）第153045号

权利保留，侵权必究。

中华传统中文化研究丛书
中和立本
司马光哲学思想研究
魏　涛　著

商 务 印 书 馆 出 版
（北京王府井大街36号　邮政编码100710）
商 务 印 书 馆 发 行
南京新洲印刷有限公司印刷
ISBN 978-7-100-21591-6

2022年10月第1版　　开本 889×1240　1/32
2022年10月第1次印刷　印张 13¼
定价：108.00元

郑州中华之源与嵩山文明研究会

郑州嵩山文明研究院

郑州市嵩山文明研究基金会

资助研究出版

"中华之源与嵩山文明研究系列丛书"
编纂委员会

学术顾问	徐光春　王伟光　李伯谦　严文明
	朱凤瀚　郭黛姮　朱绍侯　朱士光
	王　巍
主　　任	王文超
副 主 任	李柏拴　刘其文　丁世显
委　　员	（以姓氏笔画为序）
	刘太恒　齐岸青　孙英民　陈西川
	苗书梅　赵　健　赵　辉　阎铁成
	韩国河

"中华之源与嵩山文明研究系列丛书"
编辑委员会

主　　任	李伯谦
副 主 任	王　巍　赵　辉　杨焕成　孙英民
委　　员	陈星灿　杭　侃　郭黛姮　郝本性
	郑杰祥　雷兴山　刘海旺　张新斌
	史家珍　李令福　杜启明　张国硕
	程民生　阎铁成　任　伟　朱　军
	张松林　王文华　顾万发　张建华

中华传统中文化研究丛书
编辑委员会

主　　任　王文超
副 主 任　刘太恒　阎铁成
委　　员　（以姓氏笔画为序）
　　　　　王中江　王文超　王星光　牛玉乾
　　　　　任　伟　刘太恒　宋豫秦　张建华
　　　　　张新斌　郑　开　赵保佑　黄　俊
　　　　　阎铁成
主　　编　王文超　刘太恒

序

中华文化源远流长，博大精深，是世界上唯一没有中断的文化。中华文化的核心和灵魂是中文化。中文化是指中华民族信中、尚中、求中、执中、用中的文化精神及其文化体系。其主要内涵和特质体现在以下五个方面。

一、中是中华民族传统的宇宙观

人生天地间，首先关注的是天地人之间的关系。古人通过对天地运行变化的长期观察，形成了以下观念：

其一是天地之中的观念。天在上，地在下，人在天地中间。北斗星"运乎天中"，地中则在嵩洛地区。地中是"天地之所合也，四时之所交也，风雨之所会也，阴阳之所和也"。即地中自然环境条件最好，最适合人类繁衍生息。显而易见，这里的"中"既是描述空间方位的概念，也是表达价值的概念。"天地之中"观念的形成，标志着中华民族原初的宇宙观已经确立起来。

其二是"天圆地方"说。天是"圆"的，地是"方"的。随着时间的推移、知识的增加和思维能力的不断提升，人们逐渐认识到了天"大"、地"广"，认识到了宇宙的无限性、事物的多样性。

其三是万物皆"易"，都是恒变无常的。何谓易？生生不息之谓易。

宇宙的本质就是一个不断运动、变化、创新的过程。

其四是天人合一的观念。人与自然是对立的,又是统一的,天地与人是共生、共存的有机整体。

在这些观念形成的过程中,人们逐渐认识到"中"对于事物形成、发展、变化的极其重大的意义,从而提出了"中也者,天下之大本也"的论断。沿着这一思维路向,后世思想家则进一步强调:"中者,天地之所终始也""人受天地之中以生"。并将"中"称为"天理",认为"天下之理统一于中"。这样,以"天地之中"观念为基础,中华传统文化以"中"为核心的精神体系便逐步建立和不断完善起来。

二、中是中华民族认识事物、推动事物发展的方法论

在实际生活中,人们必然要面对各种各样的事物,处理各种各样的问题。通过长期的社会实践,人们逐渐总结、形成了以下认识事物、推动事物发展的方法。

首先,将构成天地万物的各种要素,归结为"阴""阳"两个方面。提出了"万物负阴而抱阳""一阴一阳之谓道""一物两体"等论断。强调任何具体事物内部都包含着"阴阳""两体",这两个方面既对立又统一,是事物存在、变化和发展的基本法则。

其次,强调事物内部各要素之间的和谐、平衡,人和事物与外部环境的和谐、平衡,是人和事物存在、发展的前提。当某一事物内部各方面处于高度和谐、平衡状态时,即谓之"中"。反之,则为"不中"。"中"既是对事物良好状态的描述,又是对事物良好状态的评价、肯定。因此,"求中"也就成了人们认识事物、分析问题和价值选择的基本原则和方法。

再次,"执其两端,用其中于民"。即是说,在治理民众、处理各种政事时,要注意倾听各方面的意见,了解各方面的情况,兼顾各方面的利益,采取"适中"的方针措施。从而实现社会稳定,促进社会发展。这种思想对后世产生了极其深远的影响。

最后,执中致和。"中也者,天下之大本也,和也者,天下之达道也。致中和,天地位焉,万物育焉。"中为本,和为用,执中才能致和,致和才能够促使事物各适其位,遵循规律、繁衍生息。

三、中是中华民族传统的行为规范

人类社会要保持有序运行,就必须建立一套规范系统来约束、规范人们的行为。中华民族传统的行为规范涵盖了多个方面,是"中"的具体化。其中最主要的就是道德规范和礼仪规范。

首先是道德规范。早在五帝时期,执政者就强调执中修德,"顺天之意,知民之急,仁而威,惠而信,修身而天下服"。开始重视以德为政,以德教民。经夏、商、西周到春秋时期,道德规范趋于成熟。一是尚中、守中,以中为至高之德。二是以仁、义、礼、智、信五常为标准修身养性。三是坚守君子之道。敏而好学,文质彬彬,坦坦荡荡,成人之美,和而不同,己所不欲,勿施于人。四是做到"诚",从而达到"不勉而中,不思而得,从容中道"。

其次是礼仪规范。中华传统礼仪规范由来已久。西周时期,周公旦主持制定周礼。在夏、商礼制基础上,制定了一套系统的礼仪规范。其核心内容是:以中为本,以礼立序,以德治国,以乐致和,自强不息,忠诚无私,举贤任能,礼让为先,尊老爱幼。周礼涉及社会生活的方方面面,是礼仪规范、治国方案,也是一部法典,对后世产生了极其深远的影响。

四、中是中华民族的审美理想

审美是人认识、理解和评价外部事物的一种活动方式。与主体自身的宇宙观、道德观等密切相关。《国语》中提出了"和实生物"的命题。各种事物的生存、发展,正是构成事物的各要素高度"融和"的结果。而这种"融和"是以各要素的协调、平衡即"中"为前提和基础的。即由"中"致"和"。事物各要素"融和"的程度越高,事物的存续状态就越美好,就越能使主体得到愉悦。

《左传》载,晏子在论述"和"时曾谓"和如羹焉"。厨师做汤之所以要放入多种食材、佐料,目的正是在于"济其不及,以泄其过"。好喝的汤,是不同的食材、佐料由"中"致"和"的结果。同样道理,好听的音乐也是不同的乐声由"中"致"和"的结果。孔子在评论乐曲《韶》时曰:"尽美矣,又尽善也。"孔子认为乐曲《韶》的表现形式与思想内容高度和谐,故称"尽善尽美"。

孔子曰:"质胜文则野,文胜质则史。文质彬彬,然后君子。""质胜"则"文"不及,表现为粗野;"文胜"则"质"不及,表现为虚浮。"质""文"高度协调、和谐,无过无不及,这才是完美的"君子"形象。

一般来说,审美有三种境界:一是"时中"之美,也可称和时之美;二是中和之美,也可称和谐之美;三是和而不同之美,各美其美,美美与共,是最高理想境界。

五、中是中华民族传统治国理政之策

《尚书》载,舜传位禹时说,"人心惟危,道心惟微,惟精惟一,允执厥中"。舜要求禹要秉持"执中"的理念治国理政。舜这种治国理政的基本理念,承继于尧。尧、舜、禹一脉相承的这种治国理政的"执中"理念,为后世人们所继承和发扬,成为中华民族传统治国理政的基本理念。

秉持"执中"的理念治国理政,首先就是要"明于刑之中"。治理国家要"善刑","刑新国用轻典,刑平国用中典,刑乱国用重典"。要选择公正的贤人做刑官,犯罪依律惩治,凡有疑不符者,从轻发落。审慎施法,让当事者信服。

其次,"为政以德""宽猛相济"。"敬事而信,节用而爱人,使民以时。"当政者要忠诚守信,取信于民;要用财节俭,爱护百姓,薄赋轻徭,调用民力适时有度。

最后,要施行"仁政"。对民众要先"富之",然后"教之"。"制民之产",使民众具有一定的产业。要注重解决民众面临的实际问题。同时,"谨庠序之教,申之以孝悌之义";还要抓好农业生产,做好资源的利用与保护工作。特别是要注意把控贫富之间的差距,不能使之过于悬殊。"大富则骄,大贫则忧。忧则为盗,骄则为暴。"要对"大富"与"大贫"进行"调均之"。所谓"调均",就是在"大富"与"大贫"之间"求中"。

总之,秉持"执中"的理念治国理政,就是要求执政者做到公平、公正、无私,注意协调社会各方面的关系,注重教养民众,不要采取偏激措施,以避免激化矛盾,从而实现社会的和谐、稳定和发展。秉持"执中"的理念治国理政,就是"以德治国",就是"善政"。这种"执中"的执政理念,对于中国社会的发展产生了极其深刻而持久的影响。

中华文明的方方面面，都彰显着中文化的精神。正是中文化精神的滋养，使得中华民族具有自强不息、兼容并包、宽厚仁和、敦亲睦邻、天下为公、协和万邦的博大胸怀。中华民族的生命力、凝聚力、感召力日渐增强。

基于这样的认识，郑州中华之源与嵩山文明研究会设立了"中华传统中文化研究"重大课题。课题组先后邀请了中国社会科学院、中国科学院、北京大学、南开大学、中国传媒大学、首都经济贸易大学、上海科技大学、天津社会科学院、湖北大学、深圳大学、中南财经政法大学、中共河南省委党校、河南省社会科学院、郑州大学、河南大学、河南中医药大学、河南农业大学等单位的三十多位学者参与讨论和研究工作。确定了从资料收集梳理开始，然后设立子课题进行专题研究，最后进行综合研究的思路和步骤。中华传统中文化研究的任务是：探讨中文化形成、发展的历程；研究中文化在中华文化发展中所发挥的重大作用；明确中文化在中华文化体系中的地位；揭示中文化在新时代的意义和价值。

郑州市嵩山文明研究基金会为本课题的研究和成果的出版提供了资金支持；郑州嵩山文明研究院的同志为本课题的研究提供了非常周到的服务和保障工作。在此，特向为本课题研究做出贡献的各个单位、各位专家和工作人员，致以诚挚的敬意和衷心的感谢！

2022 年 6 月

目 录

前 言 ……………………………………………………………… 1
    一、既往研究的检视 ……………………………………………… 1
    二、主要论争 ……………………………………………………… 14
    三、"中和"与司马光哲学思想的重构 ………………………… 20

第一章 司马光中和哲学的形成 ………………………………… 33
  第一节 理论背景 ………………………………………………… 34
    一、唐宋转型,经学变革 ………………………………………… 34
    二、荀学余脉,多元道统 ………………………………………… 40
    三、争议汉儒,经典重组 ………………………………………… 45
  第二节 心路历程 ………………………………………………… 48
    一、少年涵养,文雅凤成 ………………………………………… 48
    二、游宦砥砺,奠基中和 ………………………………………… 49
    三、居洛著述,论战中和 ………………………………………… 54
    四、元祐废新,总结思想 ………………………………………… 59
  第三节 为学进路 ………………………………………………… 61

一、尊崇扬雄，别立道统 ………………………………… 61

　　二、质疑孟子，回向孔学 ………………………………… 66

　　三、"《玄》以准《易》,《虚》以拟《玄》" ……………… 74

　　四、首重《中庸》，辨析"中和" ………………………… 79

第二章　万物祖虚，气体中和 ……………………………… 89

　第一节　"万物祖于虚，生于气" …………………………… 90

　　一、虚破有无 ……………………………………………… 90

　　二、虚气建构 ……………………………………………… 97

　　三、"虚"与"太虚" ……………………………………… 105

　第二节　气以成体 …………………………………………… 111

　　一、气生万物 ……………………………………………… 111

　　二、物成必毁 ……………………………………………… 113

　第三节　"阴阳之间必有中和" …………………………… 115

　　一、阴阳各自的局限 ……………………………………… 115

　　二、阴阳调和以致中 ……………………………………… 117

　　三、中和之气的价值 ……………………………………… 125

第三章　相分相感，天人衡中 ……………………………… 132

　第一节　常道与神理 ………………………………………… 134

　　一、有形与无形 …………………………………………… 134

　　二、养备与知天 …………………………………………… 138

　第二节　天人和合 …………………………………………… 140

一、天人相感 …………………………………………… 141
　　二、天人有分 …………………………………………… 149
　　三、辨"天变不足畏" …………………………………… 154
　第三节 "修道以俟命" ……………………………………… 162
　　一、"乐天知命" ………………………………………… 162
　　二、"以德自防" ………………………………………… 167
　第四节 "圣人不占" ………………………………………… 168
　　一、化祭祀为修身 ……………………………………… 168
　　二、吉凶主之于人 ……………………………………… 173

第四章　体性中和，善恶相兼 ………………………………… 176
　第一节 "体以受性" ………………………………………… 177
　　一、形质与等级合一之"体" …………………………… 177
　　二、才、情、欲统一之"性" …………………………… 181
　　三、"体"与"性" ……………………………………… 187
　第二节 "性以辨名" ………………………………………… 190
　　一、"性可揉也" ………………………………………… 190
　　二、"性"与"名" ……………………………………… 195
　第三节 "性善恶混" ………………………………………… 197
　　一、"人倮而繁" ………………………………………… 197
　　二、辨性善恶 …………………………………………… 199
　　三、善恶相混 …………………………………………… 205
　　四、与张载之比较 ……………………………………… 208

第四节 "情道一体" ……………………………………… 215
一、情需合道 …………………………………………… 215
二、"情道一体" ………………………………………… 217
三、情道和合 …………………………………………… 221

第五章 以中为念，修身齐家 …………………………… 224
第一节 守中和之心 ……………………………………… 225
一、理欲"交战于中" …………………………………… 225
二、"藏心于虚" ………………………………………… 232
三、"穷理尽性以至于命" ……………………………… 244
四、"先正其内而引其外" ……………………………… 251

第二节 养体以致中和 …………………………………… 258
一、"治心养气" ………………………………………… 258
二、养体以中 …………………………………………… 262
三、"以礼自饬" ………………………………………… 267

第三节 心体中和 ………………………………………… 270
一、"养气"与"养心" ………………………………… 270
二、身心裕如于家 ……………………………………… 274

第四节 齐家以中 ………………………………………… 276
一、"治家莫如礼" ……………………………………… 278
二、慈严养教 …………………………………………… 280
三、夫敬妇顺 …………………………………………… 283
四、孝不失箴 …………………………………………… 284

第六章 中和损益，王霸并行 ……………………………… 288

第一节 "中和之政"的理想 …………………………… 288
一、"政以中和为美" ……………………………… 288
二、"上下相维，君臣同体" ……………………… 290

第二节 "仁、明、武"的君道论 ……………………… 296
一、"仁"心化成天下 ……………………………… 297
二、"明"辨贤愚是非 ……………………………… 299
三、"武"至公、明、慎 …………………………… 302

第三节 "王霸无异道" ………………………………… 304
一、王霸之辨 ……………………………………… 304
二、"王霸无异道" ………………………………… 306

第四节 中和礼法 ……………………………………… 309
一、正名与礼治 …………………………………… 309
二、礼法与中和 …………………………………… 315

第五节 "守道不守法" ………………………………… 317
一、守因革统一的中和之道 ……………………… 317
二、"保守主义"的定位正名 ……………………… 320

第七章 司马光中和哲学的回响与流变 ………………… 327

第一节 涑水后学的继承与发展 ……………………… 327
一、涑水学派主旨的奠定 ………………………… 328
二、刘安世对中和的力行 ………………………… 331
三、晁说之的《中庸》学 ………………………… 332

四、范祖禹礼理诚的中和 …………………………………… 335
第二节　二程的批评与回应 ………………………………… 343
　　一、二程对司马光《中庸解》的批评 …………………… 343
　　二、与程颐、吕大临及苏昞论中之分歧 ………………… 349
第三节　朱熹对"中和"说的检讨与发展 …………………… 352
　　一、朱熹"中和"说的演进 ……………………………… 354
　　二、司马光与朱熹"中和"说的形成与转变 …………… 360

结　语　司马光哲学的历史定位 ………………………… 374
参考文献 ……………………………………………………… 379
后　记 ………………………………………………………… 394
作者简介 ……………………………………………………… 398

前　言

　　司马光(1019—1086年),字君实,号迂叟,北宋陕州夏县(今山西夏县)涑水乡人,历史学家、思想家、政治家,宋代名臣,王安石变法反对派的领袖人物,世称涑水先生,其所创立的学派亦称"涑水学派"。对于如此重要的历史人物,长期以来的研究主要集中在历史学领域,其哲学思想却未能得到应有的重视。在古典学术背景下,受种种因素的困扰,司马光的思想研究曾淡出历史。进入现代,受政治意识形态及对西方现代学术发展的理解与应用的差异的影响,关于司马光的研究比较有限,在对其思想的诠释与定性方面也一直存在着重大争议。如何看待历史上断续出现且相对散乱的研究?这是关乎新时期司马光思想研究及其现代价值生成的重大问题。以下即通过对九百多年来司马光哲学思想研究的主要趋向略作检视,以期为司马光哲学思想的重构提供可能的借鉴。

一、既往研究的检视

　　作为日渐形成重要影响并占据思想统治地位的理学,在自身不断发展的同时也广泛影响着该时期的学术研究,对于司马光其人其学的研究也不例外。早在北宋时期,与司马光同时的程颐就曾经讲道:"某接人多矣！不杂者，司马君实、邵尧夫、张子厚三人耳。"①该提法之后被理学家们屡屡提及，至少对于司马光在程朱之间的一段时期内保持学术思想上的存在感起到了一定的积极作用。陈忠肃在《与龟山书》中曰："凡温公之学，主之以诚，守之以谦，得之十百而守之一二。"又有《答杨游二公书》曰："司马文正公最与康节善，然未尝及先天学。盖其学同而不同。"②这是对司马光学术以理学的视野所作的总体上的简要品评。后之朱子也曾说过："温公可谓智仁勇。他那治国救世处，是甚次第！其规模稍大，又有学问。其人严而正"，对司马光的政治思想及其实践作了比较高的评价。后又讲道："尝得温公《易说》于洛人范仲彪，尽《随卦》六二，其后阙焉。后数年，好事者于北方互市得板本，喜其复全，然无以别其真伪。"此语对《温公易说》在当时的流传情况作了简要说明，补了史传之阙。

理学主流派的程朱及其后学虽对司马光的为人大加推崇，然在哲学思想上，却大存异议，甚至有贬抑倾向。二程认为司马光"学则元不知学"，③并指责司马光"治心以中"的工夫，认为时时以中为念是不可能的："君实尝患思虑纷乱，有时中夜而作，达旦不寐，可谓良自苦……其后告人曰'近得一术，常以中为念'，则又是为'中'所乱。'中'又何形？如何念得它？只是于名言之中拣得一个好字。与其为中所乱，却不如与一串数珠。及与他数珠，他又不受。殊不知'中'之无益于治心，不如数珠之愈也。"④二程还批评司马光的《中庸解》："温公作《中庸解》，不晓

---

① 程颢、程颐：《二程集》，中华书局1981年版，第121页。
② 黄宗羲原著、全祖望补修：《宋元学案》，陈金生、梁连华点校，中华书局1986年版，第346页。
③ 程颢、程颐：《二程集》，第63页。
④ 程颢、程颐：《二程集》，第25页。

处阙之。或语明道,明道曰:'阙甚处?'曰:'如强哉矫之类。'明道笑曰:'由自得里,将谓从天命之谓性处便阙却?'"他们以此讽责司马光不懂性命之论,不理解《中庸》的真谛。程颐之得意弟子杨时亦虽盛赞司马光乃"一代宗臣",然对其尊扬贬孟却颇为不满。① 朱熹则认为司马光"见得浅""多说得偏",②进而反对司马光的"格物说"及其推崇扬雄并为扬雄仕于新莽作辩护,对司马光的才德论也表示不满,认为"温公论才德未促"。③ 此举在朱熹那里促成了从"六先生"到"北宋五子"的道统变化,导致司马光的名字未出现在《伊洛渊源录》中。之后,朱熹得意弟子熊勿轩针对时人"今尊道之祠止及五先生,而不及邵马"的问题提出"尊道有祠,为道统设也"。他认为"若涑水之力行苦节制行,非不诚一,而前辈谓欠却致知一段。如尊扬雄而疑孟子,黜汉统而帝曹魏,正自有不可掩者,又不待辨而定也"。④ 他站在朱子学的立场,对司马光之学术特点作了一定程度的否定。如此种种,以致元代之朱熹后学吴澄竟认为司马光对理学一窍不通,"在不著不察之列",尽管早在南宋理宗端平二年(1235年),司马光就与胡瑗、孙复、邵雍、欧阳修、周敦颐、苏轼、张载、程颢、程颐共十人一道从祀孔子庙庭。然元人在修《宋史》时,并未将司马光录于《道学传》之列。直至明末,程朱学者夏尚朴还多次攻击司马

---

① 他曾言:"世之尊《孟子》者多失其传,非孟子过也;而遂疑之,亦过矣。近见一书力诋《孟子》之非,恐非有所授,难遽以口舌争也。"(见《龟山集》卷十九《签陈莹中第五书》)。其实,有关对司马光《疑孟》的不满,在南宋学者余允文《尊孟辨》那里也有着非常集中的体现。(详见《尊孟辨·上卷》,亦可参见周淑萍《两宋孟学研究》及台湾世新大学中文系2007届硕士王君萍学位论文《余允文〈尊孟辨〉之思想研究》。)
② 黎靖德编:《朱子语类》,王星贤点校,中华书局1986年版,第3206页。
③ 黎靖德编:《朱子语类》,第3205页。
④ 黎靖德编:《朱子语类》,第2072页。

光的中和修养论。这些来自道学家的批评,成为后世对司马光哲学研究缺位的重要原因。

《诸儒鸣道集》作为传世的唯一一部由宋人所编的道学丛书,书中"北宋五子"除邵雍外,周敦颐、张载、程颢、程颐四人的著述都有收录,尤其引人注目的就是涑水学派的司马光与其弟子刘安世的著述也被收录在内。在《鸣道集》中,司马光的《涑水迂书》竟被置于周敦颐的《濂溪通书》之后,这个编排在宋明道学体系的相关书籍中至今都很少见,似乎表明了当时人们有关司马光与儒家道统关系的另一种观点。① 此后,王应麟在《困学纪闻》中讲道:"欧阳子之论笃矣,而不以天参人之说,或议其失。司马公之学粹矣,而王霸无异道之说,或指其疵。信乎立言之难!"② 此将司马光在《资治通鉴》中所载"王霸无异道"之说在后世的影响——尤其是批评——明确地点了出来,从一个侧面反映了该思想的影响。张南轩曾云:"司马温公改新法,或劝其防后患,公曰:'天若祚

---

① 有关于此,复旦大学历史系 2007 届博士符云辉的学位论文《〈诸儒鸣道集〉述评》及台湾中国文化大学史学研究所 2008 届博士生邱佳惠的学位论文《〈诸儒鸣道〉与道学之再检讨》都注意到了《诸儒鸣道集》提供了一个新的"道学谱系"。这个谱系所包含的道学家包括涑水学派的司马光、刘安世、朱熹长久以来攻讦的学者张九成,以及名不见经传的江民表、潘殖等人,而上述诸位均不含括于朱熹的道统之中。换句话说,集理学之大成的朱熹并未将他们收录于《伊洛渊源录》中,这反映出一个情况,即朱熹对早期道学谱系有所修正,他剔除了原先在道学运动中实际参与的司马光等人。朱熹这项修正的举动背后隐含着双方经史观认知的差异性,是故以司马光为首的重史派在学术竞争的过程中被朱熹所抽离。随后,在道学自身发展及后人学者的研究中,这些道学家就渐渐被忽略和遗忘了。幸亏《诸儒鸣道集》保留了这些人的重要文献,也在一定意义上还原了当时道学发展的原貌,凸显了重新评价包括司马光在内的思想家定位的价值,并响应了朱熹的道谱。
② 黄宗羲原著、全祖望补修:《宋元学案》,第 347 页。

宋,必无此事!'更不论一己利害。虽圣人,不过如此说。近于'终条理者'矣。"①此处对司马光力挽狂澜的大公无私之举深表赞赏,认为其道德人格已近于圣人。刘漫堂《麻城学记》亦云:"温公之学,始于不妄语,而成于脚踏实地。学者明乎是,则暗室不可欺,妻妾不可罔。"②清人全祖望在《宋元学案》中专列《涑水学案》两卷,打破过去朱子对"司马光格物之未精"及其后学"在不著不察之列"的看法,详述司马光学术思想之概况,并认为此前程朱学派对司马光思想的评判为"妄说"。《涑水学案》内收《迂书》《尊孟辨》《潜虚》等温公著作,并对其思想传承略作介绍,然限于《学案》之题旨,未对司马光的外王之道作推介。后又有王梓材、冯云濠所作《补遗》,除了补充一些门人同调之传记外,又钩玄举要,补述了《温公语要》《温公礼说》《温公书仪》《温公家范》《温公易说》《温公读玄》《温公说玄》《温公传家集》等著作,进一步详列历代学人对司马温公之评价,此为全面深入研究司马光思想提供了非常重要的导引作用。但因该书的正式刊行已至清末,故未在当时产生重要影响。

在传统道学视野下所展开的司马光思想研究虽取得了一些成果,但也出现了限制人们思维、难以切入司马光思想本身展开研究的问题。

张岱年先生早在20世纪30年代写的《中国哲学大纲》中就已将司马光列入中国古代哲人名单,然未对其思想作详细介绍,只是在书中简略指出:"与张子同时的司马光,亦以虚与气为万物之本根。司马温公说:万物皆祖于虚,生于气。气以成体,体以受性。故虚者物之府也,气者生之户也,体者质之具也,性者神之赋也。司马氏没有讲虚与气的统

---

① 黄宗羲原著、全祖望补修:《宋元学案》,第347页。
② 黄宗羲原著、全祖望补修:《宋元学案》,第346页。

一,实乃'虚能生气'之说,与横渠之说似同实异。"①张岱年先生虽然未在此时对司马光哲学作系统的研究,但他的这一提法对于后来的司马光研究起到了重要的导发作用。20世纪40年代,程仰之在《文史杂志》发表《王安石与司马光》②一文,基于哲学思想的比较视角,从天道论、人道论、治道论三个方面系统解读了王安石与司马光的思想差异,力辟此前有人提出的司马光为反对王安石而罗织理论之"为反对而反对"的负面观点。

新中国成立至改革开放前,司马光哲学研究遇到了一定阻碍。尤其是在"文革"时期,司马光作为"儒法斗争史"中反对王安石"法家"变革的头号人物,被视作极为反动的角色。真正意义上学理化的哲学研究成果则寥寥无几。

进入改革开放的新时期,学术界日渐摆脱过度的政治化诠释在中国哲学研究中的运用,开始从实存的文本出发去切实观照司马光的哲学思想。张岱年先生在其主编的《中国古代著名哲学家评传·续编(三)》中对司马光思想作了介绍,认为司马光的核心思想,就是他向皇帝几次陈述过的仁、明、武"三德"、"御臣"之法和"拣兵"之术,③对于其哲学思想却略而不谈。此后张岱年在陈克明《司马光学述》一书序中讲道:"司马光是北宋著名的史学家、政治家、思想家。"然他又认为"司马光的哲学思想还没有构成比较完整的理论体系。……他的经历与周、张、二程比较偏重文化教育有别,所以成就各异了。但是司马光的哲学观点也

---

① 张岱年:《中国哲学大纲》,中国社会科学出版社1982年版,第74页。
② 程仰之:《王安石与司马光》,载顾颉刚主编:《文史杂志》,1942年第2卷第1期,收入《文史杂志》第2卷合订本。
③ 张岱年等:《中国古代著名哲学家评传·续编(三)》,齐鲁书社1982年版,第138页。

是值得注意的"。① 张岱年明确看到司马光的学术思想与世所公认的道学家们有别,虽未点明"别"在何处,然对于司马光重视历史经验的借鉴,偏重儒家外王之道的特点似有所察觉。此后,由张岱年、陈正夫、何植靖主编的《中国一百个哲学家》中,司马光亦在列。该书从当时流行的唯物、唯心的"对子结构"出发对司马光作了定位,多有偏颇。由河南大学石训、姚瀛艇等人编撰的《北宋哲学史》专辟一章,介绍了司马光的哲学思想,但完全是站在批判所谓的"唯心主义天命论"角度来批评司马光的哲学思想。② 1980 年代,陕西师范大学的赵吉惠先生就提出应该"深入研究、全面评价司马光思想"的重要主张。③ 与此同时,杨渭生在其《试论司马光的学术思想》一文中从"朴素唯物主义自然观""重人事的天人观""善恶混的人性论""格物致知的认识论""中和的辩证法""进步的历史观""明智的人才论""学术渊源与历史地位"八个方面对司马光的思想作了比较全面的研究,认为"司马光在学术上是独立思考,不盲从,不保守,是有所发现,有所前进的"。④ 杨氏的研究是 20 世纪 80 年代司马光哲学研究最为重要的成果之一。东北师范大学的宋衍申在其《司马光传》⑤中,将对司马光思想的叙述分散在各个阶段的生平描述之中。虽对司马光哲学思想不同时期的特点有所揭示,然对其哲学

---

① 张岱年:《司马光学述》序,载陈克明:《司马光学述》,湖北人民出版社 1990 年版,第 1 页。
② 石训等:《北宋哲学史》,河南人民出版社 1987 年版,第 101—108 页。
③ 赵吉惠:《深入研究、全面评价司马光思想》,中国历史文献研究会第五届年会论文,1984 年。
④ 杨渭生:《试论司马光的学术思想》,载《宋史研究集刊》第 1 辑,杭州大学出版社 1987 年版,第 44 页。
⑤ 宋衍申:《司马光传》,北京出版社 1990 年版。

思想的整体观照明显不足。陈克明在其《司马光学述》①中,在主要对司马光的生平和政治主张、史学思想进行考述的同时,亦从思想源流、天人关系、主要哲学范畴、对佛道的态度、对人生问题的处理与观察、对其《疑孟》《潜虚》《易说》等哲学著作的文本分析等方面,就司马光思想进行了比较详细的分析。该书在对司马光思想深受扬雄影响的方面分析得比较透彻明了,然在其思想的体系化梳理上表现得比较支离,但也为司马光哲学研究的进一步深入展开留下了丰富的空间。余敦康先生通过对《温公易说》进行分析,将司马光易学参证史事和天人不二的学术特点鲜明地揭示了出来,并认为"司马光建构了一个宇宙论、方法论、价值论三位一体的体系"。② 南京大学的李昌宪在其《司马光评传》③中,从"穷造化之源,立虚气之说""论中和之道,述和合之旨""敬天爱民,慎修人事""其微不出吾书,其诞吾不之信""善恶相混之性,格致正诚之道""循理求知,行贵于知""平实之朴儒,道学之偏师"七个方面勾勒了司马光哲学思想的基本方面。从总体上看,该书对司马光哲学思想的基本方面都有所涉及,然对于其思想的每一个方面之具体、深入展开却略嫌不足。

在截至目前的司马光哲学研究中,董根洪的《司马光哲学思想评述》一书是已知的对司马光哲学研究最深入且全面者,也是20世纪司马光哲学研究中最有分量的成果。该书通过对司马光哲学著作比较系统全面的观照和考察,表现出如下明显的特点:首先,从资料的运用来看,该书不再局限于以往常被提及的《潜虚》《太玄集注》《法言集注》《易

---

① 陈克明:《司马光学述》,湖北人民出版社1990年版。
② 余敦康:《内圣外王的贯通——北宋易学的现代阐释》,学林出版社1997年版,第64页。
③ 李昌宪:《司马光评传》,南京大学出版社1998年版。

说》等,对于《道德真经论》《古文孝经指解》《家范》及《文集》中相关资料的使用,使得该研究更加精专、翔实;其次,在结构的安排上,该书从自然哲学、辩证哲学、认识哲学、历史哲学、人生哲学、伦理哲学、政治哲学七个方面出发,全面展示了司马光哲学的基本面貌;最后,该书对司马光哲学的学术渊源、长期衰落的原因、特点及在中国哲学史中的地位作了必要的定位,表现出"辨章学术,考镜源流"的良好规范意识。同时,作者董根洪得出了与此前研究截然不同的观点:其一,他根据司马光的文本,提出司马光理论中的"虚"与"气"其实是一样的,即"虚即气",与张载一样虚气一体,而并不主张气之上还有虚作为本体。[①] "它使中国古代的自然观不再停留在古代的元气本原论的水平上,而是上升到了追求万物现象背后的物质本体的新认识上",[②]但作者也认为"司马光的本体论哲学作为一种新型的哲学还处在不很完善的创立阶段"[③]。其二,该书提出了以"中和之道"为核心的朴素辩证法思想体系可与同时代"北宋五子"中任一辩证法思想相媲美,但也存在着"否认社会矛盾主次地位的转化"等局限。[④] 其三,该书提出"司马光应是北宋给道德论明确系统地予以形而上学根据的第一人"。[⑤] 其四,该书提出,"司马光即是一个典型的反王安石变法的变革者,是一个异于王安石激进型变革者的稳健型变革者"[⑥],而且认为"无论是司马光的君民论还是他的君臣论都充满了反封建君主专制的思想",认为司马光的这一思想"毫不逊

[①] 董根洪:《司马光哲学思想述评》,山西人民出版社1993年版,第69—76页。
[②] 董根洪:《司马光哲学思想述评》,第119页。
[③] 董根洪:《司马光哲学思想述评》,第113页。
[④] 董根洪:《司马光哲学思想述评》,第151—152页。
[⑤] 董根洪:《司马光哲学思想述评》,第277页。
[⑥] 董根洪:《司马光哲学思想述评》,第359页。

色于明清时反专制思潮中的杰出代表黄宗羲的观点"。①其五,该书对司马光哲学在理学史上的影响采取相当正面积极的肯定,认为司马光是理学的重要创立者。②本书的特点和观点相当值得关注,但可惜在资料的使用方面,该书对于司马光文集三大传承系统的资料源流缺乏必要的观照意识,在方法上太过囿于唯物唯心对子结构的限制,在论证上对于司马光哲学的细部尚有许多未能自圆其说之处,包括自然哲学、政治哲学及其哲学定位等方面都存在着过度诠释和过分拔高之不良倾向,此乃该书之缺憾所在。

相较于20世纪80年代以来相对丰厚的成果,进入新世纪的二十年来,中国哲学史界对司马光哲学研究的相对淡漠是显而易见的。这一时期,中国大陆的成果以漆侠的《宋学的发展和演变》③、张立文的《司马光的潜虚之学的价值》④、陈涛与范立舟合著的《司马光哲学与政治思想刍议》⑤、高丽爽《司马光〈资治通鉴〉政治哲学探析》⑥、张晓敏《〈温公家范〉主体思想研究》⑦、方诚峰《司马光〈潜虚〉的世界》⑧为主要代表。这些研究日渐呈现出力图摆脱过去唯物唯心对子结构的研究模式,探求新的研究方法之趋势,在对司马光与宋学之关系、司马光天道性命之

---

① 董根洪:《司马光哲学思想述评》,第337页。
② 董根洪:《司马光哲学思想述评》,第360—382页。
③ 漆侠:《宋学的发展和演变》,河北人民出版社2002年版。
④ 张立文:《司马光的潜虚之学的价值》,《晋阳学刊》,2012年第2期。
⑤ 陈涛、范立舟:《司马光哲学与政治思想刍议》,《求索》,2007年第6期。该文主体内容又见于《中国思想学说史》(广西师范大学出版社,2007年)宋元卷中之"涑水学派"。
⑥ 高丽爽:《司马光〈资治通鉴〉政治哲学探析》,南开大学硕士学位论文,2009年。
⑦ 张晓敏:《〈温公家范〉主体思想研究》,青岛大学硕士学位论文,2008年。
⑧ 方诚峰:《司马光〈潜虚〉的世界》,《清华大学学报(哲学社会科学版)》,2017年第1期。

学与政治之关系、司马光《资治通鉴》《温公家范》等著作之哲学意义的挖掘方面做出了重要贡献。近十年来,学界对司马光《潜虚》之研究略有升温的趋势。这些研究逐渐重视对《潜虚》文本的甄别,跳出道学谱系,重点关注和研究《潜虚》的理论与现实语境,认为《潜虚》以"象数"的形式回应了北宋中期普遍的理论问题:如何统合天人。而《潜虚·体图》不仅仅是司马光等级名分论、君主核心论的简单呈现,更是以"政体"说回答了他晚年所面临的最大政治困境——王安石变法。《潜虚》针对的是当时最为迫切的理论与现实问题,在宋代思想史与政治史上都有重要的意义。具体如陈睿超的《司马光〈潜虚·名图〉对"中和"价值的彰显》将目光聚焦于《名图》,认为《潜虚》是司马光独创的宏大易学宇宙观体系,其《名图》兼具天道气运与人事之名的象征义,在整个《潜虚》体系中处于沟通天人的核心地位。司马光在创制《名图》时,做了三方面巧妙的象数设计:其一,将《齐名》符号置于图周和图的中央;其二,象征四时之中每一时节气运的符号皆按始于五行生数相配、中于生成数调和、终于五行成数相配的原则排布;其三,将五十五组符号依右数之序必为木、金、土、水、火,冲和之土必居正中的方式分为十一门类,以此确定象征人事的五十五名。通过如是精妙安排,《名图》在其象数结构之中彰显出"中和"这一重要的儒家价值观念,体现了"推天道以明人事"的易学宗旨。这一研究,对于深入认识和把握司马光哲学的核心——中和理论——具有重要的意义。

港台地区的研究则以台湾政治大学张晶晶之硕士论文《司马光哲学研究——以荀学和自然气本论为进路》[①]一文为代表。该文以荀子一

---

① 张晶晶:《司马光哲学研究——以荀学和自然气本论为进路》,台湾政治大学硕士学位论文,2009年。

系儒学为参照,将司马光思想与荀学相关联,并以其师刘又铭先生在气论研究中提出的"神圣气本论"与"自然气本论"理论①为背景,将司马光哲学在中国自然气本论发展史中予以定位,提出司马光哲学作为荀学在宋代的发展、自然气本论在宋代的先声,其所代表之意义颇值得研究。该文提供了一个司马光哲学研究的新视角,但同时也带来了将司马光哲学一味荀学化,与司马光本人在包括人性论在内的理论上对荀子进行批评的现象极度不符的理论困难。此外,台北医学大学的邱佳慧在其博士论文中将司马光置于其所认定的由《诸儒鸣道集》所构建的"北方理学"传承谱系内,就此进行了道学视域的新诠释。② 近年来海外学术界对于司马光思想的研究也产出了一些重要成果,表现出对司马光《书仪》《家范》《古文孝经指解》等过去易被忽视的文本从诠释学和经学史角度作新的观照的鲜明特点③,也为新时期的司马光哲学研究提供了新的视角和方法。

此间,在哲学史研究范式下,出现了许多激烈的论辩。首先,人们围绕司马光与理学之关系展开了激烈的讨论。有关于此,学界的意见相当复杂,董根洪《司马光是理学的重要创始人》④代表了一部分学者的

---

① 刘又铭:《宋明清气本论研究的若干问题》,载黄俊杰主编:《儒学的气论与工夫论》,华东师范大学出版社2008年版。
② 参见邱佳慧《〈诸儒鸣道〉与道学之再检讨》,《〈中国学术思想研究辑刊〉六编第18册,台北花木兰文化出版社2009年版)。有关此论题又见符云辉:《〈诸儒鸣道集〉述评》,复旦大学博士学位论文,2007年。
③ 可参见日本龙谷大学木田知生的《略论宋代礼俗思想——以司马光〈书仪〉和〈家范〉为主》和德国纽伦堡大学白马的《试谈"疏"的多样性阐释:邢昺与司马光孝经注比较》,两文皆载于《第三届宋代文学国际研讨会论文集》,宁夏人民出版社2005年版。
④ 董根洪:《司马光是理学的重要创始人》,《山西大学学报(哲学社会科学版)》,1996年第4期,第53—60页。

意见,认为司马光仅是理学之先驱,也有学者主张司马光当为"理学之偏师"①,更有人认为"司马光只是对部分理学范畴作过探讨,但不能目之为理学家"②。《司马光评传》之作者李昌宪持相同看法。其次,有关司马光思想的主要来源问题亦有争论。有学者不同意司马光深受荀子和扬雄影响的观点,认为"司马光正是在对《易》《老》的注解中萌生出了自己的哲学,虽然《诗》《书》《论语》《大学》《中庸》《荀子》等都对司马光产生过影响,但《易》《老》的影响更为显著,尤其是在宇宙观和本体论方面,故说司马光哲学发端于《温公易说》和《注老子道德论》当不为过"。③ 最后,有关司马光哲学的定性问题,此间也展开了激烈的讨论。有学者以"中和之道"概括司马光之思想④,也有学者就判司马光为"天命主义者"的流行做法提出批评,认为这"不惟一般的'定性'不准,更主要是表现了何等的肤浅"。"司马光的'天命观',本质上是解释和论证君臣、父子伦常关系的一种思想理论,它与古代本来意义的'天命'观有根本的区别。"⑤ 有学者不同意过分拔高司马光思想,认为"司马光对世界本原问题的解释,没有多少新鲜内容,只是沿袭诸家陈说,相互矛盾,不能统一,形不成独立的思想休系"。⑥

反观历史可见,在古典学术背景下,受种种因素的困扰,司马光的

---

① 宋衍申:《司马光与理学》,《东北师大学报(哲学社会科学版)》,1989 第 5 期,第 50 页。
② 陈克明:《司马光学述》,第 328—339 页。
③ 叶福翔:《司马光哲学发展大纲》,《中华文化论坛》,1997 年第 3 期,第 99—101 页。
④ 陈克明:《略论司马光的哲学思想》,《社会科学辑刊》,1982 年第 5 期,第 36—43 页。
⑤ 赵吉惠:《评司马光的哲学思想》,《晋阳学刊》,1986 年第 4 期,第 56—59 页。
⑥ 侯外庐等:《中国思想通史》第四卷上,人民出版社 1957 年版,第 520 页。

思想研究曾淡出于历史。进入现代,在比较有限的研究中,对其思想的定性一直存在着重大争议。司马光的哲学思想作为宋代哲学发展链条中一个不可忽视的环节,应该引起充分的重视。如上这些学者尽管对司马光哲学的理论建构略有微词,但对司马光哲学重要性的强调却是共同的。超越既有的研究范式,重构司马光的理论体系,发掘其在宋代哲学史乃至整个中国哲学史上的意义和价值,既是推进宋代哲学理论重构路径、重新认识前理学时代理论路向的需要,也是新世纪中国哲学方法论自觉的必然走向。

二、主要论争

张岱年先生曾言:"司马光在哲学方面也有一些自己的见解,他特别推崇扬雄,对于《太玄》《法言》都作了注释,写了《迂书》《中和论》等论著,还有《潜虚》《易说》,虽然是未完成的书稿,也提出了一定的哲学见解。南宋初年,朱熹作《六先生画像赞》,把司马光作为六先生之一,与周敦颐、邵雍、张载、程颢、程颐并列。但是朱熹编纂《近思录》,仅选录了周、张、二程的遗书,不再列举马、邵了。这主要因为司马光的哲学思想还没有构成比较完整的理论体系。……他的经历与周、张、二程比较偏重文化教育有别,所以成就各异了。但是司马光的哲学观点也还是值得注意的。"[①]张先生在这里已经对司马光哲学思想的重要性予以了初步的强调。唐君毅先生也曾讲道:"司马光虽为史学之大师,然在义理之学,则亦犹是侏儒。然自思想史之发展而观,则司马光能由一自然主义之天道论上,求立人道,以扬雄为法,而著《潜虚》;亦自是宋儒之

---

① 张岱年:《司马光学述》序,《司马光学述》,第1—2页。

学,由唐之韩愈文中子,而上溯先秦儒者之论之途中,所当经之一环节。今亦不可对其地位,一笔加以抹杀。"①唐先生虽然对司马光思想的价值没有过高的评价,但对其重要性亦没有忽视。著名宋代思想史研究专家田浩也曾说:"后代的学者较注重张载、周敦颐与二程的关系,但我认为司马光不仅是所谓的'元祐党人'的政治领袖,他的思想也很重要。"②这里对以往司马光研究中存在的仅仅注重其政治建树,而对其思想疏于研究的情况提出了批评。

反观司马光的哲学著作,不难看到,司马光对于儒家思想的研究与践行,可谓在宋儒中树立了一个良好的典范。研读其著作和相关史籍,就会注意到,司马光对儒家精神在宋代的承接与转型所发挥的作用、所选择的路径,与以往在学术界受到广泛持久关注的北宋五子及王安石似有不同。那么,他们的差异到底何在?过去的研究往往会因此衍生出两个问题:其一,围绕自朱熹以来人们一直在讨论的司马光与理学的关系进行广泛的研讨,最终把讨论的焦点汇集在什么是"理学"的概念争执上;其二,基于司马光与王安石在变法问题上的对立,一味地从外在环境出发,想当然地在司马光与王安石思想存在必然对立的先前预设中进行思想的简单比较。这两个问题,其实代表了九百年来人们对于司马光思想研究的两种典型范式,即理学范式和政治化范式。在前一种范式下,对于司马光和北宋五子之间的关系,甚至是与整个理学之间的关系,主要出现了四种观点:其一,司马光与理学家们思想有别,不属于理学系统人物[3];

---

① 唐君毅:《中国哲学原论·原教篇》,中国社会科学出版社2006年版,第15—16页。
② 田浩:《朱熹的思维世界》,江苏人民出版社2009年版,第7页。
③ 张岂之等所著的《宋明理学史》、陈来的《宋明理学》、牟宗三的《心体与性体》等著作皆未收录司马光的哲学思想。

其二,司马光思想与理学主流派人物二程等之思想有别,属于理学非主流派①;其三,认为司马光是理学之偏师②;其四,主张司马光是理学的重要创立者。③ 这个始于司马光时代的问题,在后世尤其是在朱熹道统观的影响下,于传统社会几成定论,亦即司马光不属于理学家。直至今日,在主要的宋明理学史乃至于中国哲学史的研究中,司马光几乎都是被弃置不论的。直到上个世纪80年代开始、90年代大盛的人文学科研究走向科学化之后,当人们反思宋代哲学发展史时,这个问题才再次被提了出来,直到今天依然在国内学术界进行讨论。这种讨论,无论是对于司马光研究还是宋明理学的研究无疑都是非常有益的。但是,正如目前在该范式讨论下已经形成的成果那样,囿于朱熹所奠定的理学主流道统说的影响,研究者对于包括司马光经学思想及其对儒家思想的承接方式在内的诸多问题缺乏必要的关注。

从具体问题上来看,首先,如学界所认同的那样,尽管认识到司马光对《中庸》的兴趣相当浓厚,其所著《中庸广义》可能是宋儒中最早的《中庸》注解,④但由于司马光专论《中庸》的著作并未留存于世,现有的研究罕有涉及,即便有附带言及者,也多是基于他与范景仁、韩秉国往返书信而浅尝辄止。台湾清华大学杨儒宾教授指出:"《中庸》具有丰富的心性形上学思想,目前已是被普遍接受的事实。……就经学史的

---

① 张立文、祁润兴:《中国学术通史(宋元明卷)》,人民出版社2004年版。
② 宋衍申:《司马光与理学》,《东北师大学报(哲学社会科学版)》,1989年第5期。
③ 董根洪:《司马光是理学的重要创始人》,《山西大学学报(哲学社会科学版)》,1996年第4期。
④ 司马光的《中庸》注解,有言《中庸广义》,或并《大学》合言为《大学中庸义》。三书中的前两书可能为同一书,由于此书已佚,流传的详情可参见魏涛:《司马光佚书〈大学〉〈中庸〉广义〉辑考》,载《宋史研究论丛》第14辑,河北大学出版社2013年版。

角度着眼,后世对《中庸》的天道性命说的诠释,可笼统分为两个系统:一为主流的,我们不妨称之为心性论的诠释系统;二是非主流的,可称之为气化论的诠释系统。""比较司马光、孔颖达、郑玄的中和论,不难发现他们都强调一种气化的中和论,这样的中和论强调身体气化的平衡,这样的平衡根源于宇宙性的阴阳之匀称,再加上知识的优越性、政治上的一体和谐等等的价值。这种中和论不诉诸'无声无臭独知时'的超越心境,而是诉诸有意义形式的情绪混合之能量。这种气化论的中和说有个理路,学者只要站在儒家的立场,不管他是孟、荀、郑、王,或是周、张、程、朱,谁能脱离活生生的现实之文化世界,别求其他的实践管道?"① 杨儒宾在这里基于气化论的脉络,揭示出司马光中和说的思想史价值,颇值得注意。另外,对于司马光与道学之间的关系探讨,尚很少跳出朱熹道统观的影子,而忽视了朱熹时代另一套理学丛书——《诸儒鸣道集》所展现的儒家道统。此外,在讨论司马光与佛老关系,尤其是与道家之关系时,缺乏从经典诠释的视角充分重视司马光《道德真经论》的文献作用,从而使得在研讨司马光与理学关系时,仅借助文集中的数篇文章就得出其"不喜释老"的轻率结论。其次,有关司马光思想的主要来源问题亦有争论。有学者不同意司马光深受荀子和扬雄的影响,认为"司马光正是在对《易》《老》的注解中萌生出了自己的哲学,虽然《诗》《书》《论语》《大学》《中庸》《荀子》等都对司马光产生过影响,但《易》《老》的影响更为显著,尤其是在宇宙观和本体论方面。故说司马光哲学发端于《温公易说》和《注老子道德论》当不为过"。② 最后,有关

---

① 杨儒宾:《〈中庸〉怎样变成了圣经》,载吴震主编:《宋代新儒学的精神世界——以朱子学为中心》,华东师范大学出版社2009年版,第503页。
② 叶福翔:《司马光哲学发展大纲》,《中华文化论坛》,1997年第3期。

司马光哲学的定位问题,此间也展开了激烈的讨论。有学者以"中和之道"概括司马光之思想,①也有学者就判司马光为"天命主义者"的流行做法提出批评,认为这"不惟一般的'定性'不准,更主要是表现了何等的肤浅"。"司马光的天命观,本质上是解释和论证君臣、父子伦常关系的一种思想理论,它与古代本来意义的'天命'观有根本的区别。"②有学者不同意过分拔高司马光思想,认为"司马光对世界本原问题的解释,没有多少新鲜内容,只是沿袭诸家陈说,相互矛盾,不能统一,形不成独立的思想体系"。③

在变法范式下,又衍生出两个问题:第一,司马光是不是保守主义者?第二,司马光反对变法有无理论根据,若有,其根据为何?自康梁变法以来,中经儒法斗争的政治史学研究的狂潮时期,到自20世纪后期开始延续至今的改革年代,该范式一度有着极大的影响。不可否认,在此期间,司马光因为政治的原因搭上了王安石的被视为"法家"和"改革典范"称谓的快车,一度被推进学术研究的热潮,然却往往作为极其反动的思想角色出场。虽然其间亦出现了一些能够尽量超越政治意识形态化研究的成果,但真正从文本出发,通过对其著作尤其是经学、哲学著作进行深入讨论而形成的研究则相当匮乏。

除了这两种主流的司马光哲学研究范式外,随着人们对历史上汉宋之争问题认识的逐步深入,以宋学的研究范式来考察宋代的思想,亦成为20世纪以来研究宋代思想文化的一种重要方法。将这种研究范式发挥得比较充分的则是漆侠先生。④ 在陈寅恪、钱穆、贾丰臻、邓广铭

---

① 陈克明:《略论司马光的哲学思想》,《社会科学辑刊》,1982年第5期。
② 赵吉惠:《评司马光的哲学思想》,《晋阳学刊》,1986年第4期。
③ 侯外庐等:《中国思想通史》第四卷上,第520页。
④ 漆侠:《宋学的发展和演变》。

等前辈学者以宋学视角考察宋代的基础上,漆侠先生形成了自己有关该范式的新的认识。他认为,宋学可以包蕴理学,而理学仅仅是宋学的一个支派。宋学的突出特点还表现在把学术探索同社会实践结合起来,力图在改革上表现经世济用之学。他认为宋学之所以在北宋得到蓬勃发展,这是一个重要动因。而宋学之所以在南宋衰落,蜕变为理学,也就在于经世之学与社会政治生活日益脱节,仅限于"道德性命"之类的空谈和著书立说。与前辈学者不同,漆侠在此理论指导下,对司马光这个在以往该范式研究中被忽视的人物进行了专门的研究。他在其《宋学的发展和演变》中专立一章,通过经学、史学、哲学结合的视角,主要凭依对司马光有关《中庸》解说的考察,探讨了其立足于《中庸》而建构的经世致用化的哲学体系,其中提出的"司马光在经学上足以成家"[①]的观点颇值得关注。尽管他只考察了司马光的《中庸》解说之经学意义,但却开辟了一个研究方向。另外,该书虽对司马光天命论有所考察,然对其思想理论深层的形上部分与发用流行之关系分析不足。但也不可否认,从思想研究之理论模型来看,宋学的研究范式,对于包括司马光在内的宋代思想家们的研究有着非常重要的意义。以此为视角,考察司马光与宋学之关系,对于新时期司马光研究将起到重要的推动作用。此种范式萌于20世纪二三十年代,但此后近半个世纪对此关注不够;循此而进者,多从经学、大文化的演变背景出发,且多为史学领域的研究者,缺乏对宋学中经学哲学化这一现象的研讨。故包括对司马光的研究也仅限于经世致用的层面,对其"性与天道"问题的讨论观照不足。

总而言之,在整个北宋的学术史中,司马光其人虽并不陌生,但若

[①] 漆侠:《宋学的发展和演变》,第23页。

从哲学史的研究来看,其名却异常冷清。在以往的中国哲学史研究论著中,不是无一言论及,就是仅以略略数语轻轻带过。司马光的哲学未能受到传统哲学史研究者的青睐,是否意味着司马光的哲学确实只是个被时代淘汰的东西?其思想到底有没有一个完整的体系?他的包括"疑孟"在内的思想是否只是单纯的保守思想,纯粹为反对而反对而已呢?其哲学形态、理论架构为何?如何定位司马光哲学?这一哲学形态即便并非日后理学的主流发展理路,但是否仍与哲学史上的其他理路有所呼应?北宋时期是否尚存在着与后世研究比较重视的理学与新学——尤其是在元明清时期有很大发展,并产生重大影响的理学——不同的儒学发展进路?就以往研究对这些问题的观照不足而言,司马光的思想在哲学史上的意义仍有被重新检视与丰富诠释的可能性。我们若能跳出此前传统的由朱熹建构的儒家道统观的限制,就会逐渐往一个多元并进、相互影响、相互牵制、相互作用之复杂的历史真实迈进。基于这样的思考,司马光研究就不再只是中国哲学史研究中无关痛痒的事情,而是一个相当值得探寻与开发的新课题。

三、"中和"与司马光哲学思想的重构

在司马光哲学中,中和思想大概是其中最为重要,也最为精粹的部分。

中和与中道传统在中国文化中由来已久。当代考古学家刘庆柱先生曾说:"中国的核心基因是'中','中'是东南西北的汇聚,'中'就是根。中国是从'中'来的,建国要立'中',建都要立'中'……最后国家也叫'中'……皇宫要建在都城正中间,皇宫里象征国家的大朝正殿要建在宫里的正中间。""'中和'的思想与精神有着久远历史,应该说它与中

华五千年文明几乎是同步的。"①我们一般所说的"多元一体"中的"一体"为"中","多元"为"和","一体"是核心;就政治文化而言,"一体"是国家认同、中华民族认同、中国历史文化认同。"中和"之"中"在政治上的大一统,与"和"之有容乃大,成为五千年不断裂文明的核心文化基因。② "中和"对中国历史文化产生了深刻影响,从百姓的"家和万事兴",到各民族政权的和亲政策……而宗教及思想的儒道释"三教合一"也体现出中华文明的"和为贵"。③ 这里充分说明了中和思想对中华文明所产生的广泛而深刻的影响。

《论语》载:"尧曰:'咨!尔舜!天之历数在尔躬,允执其中。四海困穷,天禄永终。'舜亦以命禹。"这里的中就是中道,"执中"就是执政应以公平、公正,不偏不倚,执两用中。根据徐复观先生所言:"中国正统的政治思想,总不外一个'均'字、'平'字,平与均都是从中而来的。"④在清华简《保训》中,李学勤先生首先认定这是周文王临终时训诫太子的"遗言",这位太子就是后来的周武王姬发。⑤ 人们惊奇地发现,周文王临终时谆谆嘱托的竟然就是一个"中"字。他要求太子了解民情、了解人生,深入社会、认识社会,从而准确把握矛盾,尽量处事以中。《逸周书·五权解》记载,武王临终时,同样希望儿子尽力做到"中"。于是,他

---

① 刘庆柱:《不断裂的文明史:对中国国家认同的五千年考古学解读》,四川人民出版社2020年版,第21页。
② 刘庆柱:《不断裂的文明史:对中国国家认同的五千年考古学解读》,第21—22页。
③ 刘庆柱:《不断裂的文明史:对中国国家认同的五千年考古学解读》,第22页。
④ 徐复观:《论政治的主流——从"中"的政治路线看历史的发展》,载徐复观:《学术与政治之间》,台湾学生书局1985年版,第9页。
⑤ 李学勤:《周文王遗言》,《光明日报》2009年4月13日;李学勤:《论清华简〈保训〉的几个问题》,《文物》,2009年第6期。

对辅佐成王的周公说:"先后小子,勤在维政之失。"要他勤勤恳恳,力求避免在政治上出现偏失。武王还强调,希望儿子"克中无苗"。"苗"通"谬",即谬误、偏失,意思是尽力做到适中无邪,以"保"成王在位。武王接着:"维中是以,以长小子于位,实维永宁。"既要"保"其在位,又要"长"其于位,使他在王位上尽快成长起来。那么,怎么成长?就是要"维中是以","以"的意思是"用",即维中是用。文王、武王以后,周人认真遵行了"中"的思想。西周时期,"中道"思想很受重视。周人重视"中道",是因为他们以"中道"为"人道"。《逸周书·武顺解》有一个重要论述,反映了那时人们的观念:"天道尚左,日月西移;地道尚右,水道东流;人道尚中,耳目役心。"显然,此后孔子儒家的"中道"哲学与《保训》里"中"应该是一脉相承的。梁涛亦指出:"孔子以前,中国古代已存在重视中道的思想传统,孔子、子思都试图通过中来统一仁、礼的关系,'合外内之道'。"①孔子"祖述尧舜,宪章文武",对传统文化站在历史的高度进行了系统的凝练和提升。用梁漱溟先生的话说,"孔子以前的中国文化差不多都集中在孔子的手里",孔子所继承的前人成果,其精髓恐怕应该就是"中道"思想。从尧舜时代到西周时期的文王、武王,这个"道统"传承直接影响了孔子的学说。

  应该说,从尧舜时代到西周时期的文王、武王,"中道"思想一直影响着孔子的学说,直到子思将孔子的中道思想记载在《中庸》一书中。孔子对中庸思想极为推崇,并要求君子按照"中庸"的原则行事,《中庸》云:"君子中庸,小人反中庸","执其两端,用其中于民"。为此,他要求君子的道德修养既不能"过"也不能"不及"。换言之,"中庸"就是把矛

---

① 梁涛:《清华简〈保训〉与儒家道统说再检讨——兼论荀子在道统中的地位问题》,载《北大中国文化研究》第2辑,社会科学文献出版社2012年版。

盾的两端直接结合起来,使两方处在和谐的统一中,每一方都在自身应有的适当限度内发展,不突破其限度而压倒另一方,以免引起矛盾统一体的破坏。[①] 孔子主张"君子矜而不争,群而不党"[②]、"君子贞而不谅"[③]、"君子惠而不费、劳而不怨、欲而不贪、泰而不骄、威而不猛"[④],他认为"恭而无礼则劳,慎而无礼则葸,勇而无礼则乱,直而无礼则绞"[⑤]。儒家要求君子把"中庸之道""用中"的方法贯彻到自己的处世和修养中去。孔子有言,"中庸之为德也,甚至矣乎"[⑥],认为尧、舜、禹都遵循着"允执厥中"的原则。孟子则言:"汤执中。"[⑦]他提出既要"执中",又要"用权",说"执中无权,犹执一也"[⑧]。荀子也主张用"兼陈万物而中悬衡"[⑨]的方法追求真理。由此可见,儒家将"中庸"视为最理想的处事方式,也是道德之最高境界。孔子的"中道"思想之所以受到重视,是因为它是一种行为方式,是指导人们的重要思维方式,具有重要的、普遍的指导意义。

中道思想包含有中正、中庸、中和等,具有丰富的意涵。在此中间,"中和"当是其哲学理论上的核心。以"中和"为核心的哲学是最能代表中华民族精神的学说。长期以来,中和思想一直是中国文化及思想的焦点所在。自古以来,中和思想长期孕育于中国文化体系中。"中和"

[①] 赵馥洁:《中国传统哲学价值论》,人民出版社2009年版,第76页。
[②] 朱熹:《四书章句集注》,中华书局1983年版,第166页。
[③] 朱熹:《四书章句集注》,第166页。
[④] 朱熹:《四书章句集注》,第194页。
[⑤] 朱熹:《四书章句集注》,第103页。
[⑥] 朱熹:《四书章句集注》,第83页。
[⑦] 朱熹:《四书章句集注》,第194页。
[⑧] 朱熹:《四书章句集注》,第357页。
[⑨] 王先谦:《荀子集解》,中华书局2013年第2版,第465页。

一词,最早分属于"中"与"和"两个概念,约至春秋时期方合并为一。"中和"一词首见于《管子·正》:"中和慎敬,能日新乎?"①次见于《庄子·说剑》:"中和民意,以安四邻。"②三见于《中庸》:"中也者,天下之大本也,和也者,天下之达道也。致中和,天地位焉,万物育焉。"③最能代表中华民族核心精神的"中和",渊源甚久,可追溯至三皇五帝时代,之后历夏商周之演进发展,已渐臻成熟,大凡修身治国、治人治事,社会生活各个方面莫不以"中"或"和"作为指导思想和行为准则。应该说,中和哲学广泛影响着文化、道德、伦理、政治、经济、医学等领域。而这一点,在作为中国传统思想主流的儒家文化中表现得最明显。在先秦诸子学说中,儒道二家都奉《易》为自家学说的经典,尤其是儒家。因孔子崇《易》,影响所及,门人皆视《易》为研读对象,并对易道尚中贵和的哲学思想有颇多体会。至战国初年,孔子之孙子思更整合前贤评论"中"与"和"的心得,创立了中庸学说,并撰《中庸》一书,奠定儒家中和思想的地位。《易经·系辞下》说:"其要无咎,其用无咎也。"④《易经》的哲理由尚中思想主导,"中"是无过,亦无不及或不足,其精髓在"时中"。《易经》中言及"中"字共一百五十九次,并且屡次提到"得中""中道""中行""中正"。这些皆属中和范畴,故而能放诸四海而皆准,为治天下之根本,亦为治事的基准。无论是太过还是不及,都属失中或违中,其后果皆是负面的。如《乾》卦言:"上九,亢龙有悔。"⑤此言其位离中,升至高位极限,结果是物极必反,由盛转衰,有所后悔,所悔者为"知进而不知

---

① 颜昌峣:《管子校释》,岳麓书社1996年版,第314页。
② 郭庆藩:《庄子集释》,中华书局1983年版,第485页。
③ 朱熹:《四书章句集注》,第18页。
④ 韩康伯注、孔颖达疏:《周易正义》,北京大学出版社1999年版,第318页。
⑤ 韩康伯注、孔颖达疏:《周易正义》,第7页。

退,知存而不知亡,知得而不知丧"①。故此,凡事要有所警觉,适时节制。易道所重视的"时中",指的是适时中和。众所周知,易道主变,变中有常,其常是中和,亦即"时中"也。《易传·系辞下》时云:"八卦陈列,象在其中矣。因而重之,爻在其中矣。系辞而命之,动在其中矣。"②这里以变而不失中和者为贵。在《易经》中,"中"与"和"虽无连配一起出现,然"中和"义理却常在一起。《易传·系辞下》描述易道的乾坤要义说:"乾,阳物也;坤,阴物也。阴阳合德,而刚柔有体,以体天地之撰,以通神明之德。""阴阳合德"的核心价值以尚中贵和为目标,故此朱子说:"阴阳会合,中和之气也。"③《中庸》云:"喜怒哀乐之未发谓之中,发而皆中节谓之和。中也者,天下之大本也;和也者,天下之达道也。致中和,天地位焉,万物育焉。"④是书为儒家中和学说的代表作,对后世影响深远。《孟子》则主张"中道而立",宋明儒家还把《尚书·大禹谟》中"人心惟危,道心惟微,惟精惟一,允执厥中"当作尧舜道统的"十六字"心传。不过孔孟仅将"中和"在社会伦理层面展开,将其诠解为不偏不倚、无过无不及的"中庸"之道而已。事实上,"中和"二字涵义颇深。无怪乎陈鼓应先生曾专门撰文统计,《老子》《庄子》中"中和"二字并和《论语》《孟子》做比较,断言"中庸所言'中和'乃承道家思想而来"。⑤ 老子云:"多闻数穷,不如守中""冲气以为和""知和曰常""和之至";《庄子》讲"环中""中德""中和""和之以天倪""游心乎德之和""以和为量"等,

---

① 韩康伯注、孔颖达疏:《周易正义》,第23—24页。
② 韩康伯注、孔颖达疏:《周易正义》,第311页。
③ 朱熹:《周易本义》,九州出版社2004年版,第178页。
④ 朱熹:《四书章句集注》,第18页。
⑤ 陈鼓应:《道家在先秦哲学史上的主干地位》,载《道家文化研究》第10辑,上海古籍出版社1996年版,第50页。

都非常重视"中和"二字。佛学讲"中观""中道",亦突出"中"字。故而胡孚琛先生讲:"儒释道三教,皆突出了'中和'的哲学。"①他在《道学通论》中指出,道学之中有四义:一是从事物规律上讲,"中"即"正",即"正道",为自然中正的必行之路,属于道之用;二是从事物之变化上讲,"中"即为"度",要知止知足,不超过限度;三是从空间上讲,"中"即为用,道以虚无为用,虚无中含有生机;四是从时间上讲,"中"即为"机",要"动善时",不得已而为之。②胡先生的概括虽仅就"中"而言,实则将中国哲学中"中和"范畴的基本蕴义皆囊括其中。即如其所言:"'中和'为道之枢,德之柄,明乎中和,则可以正心,可以诚意,可以修身,可以齐家,可以治国,可以平天下,可以得一万事毕,可以无为而无不为。……'执一统众''守中致和'为道学第一谛义,亦为道家和诸子百家之学的枢纽。"③"中和"在中国哲学中意义极为丰富,而其核心体现了极富中国文化特色的道统观念。正如唐君毅先生在《中国哲学原论·原道篇上》所指出的:

> 宋代理学则周濂溪《太极图说》,以中正仁义之道立人极。张横渠首太和之论。程子以中为未发之大本,和为已发之达道,则纯自心上言中和。朱子之辩中和,亦即辩心之已发未发。阳明之学,亦初由此心之中和之问题入,其时之湛甘泉,以中正言天理。至刘蕺山而明谓宋明之儒学之工夫,不出致中与致和之外。清人言汉学,则惠栋至陈澧,皆谓汉儒最重此

---

① 胡孚琛:《道学通论》,社会科学文献出版社2009年版,第50页。
② 胡孚琛:《道学通论》,第51页。
③ 胡孚琛:《道学通论》,第52页。

中和之义。……则为伪《古文尚书》者,与宋儒之由树之果以推其本,谓尧舜禹之相传,即有一允执厥中之道,为其统,亦非不可说。中以不偏为义,然又即在内之心之称。此二义初不同。然心之所以为心之性,亦原是不偏。则此二义,未尝不相通。以不偏之中心为体,其表现之用,则为合异以成和,则中和二而不二矣。……故吾不说此中和为中国之道统,亦正所显此中和为中国之道统。①

中和既是人类情感未发之前的本然心理状态与已发之后的理想实现,又是天地得位、万物得育的根本法则。此一理论将个人身心与自然宇宙归至同一个最高原理。②

由于佛老的挑战,自中唐以降的儒学复兴浪潮中,重视心性的《中庸》受到格外重视。据考,在北宋初年,研习《中庸》乃一时之尚,借由对《中庸》的解读阐发中和思想,更是成为当时思想界重要的动向。在这样的思想史发展脉络中,司马光因其崇尚《中庸》并表彰"中和",形成了与后世普遍重视的程朱一系卓然不同的中和哲学体系。通观司马光哲学著作会看到,司马光对《中庸》的诠释在其整个思想体系中占据着非常重要的地位。而这一思想不仅体现在其遗失的《〈中庸〉〈大学〉广义》中,亦体现在其《法言集注》《太玄集注》《易说》《潜虚》《道德真经论》和诸多史论及其他哲学论文之中。"中和"这一传统儒家的重要范畴,在

---

① 唐君毅:《中国哲学原论·原道篇(上)》,中国社会科学出版社2006年版,第43—45页。
② 林素芬:《"独乐"与"中和"——论司马光园林书写中的修身意涵》,载刘苑如主编:《生活园林:中国园林书写与日常生活》,台北"中研院"文哲研究所2013年版,第178页。

司马光这里被赋予了新的含义,成为北宋新儒学建构过程中涑水学派的重要理论支撑。而这一点已得到了学界一定程度的重视。最早系统注意司马光"中和"论的当为董根洪:在其专著《司马光哲学思想述评》中,他对司马光的中和论在伦理哲学、政治哲学等不同层面予以比较全面的考察,此后又在其《儒家中和哲学通论》①中通过对司马光与其好友李孝基、范镇、王乐道、韩维等人的辩论,将中和论的形成过程与理论内涵作了系统的揭示;之后漆侠在其《宋学的发展和演变》中,更是从"中庸"与"中和"之关系入手,对"中和"论从政治哲学的视角进行了研究;杨儒宾在《〈中庸〉怎样变成了圣经》一文中,将司马光以"中和"论为核心的中庸诠释置于整个中庸诠释史上予以研究②;复旦大学的郭晓东在其《论司马光"中和"学说及其在道学史上的意义与局限》③一文中,将司马光的中和论置于道学发展史中予以分析和定位,并指出了其在道学视野下的局限。以往的这些研究对司马光的"中和"论虽然都有不同程度的注意,但限于题旨,往往只是在某一个层次作解说,对于实际上贯穿其思想方方面面、具有立本意义的中和范畴的思想内涵之认识是不够的。这也反映了在以往的司马光哲学研究中,实际上并没有提炼出一个真正能够代表司马光哲学思想本真关怀的范畴,而这对于切实把握司马光哲学思想的问题观照和价值生成都是非常不利的。

司马光曾在《答范景仁书》中说过:

---

① 董根洪:《儒家中和哲学通论》,齐鲁书社2001年版。
② 杨儒宾:《〈中庸〉怎样变成了圣经》,《宋代新儒学的精神世界——以朱子学为中心》,第503页。
③ 郭晓东:《论司马光"中和"学说及其在道学史上的意义与局限》,《陕西师范大学学报(哲学社会科学版)》,2010年第4期。

> 夫中者,天地之所以立也。在《易》为太极,在《书》为皇极,在《礼》为中庸,其德大矣至矣……就其小小者言之,则养生亦其一也。①

在这里,司马光把"中"与《易》中的"太极"、《书》中的"皇极"、《礼》中的"中庸"等同起来,从而把"中"提到了无可企及的绝对地位。除了对"中"的地位的充分强调外,他还对与之意义相近的"中和"范畴的意义作了极力强调:

> 一阴一阳之谓道,然变而通之,未始不由乎中和也。……故阴阳者,弓矢也;中和者,质的也。弓矢不可偏废,而质的不可远离。②

司马光从"天下之达道"出发,对于其"中和"论的作用与意义作了充分的阐发。如其在《潜虚》中所云:

> 阴阳不中,则物不生;血气不中,则体不平;刚柔不中,则德不成;宽猛不中,则政不行。中之用,其至矣乎!③

显然,在司马光这里,"中和"既具有宇宙生成的意义,又具有养生、修身及政治哲学的涵义。"中和"不仅仅是作为修身养性的一种方法,

---

① 司马光:《传家集》卷六十二,商务印书馆1937年版,第753页。
② 司马光:《传家集》卷六十一,第734页。
③ 司马光:《潜虚》,商务印书馆1939年版,第33页。

而且被提升到了宇宙大道的层次,具有宇宙本根论的意义。即所谓"夫和者,大则天地、中则帝王、下则匹夫、细则昆虫草木,皆不可须臾离者也。岂帝王则可行,而一身则不可行耶？人苟能无失中和,则无病"。①

总之,司马光在对《中庸》的"中和"探讨过程中提出,所谓"中和",就是要强调适中、用中、执中,即"动静云为,无过与不及也","中和"与《大学》所讲的"虚静定"同为治心之术。② 因此士大夫修身养性当"以中正为心","履中守正,和而不流,执志之坚,人不能夺"。③ 士人具有刚毅、正直的美德,但也离不开"中和"的调节,"刚,阳德也,君子所尚也。然刚而不中则亢,刚而不正则戾。亢则人疾之,戾则人违之,故刚遇中正,然后可以大行于天下"④,"正直非中和不行,中和非正直不立,若寒暑之相济、阴阳之相成也"⑤。正直、中和,相辅相成,始为美德。不仅个人的修养离不开"中和",礼乐政刑的实施也需要"中和"。司马光认为礼是"中和"之法,仁是"中和"之行,乐以"中和"为本,政以"中和"为美,而刑则以"中和"为贵。基于此,他认为"中和"之道是人世间普遍存在的处世法则。

故此,研究司马光哲学思想应当抓住这个贯穿其哲学思想始终的重要范畴,用它来提领和把握整个司马光哲学思想的体系,这对于深刻理解司马光与传统儒学之衔接关系,对于把握司马光在"庆历之际,学统四起"的学术发展格局中的重要特色和地位,都非常有益。

本研究一改过去将司马光研究要么置于道学视野,要么与王安石变法直接相关联的外围做法,将司马光置于北宋儒学发展尤其是儒家

---

① 司马光:《传家集》卷六十二,第759页。
② 司马光:《传家集》卷六三,第768页。
③ 司马光:《温公易说》,《文渊阁四库全书》第8册,第613页。
④ 司马光:《温公易说》,第613页。
⑤ 司马光:《传家集》卷六十七,第836页。

经学发展的大背景下予以重新考察。事实证明,在道学地位还未充分彰显,道学理论尚未真正成熟完善的时期,以它作为学术思潮发展的评判标尺,将在很大程度上遮蔽司马光及其哲学的理论贡献,而其与时贤的差异往往会被无限放大,以至于被简单排除于道学之外。此外,司马光在政治上固然是王安石变法的头号反对者,但作为哲学思想的研究,不能将理论的相对独立性予以抹杀。一味地强调政治环境对思想观念、学术发展的决定作用,最后只能导致对多元发展、复杂多变的思想作简单的划线处理,带来的将不只是误解和偏离事实,更严重的是将这种"先入为主""以论带史"的研究方法泛滥化。超越道学,超越变法,将成为本书研究的重要方针。

在这种方法的指导下,笔者将首先追溯司马光哲学形成的学术背景,即探讨在唐宋经学大变革的时代环境中,司马光的经学所要面对的问题和彰显的学术特色。从对现有资料的全面考察来看,司马光的哲学既体现了汉唐哲学重视天人关系和人性三分的鲜明特色,也体现了宋明新儒学在经学哲学化的背景下日渐凝聚而走向形上的伦理本体化特色。这些特色则是通过"疑孟""尊扬""由玄而易""重视《中庸》"等为学进路特征充分体现了出来。

司马光哲学体系的建构主要是通过其唯一的体系化著作《潜虚》来实现的[①]。在《潜虚》篇首,司马光就讲道:

---

① 方诚峰指出:"《潜虚》的基本结构在司马光生前就已经确定了,将《气图》《体图》《性图》《名图》视为司马光思想的反映是没有问题的。只是在涉《行图》之具体内容时需要小心,其中的《变图》《解图》则尤其无法确定孰出于司马光之手。无论如何,《潜虚》的整体结构才是该书最为核心的内容,而这出于司马光之手应该没有什么疑问。"参见方诚峰:《司马光〈潜虚〉的世界》,《清华大学学报(哲学社会科学版)》,2017年第1期。

> 万物皆祖于虚,生于气,气以成体,体以受性,性以辨名,名以立行,行以俟命。故虚者物之府也,气者生之户也,体者质之具也,性者神之赋也,名者事之分也,行者人之务也,命者时之遇也。①

在这段话中,司马光提出了"虚""气""体""性""名""行""命"七个哲学范畴,而且环环相扣,后半部分的解释更是把每一个范畴自身的核心要义讲得非常明白。前后两部分结合起来看,便形成了一个相对严整的思想体系。在《"名图"图说》中,司马光讲道:

> 人之生,本于虚,虚然后形,形然后性,性然后动,动然后情,情然后事,事然后德,德然后家,家然后国,国然后政,政然后功,功然后业,业终则返于虚矣。②

由此构成了一个始于虚而又终于虚的理论闭环。这里把虚、形、性、动、情、事、德、家、国、政、功、业共十二个范畴联结在一起,将儒家传统的内圣外王之道讲得极为透彻明白。抓住了司马光哲学体系的这一特点,要进入其庞大思想体系的内在理路就相对比较容易了。前一段话虽然一般被视为司马光哲学思想的总纲,但很少有学者从这段话所构建的理论体系本身出发对司马光的思想进行整体重构,这也是目前司马光哲学研究往往流于外在化或表面化的一个重要原因。本文即力图从《潜虚》的这一纲领和特点出发,以贯穿于司马光哲学每一个环节的"中和"论这条主线,对司马光哲学进行再诠释。

---

① 司马光:《潜虚》,第1页。
② 司马光:《潜虚》,第6页。

第一章　司马光中和哲学的形成

司马光一生务实平易,恪守儒家伦理道德准则,博闻多识,学术造诣精深,成就斐然。且其为人处世的智慧无论是在独特的人格魅力方面,还是在对学术研究独到的见解上,都有着充分的体现。司马光的哲学思想既源于唐宋之际思想发展的宏阔背景,也与其丰富的人生阅历有着密切的关系。关于司马光的学行,朱熹在《题温公画像赞》中曰:"笃学力行,清修苦节,有德有言,有功有烈",[1]对司马光的笃实人格作了高度评价。方正学在《题公赞》中亦云:"儒者之泽,大行于民。伊周以来,唯公一人。始未可为,万钟不受。逢时多艰,为世父母",[2]更是认为自周公以来,将儒家思想广泛推行于世者,只有温公一人。清人顾栋高在其所著《司马太师温国文正公年谱》凡例中指出:"公生平学问,用力一诚字。"[3]他认为司马光以"诚"贯通其治学与为人,俨然一儒家道德君子的人格气象。因此,基于特定的理论背景,分析司马光之学思历程,展现其独特的为学进路,是准确理解和评价司马光中和哲学的重要前提。

---

[1] 马恋、顾栋高:《司马光年谱》,中华书局1990年版,第15页。
[2] 马恋、顾栋高:《司马光年谱》,第15页。
[3] 马恋、顾栋高:《司马光年谱》,第20页。

第一节　理论背景

一、唐宋转型,经学变革

孔子编订六经,开儒家思想理论化、体系化之先河。① 此后儒学在这一系统的经典所传递的精神支撑下不断被后人所诠释,日渐形成蔚为大观的儒家经学。虽然儒学在不断强调其自身的教化作用,即所谓为君者"循之则治,违之则乱",士大夫则"君子修之吉,小人悖之凶",但直至孔子逝世数百年后,其"维世立教"之本旨初衷方因董仲舒所倡之"罢黜百家,独尊儒术"而得以彰显。此后,汉代经学大盛,出现了古文经学与今文经学的经久争鸣,也催生了儒家经学的变异形态——谶纬之学。后经历史的拣择,在三国两晋南北朝时期,出现了以道解儒、儒道合流与会通的新型儒家经学形式——玄学。这在一定意义上将儒家经学进一步推上形上哲思的理论高峰,但也使得儒家传统的性情观、圣人观、礼法观等问题面临着新的挑战。与此同时,当儒家经学在汉代大盛之时,外来的思想——佛教传入中国。佛教从东汉开始,历经魏晋,至南北朝始大盛于中国。在其不断的中国化过程中,也在不断地与儒会通、与道会通,于是在当时的思想界出现了复杂的儒佛会通、道佛会

---

① 无论是古文学家所主张的"孔子之前已有六经",还是今文学家所主张的"有孔子而后有六经",孔子对儒家思想的整理和传播,注定了他在儒家思想发展史上有着不可抹杀的重要地位。

通、儒道会通的局面。儒家的经学亦在此后的南北朝时期,或出于政治、地缘等种种原因,出现了鲜明的分化。

唐宋时期中国社会的大变革,已多为学界所讨论。植根于经济社会变革的儒学转型成为时代的必然。在隋唐时期大为兴盛的佛教、道教思想的冲击下,儒学的命运在唐中期以后面临着新的挑战。如何捍卫儒家道统,使曾经在社会中发生重要作用的儒学在新时期实现转型,成为唐中期以后儒家学者思考和关注的重要问题。有学者指出,经济、佛道的挑战等外在因素固然对唐宋儒学转型起到了一定的促动作用,但最为关键的因素当为儒家思想自身在这一时期的理论嬗变。① 亦如皮锡瑞在《经学历史》中讲的:"学术随世运而转移,亦不尽随世运而转移。"② 虽然唐初以孔颖达为代表的官方儒家经学对唐代社会形成了一定影响,但此时的儒学形态并未从根本上摆脱以注重注疏和训诂为主要特征的汉学的影响,而且带来了极大的负面效应,即把经学统死了,致使唐代儒学在一定意义上只是承继了南北朝时章句训诂之学。绝大多数儒生只是拘泥于章句训诂之学,墨守《五经正义》之说,而不敢轻易逾越。如学界所认同的,儒学的转型始于啖助、赵匡、陆淳等人新春秋学的形成。但这种看似新颖的儒经阐释形态当是渊源有自,与南北朝时所兴盛的南朝义疏之学有着密切关系。内藤湖南在《概括的唐宋时代观》一文中指出:"汉魏六朝之风一直传至唐代初期,经学重家法和师法,倡导古代传下来的学说,但不允许改变师承,另立新说。当然,亦有

---

① 林乐昌:《唐宋儒学转型模式探索》,"汉唐儒学基本特征与思想精华"学术研讨会论文集,第 200 页。
② 皮氏又曾云:"隋平陈而天下统一,南北之学亦归统一,此随世运为转移者也;天下统一,南并于北,而经学统一,北学反并于南,此不随世运转移者也。"(皮锡瑞:《经学历史》,周予同注释,中华书局 2008 年,第 193 页。)

人想出种种方法,多次近乎公然尝试变更旧说,不过未有成功。当时的著述多以义疏为主。义疏是对经书中注的详细解说,原则是疏不破注。然而到了唐代中叶,开始有人怀疑旧有注疏,要建立一家之言。……到了宋代,这个倾向极度发达,学者自称从遗经发现千古不传的遗义,全部用本身的见解去作新的解释,成为一时风尚。"①内藤湖南在这里揭示了儒家经学从汉魏到宋代转变的历程,义疏之学作为从汉代经学向宋代义理之学转变的中间环节,已得到了一定程度的重视。若隔断这种联系,必会将唐中期的儒家经学转型的"突变效应"过分放大,这对于我们把握儒家思想的连续性是非常不利的。

经中唐韩愈、李翱及宋初孙复、欧阳修、张载等人对汉唐经学的系统反思,思想家们基本达成一个共识:儒学在孔孟那里是完美的,汉儒虽立儒家经学为正统,但因其舍本逐末,沉溺于章句训诂之中不可自拔,后之义疏作者,更是恪守"疏不破注"之传统,于义理方面无所发明。故而,他们普遍认为,唯有抛弃汉唐经学,直追孔孟,才可以把握儒家之真精神。这使得在中唐之后,儒学研究日渐呈现出从训诂之学向义理之学转变的"经学变古"的新趋势。

但是,此种对儒学发展境况的反省,毕竟仅限于少数学者层面。赵宋立国后,于太祖、太宗、真宗三朝,刊刻唐《九经正义》,复位《论语》《孝经》《尔雅》义疏,谨守唐人"正义"。最为关键的是,科举取士一律以官定《正义》为准。另一方面,从太祖到真、仁朝,士大夫对"治道"的关注和探寻,亦成为朝野上下的共识和普遍的社会心理。② 这在很大意义上成为宋代

---

① 内藤湖南:《概括的唐宋时代观》,《日本学者研究中国史论著选译》第一卷,中华书局1992年版,第16页。
② 林乐昌:《张载关学学风特质论——兼论张载关学学风的现代意义》,《陕西师范大学学报(哲学社会科学版)》,2002年第3期。

儒学复兴的原动力,也成为真正促成唐宋儒学转型的直接外部条件。

至仁宗庆历年间(1041—1048年),当时有名的学者皆纷纷来批判汉唐经学,①使得庆历之际的经学变古成为社会思潮和普遍的学术风尚。在此后的短短几十年间,疑经风气弥漫士林。但真正给予汉唐经学以致命一击的,是王安石变法中的科举改革。

熙宁四年(1071年),新法中的科举改革正式推行:

> 今定贡举新制:进士罢诗赋、帖经、墨义,各占治《诗》《书》《易》《周礼》《礼记》一经,兼以《论语》《孟子》。每试四场:初本经、次兼经,并大义十道。务通义理,不须尽用注疏。次,论一首;次,时务策三道,礼部五道。中书撰大义式颁行。②

科举改革"变声律为议论,变墨义为大义"③,使得"士皆趋义理之学"④。后应科举考试之需和神宗"一道德"⑤"使义理归一"⑥的敕令,王

---

① 如孙复曾言:"国家以王弼、韩康伯注之《易》,左氏、公羊、穀梁、杜预、何休、范宁之《春秋》,毛苌、郑康成之《诗》,孔安国之《尚书》,镂版藏于太学,颁于天下。……彼数子之说,既不能尽于圣人之经,而可藏于太学,行于天下哉?"(《孙明复小集·寄范天章书二》,《文渊阁四库全书》第1090册。)与此同时,欧阳修亦撰文抨击唐人《正义》:"自尔以来著为定论,凡不本《正义》者,谓之'异端'……然其所载既博,所择不精,多引谶纬之书,以相杂乱,怪奇诡僻,所谓非圣之书,异乎'正义'之名也。"(《欧阳修全集》卷一一二《论删去〈九经正义〉中谶纬札子》,《文渊阁四库全书》第1136册。)
② 李焘:《续资治通鉴长编》卷二二〇,中华书局1986年版,第5334页。
③ 马端临:《选举四》,《文献通考》卷三十一,中华书局1986年版。
④ 李焘:《续资治通鉴长编》卷二四三,第5917页。
⑤ 李焘:《续资治通鉴长编》卷二二九,第5570页。
⑥ 李焘:《续资治通鉴长编》卷二四二,第5570页。

安石颁《三经新义》于天下,作为全国统一教材和科举考试的范本。司马光对于这种统一经说的做法甚为反感,他提出:"夫圣人之经,高深幽远,固非一人所能独了,是以前世并存百家之说,使明者择焉……经犹的也,一人射之,不若众人射之,其为取中多也。"①其门生晁说之对司马光这一看法亦表示赞同。他讲道:"此公天下之言,待天下忠且敬也,顾肯伸己而屈人,必人之同己哉!彼排摈前儒,颠倒五经者,亦宜愧诸。"②从此以后,义理之学开始进入一个全新的发展时期。

与此同时,熙宁、元丰时期,士大夫在议政和参政过程中对"治道"的积极探寻,使得他们逐渐意识到自己的使命在于维护和传续儒家的"学统",即所谓"为往圣继绝学",也日渐意识到"学统"高于"治道"。他们一方面关心"治道",另一方面又力图超越"治道",越来越把兴趣和注意力集中在作为"治道"终极依据之儒家形上学的理论建构上。程颐(1033—1107)在为其兄程颢撰写的墓表中曾讲道:

> 道不行,百世无善治;学不传,千载无真儒。无善治,士犹得以明夫善治之道,以淑诸人,以传诸后;无真儒,天下贸贸焉莫知所之,人欲肆而天理灭矣。③

如果说,宋代儒学复兴的早期阶段是以"推明治道"为特征,带有比较浓厚的直接为政治服务色彩的话,那么,待道学正式形成以后,士大夫们虽仍坚持"学政不二"的主张,但此时的儒学已经具有了相对独立的性质,

---

① 司马光:《古文孝经指解序》,《古文孝经指解》,《文渊阁四库全书》第182册,第182页。
② 晁说之:《儒言》,《文渊阁四库全书》第698册,第500页。
③ 程颢、程颐:《二程集》,第640页。

以及不同于以往的新的学术形态和新的话语体系。即从庆历前后起,思想界开始以天人论和性说为议论的重要主题。为了使儒学作为一种思想获得新生,这应该是与佛教相对抗的意识在建立主题的过程中日渐发挥主导作用所显发出的结果。土田健次郎曾指出:"在宋代之前,唐代的儒学文献中,有一些讲述当政者的心术、为臣者的实践伦理,或与此相关之故事的书籍,引人注目,那便是《贞观政要》《帝范》《臣轨》《群书治要》等等。在日本,从古代到中世,这些书陆续被引进,但在中国,到了宋代以后,它们却不可思议地失去了读者。只有陆贽的《陆宣公奏议》受到欢迎,可视作例外。这些书所缺的,就是有关天人性命的成体系的议论,这使它们在宋代越来越不受人关注。另外,除了注疏以外,被宋人阅读的唐代注释类书籍,有啖助、赵匡、陆淳对《春秋》的注释,它们提供了不被注疏所拘束的新解释,所以获得了宋人的好感。"①这说明道德性命之学在北宋已逐渐形成了一种社会风尚。石介曾说,因为"其心与圣人之心自会,能自诚而明,不由钻研而至。其性与圣人之道自合","故能言天人之际、性命之理、阴阳之说、鬼神之情"②。特别是性说的泛滥,从苏轼"世之论性命者多矣"③,以及程颐"今日之风,便先言性命道德",④司马光"今之举人,发口秉笔,先论性命"⑤等众口一词的说法中,可以窥见其状况。对此种问题意识的保持,将庆历时期与之后的熙丰变法和元祐更化联系了起来。不过,随着改革派成为主流,有关这个问题的各种学说马上呈现出对立的情形,学派之间走向分裂,新儒学也越来越展露其鲜明的个性。

---

① 土田健次郎:《道学之形成》,上海古籍出版社 2010 年版,第 39 页,页下注。
② 石介:《徂徕集》卷一三《上范思远书》,《文渊阁四库全书》第 1090 册,第 235 页。
③ 韩康伯注、孔颖达疏:《周易正义》,第 32 页。
④ 程颢、程颐:《二程集》,第 23 页。
⑤ 司马光:《传家集》,第 539 页。

二、荀学余脉,多元道统

韩非子说,自孔子死后,儒分为八,即:子张之儒、子思之儒、颜氏之儒、孟氏之儒、漆雕氏之儒、仲良氏之儒、孙氏之儒、乐正氏之儒。历战国秦汉的大变迁后,儒家的这八个学派中,包括颜子一派在内的六派,均逐渐淹灭而无闻。真正使儒家在秦汉以后仍能够薪火相传的只有两家,即孟氏之儒与孙氏之儒。孟氏即孟轲(孟子),其学术出于子思之门,子思是孔子之嫡孙。孙氏即孙卿,亦即荀子。荀子之学,师承于孔子弟子子张与子夏。子思和孟子一派儒学,一方面仍坚持孔子的礼制思想,另一方面又提出外仁内圣之学,即人格主义的儒学,唐宋以后演变为孔、韩、程、朱之理学。而荀子之学,则源于子张和子夏,主要是外王之学,亦即用权与法术之学。战国中后期的法家一派,实际主要来自子夏学派。孔子死后,受魏文侯之弟魏成子邀聘,孔门七十二贤之一的子夏晚年讲学于魏国之西河,在这里建立了子夏学派。这个学派就是法家之祖,其门生首先是魏文侯。《史记·魏世家》说:"文侯受子夏经艺。"其弟子包括李悝、段干木、田子方、吴起。魏文侯以礼贤下士闻名于世,是战国时第一位大举招客讲学养士的诸侯。其中李悝与吴起成为一代著名政治家、军事家。子夏之西河学派实开后来齐稷下学派之先河。子夏之学后来为荀子有所批判地继承。而孟、荀二派,在战国末世,乃成为儒学中并立的两大流派。

众所周知,孟子与荀子分别开创了心性儒学与经世儒学两个不同的儒学路向,为后世儒学的发展提供了思想的基本资源。然在后世的传衍过程中,孟、荀的地位却截然不同。尽管在汉代这种地位差别和分化还不是特别明显,但中唐以后,两者的地位发生了重大变化。韩愈在

《原道》中对荀子的评价影响了后世对荀子的定位与理解。他说:"尧以是传之舜,舜以是传之禹,禹以是传之汤,汤以是传之文、武、周公,文、武、周公传之孔子,孔子传之孟轲,轲之死,不得其传焉。荀与扬也,择焉而不精,语焉而不详。"①基于韩愈道统论在宋初的重要影响,北宋学者对荀子的评价存在着一定的争议。在韩愈的道统谱系中,对荀子的"择焉而不精,语焉而不详"的定位,让不少学者因荀子之"小疵"而将其排除在儒学道统之外。李祥俊先生认为:"在韩愈的道统录中,除了虚拟的古代圣王外,真正属于儒家学派的只有孔、孟、荀、扬四大儒,韩愈推崇孔、孟,对于荀子和扬雄的褒贬有所保留,但尽管如此,这也大大提升了荀子在儒学道统中的地位。"②对此,笔者以为韩愈不仅没有提升荀子的地位,反倒因其在《原道》中的评价,使得宋儒对荀子的非议不断滋生。加之北宋时期除了延续汉唐儒家经学传统之外,儒家学派内部还兴起了一股复兴先秦原始儒学的新儒学思潮,其中最具代表性的有王安石的"荆公新学"、苏轼兄弟的"蜀学"、二程兄弟的"洛学"。他们在儒学道统的论述上往往都比较苛刻,荀子的地位逐渐受到质疑与批评。当然,也有学者对其存在着一定程度的肯定与崇奉。于是,在北宋时期出现了对荀子评价的多元化格局。

第一种,是对荀子的推崇和表彰。如北宋前期的柳开将孔子列为圣人,他说:"孟、荀、扬、韩,圣人之徒也,将升先师之堂,入乎室,必由之;未能者,或取一家以往,可及矣"。③ 其他如孙复、李觏等仍然坚持将荀子置于道统。韩琦在《五贤赞》中将荀子列入低于圣人的贤人行列,

---

① 韩愈:《原道》,《韩昌黎文集校注》,上海古籍出版社1986年版,第18页。
② 李祥俊:《道通于———北宋哲学思潮研究》,北京师范大学出版社2006年版,第163页。
③ 柳开:《东郊野夫传》,《全宋文》第3册,巴蜀书社1989年版,第688页。

恐代表了当时知识界的一般看法。①

第二种,即是对荀子的批评。这里面大体上有两个类型,第一类是针对荀子对孟子的批评而形成的对荀子的非议。如北宋前期的贾同认为,子思、孟子得孔学之真传,而荀子作《非十二子》批评子思、孟子则十分无谓,在他看来,荀子之学无法与子思、孟子相比,所以他说:

> 今以荀之书比之,而又出其后,则庶几学之未能似之,微得其具体矣,故唐韩愈但侪之扬子云而已。……且夫仲尼之道,孟轲学而行之,吾谓未有能出之者也。而荀亦以学仲尼之道,而反以孟比十子为十二,而复云云。所谓是尧而非舜者也。荀非舜,则尧亦未足信矣。而曰仲尼、子弓者,吾不知子弓者何如人也,而荀谓仲尼者何如人也。噫!吾观此,是吾不信荀也,故作《责荀》以示来者。②

北宋中期的郑獬则就孟子法先王、荀子法后王的差异提出评价,认为二者都是"法其是者而去其非是者",在实质内容上并无二致,荀子故作异论是出于私意。他说:"孟子见当世之戕贼仁义,谓古之为仁义者无出于尧舜,故其言必以尧舜为法。荀子犄其论,特为孟子而发也,乃有私意矣。"③苏轼还进一步指出,正是荀子学说中的诸多偏颇导致了其学生李斯非圣诬法的种种恶行。他说:"彼见其师历诋天下之贤人,自是其愚,以为古先圣王皆无足法者。不知荀卿特以快一时之论,而荀卿

---

① 韩琦:《五贤赞》,《全宋文》第20册,巴蜀书社1991年版,第358页。
② 贾同:《责荀》,《全宋文》第7册,巴蜀书社1990年版,第465—466页。
③ 郑獬:《读孟荀》,《全宋文》第34册,巴蜀书社1993年版,470—471页。

亦不知其祸之至于此也。"①王安石虽然肯定荀子之学"备仁义忠信之道,具礼乐刑政之纪,上祖尧舜,下法周孔"②,但对于荀子批评孟子极为不满。而司马光则推崇扬雄过于孟、荀。苏轼亦对荀子批评孟子极为不满,认为荀子"喜为异说而不让,敢为高论而不顾者也。其言愚人之所惊,小人之所喜也"。③第二类则是对荀子之学本身的"驳杂"提出批评。王安石认为荀子的性恶论是祸仁义者,所以反对荀子在道统上与孟子并列。王安石对于汉唐经学主要持批评态度,自对荀子无好感,罕言荀子与经学的关系。二程赞同韩愈关于孟子"醇乎醇"的评语,对荀子、扬雄"大醇而小疵"的评价则认为过于宽容。程颐说:"荀卿才高,其过多。扬雄才短,其过少。韩子称其'大醇',非也。若二子,可谓大驳矣。然韩子责人甚恕。"④对荀子批评孟子,程颐也极表不满。他说:"荀子,悖圣人者也,故列孟子于十二子。"⑤二程还以倡导性恶论、以礼乐为伪,认为荀子之学未得儒学真谛。"荀卿才高学陋,以礼为伪,以性为恶,不见圣贤,虽曰尊子弓,然而时相去甚远。圣人之道,至卿不传。"⑥程颐在给其兄程颢所写的《行状》中以程颢直接孔孟之道,把儒家内部学术不纯者如荀子、扬雄、王通、韩愈等都排斥在正统学术之外。在这一点上,张载和二程是一致的,他也以孔、孟为标准,批评后世诸儒皆未得道。如其在《经学理窟·义理》中所言:"古之学者便立天理,孔孟而后,其心不传,如荀扬皆不能知。义理之学,亦须深沉方有造,非浅易轻

---

① 苏轼:《荀卿论》,《全宋文》第44册,巴蜀书社1994年版,第538—539页。
② 王安石:《荀卿上》,《全宋文》第32册,巴蜀书社1993年版,第689页。
③ 苏轼:《荀卿论》,《全宋文》第44册,第539页。
④ 程颢、程颐:《程氏遗书》卷十八,《二程集》,第231页。
⑤ 程颢、程颐:《程氏遗书》卷二十五,《二程集》,第325页。
⑥ 程颢、程颐:《程氏外书》卷十,《二程集》,第403页。

浮之可得也。"①张载批评荀子和扬雄思想不够通达纯粹,沿袭了韩愈的"小疵"说,并且作了进一步的放大。

就北宋时期荀子在儒学道统中的总体情况而言,其地位处于一个由高到低的动态发展过程中。一方面,承袭中唐以来儒学复兴之势,荀子地位得到提升,列于孔、孟之后,被誉为大贤,并于北宋神宗元丰年间配享孔子庙庭。"自今春秋释奠,以邹国公孟轲配食文宣王,设位于兖国公之次。荀况、杨雄、韩愈以世次从祀于二十一贤之间,并封伯爵:况,兰陵;雄,成都;愈,昌黎。"②但在另一方面,由于新儒学思潮的批评,荀子在儒学道统中的地位岌岌可危。南宋以降,荀子不断受到批评,逐渐被排斥出儒家道统。而随着孟子地位的提升,荀子的地位逐步衰降:伴随着中唐以来的"孟子升格运动",荀子由"大醇而小疵"到"大驳""极偏驳""悖圣人者也",其地位一降再降,最终在朱熹那里被彻底请出了儒学的道统谱系。之所以出现这种"尊孟抑荀"的趋向,其原因恐怕不仅仅是"孟子的思想迎合了现实所需和所好",③恐怕还有更为深刻的历史因素。

作为一种思想史发展的暗流,应该看到荀学在北宋时期依然有其特定的影响。在理学和新学尚未真正发展起来之时,荀学也是当时知识界的一种理论选择。这一点在司马光的时代表现得尤其明显。而这也成为今天我们重新检视重视荀学的司马光哲学的重要意义之所在。

---

① 张载:《张载集》,中华书局1978年版,第273页。
② 李焘:《续资治通鉴长编》卷三四五,第3204页。
③ 余亚斐:《荀学与西汉儒学之趋向》,安徽师范大学出版社2012年版,第2页。

三、争议汉儒,经典重组

在汉唐训诂之学逐渐向义理之学转变的过程中,以"五经"为主要文本的儒学经典体系日益向以"四书"为主要蓝本的新的经典体系转化。在道学发展的早期阶段,"四书"的地位尚不是很高,尤以《孟子》为最显。随着理学发展过程中《孟子》的不断升格,包括司马光《疑孟》在内的对《孟子》的怀疑与攻击不绝如缕,这也反映了在理学发展的初期阶段,稳定的经典依据尚未正式确立之时,思想界多元并起的发展格局。深入思考可知,这实质源于思想界对于汉代儒学尤其是汉儒扬雄在认同上的重大争议。

韩愈提出的儒家道统论在后世产生了重要影响。一个长期隐而不彰的道统与学统之关系问题被明确地提了出来。韩愈于《原道》中构造了一个自尧、舜至孔子、孟子,而终于他自己的儒家传道谱系。在他看来,荀、扬"择焉而不精,语焉而不详"[①]且对大义不明,不足以继承儒家道统。其对荀扬一系儒家的基本评价,为后世宋儒所广泛接受。程颢称:"孟子没而圣学不传,以兴起斯文为己任。"[②]张载也以"与尧舜、孔孟合德乎千载之间"的道统继承人自居。王安石更是以"能窥孟子"为自任,后世称颂"其言与孟轲相上下"。在这种道统观的影响下,以往的"周孔"并称、"孔颜"并称的格局日益被"孔孟"连称所取代。而儒家荀扬一系,则在宋儒尤其是道学家视野中多被诟病。张载曾言:"今倡此道不知如何,自来元不曾有人说着,如扬雄、王通又皆不见,

---

① 韩愈:《原道》,《韩昌黎全集》卷十六,上海古籍出版社1997年版,第173页。
② 程颢、程颐:《二程集》,第232页。

韩愈又只尚闲言语。"①二程亦认为:"汉儒如毛苌、董仲舒最得圣贤之意,然见道不甚分明。下此,即至扬雄,规模窄狭",②从而将扬雄排除在道统之外。

当然,与此同时,在宋儒中对于韩愈有关荀子和扬雄的理解也有异议。有的笼统地谈荀子的"大醇",将其与孔孟并列,有的则凸显荀子的"小疵",把他排除出儒家道统。北宋时期,延续汉唐儒家经学传统的世儒基本上肯定了荀子与扬雄在儒家道统中的地位。如北宋前期的柳开曾言:"孟、荀、扬、韩,圣人之徒也,将升先师之堂,入乎室,必由之。"③仁宗时,名臣韩琦作《五贤赞》:"余既新夫子之宫,乃绘诸弟子及左氏而下释经诸儒于东西序。又图孟、荀、扬、王、韩五贤于书楼之北壁。"④司马光、王安石二人在政治上虽互相反对,但对扬雄却都非常推崇,⑤在一定意义上代表了当时知识界的一般看法。刘成国指出:"随着北宋尊扬思潮的流行,扬雄思想中的若干因子,如批判章句之学、宗经征圣、推尊孟颜、重视儒家师道等,均被一些独具慧眼的学者发现并挖掘,成为他们构建自身思想体系的重要资源。他的'性善恶混'说在唐宋谈心论性的场域中卓然成一家之言。它强调'善'与'恶'都是人性中的潜存状态,重视外部力量如学习、教育(包括经典学习、礼乐涵养、法制规范等)对人性的熔铸、陶冶,对北宋新学学派颇有影响。《法言》《太玄经》等著作,在中唐至北宋骈散文体交替的漫长历程中,一直是很多古文家创作

---

① 张载:《经学理窟·自道》,《张载集》,第291页。
② 程颢、程颐,《二程集》,第7页。
③ 柳开:《东郊野夫传》,《全宋文》第3册,第688页。
④ 韩琦:《五贤赞》,《全宋文》第20册,第358页。
⑤ 以往学术界有一种主流的认识,即认为司马光尊扬而疑孟,是针对王安石尊崇孟子而发,纯为了政治上的反对而在理论上有意制造对立,其不知王安石亦推崇扬雄。

模仿的对象和理论根源。他的淡泊名利、潜心著述,也被王安石、曾巩等视为在困境中坚守理想、进退有据、出处有道的精神典范。至于他的以文传道、力辟异端,更为唐宋间那些有志于复古矫俗的士人提供了价值观念和行为上的合理化依据。凡此,都构成了唐宋学术思想转型中的重要环节,也是尊扬思潮之所以勃兴的重要原因。"①该文对北宋尊扬思潮的兴起之因进行了深刻的分析,可谓惬当之论,从中亦可看出尊扬之风确为当时社会重要风尚之一。司马光认为,扬雄在儒家道统中的地位应该在孟子、荀子之上。他说:"扬子云真大儒者耶!孔子既没,知圣人之道者,非子云而谁?孟与荀殆不足拟,况其余乎!"②王安石认为,扬雄不为异端、流俗所动,持守儒学正统,地位堪与孟子相比肩。"孟子没,能言大人而放乎老、庄者,扬子而已。"③与此二人同时的曾巩亦是扬雄的崇拜者,在清理汉代学术史时,他把扬雄放在汉唐儒家第一人的地位。如其所言:"汉兴,六艺皆得于断绝残脱之余,世复无明先王之道为众说之所蔽……自斯以来,天下学者知折衷于圣人,而能纯于道德之美者,扬雄氏而止耳。"④

从上面宋儒对于韩愈道统论的回应来看,有关汉儒的评价问题在当时应非常重要,亦有着重大争议。包括扬雄在内的汉儒,有没有继承儒学正统?或者在怎样的意义上继承和发展了儒学?其作为儒家在宋代的发展又以什么样的形态参与了新儒学的建构?这些问题都直接影响了儒家思想在宋代发展过程中的经典选择。而根于儒家道统观的经典选择,直接影响着儒学的演进方向。在北宋中期,虽然自庆历以来,

---

① 刘成国:《宋代尊扬思潮的兴起与衰歇》,《史学月刊》,2018 第 6 期。
② 司马光:《传家集》卷六十七,第 832 页。
③ 王安石:《王文公文集》卷七,唐武标校,上海人民出版社 1974 年版,第 83 页。
④ 曾巩:《新序目录序》,《全宋文》第 29 册,巴蜀书社 1992 年版,第 329 页。

儒家经学发生了重大转型,然在从训诂之学真正转到义理之学以前,整个思想界实际处于一个多种思想和多套经典传播体系的多元并进时期。在道学和"四书"为经典主体的儒学发展格局正式形成之前,任何一种道统观都将是儒学在这个经学变古时代取得进展的不可忽视的环节,而非仅限于"思孟心性之学"。

第二节　心路历程

一、少年涵养,文雅夙成

宋真宗天禧三年(1019年)十月十八日,司马光生于河南光山县馆舍。六岁始读《尚书》,为儿时,凛然如成人,性不喜华靡。长者加以金银华美之服,则羞赧弃去。一代大儒"朴而不尚浮华"的性格特点已可见端倪。天圣三年(1025年),司马光七岁闻讲《左氏春秋》,大爱之,退而为家人讲,即了其大义。从此以后,手不释卷,以至于不知饥渴寒暑。天圣七年(1029年),司马光十一岁,其父司马池为群牧判官,与庞籍、张存数相往来。待客之时,光以童子侍侧,庞籍对司马光非常看好,在他看来,司马光"文雅夙成,而有清直之气",故后荐其为馆阁校勘,同知太常礼院,及知郓州、并州。《迂书序》云:"余生六龄,而父兄教之《书》。虽诵之,不能知其义。"①又七年,即天圣九年(1031年),其十三岁时始得稍闻圣人之道,朝诵而夕思。据苏东坡撰《司马温公行状》载:"书无所不通,文辞醇深,有西汉风。天章公当任子,次及公。公推与二从兄。

---

① 司马光:《传家集》卷七十四,第905页。

然后受补郊社斋郎,再奏,将作监主簿。"①可见司马光少年时非常勤奋,希望通过自身努力实现理想。这些记述展现了司马光生活崇尚简朴,在学业上精进用功的一面,而流传甚广的"司马光砸缸"的故事则展现出其聪慧灵活的另一面。少年时期良好的家庭教育,个人的勤奋努力,为他此后在中国政治、思想舞台上的闪亮登场打下了坚实的基础。而为人方面的敦厚仁和,出处进退上的分寸感的养成,皆与他在年少之时良好的家学、家教密不可分。宝元元年(1038年)三月,二十岁的司马光考中进士甲科第六名,从此步入仕途。

二、游宦砥砺,奠基中和

此后仁宗庆历年间,司马光在游宦、服丧之余,如饥似渴地披阅史籍,探索国家长治久安之道,写出了一大批颇具创见的史论,这为他日后在政治上的卓然作为和修史工作打下了坚实的基础。在《管仲论》中,司马光对荀子"修礼以王,为政者强"②的思想加以扬弃,提出"必以礼乐正天下,使纲纪文章粲然,有万世之安,岂直一时之功名而已邪",首次表露了自己的礼治思想。在《贾谊论》中,他认为贾谊重外轻内,"可谓悖本末之统,谬缓急之序",不知治本,充分体现了其"守内虚外"的治国思想。在《十哲论》《才德论》中,司马光认为"政事、言语、文学之高者,不足以当德行之卑者",主张"才德两全,宁舍才而取德"。在《送李推官序》中,司马光认为:"夫人非至圣必有短,非至愚必有长。至愚之难值,亦犹至圣之不世出也。故短长杂者,举世比肩是也",③扬雄性

---

① 苏轼:《苏轼文集》,中华书局1986年版,第475页。
② 司马光:《传家集》卷六十五,第804页。
③ 司马光:《传家集》卷六十五,第804页。

三品的思想对他的影响已初露端倪。又作《原命》,略云:"子罕言命,子贡称'夫子之文章可得而闻也,夫子之言性与天道不可得而闻也'。是则天道精微,非圣人莫能知。今学者未能通人理之万一而遽从事于天,是犹未尝操舟而欲涉海,不陷溺者其几矣。……夫天道窅冥恍惚,若有若亡,虽有端兆,示人而不可尽知也。非天下之至神,其孰能与于此。是以圣人之教,治人而不治天,知人而不知天。《春秋》记异而说不书,唯恐民冒没猖狂以趋于乱也。"①他针对当时儒者动辄言天道性命的做法表示强烈反对,此处提出的"治人而不治天,知人而不知天"的观点代表了司马光在青年时期有关天人关系的阶段性思考。除此之外,司马光还在其《廉颇论》《郦吉论》《机权论》《四豪论》等史论中,表达了他重人事、仁义与机权的统一、人治、评价历史人物的标准等,表明这一时期司马光思想的规模和基本观点已基本形成。约于是年,司马光始读《太玄》,又作《说玄》,略云:"扬子云真大儒者邪!孔子既没,知圣人之道者,非子云而谁?孟与荀殆不足拟,况其余乎!……且扬子作《法言》,所以准《论语》;作《玄》,所以准《易》。子不废《法言》而欲废《玄》,不亦惑乎?……然《易》,天也;《玄》者,所以为之阶也。"②

庆历八年(1048年),刚刚升任枢密副使的庞籍推荐司马光为馆阁校勘,司马光于此时完成《孝经指解》和依据《集韵》《说文解字》及经传写成的《名苑》。皇祐二年(1050年),司马光三十二岁,同知太常礼院,乞印行《荀子》《扬子法言》。闰十一月,作《与范景仁论乐书》,此后三十年间一直与范镇讨论礼乐、中和问题。皇祐三年(1051年),司马光由馆阁校勘晋升集贤校理,又兼史馆检讨,预修"日历"。皇祐四年(1052年)

---

① 司马光:《传家集》卷七十,第862页。
② 司马光:《传家集》卷六十七,第832页。

八月，作《秀州真如院法堂记》，中云："抑光虽不习佛书，亦尝剽闻佛之为人矣。夫佛盖西域之贤者，其为人也，清俭而寡欲，慈惠而爱物，故服弊补之。"并劝诫世人"必深思于本源，而勿放荡于末流"，① 对佛教的基本观点已历历可见。至和元年(1054年)，与王安石同为群牧司判官。嘉祐二年(1057年)九月，作《迁书序》《功名论》《知人论》《古文孝经指解序》《进〈古文孝经指解序〉表》。

嘉祐三年(1058年)五月二十三日，司马光作《朋党论》，云："夫君子小人之不相容，犹冰炭之不可同器而处也。故君子得位则斥小人，小人得势则排君子，此自然之理也。然君子进贤退不肖，其处心也公，其指事也实；小人誉其所好，毁其所恶，其处心也私，其指事也诬。公且实者谓之正直，私且诬者谓之朋党，在人主所以辨之耳。是以明主在上：度德而叙位，量能而授官；有功者赏，有罪者刑；奸不能惑，佞不能移。夫如是，则朋党何自而生哉！"② 司马光针对当时社会的朋党问题，提出解决该问题的关键还在君王的观点。七月，上《三德》《御臣》《拣兵》三札，首次将自己以"仁、明、武"为核心的中和政治哲学充分地展现了出来。八月十七日，呈《进五规状》。八月二十五日，呈《论举选状》，云："欲乞以《周易》《尚书》《毛诗》为一科，三《礼》为一科，《春秋》三传为一科，皆习《孝经》《论语》为帖经。"③ 闰八月八日，呈《十二等分职任差遣札子》乞将官员分等管理，以进退群臣。此与其在《潜虚·名图》中所列的将社会分为十等进行管理的思想基本一致，亦成为后面《潜虚》思想的萌芽所在。

---

① 司马光：《传家集》卷七十一，第873页。
② 司马光：《传家集》卷六十四，第973页。又见《资治通鉴》卷二百四十五。这是司马光针对当时社会的朋党之争而提出的与欧阳修等人所不同的观点。
③ 司马光：《传家集》卷二十，第304页。

嘉祐七年(1062年)六月二十九日,上《谨习疏》。七月,上《财利疏》,倡省国家之用,以解财匮之患,与王安石"罔天下之利"观点出现分歧。宋英宗治平元年(1064年),司马光进《历年图》五卷。治平三年(1066年),作《情辩》,提出:"是非有道者之言也,夫情与道一体也,何尝相离哉?"①阐发了在情论上颇有特色的"情道一体"论。正月二十日,作《性善恶混辨》,认为:"孟子以为人性善,其不善者外物诱之也,荀子以为人性恶,其善者圣人之教之也,是皆得其偏而遗其大体也。……如孟子之言所谓长善者也,如荀子之言所谓去恶者也,扬子则兼之矣。韩文公解扬子之言以为始也混而今也善恶,亦非知扬子者也。"②司马光于此文中揭示了其善恶中和杂处的人性论的基本观点,即继承发展了扬雄的人性论,并以为圣人亦是善与恶的杂处体。此间以龙图阁直学士奉敕修纂《类篇》。夏四月丁丑,司马光奉诏编集历代君臣事迹,并上奏荐刘恕、刘攽同修。

治平四年(1067年),英宗崩,神宗即位。神宗赐《资治通鉴序》于司马光,令其补修《资治通鉴》。十二月,据《〈类篇〉后记》知,《类篇》书成。宋神宗熙宁元年(1068年),七月十一日,迩英奏对,作《迩英留对录》。③不数日,王安石任参知政事。熙宁二年(1069年)六月,司马光上《论风俗札子》,对当时社会由义理之学兴起所引起的不良后果,及当时儒者渐入老庄的思想倾向进行了激烈批判,这也可以看出他与讲"性与天

---

① 司马光:《传家集》卷六十六,第822页。
② 司马光:《传家集》卷六十六,第821页。《温国文正司马公文集》卷七十五作《善恶混辨》。此段又以对扬子《法言》"修身"中"修其善则为善人,修其恶则为恶人"一句的注解出现在司马光所著《法言集注》中。(《文渊阁四库全书》第696册,第285页。)
③ 司马光:《增广司马温公全集》卷一,日本汲古书院本;又见《太平治迹统类》卷二十六,《文渊阁四库全书》第408册。

道"问题为中心的理学家的不同。八月五日,司马光针对王安石变法上《体要疏》,全面阐述自己的治国理念。十月,迩英进读,与神宗、吕惠卿等论变法事宜,后作《迩英读〈资治通鉴〉录》。略云:"荀子曰:'有治人,无治法。'故为治在得人,不在变法也。上曰:'人与法,亦相表里耳!'光曰:苟得其人,则无患法之不善;不得其人,虽有善法,失先后之施矣。当急于求人,而缓于立法也。"①熙宁三年(1070年)正月二十七日,司马光成《与介甫书》,后又有《与介甫第二书》《与介甫第三书》,劝王安石罢去新法。五月二十一日,作《四言铭》,略云:"聪明勇健之谓才,忠信孝友之谓行,正直中和之谓德,深远高大之谓道。"②九月,上《奏弹王安石表》③。十一月二日,朝辞进对,乞免永兴军路青苗免役钱;并作《训俭示

---

① 司马光:《增广司马温公全集》卷一。又见江少虞《皇朝事实类苑》卷十五,系于熙宁二年十一月十七日(庚辰)。
② 司马光:《传家集》卷六十六,第823页。
③ 该文现存于司马光《传家集》卷十七。然近年来不断有学者对该文作者是否为司马光提出质疑。有关此文的真伪问题,宋人早有疑惑。胡三省在其《〈通鉴释文辨误〉后序》说:"(洪迈)《容斋随笔》曰:'司马季思(伋)知泉州,刻温公集,有作中丞曰弹王安石章,尤可笑。温公治平四年解中丞还翰林,而此章乃熙宁三年者,季思为妄人所误,不能察耳。'"洪迈言之凿凿,所述内容与司马光仕宦年月不符,这一表章显然是将他人之文阑入司马光文集了。(见李文泽:《现存司马光文集版本考述》,《四川图书馆学报》,2001年第2期。)邓小南在《司马光〈奏弹王安石表〉辨伪》中指出:"应该说,司马光并不曾写过《奏弹王安石表》。这道《奏弹表》,实际上是熙宁三年之后,社会上一些反对王安石变法的保守派人物,以司马光的名义,伪造出来并加以扩散的。而迁延至南宋孝宗淳熙年间,受当时贬抑王安石及其新法、崇褒司马光等守旧势力的政治形势影响,司马光的从曾孙司马伋在整理、刻印《传家集》时,没有认真加以核实,即把此文收入集中,自己'为妄人所误',同时亦贻误后人。尽管司马光的保守派宗主地位并不因为此表的真伪而有所变化,但澄清这一历史事实,毕竟是有必要的。"(邓小南:《郎润学史丛稿》,中华书局2010年版,第481页。)

康》,告诫子孙要把握好欲求与德行修养之关系,确立崇尚简朴的家风。

从1038年中进士到1071年,在三十余年的时间里,司马光除了为父母服丧外,其余时间皆在朝为官。在伯乐庞籍、欧阳修等人的推荐下,司马光的职位越来越高,对很多问题的认识也越来越深刻。有了为宦经历的累积和砥砺,司马光的哲学思想逐步形成并日益丰富,大量的史论和奏札将其思想和智慧展现得淋漓尽致。

三、居洛著述,论战中和

熙宁四年(1071年),司马光以端明殿学士为永兴军安抚使。夏四月癸丑,判西京留守司御史台,始卜居洛阳,开始了长达十五年的居洛著述生活。

熙宁五年(1072年)正月,奏迁《通鉴》编书局于洛阳。十三日,作《答李大卿孝基书》,略云:"光闻一阴一阳之谓道,然变而通之未始不由乎中和也。阴阳之道在天为寒燠雨旸,在国为礼乐赏刑,在心为刚柔缓急,在身为饥饱寒热。此皆天人之所以存,日用而不可免者也。……故阴阳者,弓矢也。中和者,质的也。弓矢不可偏废而质的不可远离,《中庸》曰:'中者天下之大本也,和者天下之达道也,致中和天地位焉,万物育焉。'由是言之,中和岂可须臾离哉。"[1]此文将司马光的中和论之核心要义作了充分的展现,对于阴阳与中和之关系亦作了深入的揭示。

是年,作《投壶新格序》,略云:"是故投壶可以治心,可以修身,可以为国,可以观人。何以言之? 夫投壶者,不使之过亦不使之不及,所以为中也;不使之偏颇流散,所以为正也。中正,道之根柢也,圣人作礼

---

[1] 司马光:《传家集》卷六十一,第735页。

乐、修刑政、立教化、垂典谟。凡所施为,不啻万端,要在纳民心于中正而已。"①通过对投壶这一传统士大夫游戏活动进行反思,司马光再次阐发了以"中和""中正"为中心的政治哲学理念。

熙宁六年(1073年),奏授予康检阅《资治通鉴》文字。司马光提举西京嵩山崇福宫,辟"独乐园",始与邵康节游。是年,作《还陈殿丞〈原人论〉》诗一首,略云:"品物芸芸游太虚,不知谁氏宰洪炉。一株花落分荣辱,万窍风号见有无。觉后共占犹是梦,衣中所得亦非珠。何如鼓瑟浴沂水,春服成时咏舞雩。"②在这首诗中,司马光对于宇宙万事万物的生存主宰、变化动因进行追问,最后得出了与孔夫子相似的"吾与点也"的与天地人和谐共处、法乎自然的哲学观念。

熙宁七年(1074年)三月十六日,作《迂书·天人》,表达了其天人相分的思想。四月十八日,应诏上《言朝政阙失状》,力言变法之害。是年四月,荆公罢相,以观文殿大学士出知江宁府。

熙宁十年(1077年)七月,邵雍卒,卒前温公与张载、二程等在侧。九月,作《邵尧夫哀辞》。据李之亮《司马温公集编年笺注》考,司马光约于是年作《答郭纯长官书》,针对欧阳修《正统论》讨论正统问题。又据熙宁末所撰《问景仁以〈正书〉所疑书》中言:"前日所留《易说》《系辞注》《续诗话》,皆狂简不揆,宜见诛绝于君子者。"③由此可知,《易说》《系辞注》《续诗话》三书已于此时成。十二月,张载卒。

元丰元年(1078年)正月十六日,《答程伯淳书》回复有关张载谥号之事,批评张载门人私谥其师之举。元丰二年(1079年)五月十七日,作

---

① 司马光:《传家集》卷七十五,第919页。《温国文正司马公文集》卷六十二作《投壶新格序》。
② 司马光:《传家集》卷十,第156页。
③ 司马光:《传家集》卷六十一,第741页。

《四言铭系述》,略云:"正直为正,正曲为直,适宜为中,交泰为和。正直非中和不行,中和非正直不立,若寒暑之相济,阴阳之相成也。"①十月二十八日,作《迂书·理性》。八月,《与王乐道书》述"中和之气"与养生问题。元丰四年(1081年),正月十六日,作《迂书·事神》。十月,作《迂书·宽猛》。是年,《书仪》成。② 十一月己丑,据《司马光注扬子法言序》可知,是时《扬子法言集注》成。是年,作《迂书·事亲》,并作长达二百余字的《哀横渠诗》,表达对这位昔日好友的怀念和对其学说的崇敬之情。

元丰五年(1082年)正月,作《洛阳耆英会序》。二十七日,始作《疑孟》五则,即"伯夷隘柳下惠不恭""陈仲子避兄离母""孟子将朝王""沈同问伐燕""公孙丑"等章。是年,作《迂书·回心》,并再与范景仁论乐,作《答范景仁书》阐中和之论。后又作《与范景仁书》,略云:"夫治心以中,此舜、禹所以相戒也;治气以和,此孟子所以养浩然者也。……然则中和者,圣贤之所难。而来示谓光'心未尝不平,气未尝不和,犹不免于病',此言过矣。"③四月后,再作《答范景仁书》,中云:"自四月来,连于梦得处领三书,以无的便,久未之报。"④可知该作当成于四月之后。略云:"至于中和为养生作乐之本,此皆见于经传,非取诸光之胸臆,不可忽也。……夫和者,大则天地,中则帝王,下则匹夫,细则昆虫草木,皆不可须臾离者也。岂帝王则可行,而一身则不可行耶?人苟能无失中和,则无病,岂待已病,然后除之邪?……谨当熟读《中庸》以

---

① 司马光:《传家集》卷十,第836页。
② 司马光:《书仪》十卷,无序文,无跋语,年月不可考。但据首卷表奏首行内云"元丰四年十一月十二日中书札子据详定管制所修到公式令节文",则知该书成于是年。
③ 司马光:《传家集》卷六十二,第759页。
④ 司马光:《传家集》卷六十二,第759页。

代《素问》《巢原》,熟读《乐记》以代《考工记》《律历志》,庶几有得于桑榆,启发其端,皆自益友之赐也。"①六月,撰《扬雄太玄经序》。八月,作《与景仁再论中和书》,据书中所云:"处暑以来,天气顿凉。"可推知该文当作于是月。后又作《与景仁论积黍书》。秋,作《遗表》继续反对王安石变法。十二月十三日,作《书心经后赠绍鉴》,略云:"今之学佛者,自言得佛心,作佛事。然曾不免侵乱于事物,则其人果何如哉?"②批评当时学佛者扰乱社会常态发展的负面影响。据《太玄集注序》知,是年《太玄集注》成。

元丰六年(1083年),二月十七日,作《迂书·无益》;五月二日,作《迂书·学要》;六月二十三日,作《迂书·治心》;七月十八日,作《迂书·文害》;八月一日,作《迂书·道大》。十一月十一日,作《序〈赙礼〉》,略云:"名以位显,行由学成,此礼之常。"是年,作《子绝四论》《致知在格物论》。据《与范景仁第八书》云:"昨在乡里,作《绝四》及《致知在格物》二论,辄敢录呈,有不合于理处,更告景仁攻难。"③可知此二论当作于第八书之前。作《与范景仁第八书》《与范景仁第九书》。是年,作《迂书》中《勿我知》《道同》《绝四论》《求用》等篇。

元丰七年(1084年)三月十五日,作《迂书·羡厌》。四月二十八日,作《迂书·负恩》。十月三日,作《中和论》,系统阐述了其中和论的思想要旨。十二月二日,作《迂书·释老》《迂书·凿龙门辩》。十二月戊辰,进《资治通鉴》,呈《进〈资治通鉴表〉》。是年,著《葬论》。

元丰八年(1085年)正月十九日,作《无为赞》。二十九日,作《答韩

---

① 司马光:《传家集》卷六十二,第759页。
② 司马光:《传家集》卷六十二,第837页。
③ 司马光:《传家集》卷六十二,第761—762页。

秉国中和书》，劝导韩维摆脱习静的工夫，倡导"以中为念"。三月七日，神宗崩，哲宗即位。十五日，《答韩秉国第二书》略云："光与秉国皆知中庸之为至德而信之矣。所未合者，秉国以无形为中，光以无过与不及为中，此所谓同门而异户也。夫喜怒哀乐之未发常设中于厥心，岂有形于外哉？荀卿《大学》所谓虚静定者，非寂然无思虑也，虚者不以欲恶蔽其明也，静者不以怵迫乱其志也，定者不以得丧易其操也。"① 司马光进一步辨析其与韩维在"中和"论上的差异，并阐发了"虚""静""定"工夫的内涵。三十日，上《乞开言路札子》。是月，与吕公著同举程颐。略曰："臣窃见河南处士程颐，力学好古，安贫守节，言必忠信，动遵礼义，年逾五十，不求仕途，真儒者之高蹈，万世之逸民。伏望圣慈擢以不次，足以矜式士类，裨益风化。"② 四月十九日，进《修心治国之要札子》，再言人君之"三德"。二十七日，上《乞去新法病民伤国者疏》，并先后呈《乞罢保甲状》《乞罢将官状》。二十八日，请更张新法。七月，罢保甲法。十二月二日，上《进〈孝经指解〉札子》，略云："臣尝撰《古文孝经指解》，皇祐中献于仁宗皇帝。窃虑岁久遗失不存，今别缮写为一册上进，伏乞圣明少赐省览。"③ 四日，上《革弊札子》，成《疑孟六则》，即"告子曰：'性犹湍水也（云云）亦由是也'""生之谓性""齐宣王问卿孟子""陈子""孟子曰：'尧舜性之也'""桃应问曰：'舜为天子，皋陶为士，瞽瞍杀人，则如之何？'"等章。是年，作《迂书》中的《圣穷》《讳有》《斥庄》《辩扬》《无党》《兼容》《指过》《难能》《三欺》《官失》《天人》等篇。

通过这十五年的集中沉淀，与学界同好的充分交流，尤其是与好友

---

① 司马光：《传家集》卷六十二，第768页。
② 司马光：《传家集》卷四十八，第616页。
③ 司马光：《传家集》卷四十九，第621页。

范镇围绕中和问题展开的书信交流和集中讨论,司马光中和哲学的理论体系已基本形成。

四、元祐废新,总结思想

哲宗元祐元年(1086年),司马光任门下侍郎。是年,作《徽言》。序中略云:"余少好读书,老而不厌,然昏耄日甚,不能复记。暇日因读诸子史集,采其义与经合者,录而存之。苦于秉笔之劳,或但撮其精要,注所出于其下,欲知其详,则取本书证之,命曰'徽言'。置诸左右,时取观以自儆,且诏子孙。涑水迂叟,时年六十八。"陈振孙云:"司马光手抄诸子书,题其末曰:'余此书类举人抄书,然举子所抄猎其词,余所抄核其意;举人志科名,余志道德。'"正月二十四日,奏乞罢免役钱,乞黄庭坚同校《资治通鉴》。后又进《稽古录》二十卷,书《进〈稽古录〉表》①。四月六日,王安石卒于金陵。司马光《与海叔第二简》曰:"介甫文章节义过人处甚多,但性不晓事而喜遂非,致忠直疏远,谗佞辐辏,败坏法度,以至于此。今方矫其失,革其弊,不幸介甫谢世。反复之徒,必诋毁百端。光意以谓,宜优加厚礼,以振起浮薄之风,不识海叔以为何如?"②对王安石进行了比较中肯的评价。

后又上《起请科场札子》,略云:"凡取士之道,当以德行为先,文学为后。就文学之中,又当以经术为先,辞采为后。……神宗皇帝深鉴其失,于是悉罢赋诗及经学诸科,专以经义、论策试进士。此乃革历代之

---

① 司马光:《司马光集》,李文泽、霞绍晖点校,四川大学出版社2010年版,第1646页。
② 司马光:《传家集》卷六十三,第774页。

积弊,复先王之令典,百世不易之法也。但王安石不当以一家私学欲盖掩先儒,令天下学官讲解,及科场程试,同己者取,异己者黜,使圣人坦明之言,转而陷于奇僻;先王中正之道,流而入于异端。若己论果是,先儒果非,何患学者不弃彼而从此?何必以利害诱胁如此?其急也。又黜《春秋》而进《孟子》,废六艺而尊百家,加之但考校文学,不勉励德行,此其失也。凡谋度国事,当守公论,不可希时,又不可徇俗。宜校是非之小大,利害之多少,使质诸圣人而不谬,酌于人情而皆通,稽于上古而克合,施之当世而可行,然后为善也。"①司马光明确反对王安石变法中以《三经新义》为唯一科举考试蓝本的做法。九月初一,司马光薨于西府。

在此期间,司马光利用有限的时间对自己的思想进行了系统的整理,而这集中体现在其一生最系统的哲学论著——《潜虚》之中。司马光去世时,《潜虚》虽尚未成,后由南宋张汉、张敦实补解,但书的框架和思想体系已比较详备。全书内容包括义理、图式、术数三部分,相互贯通,合为一体。义理以五行为基础,吸取了一定的阴阳、易卦、筮占的观念,构造出了天地万物生成的秩序,借以论证当时社会"一以治万,少以制众"统治秩序的合理性。书中图式则是按照气、体、性、名、行、命之序,制作了6个图,其中《行图》又包含了《变图》和《解图》,共为8式,并有些许文辞作解。术数部分则以1—5为生数,五行相乘得25为天数,6—10为成数,生数与成数即1—10的自然数之和为55,是天地之数;人分为10等,依次相迭而形成一个塔形,此正符合天地之数55,比喻人事由天命所定之理;天数25乘以3才成75,此为命数;虚其5而用70,此为筮数。此外,司马光还创造了一套筮占的新法,依诸数按其筮法加

---

① 司马光:《传家集》卷五十四,第663—664页。

以推衍,以印证其义理,实属象数学的新派。今观《潜虚》之文可见,其中和哲学思想的基本纲领已经比较完备。

第三节　为学进路

一、尊崇扬雄,别立道统

汉王充《论衡·超奇》云:"扬子云作《太玄经》,造于助思,极窅冥之深,非庶几之才,不能成也。孔子作《春秋》,二子作两经,所谓卓尔蹈孔子之迹,鸿茂参贰圣之才者也,王公问于桓君山以扬子云,君山对曰:'汉兴以来,未有此人。'君山差才,可谓得高下之实矣。"韩愈在《答李翊书》云:"扬子或曰玄何为,曰为仁义,曰孰不为仁,孰不为义,曰勿杂也而已矣,其皆醇也然后肆焉,扬子圣人肆笔而成书。"①又于《与冯宿论文书》中云:"其时桓谭亦以为雄书胜老子,此尚不可谓之知,子云岂止与老子争强而已乎?"②又有《读荀子》云:"始吾读孟轲书,然后得扬雄书,盖尊信孟氏,因雄书而孟氏益尊,则雄者亦圣人之徒与……其存而醇者,孟轲氏而止耳,扬雄氏而止耳,……孟氏醇乎醇者也,荀与杨大醇而小疵。"③

宋曾巩《答王深甫论扬雄书》云:"雄遭王莽之际,有所不得去,又不必死,辱于仕莽而就之,故所谓明夷也。然雄之言,著于书,行著于史

---

① 韩愈:《韩昌黎全集》,第176页。
② 韩愈:《韩昌黎全集》,第188页。
③ 韩愈:《韩昌黎全集》,第128页。

者,可得而考,不去非怀禄也,不死非畏死也,辱于仕莽而就之,非无耻也,在我者亦彼之所不能易也,故吾之所谓与箕子合者如此。"①宋王安石《扬子》云:"扬子陵彝此道穷,千秋止有一扬雄,当时荐口终虚语,赋拟相如却未工。"②宋真德秀《西山文集》云:"扬子默而好深湛之思,故其言如此,潜之一字,最宜玩味,天惟神明,故照知四方,惟精粹故万物作,睹人心神明精粹,本亦如此,惟不能潜,故神明者昏,而精粹者杂,不能烛理而应物也。"③然而,因为原本扬雄作《太玄》是为了"赞易",却惹来了历代学者不少的非议,多认为其"非圣人而作经,犹……僭号称王"④,"不遵易而自为之制"。⑤

司马光在《说玄》中云:"扬子云真大儒者邪!孔子既没,知圣人之道者,非子云而谁?孟与荀殆不足拟,况其余乎?"⑥又于《法言集注》中云:"孟子好诗书,荀子好礼,扬子好易,古今之人,共所宗仰,如光之愚,固不敢议其等差,然扬子之生最后,监于二子而折衷于圣人,潜心以求道之极致,至于白首然后著书,故其所得为多,后之立言者莫能加也,虽未能无小疵,然其所潜心深矣,恐文公之所云,亦未可以为定论也。孟子之文,直而显;荀子之文,富而丽;扬子之文,简而奥。其简而奥也故难知,学者多以为诸子而忽之。"⑦孔孟而后,司马光最崇奉的人物是西汉末年的哲学家扬雄。在《法言集注》中,司马光针对当时学者提出的扬雄仕莽贪图利益的说法作了有力的回应:

---

① 曾巩:《曾巩集》,中华书局1984年版,第265页。
② 司马光:《传家集》卷六十七,第834—835页。
③ 真德秀:《西山读书记》卷三,四部丛刊本。
④ 班固:《汉书·扬雄传》,中华书局1962年版,第1720页。
⑤ 司马光:《传家集》卷六十七,第834—835页。
⑥ 司马光:《传家集》卷六十七,第834页。
⑦ 司马光:《法言集注序》,第273页。

《法言》之成，盖当平帝之世，莽专汉政，自比伊周，欲兴礼乐致太平，上以惑太后，下以欺臣民。附己者进，异己者诛。何武、鲍宣以名高及祸，故扬子不得不逊辞以避害也。亦犹薛方云："尧舜在上，下有巢由也。"当是之时，莽犹未篡。人臣之盛者，无若伊周，故扬子劝以伊周之美，欲其终于北面者也。或曰："扬子为汉臣，汉亡不能死，何也？"曰："国之大臣任社稷之重者，社稷亡而死之，义也。向使扬子据将相之任，处平勃之地，莽篡国而不死，良可责也。今位不过郎官，朝廷之事无所与闻，奈何责之以必死乎？夫死者，士之所难，凡责人者当先恕己，则可以知其难矣。"或曰："扬子不死，可也，何为仕莽而不去？"曰："知莽将篡而去者，龚胜是也。莽聘以为太子师友，卒不食而死。扬子名已重于世，苟去而隐处，如揭日月潜于蒿莱，庸得免乎？"或曰："扬子不去则已，何必誉莽以求媚？岂厌贫贱思富贵乎？"曰："昔晋袁宏作《东征赋》，不序桓彝、陶侃，犹为桓温、陶胡奴所劫，仅以敏捷自免。况扬子作《法言》，品藻汉兴以来将相名臣而独不及莽，莽能无耻且忿乎？此杜预所谓吾但恐为害，不求益也。且扬子自谓"不汲汲于富贵，不戚戚于贫贱"，始为郎，给事黄门，与王莽刘歆并。哀帝之初又与董贤同官，当成哀平间，莽贤皆为三公，权倾人主，所荐莫不拔擢，而雄三世不徙官，此岂非言行相副之明验乎？古今之人能安恬如此者几希！而子乃疑其求媚而思富贵，不亦过乎？使扬子果好富贵，则必为莽佐命，不在刘甄之下矣。"①

---

① 司马光：《法言集注》，《文渊阁四库全书》第696册，第353—354页。

这段话以自问自答的形式，几乎回应了批判扬雄的所有破点，其对扬子的推崇与厚爱之情由此可见一斑。

据《太玄集注序》所云："庆历中，光始得《太玄》而读之，作《读玄》。自是，求访此数书，皆得之，又作《说玄》。疲精劳神三十余年，讫不能造其藩篱，以其用心久，弃之似可惜，乃依《法言》为之集注。诚不知量，庶几来者或有取焉。"① 司马光从庆历中年就开始读《太玄》，历时三十余年，仍认为未得要领，但考虑到学术传承，于是编成《太玄集注》。在他还做同知太常礼院时，就上奏了《乞印行〈荀子〉〈扬子〉法言状》：

> 臣伏以战国以降，百家蜂起，先王之道荒塞不通，独荀卿扬雄排攘众流，张大正术，使后世学者坦知去从。国家博采艺文，扶翼圣化，至于庄列异端、医方细伎，皆命摹刻以广其传。顾兹二书犹有所阙，虽民间颇畜私本，文字讹误，读不可通。诚恐贤达之言寖成废缺，今欲乞降下崇文院将《荀子》《扬子法言》本精加考校讫，雕板送国子监，依诸书例印卖。臣愚懵不达，大体不胜，区区贪陈所见。皇祐二年上。②

在北宋诸儒中，司马光对扬雄的崇奉程度无人能比。他认为荀子是儒家的集大成者，而扬雄是排除了各种混乱的学说，对儒家学说重新进行阐述的一个里程碑。若要真正探求儒家学说之真谛，就不能不去钻研扬雄的思想。他在《资治通鉴》中九次引用扬雄之论，可见对扬雄

---

① 扬雄撰、司马光集注：《太玄集注序》，《太玄集注》，刘韶军点校，中华书局1998年版，第1页。
② 司马光：《传家集》卷十八，第276页。

的推崇程度。

此外,司马光还拟《玄》而作《潜虚》。他曾在《说玄》一文中说道:"书者所以为道",无论是《易》还是《玄》都是揭示圣人之道的。所谓"道同而法异,殊途而同归,百虑而一致"。①"大道将晦,一书辨之,不若众书辨之以为明也"②。因此,扬雄准《易》作《玄》有助于彻底揭明圣人之道。"《易》,天也;《玄》者,所以为之阶也。子将升天而废其阶乎?"③《易》理高深至奥,扬雄的《太玄》正是步入《易》理大堂之台阶。司马光这一为《玄》准《易》而作的解释,也正好适用于自己为准《玄》而作的《潜虚》,即《潜虚》也新增了一个侧面以揭示圣人之道,是为了更好地把握《玄》和《易》中的圣人之道而设的阶梯,"学者由《虚》而晓《玄》,由《玄》而究《易》,斯无躐等之患,而有渐进之益矣"。④ 当然,《潜虚》揭示的圣人之道,是根据当时的需要,在更高的层次上,立足世界观的高度去完善发展儒家的圣人之道。司马光对扬雄的推崇在其赞叹《太玄》"知圣人之道"中得到体现,他认为《太玄》是"合天地人之道以为一,括其根本",⑤即《太玄》从世界观的"根本"上,将自然、社会、人生有机结合起来了。司马光对《太玄》的这一评语实际道出了仿《玄》而作的《潜虚》的宗旨,亦即要光大圣人之道,其途径则是"合天地人之道以为一,括其根本"。而《潜虚》的这一性质宗旨也从一个侧面表明了司马光颇有振兴发扬圣人之道,做一儒家道统继承人之心志。

---

① 扬雄撰、司马光集注:《太玄集注·读玄》,第1页。
② 扬雄撰、司马光集注:《太玄集注·读玄》,第1页。
③ 扬雄撰、司马光集注:《太玄集注·读玄》,第1页。
④ 张敦实:《潜虚·潜虚总论》,商务印书馆1938年版,第38页。
⑤ 司马光:《传家集》卷六十七,第834—835页。

> 子云作《太玄》所以明《易》也。温公作《潜虚》,所以明《玄》也,《易》之作,出于不得已。《潜虚》之作,岂亦出于不得已乎?自雄之作《玄》,议者已纷然矣。独有于《虚》乎?曰:《易》者经之原也,其道奥而难知,温公固尝云:"《易》,天也;《玄》者,所以为之阶也。"①

扬雄作《太玄》,颇受人讥议,指责他非圣人岂得妄作他经。刘歆就讥刺扬雄作《太玄》,"恐后人用覆酱瓿";南宋程门弟子杨时也称"扬雄作《太玄》,准《易》,此最为诳后学"。② 司马光对自己拟《玄》作《虚》之举也料到将会有人讥议,但他还是相信自己的学说会遇到知音。故他在《潜虚》最后作结道:"《玄》以准《易》,《虚》以拟《玄》,《玄》且覆瓿,而况《虚》乎?其弃必矣。然子云曰'后世复有扬子云,必知《玄》'。吾于子云虽未能知固好之矣。安知后世复无司马君实乎?"③这表明了司马光对自己哲学体系的自信和对学术思想的执着。

二、质疑孟子,回向孔学

在中唐以后孟子升格运动进行之时,也有对孟子其人或其书提出质疑的学者,他们对孟子或疑,或非,或反,程度虽有不同,但不赞成提升孟子地位的态度则颇为一致。邵博的《邵氏闻见后录》曾汇辑疑孟之

---

① 张敦实:《发微论》,《潜虚》,第38页。
② 杨时:《杨时集》卷十一,中华书局2018年版,第292页。
③ 司马光:《潜虚》,第39页。

说达三卷之多①,司马光《疑孟》便是其中之一。

《孟子》一书,司马迁《史记·孟子荀卿列传》、班固《汉书·艺文志》、赵岐《孟子注》皆以为孟轲自作。三国时姚信始疑《孟子》之书乃孟子门人所记②,唐韩愈③、张籍④及林慎思⑤皆以为非孟轲所作,乃弟子共记其言。入宋,学者或以为该书系孟子所作,如朱子,或以为由孟子弟子作,如苏辙、晁说之、晁公武;唯林之奇以为不仅有孟子弟子所记,亦有再传弟子所记。⑥ 以上所述诸家,说虽不同,未尝以为孟子书有伪文不可信者。司马光、范祖禹、冯休、何涉则不然,以为《孟子》书中有伪。明姚福曰:"温公平生不喜《孟子》,以为伪书,出于东汉,因作《疑孟论》。"⑦此处姚氏以为司马光认定《孟子》为东汉伪书。然详观《疑孟》,未见司马光提及有关《孟子》成书时代之语。故姚福之言确否,殊难遽断。然司马光尝曰:

---

① 邵博:《邵氏闻见后录》卷十一至卷十三,中华书局1997年版,第81—106页。该书收录的文献除《荀子·非十二子》、王充《论衡·刺孟》外,其余皆为宋代学者之作品。这些作者及作品是:司马光《疑孟》、苏轼《论语说》、李觏《常语》、傅野《述常语》、刘敞《明舜》、张俞《论韩愈称孟子功不在禹下》、刘道原《资治通鉴外纪》及晁说之《奏审皇太子读孟子》。
② 李昉等:《太平御览》卷四百三十七,四部丛刊本。
③ 韩愈:《答张籍书》,《韩昌黎全集》卷十四,第127页。
④ 董浩等:《全唐文》卷六百八十四,《上韩昌黎第二书》,中华书局1985年版。
⑤ 《崇文总目》卷五著录其续《孟子》。
⑥ 林之奇:《拙斋文集》卷十六《孟子讲义序》云:"赵台卿谓孟子自作,其说不然。《论语》、《孟子》皆先圣既没之后,门弟子所录;不惟门弟子所录,亦有门人弟子门人者。……如孟子之书,乃公孙丑、万章诸人所录,其称'万子'曰者,则又万章门人之所录,盖集众人之闻见而后成也。"林氏以为"子"乃对师长之尊称,《孟子》书中既有"万子曰"字样,则七篇之书必有孟轲再传弟子所作之文。林氏所论,后世辨别伪书者多据以为要义。
⑦ 黄宗羲原著、全祖望补修:《宋元学案》,第354页。

《虞书》称舜之德曰:"父顽,母嚚,象傲,克谐以孝,烝烝乂不格奸。"所贵乎舜者,为其能以孝和谐其亲,使之日进以善,自治而不至于恶也,如是,则舜为子,瞽瞍必不杀人矣,若不能止其未然,使至于杀人,执于有司,乃弃天下,窃之以逃,狂夫且犹不为,而谓舜为之乎?是特委巷之言也,殆非孟子之言也。①

可见司马光未尝以为《孟子》为东汉人所伪造,第尝以为《尽心上》"桃应问舜为天子"一章乃弟子或后人所假托,殆无疑义。司马光疑《孟子》有孟轲之言,尝上《论选举状》,曰:

旧制:明经以《周易》《尚书》为小经,今欲乞以《周易》《尚书》《毛诗》为一科,《春秋》三传为一科,皆习《孝经》《论语》为帖经。②

温公所拟,其中无《孟子》,盖不欲以之策士也,这在当时引起了学者的讨论。范纯仁对此便不以为然,谓之曰:"《孟子》恐不可轻黜,犹六经之《春秋》也。"③温公从之,其事乃寝,然温公作为名臣有此建议,在当时引起了讨论,而时人知其主张,固可想见也,《涑水记闻》曰:

熙宁初,余罢中丞,复归翰林,有成都进士李戒投书见访

---

① 司马光:《传家集》卷七十三,第898页。
② 司马光:《传家集》卷十九,第304页。
③ 朱熹:《三朝名臣言行录》卷十一,《文渊阁四库全书》第329册。

云:"戎少学圣人之道,自谓不在颜回、孟轲之下。"其词孟浪,高自称誉,大率如此……居无何,复来投书曰:"三皇不圣,五帝不圣,自生民以来,唯孔子为圣人耳。孔子没,孟轲以降,盖不足言,今日复有明司马光,可继孔子者也。"①

进士李戎第一次投书,谓不在孟子之下,不见引重,及第二次投书,知温公不喜孟子,故谓"孟轲以降,盖不足言"云云,希投温公之好恶也。李戎之辈,虽不能代表当时士子,然名臣学术之影响由此可见一斑。②一般来讲,新的学术思想的产生以至占据主流,必然会有一个艰难复杂的长期过程。在北宋,孟子升格运动虽为潮流,但也还有对孟子或疑或非或黜或贬的变调,随之逐渐发展成"尊孟"与"疑孟"两大思潮。所以在北宋中期兴起的疑经思潮里,司马光的《疑孟》并没有像在南宋尊孟基本成为主流的时期那样显得突兀,但也应该注意到因为司马光政治地位和身份的不同,其学说必然会在当时有较大影响,而这也成为此后余允文、朱熹对其疑孟进行批评的重要原因。

众所周知,王安石极为推崇孟子,曾撰《孟子解》,其子王雱亦曾撰《孟子注》。司马光在《致王介甫书》第一书中说:"光昔从介甫游,于诸书无不观,而特好孟子与老子之言。"③这一书信充分表明司马光深知王安石特好《孟子》。而这一事实往往成为"司马光《疑孟》乃是针对王安

---

① 司马光:《涑水记闻》卷十六,邓广铭、张希清点校,中华书局1989年版,第304—305页。
② 叶国良:《宋人疑经改经考》,台湾大学出版委员会1980年版,第134—136页、第150—151页。
③ 司马光:《传家集》卷六十,第723页。

石的新学尊孟之特点"①意欲有为而发的重要根据。②

但是应该看到,在这场关涉北宋新旧党争的学术争辩中,尽管王安石推崇孟子,但他并不否认扬雄的地位。在新旧党争激烈的北宋,司马光的疑孟思想可能是受王安石尊孟思想的刺激而发③,因为北宋疑孟思想与当时的政治斗争不可避免地有着紧密联系。但司马光的疑孟学说

---

① 据考,元代学者倪思是最早指出司马光《疑孟》乃针对王安石而发的学者,其说见白珽《湛渊静语》卷二:"或问文节倪公思曰:司马温公乃著《疑孟》,何也?答曰:盖有为也。当是时,王安石假孟子大有为之说欲人主师尊之,变乱法度,是以温公致疑于孟子,以为安石之言未可尽信也。"(《知不足斋丛书》本,第14页。)此后学者秉持该说者颇多。夏长朴云:"《传家集》所收各文中引用孟子言论之处亦所在多有,但因在熙宁变法时与王安石意见不同,而又因王安石喜好《孟子》之故,所以他对孟子也采取怀疑的态度。"(夏长朴:《尊孟与非孟——试论宋代孟子学之发展及其意义》,载《中国哲学》第24辑,辽宁教育出版社2002年版。)

② 司马光"疑孟"的根源有几说,一为他用扬雄替换了孟子,二则为新旧党争,三则司马光疑《孟子》为伪书。这个问题前人多有阐发,原因应该不是单一的。如侯外庐所说:"在前代学者中,司马光最崇奉扬雄,认为扬雄当在孟荀之上。司马光自命为继承扬雄之学,对《法言》《太玄》二书'研精竭虑''疲精劳神'达三十余年。由于在'性'论上的分歧,司马光曾专著《疑孟》,讥评孟子。同时,他更不满于韩愈抑扬尊孟,以至严责韩愈钻营豪门的鄙行。"(侯外庐等:《中国思想通史》第四卷上,第457页。)这一论述可以说把司马光《疑孟》的思想根源较周到地考虑进去了。关于侯外庐对司马光《疑孟》的观点,尤其值得注意的是:"应该说明,在北宋时代,孟子在道统上的地位尚未受到普遍承认,如何涉、刘恕、晁说之等都批评过孟子。因此,司马光在形式上的非孟,不能认为他与其他道学家的尊孟就立于相对立的地位。我们知道,中世纪的学者们利用同一材料而得出相反的论断,乃是常见的事实,问题在于他们从什么观点出发和怎样论证前人的理论材料。"(侯外庐等:《中国思想通史》第四卷上,第457页。)这里提到的晁说之、刘恕都曾是司马光的门人,他们虽批评过孟子,但对孟子的崇敬之情是不可忽视的,足以在这个问题上与其师形成鲜明的对照。

③ 符云辉:《〈诸儒鸣道集〉述评》,复旦大学博士学位论文,2007年。

应该还有深层的学术根源,而不仅仅是缘于党争。

司马光作《疑孟》的由来,史载是疑《孟子》为伪书。"温公平生不喜《孟子》,以为伪书,出于东汉,因作《疑孟论》。"①晁公武在《郡斋读书志》中曰:"皇朝司马光君实撰。光疑孟子书,有非轲之言者,著论是正之,凡十一篇。光论性不以轲道性善为然。"②王安石曾谈到"今学者是孟子则非扬子,是扬子则非孟子"的现象,宋儒普遍舍弃扬雄而选择孟子作为"正统"的主流中,司马光则选择扬雄为自己的学术榜样。司马氏以父子至亲、师徒至亲、学术上私相授受的关系,尚且可以保持不同的孟子观。

司马光的《疑孟》共计十一则,前五则即"伯夷隘柳下惠不恭""陈仲子避兄离母""孟子将朝王""沈同问伐燕""公孙丑",作于元丰五年(1082年)。后六则即"告子曰:'性犹湍水也(云云)亦由是也'""生之谓性""齐宣王问卿""陈子""孟子曰:'尧舜性之也'""桃应问曰:'舜为天子,皋陶为士,瞽瞍杀人,则如之何?'",写于元丰八年(1085年)。其内容主要集中在三个部分:第一,孟子不尊君。司马光是一个服膺孔子"正名"主张、谨守君臣之际的人,他的政治理想是以礼为基础,在名分的制约下,建立起一个君臣上下、贵贱等级分明的体制。在这个体制中,君臣名分的确立是非常关键的因素。而孟子在《公孙丑下》"孟子将朝王"这一章中,揭举"齿""德"用以与王爵抗衡,其意在凸显君臣的关系是相对的而非绝对的,以提高臣子的地位,这是司马光所不能接受的。第二,孟子对王霸的看法不正确。司马光一贯主张"霸王道杂之",但在他看来,孟子在《公孙丑下》中所表达的仁政观念是不符合历史事

---

① 马永卿:《元城语录》,载《诸儒鸣道集》,山东友谊书社1992年版。
② 晁公武:《郡斋读书志》卷五下,上海古籍出版社2011年版,第422页。

实的,历来皇帝皆是王霸并用。第三,孟子对人性的看法有偏失。这主要关涉《疑孟》中的"性犹湍水也""生之谓性"与"君子不教子"三节。司马光认为告子所谓"性之无分于善不善"和孟子"人无有不善"都是不对的,告子的举证不够周延,孟子"性善"则与事实不符。告子认为性如水,会受引导而东西流动,但这都是地势高低使得水如此流动,非外在人为引导所能为之,而"性无有不善"正好是"中人"的表现。孟子说"人无有不善",但是尧子丹朱、舜子商均却无法转变其恶,故主张全为善与事实不合。此外,司马光还认为告子在接受孟子询问"白羽、白雪、白玉"之白是否相同时应该回答说"色则同矣,性则殊矣",因它们的本性完全不同,况且孟子把犬牛之性与人性相比而言,足以证其雄辩。

尽管"尊孟"与"疑孟"在北宋几乎是同时存在的两股势力,但"疑孟"并未形成极大的影响,反而使"尊孟"大行其道。之所以如此,主要在于孟子学说从未被全盘否定,而"疑孟"者只对某些部分如性善、王道霸道、义利等内容提出不一样的看法。这些异议并未贬低孟子的身份,反而使之"愈辨愈明"。另外,有曾经身为宰相的王安石和皇帝的推崇,孟子的地位更是固若金汤。虽"疑孟"的司马光亦曾做过尚书左仆射,但为时非常之短,产生广泛社会影响的可能性非常小。

当然,温公《疑孟》还是对其弟子产生了一定的影响,最著名的当属晁说之。他曾著《申刘》《孔孟》《奏审复皇太子所读〈孝经〉〈论语〉〈尔雅〉札子》《辨诬》《儒言》等文章反对孔孟并称。[①] 南宋初,胡宏作《释疑孟》,对司马光《疑孟》进行批评。他开宗明义地点明了自己作此文的意图:

---

① 另有《诋孟》一文,今佚。

司马文正之贤，天下莫不知，孰敢论其非者，然理之所在，务学以言可也。夫孟氏学乎孔圣，虽未能从容中道，还其行事，质诸鬼神，亦可谓厘中缕当矣。其道光大，如青天白日，而司马子疑之。愚窃惑焉，作《释疑孟》。有能青其狂简而相切磋者，吾与之友矣。①

胡宏明确指出他写此文乃是针对司马光的《疑孟》，旨在为孟子辩护。虽然他很推崇司马光，但认为司马光疑孟于理多有不合。据胡氏所见，固然孟子思想中存有一些"未能从容中道"之成分，尚不能与孔子比肩，但孟子思想之重要价值却是人人得见，所以，他认为司马光对孟子的认识存在严重的错误。胡宏共列"辨""舜""仲子""性""仕""霸""德""责善""伐燕""师""理""王""卿""学"十四个条目，对司马光《疑孟》进行了批驳。他认为司马光在许多方面并不真知孟子。他说："孟子之言微且远矣。而司马子之贤，乃孔子所谓多学而识之，非知之者也。"②

之后不久，张九成作《孟子传》，亦极力为孟子辩护，对司马光等疑孟学者进行了批评。四库馆臣对该书评价道：

是书，则以当时冯休作《删孟子》、李觏作《常语》、司马光作《疑孟》、晁说之作《诋孟》、郑厚作《艺圃折衷》，皆以排斥孟子为事，故特发明义利经权之辩，著孟子尊王贱霸有大功，拨乱反正有大用。每一章为一篇，主于阐扬宏旨，不主于笺话文句，

---

① 李幼武：《四朝名臣言行录》卷五，西京清麓丛书正编，第4页。
② 胡宏：《胡宏集·释疑孟》，中华书局1987年版，第118页。

是以曲折纵横,全如论体,又辩治法者多,辩心法者少,故其言亦切近事理,无由旁涉于空寂。在九成诸著作中,此为最醇。①

四库馆臣对于张九成的《孟子传》基本是肯定的,但也注意到,他为了证明孟子倡行王道,并不是教唆诸侯不尊周而自为天子,在一些地方有"郑书燕说"之弊。张九成之后,余允文作《尊孟辨》,进一步维护孟子思想。该书包括《尊孟辨》三卷,《续辨》二卷,《别录》一卷。凡辨司马光《疑孟》者十一条,附《史剡》一条。余允文担心李觏的《常语》、司马光的《疑孟》与郑厚的《艺圃折衷》的非孟态度会让后人随波逐流,从而导致仁义之道的消减。因此,他的辩解便是直接针对李觏、司马光和郑厚而来。在四库馆臣眼里,余允文写《尊孟辨》是有其私人目的的,即窥伺宋高宗的意旨,迎合风气,并不是自发性地对孟子学说深感同情,而想要针对北宋人的非议作一辩解。朱熹曾在《与刘共甫书》中对余允文之人品作了恶评,似乎意味着"允文盖武断于乡里者,其人品殊不足重"②,但另一方面也不得不承认"然当群疑蜂起之日,能别白是非,而定一尊于经籍,不为无功。但就其书而观,固卓然不磨之论也",③还是基本肯定了余允文在尊孟过程中的价值,对他们的质疑言论进行了逐条回击。

三、"《玄》以准《易》,《虚》以拟《玄》"

《易经》是中国哲学理论建构的重要经典资源,《易》哲学也成为了中国哲学的重要组成部分。《易经》作为经书的地位得到确立后,围绕

---

① 纪昀等:《孟子传》提要,《文渊阁四库全书》第196册。
② 纪昀等:《尊孟辨》提要,《文渊阁四库全书》第196册。
③ 纪昀等:《钦定四库全书总目》卷三十五,第726页。

对它的解释,形成了后世洋洋大观的易学。以象数论为主要特征的汉易在吸收了阴阳观念之后,逐渐有了新的发展。唐初的《五经正义》进一步统一了《易经》的经义解说,致使有唐一代的《易经》诠释墨守成规,未获新的发展。宋开国之后,鉴于唐末五代藩镇割据而致国亡的教训,朝廷实行彻底的文治政策。儒学在受到唐代略处强势的道教和佛教思想的挑战下,迎来了新的发展机运。于是宋儒便以最有赋予思想性可能的易学为中心,建构新儒学,进而形成了在宋代疑经思潮中异常繁荣,且在历史上影响深远的宋易。

虽然崇儒政策在宋初已推行开来,然在宋前期的六七十年里,基本仍沿袭着唐代旧说。如著名经学家马宗霍所言"宋初经学,犹是唐学"[①]。儒者仍谨守传注,不敢逾越。庆历之后,学风大转。士大夫开始逐渐摆脱汉唐训诂之学的藩篱,大胆地疑经改经,不断标新立异,形成了在当时影响颇大的疑经风潮。易学之发展亦深受此风之影响。孙复就曾言:"专主王弼、韩康伯之说而求之于大《易》,吾未见其能尽于大《易》者也。"[②]之后,欧阳修作《易童子问》,一反司马迁所持之孔子"序《彖》《象》《说卦》《文言》"之说,向传统易学发难。此后,刘敞作《七经小传》,对包括《周易》在内的传统传注提出全面怀疑,将疑古之风推上高潮。此间,陈抟以《先天图》传种放,种放传穆修,穆修传李之才,李之才传邵雍。穆修还以《太极图》传周敦颐,而周敦颐则传于程颢、程颐。周敦颐作《太极图说》《通书》阐发易理,程颐著《程氏易传》建构自己的理论体系,张载则在《横渠易说》基础上完成《太和》《参两》《大易》等篇,苏

---

① 马宗霍:《中国经学史》,上海书店 1984 年据商务印书馆 1937 年版影印,第110 页。
② 孙复:《寄范天章书二》,《孙明复小集》,《文渊阁四库全书》第 1090 册。

轼吸收道家思想著成《东坡易传》,王安石在担任地方官期间亦曾著《易解》,今已亡佚。虽然王安石自谓"某于《易》,尝学之矣,而未之有得",① 而且以为"少作未善",后不颁于学官。但程颐曾对门人言:"《易》有百余家,难为遍观。如素未读,不晓文义,且须看王弼、胡先生、荆公三家。"② 足见王安石《易解》亦是当时诸多解《易》之作中的重要一种。凡此种种,皆是直接面对《周易》进行义理阐发并进行的理论建构。面对着当时的疑经思潮,司马光对弥漫于学术界并对科举考试发生重要影响的这一现象发表了自己独到的想法,实际上间接批评了疑古走向极端化的弊端。他在《论风俗札子》中讲道:

> 新进后生,口传耳剽,读《易》未识卦爻,已谓《十翼》非孔子之言;读《礼》未知篇数,已谓《周官》为战国之书;读《诗》未尽《周南》《召南》,已谓毛、郑为章句之学;读《春秋》未知十二公,已谓三传可束之高阁。循守注疏者,谓之腐儒;穿凿臆说者,谓之精义。③

司马光此札上于熙宁二年(1069年),批评了当时疑经思潮走向为疑而疑的不良风气。

正是本着这样的思想态度,司马光通过为《太玄》作注而渐进易学。他几乎花了三十多年的时间,"疲精劳神""迄不能造其藩篱",④ 自称虽对该书勤奋困勉,但收效并不十分显著。这些虽系自谦之辞,但也反映

---

① 王安石:《王文公文集》卷七,第81页。
② 程颢、程颐:《二程集》,第248页。
③ 司马光:《传家集》卷四十二,第538页。
④ 扬雄撰、司马光集注:《太玄集注序》,《太玄集注》,第1页。

了他对《太玄》的推崇和执着。司马光的集注,是在宋衷《太玄解诂》、陆绩《太玄释正》、范望《太玄解赞》等基础上进行了发挥和补注。在此基础上,他先作《易说》,之后又仿《太玄》作《潜虚》。司马光曾自述草拟《潜虚》的经过:"《玄》以准《易》,《虚》以拟《玄》,《玄》且覆瓿,而况《虚》乎?其弃必矣。然子云曰:'后世复有扬子云,必知《玄》。'吾于子云虽未能知,固好之矣。安知后世复无司马君实乎!"①说明《太玄》仿《易》,而《潜虚》又模仿《太玄》。刘歆讥刺扬雄《太玄》"后人用覆酱瓿",司马光自顾《潜虚》也将会有同样的遭遇。但扬雄并未丧失信心,自信后世总有了解《太玄》者,现在司马光酷爱《太玄》,因而得到印证。也许将来或者有类似司马光的学者降世,从而推崇《潜虚》。这段表白比较符合司马光的心情,可能属于原文。从《潜虚》全本来看,不仅结构、布局模仿《太玄》,而且行文也模仿《太玄》,它是司马光仿扬雄《太玄》而自成体系的一本哲学著作,用司马光自己的话来说:"《玄》以准《易》,《虚》以拟《玄》。"这说明它们之间的步趋关系很近,模仿痕迹很浓。②《潜虚》不仅有图像,也有说明。司马光晚年未曾写完此书,只留下残本,由后世学者代为补成。

---

① 司马光:《潜虚》,第37页。
② 张立文、祈润兴在《中国学术通史(宋元明卷)》中指出:"《周易》是阴'- -'阳'—'二元奇偶编码,六位成卦,共有26卦,即六十四卦。《太玄》是阴'- -'阳'—'和'…'三元符号的交错编码,方、州、部、家思维成首,共有34首,即八十一首。《潜虚》是水、火、木、金、土五行符号的序偶编码,按堆圆术二项式展开,共有$(1+10)*10/2$图,即五十五图。从象数结构看,三者都属于古老的组合算术,在形式上具有周延性……从现代数学角度看,三者之间不存在逻辑上的同构关系。虽说是模仿,毕竟是创作。"(张立文、祈润兴:《中国学术通史(宋元明卷)》,人民出版社2004年版,第304页。)这段话对《潜虚》与《太玄》《周易》之间的结构关系讲得比较明了,对深入把握三者之间的关系有很大的帮助。

司马光由《玄》而《易》的治易特点,不断遭到后世学者的批评和反对。最有代表性的当属南宋学者俞琰,俞氏在《读易举要》中云:

> 司马温公曰:先从事于《玄》以渐进于《易》。又曰:《易》,天也;《玄》,所以为之阶也。夫《太玄》无与于《易》,《易》赖于《太玄》。《玄》固矣,司马公乃欲因《玄》以求《易》,吾恐求《玄》愈深,去《易》愈远。何者?道德性命之理与星历气候之学本不相涉也。子云作《太玄》非本易之道,特用《易纬》卦气六日七分之说耳,卦气之说巫史附会之说,非圣人之意也。①

俞琰在此基于"道德性命之理与天文地理之学不相关"的观点通过对扬雄《太玄》成书的批判,对司马光的易学进路提出了尖锐的批评,认为其会离易道越来越远。类似的批评在后世尚有很多,兹不赘述。

尽管司马光"由玄而易"的治易观念遭到了后世的批评,但这一鲜明特色却在易学史上产生了一定的影响。反省王弼的玄理易学,而采取兼重象数与义理,重新以儒家义理充实易学,自成一家之言,其成果可以说是介于主义理与主象数两大易学潮流之间。司马光借由"气"论打破王弼的"贵无"诠释观点,将王弼"无"和"有"的体用、本末关系,转为从"无"到"有"的生化关系,"无"是有形之前的混一元气,称为"太极"。而"太极"又是"一",即"至理""中",是气能运化生成、生生不息之理。因此司马光易学思想之形态,近于周敦颐、张载等,属于宇宙论与本体论混杂的形态。此外,王弼重义轻象,司马光则主张象数为义理之本,并构造出一套新的象数系统,将天道与人道、自然规律与政治社会

---

① 俞琰:《读易举要》卷三,《文渊阁四库全书》第 21 册。

伦理结合起来。其质实的易学思想,充满以人道模拟于天道的教化理念,在北宋易学史上独树一帜。

四、首重《中庸》,辨析"中和"

在北宋诸儒中,司马光是最早重视和注解《中庸》的儒家学者之一。据考,司马光曾著有《〈中庸〉〈大学〉广义》一书,该书今已佚失,笔者结合有关资料对该书作了尽可能的辑佚①,赖此可窥测司马光解读《中庸》的思想要义。

如前所述,其实,司马光对《中庸》的重视,不仅体现在其《〈大学〉〈中庸〉广义》中,亦体现在其他哲学著作里,甚至对其中体现于《中庸》的"中和"思想的多层次阐发和意义的充分重视,成为司马光哲学建构的关键环节。由于司马光一生笃信"中和",他很早就流露出这种观点。皇祐二年(1050年),司马光告假还乡,为他十四个侄儿依名取字。其中有名司马爽者,司马光替他取字曰成德,并说明:"爽,明也。明敏辩智,天之才也;中和正直,人之德也。天与之才,必资人德以成之。予其才胜德,不若德胜才,故愿尔勉于德而已矣!"②据此可见,司马光认为人应德才兼备而德优于才,并提倡"中和正直"。此外,司马光分析某些具体事物时,也常常援用"中和""中庸"等原则为标尺。如他分析死丧等问题时曾说:"始死而悲,道当然也;久而寝衰者,亦道当然也。故始死而不悲,是豺狼也;悲而伤生,是忘亲也。豺狼不可,忘亲亦不可。"③这里

---

① 参见魏涛:《司马光佚书〈大学中庸广义〉辑考》,《宋史研究论丛》第14辑,河北大学出版社2013年版。
② 司马光:《传家集》卷六十九,第857页。
③ 司马光:《传家集》卷六十六,第822页。

虽未出现"中和""中庸"等字样,实际仍是运用了"中和"之原理。他希望遇到死丧等情况时,当悲则悲,然应以适中有节为宜。又以投壶为例,司马光说:"夫投壶者,不使之过,亦不使之不及,所以为中也;不使之偏颇流散,所以为正也。中正,道之根柢也。圣人作礼乐,立教化,垂典谟,凡所旋为,不啻万端,要在纳民心于中正而已!"①他分析投壶仍是旨在强调"过犹不及"等"中和"原则。

最能体现司马光对中和思想之重视的,则是他从熙宁五年(1072年)开始与其好友李孝基、王乐道、范镇、韩维等人的书信讨论。

早在熙宁五年正月,司马光在给好友李孝基的信中就谈到了"中和"问题。在该信中他讲道:

> 光闻一阴一阳之谓道,然变而通之,未始不由乎中和也。阴阳之道,在天为寒燠雨旸,在国为礼乐赏刑,在心为刚柔缓急,在身为饥饱寒热。此皆天人之所以存,日用而不可免者也。然稍过其分,未尝不为灾。……此皆执一而不变者也,善为之者损其有余,益其不足,抑其太过,举其不及,大要归诸中和而已矣。故阴阳者,弓矢也。中和者,质的也。②

司马光对中和的含义作了多方面的揭示:首先,从本质上看,中和是宇宙间万事万物的变通之道;其次,从现象上来看,中和指的是事物在变化过程中的有序性、协调性。具体来讲,它在自然界表现为自然现象的中和协调;在人的生理体质上,表现为饥饱寒热的平衡;在人的心

---

① 司马光:《传家集》卷七十五,第918页。
② 司马光:《传家集》卷六十一,第735页。

性上,表现为刚柔缓急的恰到好处;在政治上,则表现为礼、乐、刑、赏的适度。在这里,司马光比较系统地揭示了其"中和"论的内涵。

之后的元丰三年(1080年)八月,司马光在《与王乐道书》中又进一步阐发了其"养中和之气"的身体思想:

> 凡人之所赖以谋生者,天地中和之气也。若不节饮食衣服,直以极热极寒疏利之药循环攻之,使中和之气何以自存乎?况今乐道之疾,上热下寒,服凉药则热未去而寒益甚,服温药则寒未减而热益加,然则所服之药皆有损而无益也。光愚欲望乐道尽屏去诸药,只调饮食以待病气自退……沉听内视,藏心于渊,恬淡逍遥,归于自然,使神安志适,骨肉都融,则中和之气油然自生。如此养之旬月,何疾不疗矣。夫欲速则不达,半岁之病岂一朝可愈,但当去其害之者,勿令过与不及。俟气血徐徐自复,则善矣。①

在这封书信中,司马光通过对人体所秉之气其中和之性的意义阐发,进一步强调人要善于体察饮食身体变化之间的关系,把握温凉、缓急等协调关系,使得身体自然而然地在"徐徐自复"中恢复中和之气,达到身体健康的目的。这是其"中和"论在养生中的运用。

从元丰四年(1081年)开始,司马光与范镇进行了一场旷日持久的中和辩论。其间司马光写有《答范景仁论养生及乐书》《与景仁第五书》《与范景仁论中和书》《与范景仁再论中和书》等。

在与范镇的讨论中,他首先讲道:

---

① 司马光:《传家集》卷六十二,第751页。

> 盖所谓生者,乃生存之生,非始生之生也。夫中者,天地之所以立也,在《易》为太极,在《书》为皇极,在《礼》为中庸。……上焉治天下,下焉修一身,舍是莫之能矣。……人之所为苟不失其中,则天志所施虽过,亦弗能伤矣。……人无礼则失中,失中则弃命矣。①

司马光于此提出,中乃是天地之成其为天地的本体所在,只是在不同的经典中,其具体的义理展现会有所差异。无论是修身还是治国,都需要秉持这种理念。即便是像墨子所说的上天之意志表现得太过,对人亦没有什么伤害。在社会生活中,人若失去礼仪这一体现"中"之法则,则会对身体和命运造成一定的负面影响。

元丰五六年之交(1082—1083年),司马光在洛阳,有次接到好友范镇的来信,劝其读《素问》等书,用以治病。加之范镇这时铸成周斛、汉斛两种制乐量器,便邀他前往颍昌参观。司马光因其长兄司马旦将要到达洛阳,不克前往。他在回信里除讨论乐论外,着重谈及"中和"问题。他把"中"即"中和"看作至高无上的普遍真理,大而治国,小而治身,以及养生、治病等等,莫不受"中"的制约和支配。例如"人之有疾也,必自过与不及而得之。阴阳风雨晦冥,必有过者焉。饥饱寒燠,劳逸喜怒,必有偏者焉。使二者各得其中,无疾矣"。② 司马光认为,人的身体得病,不是由于气候环境的影响,就是由于饮食温暖的失调,而两者之所以发生问题,又是由于超过或不及等偏离了"中和"的原则所致。司马光进而论证和发挥:"是以圣人制动作礼义威仪之则,所以教民不

---

① 司马光:《传家集》卷六十一,第753页。
② 司马光:《传家集》卷六十一,第753页。

离于中,不离于中,所以定命也。能者养其中以享福,不能者则败其中以取祸,是皆在己,非在它也。""昔者圣人造次而动,不爽于和;纵心所欲,不失其中。施之于身,则有余矣。"① 司马光还坚持礼乐也不能离开"中和",对这个问题,他同范镇讨论了近三十年,一直未取得共识,亦未能影响范镇对"中和"的理解。

之后不久,司马光再次向范镇写信,还是重新提出了他那"念兹在兹"的"中和"问题:"夫治心以中,此舜禹所以相戒也;治气以和,此孟子所以养浩然者也。孔子曰:'爵禄可辞也,白刃可蹈也,中庸不可能也。'然则中和者,圣贤之所难。而来示谓:'光心未尝不平,气未尝不和,犹不免于病。'此言过矣。以光方之于古人,乃下之下者也。于圣贤之道,曾不能望其藩篱,然亦知中和之美,可以为养生作乐之本。譬如万物皆知天之为高,日之为明,莫不瞻仰而归向之,谁能践而及之邪?"② 这段信至少反映了两个问题,一是他强调人要做到符合"中庸""中和"的要求很不容易,孔子尚且感到吃力,其他人则可想而知了!二是范镇指出司马光平昔重视"中和",却仍然不能摆脱疾病的困扰,由此衬托出"中和"的作用有限。不难看出他们的讨论已经深入,而且处于胶着状态。司马光在这封信里仍然坚持原来的观点不变,指出范镇"去冬为酒肉所困,发于耳,发于牙,是亦过中所为也"。看来司马光不会放弃"中和为养生作乐之本"等主要观点,而且不管范镇信与不信,还是硬要灌输,势必造成"言之谆谆,听之藐"的结果!范镇在回信里只同意了"中和之难"等看法,但不同意"中和"能够养生和治病,故说道:"孟子养浩然之气,荣辱祸福之不能动其心,非除病之谓也。某向之

---

① 司马光:《传家集》卷六十二,第757页。
② 司马光:《传家集》卷六十二,第757—758页。

病,诚由饮食过中。是饮食过中,非中和也。"①这种有来有往、针锋相对、寸步不让的做法,说明他们的讨论渐趋白热化。

之后司马光又收到范镇三封来信,因深感喋喋不休、"互相攻难",将使讨论无益而终,于是只得将乐论搁下,集中讨论"中和"问题。司马光特别予以说明:"至于中和为养生作乐之本,此尝见于经传,非取诸光之胸臆,不可忽也",希望范镇还应加以重视。并进一步说明:

> 夫和者,大则天地,中则帝王,下则匹夫,细则昆虫草木,皆不可须臾离也。岂帝王则可行,而身则不可行邪?人苟能无失中和则无病,岂待已病然后除之邪?夫养生用中和,犹割鸡用牛刀,所益诚微;然生非中和,亦不可养也。……又云:'孟轲养浩然之气,言荣辱祸福不能动其心,非除病之谓也。夫志,气之帅也,苟不以中和养其志,气能浩然乎?苟气不浩然,则荣辱祸福交攻之,终日戚戚,殒获充诎,能无病乎?'孔子曰:'仁者寿。'又曰:'大德必得其寿。'彼仁与德,舍中和能为之乎?又云:'向之病,诚由饮食过中。是饮食过中,非中和也。'光诚愚,不知饮食之中非中和,更为何物也?光所愿者,欲景仁举措云为,造次颠沛,未始不存乎中和,岂于饮食独舍之乎?此则有所不解也。②

司马光抓住范镇的论点穷追猛攻,再三强调"中和"的深远作用:"夫中和之道,崇深阁远,无所不周,无所不容。"③范镇接到来信后,仍采

---

① 司马光:《传家集》卷六十二,第758页。
② 司马光:《传家集》卷六十二,第759—760页。
③ 司马光:《传家集》卷六十二,第753页。

用"以子之矛攻子之盾"的对策,在大的原则方面表示同意,又在具体问题上加以否定:"君实施谕,'在《书》为皇极,在《礼》为中庸,在天为中和,在人为中和'。天不中不和则病人,人不中不和则病天,此所谓天人相与之道也。孔子大圣,不能救周之衰;孟子养浩然之气,至大至刚,不能救战国诸侯之乱,何也?无位也。"①可以看出,在原则方面两人看法差异不大,但遇到一些具体问题又产生了分歧:"若夫闾巷之间,数十百家,同一日时,无富贵贱贤不肖,或病或死,此所谓天病人也。天病人者,人病天也,岂一人之身所致哉!有位者之职也。君实体孔孟之道者,家居而欲天地位焉,万物育焉,难矣哉!《语》曰:'子疾病。'《孟子》曰:'昨日病,今日愈。'是病亦不能除也。"②范镇质问:社会上一旦疾病流行,不分富贵贫贱,有的病,有的死,这难道是一个人造成的吗?司马光退居不出,遵守孔孟之道,难道能使天地位、万物育吗?孔孟属于圣人,他们也有病有疾,难道是由于不懂得"中和"吗?环环相扣,步步紧逼,将中和论辩推向了高潮。

经过较长时间的思考,加之多年同范镇书信往来的商讨,司马光对"中和"问题进行了系统的总结,于元丰七年(1084年)十月写成《中和论》。他开宗明义地说:"君子从学贵于博,求道贵于要,道之要在治方寸之地而已!"求学贵博,求道贵要,而求学、求道的先决条件,又在乎治心,这是他一生治学、向道的重要体会和收获。司马光首先说明"中庸""中和"思想产生的历程及其关系:"《大禹谟》曰:'人心惟危,道心惟微,惟精惟一,允执厥中。'危则难安,微则难明。精之,所以明其微也;一之,所以安其危也。要在执中而已。《中庸》曰:'喜怒哀乐之未发谓之

---

① 司马光:《传家集》卷六十二,第760页。
② 司马光:《传家集》卷六十二,第760—761页。

中,发而皆中节谓之和。'君子之心,于喜怒哀乐之未发,未始不存乎中,故谓之中庸。庸,常也,以中为常也。及其既发,必制之以中,则无不中节,中节,则和矣。是中和一物也,养之则中,发之为和。故曰:中者,天下之大本也;和者,天下之达道也。"①司马光在这里引用《尚书》和《中庸》的有关论点,说明由"中庸"发展至"中和"的历史演变过程,并得出"中和"为世界一切事物的大本和达道,智、仁、礼、乐、政、刑等人类一切行为莫不围绕着"中和"而展开运动,甚至天地之所以构成,万物之所以生长,也仍然受到"中和"原理的制约和支配。司马光还重点说明"中和"就是他追求的"道",这个"道"无时不在,无地不在,无物不在。

元丰八年(1085年),司马光又与韩维围绕"中和"问题进行了激烈的讨论。在《答韩秉国书》中司马光讲道:"秉国云:'中之说有二:对外而言一也,无过与不及一也。'此诚如谕。然中者皆不近四旁之名也,指形而言之,则有中有外;指德而言之,则有和,此书以《中庸》为名,其所指者盖德也,非形也。"司马光抓住韩维从形体着眼而谈由中而外的路向辩驳说:"如秉国所谕,则《中庸》应云喜怒哀乐之未发谓之中,及其既发谓之外。不则云喜怒哀乐之未发谓之虚,发而皆中节谓之和,乃相应也。"前一句指责韩维谈"中外",后一句指责韩维谈"虚明"。司马光赞成人心应当虚明,但非空洞无物。之后在该书信中,他又引《大学》《荀子》之语,说明虚、静、定三者相互影响的关系:"虚壹而静,心未尝不藏也。然而有所谓虚,不以所已藏害所将受谓之虚,心未尝不两也,然而有所谓静,不以梦剧乱知谓之静。然则虚者固不为空洞无物,静者固不谓兀然而木石也。凡曰虚、曰静、曰定云者,如《大学》与荀卿之言,则得中而近道矣。如佛老之言,则失中而远道矣。光所以不好佛老者,正谓

---

① 司马光:《传家集》卷六十四,第794页。

其不得中道,可言而不可行故也。"这里司马光站在儒家本位的立场上,对韩维引用佛老论证的做法表示强烈反对,并再次重申自己的观点:"但动静有节,隐见有时,不可过与不及,过与不及皆为灾害。必得中然后和,和然后能育万物也。"①最后,他还奉劝韩维放弃"习静之心",而代之以"习中之心"。

针对韩维的回复和质疑,司马光于是年三月十五日又作《答韩秉国第二书》略作回应。在该文中,司马光将圣人分为后天成就之圣人和先天赋予的圣人两种。实际上在他看来,先天赋予的圣人是很少的,绝大多数圣人是在"择善而固执之"、博学、审问、慎思、明辨、笃行中成长起来的。他以此反驳韩维的"寂然无为""无思无虑"说。最为重要的是两人在关于"已发之中"的问题上存在着分歧。韩维认为"有诸内必形诸外",喜怒哀乐在未发之前,尚处于一种"默然无形"的状态,不可捉摸,调节只能在未发之前。而在司马光看来,即便是已发的喜怒哀乐,只要不"过"也无"不及",依然可以达到"和"的境界。

之后,范镇又向司马光写信,表示赞同韩维"心者在身之中,有知而无形者也"的观点。在他看来,钟体外实内虚,故能发出声音,若钟为实体,则不能发出声音,从而说明人心只有"虚明"才能接受外来影响,并产生相应的情感反应。他批评司马光:"所谓过与不及者,亦因时称事而为之中也。时有异变,事有异宜,亦岂可预设于心而待之也!"②由此进一步维护韩维"默然无形"之说。

司马光的中和论充分体现了其对《中庸》的重视,从而成为司马光在为学进路上最为鲜明的特色。尽管之后遭受了来自二程的批评,这

---

① 司马光:《传家集》卷六十二,第766—767页。
② 司马光:《传家集》卷六十二,第769页。

些讨论还是在一定意义上推进了此间有关"中和"问题的深入展开,应该引起我们的注意。

通过以上探讨,我们可以注意到,在"学统四起"的庆历时期,在佛老对儒家伦理纲常形成强烈冲击渐致废弛的情况下,司马光开辟了一条以"中和"为统领、以《潜虚》为纲维的独特的为学进路。总体上说,"《温公易说》是司马光阐述义理,体现'我注六经'精神的学术成果,而《潜虚》则通过天人合一的传统逻辑体系,构建了天道和人道两个对立统一的结构体,借助天道赋予人道合理性,又借助人道论述天道的自然逻辑,最终以'天道远,人道迩'的先贤之教为旨归,进而实践传统儒家知识分子施行'仁政'的政治理想"。① 与王安石变法相较,这不失为一条回应当时社会变革的有效路径。在前道学时期,司马光的理论建构在北宋哲学史上展现出其独特的地位和价值。

---

① 王冉冉、邓瑞全:《司马光潜虚政治哲学思想初探——以〈气图〉和〈体图〉为中心》,《浙江学刊》,2016 年第 4 期。

第二章　万物祖虚，气体中和

自韩愈以降，儒家学者日渐形成强烈的道统意识。以"四为"为心理预期的张载与"以朴儒自守"的司马光面对当时"天下之不尚儒久矣"①、朝野上下"崇尚释老、积弊已深、不可猝除"②的状况，在忧心之余，立志"修明圣道"、恢复儒尊，力辟佛老，弘扬儒术。他们都清醒地意识到，传统政治伦理已不足以担此重任，必须创立集宇宙自然观和社会伦理本体为一体的思辨哲学体系，方足以与佛老的"空""无"世界观相抗衡。于是，张载"以易为宗，以中庸为体，以孔孟为法"。司马光注《周易》、解《太玄》，法乎两经典容括的合天、地、人三才之道于一体，本于太极、两仪、三才、四时、五行，而归于道德仁义礼的基本思路，创建了沟通天人、贯通形上形下的新型宇宙论哲学。在司马光所创立的哲学体系中，"虚"与"气"乃是非常重要的哲学范畴，对两者关系的把握关乎对司马光哲学定性的重大问题。而有关于此，长期以来却存在着

---

① 《传家集》卷六十九，第851页。
② 司马光：《资治通鉴》卷二百二十，中华书局1977年版，第7050页。

重大争议。① 从司马光的问题意识出发,考察其"虚"与"气"之关系,进而解读"气以成体"的宇宙生成模式,乃是深入考察司马光哲学的基点。

第一节 "万物祖于虚,生于气"

一、虚破有无

司马光在其《潜虚》《太玄集注》等哲学著作中提到了"虚"的哲学范畴。那么其所论之"虚"到底所指为何?这是关乎对司马光哲学中著名

---

① 对司马光哲学的定性主要有如下几种观点。第一,以"虚"为本体,如李昌宪的《司马光评传》(南京大学出版社1998年版,第340页),乐爱国也在《宋代的儒学与科学》(中国科学技术出版社2007年版,第31页)中提出:"司马光把'虚'看作是世界的本原,而物质性的'气'只是第二位的原因。"刘蔚华在《略论司马光的〈潜虚〉》一文中提出:司马光把"虚"看作是世界的本原,而物质性的"气"只是第二位的原因。第二,以"阴阳"或"太极"为本。余敦康在《汉宋易学解读》(华夏出版社2006年版,第168—171页)第九章《司马光的〈温公易说〉》中,认为司马光是以"太极""阴阳"为本体。第三,虚即气,以气为本体。张知寒在《略论司马光思想中的几个问题》(《中州学刊》1985年第4期)中指出:"司马光的'虚',完全是仿照扬子的'玄'创造出来的,'玄'既然是物质,'虚'也就是物质。扬子的'玄'是万物之本原;司马光的'虚'也是万物之本原。如他所说:'万物皆祖于虚。'"说明玄、虚二者完全是一样的。唐君毅在《中国哲学原论·原教篇》中指出:"此以虚气为万物之本";董根洪认为在司马光哲学中虚即是气,是以虚或气为本。(《司马光哲学思想述评》,第70—76页。)陈涛、范立舟在《司马光的哲学与政治》(《求索》,2007年第4期)中亦认为在司马光那里,虚实质上就是气,就是世界的本体;张晶晶在《司马光哲学研究——以荀学与气本论为进路》中指出:"司马光的哲学中,'气'被细论为虚与气两层,虚虽先于气,但虚当然仍是'气',所以这不影响司马光哲学以气为本的结论。"

的哲学命题"万物祖于虚"的解释的重要问题。关注司马光"虚"哲学范畴的历史演变和论述"虚"的问题背景,是进一步考察"虚"与"气"关系的必要环节。

虚范畴不是司马光本人的首创,在宋代之前的哲学著作中,就已有关于虚的论述。作为一个哲学概念,虚的初始之意乃空无之谓。《广雅·释诂三》中讲:"虚,空也。"这种用法广泛存在于汉人的著作中。在老庄那里,虚是一种内心境界。老子云:"致虚极,守静笃。"此处之虚形容人心灵空明、不带成见的境况。庄子以虚为心斋:"气也者,虚而待物者也。唯道集虚,虚者,心斋也。"至《管子》始提出以虚为天的学说。《管子·心术上》云:"天曰虚,地曰静,乃不忒。"又云,"虚者万物之始也"。于是"虚"成为了一个宇宙论的范畴。地上充满了万物,天是空虚的,故谓天为虚。

此外,虚亦常被称为"太虚"。《庄子·知北游》中云:"若是者,外不观乎宇宙,内不知乎太初,是以不过乎昆仑,不游乎太虚。"此处之太虚指广漠的空间。《淮南子·天文训》论宇宙的原始时云:"道始于虚霩,虚霩生宇宙,宇宙生气,气有涯垠,清阳者薄靡而为天,重浊者凝滞而为地。"此处所谓的"宇宙"指的是空间与时间。虚霩乃是最初的原始状态,然后有空间和时间,再然后才产生气,气分化而为天地。此即认为虚霩是先于气的世界本原。汉代《黄帝内经》中之《天元纪大论》云:"太虚寥廓,肇基化元,万物资始,五运终天,布气真灵,总统坤元,九星悬朗,七曜周旋。"这里所谓太虚应是指天而言。五代时期哲学著作《化书》论世界生成的过程云:"道之委也,虚化神,神化气,气化形;形生而万物所以塞也。"这也是认为虚是先于气的原始根本。《淮南子》和《化书》都讲虚在气之先,虚为气之本。此即在道家哲学著作中比较流行的"虚生气"理论。①

至宋代,邵雍曾用"太虚"一词形容"先天"的状态。他在其《先天吟示邢和叔》诗中云:"一片先天号太虚,当其无事见真腴。"②意为天地万物未生之时,唯"太虚"为"真腴"(天真饱满)。这"天真饱满"当是形容天地的混一之气,因无具体形容,为最大之"虚",故云"太虚"。③ 张载则超越前人之说,把虚与气统一起来,提出"太虚即气""虚空即气"的命题。他说:"气之聚散于太虚,犹冰凝释于水。知太虚即气则无无。"④又说:"知虚空即气,则有无隐显、神化性命,通一无二。"⑤他特别指出"虚生气"说的错误:"若谓虚能生气,则虚无穷,气有限,体用殊绝,入老氏有生于无自然之论。"⑥《淮南子》《化书》讲虚生气,正是有生于无的观点,张载的批评是中肯的。他认为,所谓虚不只是气散而未聚的本然状况,并非空无所有,而且在他那里太虚(虚)亦是价值的承载与担当者。他以"太虚"把有无、虚实统一起来。此当为司马光之前宋代学者对于

---

① 郭庆藩:《庄子集释》,中华书局2013年版,第668页;何宁:《淮南子集释》,中华书局1998年版,第165页;张志聪集注:《黄帝内经》,北方文艺出版社2007年版,第325页。
② 邵雍:《击壤集》卷十六,上海古籍出版社2016年版,第330页。在邵雍著作中,"太虚"一词仅此一见。
③ 据林素芬考证,这里的"太"字有最、极之意。邵雍常用"太"字,如《观物外篇》云:"太极,道之极也;太元,道之元也;太素,色之本也;太一,数之始也;太初,事之初也。其成一也。"又如自述"有客无知,为性太质"(《击壤集》卷十四《大笔吟》)等。(林素芬:《北宋中期儒学道论类型研究》,台北里仁书局2008年版,第282页,注100。)
④ 张载:《张载集》,第8页。
⑤ 张载:《张载集》,第8页。
⑥ 张载:《正蒙·太和》,《张载集》,第8页。

"虚""太虚"范畴的推崇之集大成者。①

司马光在《资治通鉴》中针对玄学的"有无之辨"以简短之语表达了自己的看法：

> 初，何晏等祖述老、庄，立论以为："天地万物，皆以无为本。无也者，开物成务，无往而不存者也。阴阳恃以化生，贤者恃以成德。故无之为用，无爵而贵矣！"王衍之徒皆爱重之。由是朝廷士大夫皆以浮诞为美，弛废职业。裴頠著《崇有论》以释其蔽曰："夫利欲可损而未可绝有也，事务可节而未可全无也。盖有饰为高谈之具者，深列有形之累，盛陈空无之美。形器之累有征，空无之义难检；辩巧之文可悦，似象之言足惑；众听眩焉，溺其成说。虽颇有异此心者，辞不获济，屈于所习，因谓虚无之理诚不可盖。一唱百和，往而不反，遂薄综世之务，贱功利之用，高浮游之业，卑经实之贤。人情所徇，名利从之，于是文者衍其辞，讷者赞其旨。立言藉于虚无，谓之玄妙；处官不亲所职，谓之雅远；奉身散其廉操，谓之旷达；故砥砺之风，弥以陵迟。放者因斯，或悖吉凶之礼，忽容止之表，渎长幼之序，混贵贱之级，甚者至于裸裎亵慢，无所不至，士行又亏矣。夫万物之有形者，虽生于无，然生以有为已分，则无是有

---

① 李昌宪指出："司马光同时代的张载，也是一位气本论者，他对司马光的论点不以为然。"(李昌宪：《司马光评传》，第 340 页。)张载的《正蒙》成于熙宁九年(1076年)，而司马光集中涉及"虚""太虚"概念的《太玄集注》《法言集注》《潜虚》分别成书于元丰四年(1081年)、元丰五年(1082年)和元祐元年(1086年)。虽然张载在其著作形成之前，曾就有关问题与学者进行讨论，但从目前的文献来看，没有任何资料表明张载曾和司马光有过直接的论学经历。故所谓的张载是针对司马光论虚之说提出自己观点的说法是不成立的。

之所遗者也。故养既化之有,非无用之所能全也;治既有之众,非无为之所能修也。心非事也,而制事必由于心,然不可谓心为无也;匠非器也,而制器必须于匠,然不可谓匠非有也。是以欲收重渊之鳞,非偃息之所能获也;陨高墉之禽,非静拱之所能捷也。由此而观,济有者皆有也,虚无奚益于已有之群生哉!"然习俗已成,颇论亦不能救也。①

通过这段话,我们可以看出如下数端:

其一,从引文的比重来看,何晏、王弼等玄学家所倡导的"贵无论"只有寥寥数语见引,而裴𬱟的《崇有论》则被大段摘录,可见司马光对"崇有论"之推崇。

其二,从其评价叙述来看,文中称当时坚持"贵无论"的学者为"王衍之徒",对坚持该理论的社会影响作了"由是朝廷士大夫皆以浮诞为美,弛废职业"的评价,这里所提及的"浮诞""弛废职业"之语即表达了司马光对于"贵无论"所造成的社会不良影响之贬斥和抨击。在他看来,即便裴𬱟看到了"贵无论"在社会上造成的不良后果,但由于该理论的社会影响已很大,甚而已形成"习俗",故难以改变。虽然裴𬱟的《崇有论》从理论上对"贵无论"进行了激烈的批评,但却难以改变相沿已久的现实之风。司马光在字里行间流露出对裴𬱟之论的肯定和惋惜,从而表现了其鲜明的"崇有"立场。

其三,这段叙述表达了司马光积极入世的儒者情怀,这既体现在他对贵无论所造成的职业废弛之恶果的叙述之中,亦体现在对裴𬱟作为一个儒者立论以救世的强烈现实关怀的同情之中。

---

① 司马光:《晋纪四》,《资治通鉴》卷八十二,第 2619—2621 页。

其四,司马光此段叙述表面上看似记魏晋玄学之争辩,实则是本着"鉴于往事,以资于治道"之原则与方法,对他所身处的北宋社会中儒者多沦入释老空无之论的现象进行批评。

总而言之,司马光通过对历史上"有无之辨"的反思,表明其哲学理论建构的问题指向。有关于此的言论,多集中在其《道德真经论》中。如司马光在解释"无,名天地之始;有,名万物之母"时,曾言:"天地,有形之大者也,其始必因于无,故名天地之始曰无。万物以形相生,其生必因于有,故名万物之母曰有。"① 在宇宙之中,天地乃是有形之物中之最大者,也是第一个有形之物,那么在它之前推动这一最大之"有"形成的就是"无"。而万物皆是有形之物相生,一物之存在须以他物为条件,故而说"有"。他解释"常无,欲以观其妙;常有,欲以观其徼"为:

> 万物既有,则彼无者宜若无所用矣。然圣人常存无不去,欲以穷神化之微妙也。无既可贵,则彼有者宜若无所用矣。然圣人常存有不去,欲以立万事之边际也。苟专用无而弃有,则荡然流散,无复边际,所谓有之以为利,无之以为用也。②

《道德真经论》第四十二章释老子的"道生一"为"自无入有","一"即指太极,依此而言,似乎"无"才是作为最根源的本体之"道"。但《道德真经论》第十六章曰:"物出于无,复入于无",这又与司马光"名图"图说所讲的"人之生本于虚……业终,则返于虚矣"的循环结构相符,故"无"似又明显指向未成形分化前的"气"。综合来看,"无"最有可能的

---

① 司马光:《道德真经论》,《道藏》本,台北新文丰出版社1977年版,第353页。
② 司马光:《道德真经论》,第353页。

解释是指"无形",即气未分化、未成形之前的整个状态,包括了完全空洞无物到潜在之气的出现,但又尚未分化形成万物的这一阶段。司马光将空洞无物与有潜在价值之气这两者全都涵盖在"无形"这一阶段,亦是合理的。需要说明的是,司马光绝非以道家或玄学式的"无"为其本体,其整个宇宙论还是以气作为化生之重要质料,并由其发展而来,因此可以说是以"有"或以"实"为本的。这一点与前面司马光对于魏晋玄学中"崇有论"的肯定亦是相贯通的。

这也反映了司马光"不喜释老",因其"屏物弃事,以求虚无"的一贯立场。他在熙宁二年(1069年)所上《论风俗札子》中云:"窃见近岁公卿大夫好为高奇之论,喜诵老庄之言,流及科场亦相习尚,新进后生未知臧否,口传耳剽,翕然成风。"①他认为,"所谓虚者,非空洞无物之谓也"。司马光明确排斥"空洞无物"之"虚",②他不喜虚无之论,不仅表现在对佛老的批判上,在对王侯将相等社会高层人物的评论中也表现得淋漓尽致。司马光在其庆历五年(1045年)所作之《河间献王赞》中就曾云:"王侯贵人不好奢靡而喜书者,固鲜矣,不喜浮辩之书而乐正道,知之明而信之笃,守之纯而行之勤者,百无一二焉。"③本着坚持儒家正道的立场,司马光对于那些喜好高谈阔论、华而不实之人进行了批评,从而倡导一种重视入世与务实的良好作风。这也是司马光在《迂书·释迂》中对自称"迂叟"之"迂"解释的一个重要方面。可见其对空无的批判不是基于哲学理论的形上建构层面,而是在于由空无之论所导致的不良社

---

① 司马光:《传家集》卷四十二,第539页。
② 此处可参考《答韩秉国书》中司马光与韩维的辩论,韩维以王弼观点来论"中",以为"中"只是个空名,但司马光反对这种以虚空无物为本的说法。(司马光:《传家集》卷六十二,第776页。)
③ 司马光:《传家集》卷六十六,第825页。

会后果的致用层面。依据司马光对空无理论的批判,即反推"司马光作为最高世界本体的《潜虚》之'虚'当非虚无精神之'虚',而是客观物质之气"①的说法是站不住脚的。因为司马光理论建构的问题指向和落脚点不是在探讨世界的客观性问题,这也是其虚气关系理论与张载的共同点之所在。

二、虚气建构

在北宋的哲学家中,司马光也是重视"虚"范畴的思想家。根据以往的研究来看,有关司马光的宇宙化生模式争议颇大。要确证其宇宙化生模式理论,必须首先确证作为其宇宙论重要范畴的"虚"和"气"是何关系。以往的研究往往认定司马光哲学中的"虚"即是气。② 而对于这种说法的考察在很大意义上取决于对司马光哲学中"虚"的理解。

熙宁六年(1073年),司马光曾作《还陈殿丞〈原人论〉》诗一首,略云:"品物芸芸游太虚,不知谁氏宰洪炉。一株花落分荣辱,万窍风号看有无。觉后共占犹是梦,衣中所得亦非殊。何如鼓瑟浴沂水,春服成时

---

① 董根洪:《司马光哲学思想述评》,第75页。
② 董根洪提到:"在上述《潜虚》的哲学思想体系中,我们首先注意到的是它提出了一个气本论的宇宙化生模式。即'虚(气)聚→物(人)散→虚(气)'。这一宇宙化生模式是从《潜虚》篇首的'万物皆祖于虚,生于气……'及'名图'的'人之生,本于虚……则返于虚矣。故万物始于元、著于衰、存于齐、消于散、讫于余,五者形之运'等处概括而出。这一宇宙化生模式表明:宇宙万物和人是由无形的虚气凝聚而来,形成了的万物和人在经过各自的发展过程后,又是终返回到无形的虚气状态。显然这是一个唯物而辩证的气本论的宇宙化生模式。"(董根洪:《司马光哲学思想述评》,第69页。)董氏在其著作中提出了十二条证据论证司马光属于唯物主义气本论者。

咏舞雩。"此当为司马光著作中最早提及"太虚"概念者。在这首诗中,司马光对于宇宙万事万物的生存主宰、变化动因进行了追问,最后得出了与孔夫子相似的"吾与点也"的与天地人和谐共处、法乎自然的哲学观念。此处的"太虚"当是场所之意,是万物之"府",与其在《潜虚》中所言"故虚者,物之府也"中之虚意义相近。之后,司马光在《法言集注》中曾云:

> 孟子好诗书,荀子好礼,扬子好易,古今之人,共所宗仰,如光之愚,固不敢议其等差,然扬子之生最后,监于二子而折衷于圣人,潜心以求道之极致,至于白首然后著书,故其所得为多,后之立言者莫能加也,虽未能无小疵,然其所潜心深矣,恐文公之所云,亦未可以为定论也。孟子之文,直而显;荀子之文,富而丽;扬子之文,简而奥。其简而奥也故难知,学者多以为诸子而忽之。①

如前所论,司马光的思想建立在对扬雄思想的推崇之前提下。他把扬雄的"玄"看作一种弥漫无垠、无微不至、无所不包的东西,是"胎育万物之母"。"玄"是扬雄仿《周易》而"独创"的,司马光提出的"虚"则又是仿照"玄"的原理而阐发的。与"玄"一样,"虚"是混沌未开的元气,是万事万物的本原,不是在"气"之外还有一个"虚"。故言"虚以拟玄"。这一点与张载的"太虚即气"理论是有明显差别的。

司马光在《潜虚》篇首曾言:

---

① 司马光:《法言集注序》,第273页。

> 万物皆祖于虚,生于气。气以成体,体以受性,性以辨名,名以立行,行以俟命。故虚者物之府也,气者生之户也,体者质之具也,性者神之赋也,名者事之分也,行者人之务也,命者时之遇也。①

在这里,"虚"是元始与归宿,而"气""体""性""名"则是从该基点派生而出的。可以肯定的是,这个作为基点的"虚"不是一种事物性的实存,而是一种无形无象的非物质性的始因与归宿,所以他讲:

> 人之生本于虚,虚然后形,形然后性,性然后动,动然后情,情然后事,事然后德,德然后家,家然后国,国然后政,政然后功,功然后业,业终,则返于虚矣。②

此乃《潜虚》哲学体系中由天道向人道过渡的理论延伸。在这里我们似乎可以看到《大学》中"修齐治平"的从内圣到外王的思想体系之影子,而这段话对于气却是只字未提。若虚即是气,则虚直接就可以等同于"形"了,没有必要再在这里进行强调。而事实上,从这段话我们可以看出,司马光构建了一个非常严密的思想体系,其起点是"虚",终点还是"虚",这就形成了一个由虚、形、性、情、事、德、家、国、政、功、业等范畴组成的一个封闭的圈子。然而,它又与佛教的轮回思想有别,他注重的是人在出生之后通过修德而为现实服务的重视"实际"的现实关怀,不是那种简单的生死循环、因果报应。

---

① 司马光:《潜虚》,第1页。
② 司马光:《潜虚》,第3页。

司马光在《潜虚》中未曾直接说出"虚即气"或"太虚即气"的话①,这也是有关司马光哲学中"虚即是气"观点难以成立的最有力的文献根据。当然正是因为司马光未有"虚即气"之说法,所以古今不少学者将此"虚"视作虚无之"虚",比之为"无极而太极",或老子之虚"道"。②

《潜虚》是仿拟《太玄》从而也是仿拟《周易》而作的。在《周易》和《太玄》中,表示宇宙基本存在模式的六十四卦和八十一首的最高本体是"太极"和"玄";而在《潜虚》中,准拟于六十四卦和八十一首的五十五名的最高本体到底是什么?董根洪提出当是"气"③,并在他的著作中列出了十二条理由,以下针对董先生的这十二条择其要者进行辨析:

第一,《潜虚》中的五十五名,类于《易》的六十四卦,《玄》的八十一首;而《易》卦有内外,《玄》首有四位,《虚》之体则有十等(见《体图》);《易》六十四卦有三百八十四爻,《玄》八十一首有七百二十九赞,《虚》有七变,七七乘之得四十九,加元、余、齐之"无变",故五十二名,三百六十四变。也就是说:"以首准卦,以名拟首;以赞准爻,以变拟赞;以四位准二体,以十等拟四位;以五行准八物,以生成演五行"④,以至于无穷。司马光正是用这种"气"之"聚散","虚"名、体、变、生成之数演五行,来解释自然万象和社会政治变化。故而,张敦实言:"知扬子云深湛之思,司马君实专精之见,皆有以臻大《易》之奥也。"⑤

---

① 这不像董根洪所讲的"毋须说明"(《司马光哲学思想述评》,第69页),而是在司马光哲学中,并没有意识到虚和气之关系在宇宙化生过程中那种相辅相成的作用。
② 陈淳就曾讥司马光之《潜虚》沦入道家"无生有"的理论窠臼。后世学者亦有坚持司马光为虚本论者。
③ 董根洪:《司马光哲学思想述评》,第70页。
④ 张敦实:《潜虚发微论·元(玄)以准易虚以拟元论》,《潜虚》,第39页。
⑤ 张敦实:《潜虚发微论·元(玄)以准易虚以拟元论》,《潜虚》,第39页。

第二，在《潜虚》中，司马光先后列举了"虚""气""体""性""名""行""命"等七个范畴。在这七个范畴中，"气"有"气图"、"体"有"体图"、"性"有"性图"、"名"有"名图"、"行"有"行图"、"命"有"命图"，唯独没有"虚"图。就此，董根洪先生在《司马光哲学思想述评》中提出："唯独'虚'没有'虚图'，为什么会如此呢？唯一的解释是虚即气。虚图即气图。"[①]这种说法是很值得商榷的。原因有二：其一，司马光有着重视理论建构之用的强烈指向，不会凭空将虚这一范畴再置于已经比较圆满的哲学体系之中，若虚即是气，虚的理论价值将不是特别明朗；其二，没有虚图极有可能说明虚类似于老子之"不可言说之大道"，不可描摹，亦不落方所，更不可图说。故而司马光在《潜虚》中未有"虚图"，也并不能说明虚即是气。

第三，在《潜虚》中，关于宇宙化生，有三处比较集中的论述：司马光讲"万物皆祖于虚，生于气，气以成体……"，从语序上来看，与"名图"图说中"人之生，本于虚，虚然后形，……业终，则返于虚"是相对应的，两者描摹的万物化生之序列当是一致的。然而，我们发现，《潜虚》概论中直接产生万物形体的是"气"，即"气以成体"，而在"名图"中，表面上看产生万物和人的形体的却是"虚"，即"虚然后形"。但实际上，联系司马光对王弼易学中"以无为本"的理论批判来看，这里的"虚"亦不应该是作为本体意义的"无"。从理论推衍的逻辑上来看，这里的"虚"当既包含"有"的意蕴，又涵盖了"无"的意义，用张载的话来说，就是要"一有无"，在这一点上，司马光与张载的理论指向当是共同的。无怪乎生前与张载并无多少交往的司马光，在张载逝后写了《又哀横渠诗》这首长诗，高度评价了张载的思想，也充分体现了他对张载思想的熟悉和较为

[①] 董根洪：《司马光哲学思想述评》，第70页。

深入的钻研。或许,司马光的虚气观在很大程度上受到了张载的影响。

第四,在"名图"图说中司马光写道:"人之生,本于虚,虚然后形,……业终,则返于虚。故万物始于'元',……讫于'余'。……兴庸泯造隆,业之著也。"[①]这里明确构建出了一个人由"虚"而返"虚"的过程,在名图中即是万物由"元"名始至"余"名终的过程。这里的"虚然后形",指的并不是"虚"是形之始,而是表明没有"虚"作为前提,万物之形构就会出现困难,但虚与形之间并没有直接的关系,在虚与万物之间,只有通过气的衔接才可以确保万物之形构的完成。而"业终则返于虚"之"虚"基本可以说等同于"余"。返于"虚",即指的是返于"余"。因"余"与起初的"元"名性质尽管相同,但不能据此说明万事万物之本就是气,因为作为本体的东西当是"不动摇""无聚散"且具有超越性的,并不是我们可以用"元""衰""余"等具体的概念所可描摹和形容的。

第五,尽管在"行图"关于"蠢"名的阐释中有"阳气潜萌,品汇咸生,充韧乾坤"之语,但这里司马光虽以一年岁历为据,实际上揭示了自然界万事万物的产生都始源于阳气,皆是在阳气悄然无形的运动中产生的思想。在此,我们似乎还可看出"潜虚"之"潜"即"阳气潜萌"之"潜"。"潜虚"当为"无形本原之气"之意。另在"造"名的"变图"释词中有"太虚测冥,开乾辟坤"之句。这里的"太虚"即是"潜虚"之"虚","测冥"指的即是"太虚"具有的神妙不测,混沌冥蒙之性状。而这一"测冥"混一之"太虚"最终"开辟"分化为阴阳二气,进而化生出整个宇宙世界。这也再次证明了"潜虚"之本义,以及"虚"乃指促动万事万物化生之无形动力之事实。

---

① 司马光:《潜虚》,第 6 页。

第六,司马光曾有诗云:"四岭中涵一气虚"①,此乃司马光针对范景仁《宿憩鹤寺》一诗而发。要了解该句之意,我们可以联系范景仁的原诗来分析。景仁之原诗作:"憩鹤山间憩竹舆,宛然身世住空虚。地仙纵与天仙别,明月清风也不疏。"②据李之亮先生考证,此诗约作于熙宁六年(1073年),③反映了司马光因反对王安石变法而离开京师,与范镇一同于山水之间游乐之时的轻松心态。很明显可以看出,司马光所讲的"一气虚"是针对范镇的"空虚"而言的。而这里的"一气虚"三字断语,并没有表明"虚"即"气"的意向。"一气虚"指的也不是"气""虚"为"一",而是形容自身处自然中时陶醉的超越心态,不能据此断定在宇宙本体的意义上"虚即是气"。

综上,结合《潜虚》中的前后论述和其他一系列论述的完整理解,我们还是难以发现"虚"和"气"是同一关系。显然,《潜虚》之"虚"并未对汉代以来元气论中之"虚"作所谓的"唯物主义的改造",历史上如朱熹的得意高足"陈淳讥其所谓虚者不免于老庄之归"的指责,虽然反映了陈淳对司马光一定程度上的误解,但也不可就此断言司马光是唯物主义者。④

那么,在司马光这里如何去定位其"虚"呢? 在他这里,虚尽管不是实存的某种具体的"器",但从其理论建构的问题意识来看,也不能等同于无。司马光曾经讲过:"太极者何? 阴阳混一,化之本原也。"⑤这里明

---

① 司马光:《传家集》卷十,《和景仁〈宿憩鹤寺〉》,第152页。原诗为:"回廊复阁势萦纡,四岭中涵一气虚。最爱欣欣向荣木,每来相见不相疏。"
② 范镇:《温国文正司马公文集》卷十二附《宿憩鹤寺》,四部丛刊本,第142页。
③ 李之亮:《司马温公集编年笺注》(二),巴蜀书社2008年版,第341页。
④ 董根洪说:"由于气即虚,所以司马光的'虚(气)——万物(人)——虚(气)'宇宙化生模式也就与张载的宇宙化生模式不约而同,从而构成了北宋理学中的唯物主义的气本论派。"(《司马光哲学思想述评》,第76页。)
⑤ 司马光:《温公易说》,第641页。

确指出,"太极"是宇宙化生之本原。由它派生出来的阴阳二气是化生万物的基本材料,"阴阳之气的盛衰消长,相摩相荡,生成万物而不凌越杂糅,这种相辅相成、圆融和谐的天秩天序都是'太极'这先验的世界之本原合理安排,太极是阴阳之气的始因"。① 而太极是否能够等同于"虚"呢?司马光哲学中的虚又当如何理解呢?

首先,《潜虚》乃是效法《太玄》而作,而《太玄》又是模拟《周易》而作。在《周易》那里,最高的哲学范畴是"易"或者"太极",在《太玄》中最高哲学范畴是"玄"。而玄与易或太极意义相通,作为模拟《太玄》的《潜虚》,其最高哲学范畴是虚,则自然可谓与太极或易相通,或者说太极在宇宙论上即相当于虚。②

其次,作为宇宙本原的虚,乃是万事万物的始元与归宿,伴随着物之终始。可以看出,它不像具体事物可以用图示来说明,作为"物之府"的它只能是"无形无象的非物质的始因与归宿"③,是可以产生万物的虚空,乃是非实存的东西。

再次,虚(太极)也是气、体、性等的根源。司马光曾讲过,作为世界本原的太极(虚)具有"中正"的性质:"极者何?中也,至也,一也。"④

---

① 陈涛、范立舟:《司马光哲学与政治思想刍议》,《求索》,2007年第6期。
② 罗光在《中国哲学思想史·宋代篇》中首先谈及司马光的哲学,并从其"虚"的概念入手,讲道:"'虚'似乎和老子的'无'相似,实则不相同。老子的'无'为一实体,为宇宙万物之元。司马光的'虚',不是实体,不是万物之无,只是一种境界。这种境界的虚,在老子的思想里,是'无'或'道'的境界,但是在司马光的思想里则不知道是什么境界,只能说是气的境界,因为他说'虚生于气'。"(罗光:《中国哲学思想史·宋代篇》,台湾学生书局1982年版,第22页。)此据司马光"虚生于气"的观点得出司马光追求"气的境界"的说法似不妥当。
③ 刘蔚华:《略论司马光的〈潜虚〉》,《中州学刊》,1984年第1期。
④ 司马光:《温公易说》,第572页。

"极"(太极)、"中"和"至"三者在司马光这里是相通的。他还讲过:"是不是,理也;才不才,性也;遇不遇,命也。"①"理""性""命"是可以"道通为一"的,虚与道也是相通的。这就在一定意义上赋予了太极(虚)以一种价值意义,即在价值论上来讲,虚即是中。

最后,虚又是可以包载万物、一有无的。司马光在解释老子的"知常容"一句时讲:"虚静则无不包。"②又讲"虚静则无所违拒"。③ 这说明司马光的"虚"如同扬雄的"玄"一样,当是具有广泛的包容性,既不能完全等同于王弼的"无",又可以"统有",是非有非无,又即有即无。

总而言之,司马光将"虚"视作万物本原,其概念近乎于"无",但这种"无"并非空无、虚无的意思,而是与"有"相对应的重要哲学概念。由这种在中国传统哲学境界或理念方面长期存在④的"无"的内涵构成的司马光所谓的"虚",乃是万物本源,由"虚"而产生"气",进而依次产生"体""性""名""行""命"等不同层次的概念。据此,司马光还进一步设计了《气图》《体图》《性图》《名图》《行图》《命图》等六个图,图文结合,鲜明直观地表达了他以"虚"统摄"气"等六个哲学范畴的思想,从而完成了一个整体性的哲学理论建构。

三、"虚"与"太虚"

众所周知,张载在中国哲学史上提出了"太虚即气"的命题,产生了重要的影响。而与之相类,与张载同时代的司马光亦提出了以"万物皆

---

① 司马光:《传家集》卷七十四,第909页。
② 司马光:《道德真经论》,第357页。
③ 司马光:《道德真经论》,第357页。
④ 庞朴:《说"无"》,《庞朴文集》第四卷,山东大学出版社2005年版,第57页。

祖于虚,生于气"的虚、气并提的自然观。两人自然观中虚、气兼提的相似性已引起了学界的关注。① 这里的问题在于司马光所讲之虚是否和张载的意思一样？两者有没有差别？如果有,差别何在？

从宇宙生成论上来看,司马光和张载有一个很大的共同点,即在讲宇宙化生的问题时引入了原本主要在道家那里使用的"虚"的概念。自老子提出的"道生一,一生二,二生三,三生万物"宇宙化生理论诞生以来,尤其是在此基础上展开的魏晋有无之辨以来,人们对世界的本原与本体的思考深度在一步步加深。如前所论,司马光反对虚无,崇尚实有和实体使用。张载则明确提出了"诸子浅陋,有有无之分"。② 表面上看司马光在《潜虚》中构建了一个从虚到虚的循环体系,但这其实不是一

---

① 据《北宋哲学史》一书所述:"与司马光大致同时的张载说:'太虚即气'(见张载《正蒙·太和》)。这是唯物主义地解释'虚',当然不能为司马光所容忍。在司马光看来,'虚'就是天,'万物皆祖于虚',就是万物皆祖于'天'。他在《易说》中就明白宣称:'夫万物,生之者天也,成之者地也。'这个天自然是他那个'僭天之分,必有天灾'的天,是主宰万物的天。'虚'就是天,这是在唯心主义地解释'虚',用来对抗唯物主义而已。"唐君毅在《中国哲学原论·原教篇》中指出:"此以虚气为万物之本,颇似张横渠之说,乃兼通道家之重虚,及汉儒重气之论,以为本。"(见该书第45页。)董根洪认为:司马光《潜虚》中最高范畴之"虚"正同于同时代的唯物主义者张载《正蒙》一书中之"虚",都指的是形成有形万物的无形本然之气。张载的"虚者天地之祖"正同于司马光的"万物祖于虚",而不同于庄子的作为摒去思虑知识,使心灵空虚而同于"大通"最高精神境界的"虚者之斋"之"虚";也不同于西汉末严君平的作为最高精神本体的"虚者始生生者""实生于虚"之"虚"。显然,《潜虚》之"虚"已对历史上老庄虚无之"虚"作了唯物主义的改造,成了物质本体之最高范畴。由此而来,历史上如朱熹的得意高足陈淳讥其"所谓虚者不免于老庄之归"的指责是毫无根据的。(见董根洪:《司马光哲学思想述评》,第75—76页。)范立舟在《司马光的哲学与政治》(《求索》,2007年第6期)中认为司马光与张载的虚气观是有差别的,其差别在于前者虚气有间,而后者虚气无间。
② 张载:《正蒙·太和》,《张载集》,第2页。

种简单的循环。司马光在这里强调的是"虚"在宇宙化生过程中的重要作用。这与佛老讲的空无之虚还是有质的不同。重视现世和经世致用是儒家也是司马光理论的重要基础,故而司马光在这里不可能去主观构造一个落入佛老理论窠臼的虚化理论体系。

另外,司马光与张载在引入虚的概念时,都将其置于工夫论的视域予以必要的观照。司马光在《答韩秉国书》中,综合《中庸》《大学》与《荀子》三论来解释"虚壹而静"的工夫。在他那里,当心与外物接触并相感之后,要如何妥当地选择接受或拒绝外物的反应,好让人可以得到正确的知识,这就涉及心对价值的评判问题。在司马光看来,只要心能一直持守住自己从经验或学习中得到的道德价值标准,保持在不为外物所动的状态,就能对所应之万物作出正确的价值评判。他所强调的"格物"工夫,其目的是要使心恢复功能,能明智以"致知"。摒除物欲这一工夫,正与司马光释《荀子》"虚壹而静"中的"虚"为"不以好恶利害蔽其明"相合,司马光屡次强调此"虚"并非佛老式的空洞无物,而是一种工夫的"虚",是坚持执定已认识之道德,不再因外物而动摇。如其所云:"荀卿《大学》所谓虚静定者,非寂然无思虑也。虚者不以欲恶蔽其明也,静者不以怵迫乱其志也,定者不以得丧易其操也。"① 司马光释"定"为"不以得丧易其操",指一种坚持持守的态度。对照上文可知,"定"应指内心专一地持守已体认到的道德价值,不随便因外物而改变的状态。这无疑与张载所讲的"大其心""虚其性"的思想具有一定的相似性。

深入分析可见,固然司马光的虚气观与张载有诸多的相似性,但从理论建构的目的、效果及方法上看,实际与张载有着较大的差异。

---

① 司马光:《传家集》卷六十二,第768页。

首先,两人的理论建构目的不同。在司马光那里,思考的重心在于如何去优化现有社会秩序的问题。他通过始于虚又终于虚的理论体系告诫人们:人就是在不断地回归原初的心理状态中积极入世而致修齐治平的,即通过治心而治世。由此,构建一个完整的宇宙秩序,进而为"一以治众"的政治合法性作论证的理论目标则有了落实与担当,这表现了司马光更为强烈的政治关怀。而在张载那里,由于对现实问题的研判重心在于针对佛老和陋儒进行价值重建的思考,他依据源于道家的"太虚"以说明儒家之"天",而在司马光那里"太虚"或"虚"虽也有言天之意向,但表达得不够透彻。在张载看来,儒家早期天观经过长期的理论演变,日益从原先形上的终极实在蜕变为形下的苍苍之天,自然之天。即所谓:"'日月得天',得自然之理也,非苍苍之形也。"①这里他强调的天不是有形的苍苍之天,而是作为自然界的形上根据之天。② 他告诫人们:"气之苍苍,目之所止也;日月星辰,象之著也;当以心求天之虚。"③"以心求天之虚"即是去探究天的价值,实现对天价值意蕴的体察与把握。而张载援道家"太虚"所蕴涵的无限性、至大性、包容性、至上性,重建天观,从而改造了长期以来被扭曲的儒家天观,去除其形下之经验性质,赋予其形上之万物本原与价值根源的重要意义,而这并非司马光理论建构之初衷。

其次,从太虚或虚引入思想体系的效果来看,张载比司马光的虚气观更加圆融。司马光虽然在其思想中引入了虚,但他并没有体会到佛教体用思维对于新儒学理论建构的重要意义。对于虚与气关系的把握

---

① 张载:《正蒙·参两》,《张载集》,第6页。
② 林乐昌:《张载两层结构的宇宙论哲学探微》,《中国哲学史》,2008年第4期。
③ 张载:《张子语录·中》,《张载集》,第325页。

依然只是停留于宇宙化生过程中的相即层次,并没有形成太虚与气之间的一种体用化的贯通,没有像张载那样,通过太虚彰显宇宙本体的意义,并深入挖掘太虚之价值意蕴。因为在张载看来,"太虚"除了扮演化生万物过程中的动力机制与气相即之角色外,尚有着更为重要的本体论意涵。在张载看来,太虚是整个宇宙和万物的终极的根源和最高的本体。这不仅体现在独立性上,而且会成为万物的生成过程的统合、推动力量,即使万物崩坏消散,"广大坚固"的太虚仍会永恒地存在下去。作为高于形下层面之气的太虚本体,自有其为气所不具备的特质。太虚处于超越一切相对性层面之上的至高无上、独一无二的地位。与气相比,"至一"、"至静"、绝对的太虚本体,既不像气那样具有阴、阳两端的可分性,也不像气那样具有聚与散、有形与无形之类的相对性。① 而是表现为一种超越时空的逻辑先在性,从而表明太虚是宇宙万物生成的最终原因,是道德价值的超越源头。如此,则张载所力图实现的为道德价值立法的理论建构目标,在"太虚"与"气"的既协作又保持独立性(即"二而不二")中得以实现,在理论效果上比司马光的理论在宇宙论与价值论的贯通方面更加圆融。

最后,在致思方式和理论建构方法上,两人还是有很大差异的。就张载的太虚本体看,它很可能承接了玄学的致思方式,所以张载对本体的理解不再如汉代学者将本体实体化,以"无形之元气"界说本体。② 清儒王植认为:"盖张子以太虚为性命之原,万物之本,故触处皆

---

① 在宋儒的思维世界里,已具备了形上本体至一而不可分的观念,例如,邵雍便说过:"气变而形化,形可分而神不可分。"(邵雍:《观物外篇上》,《皇极经世书》卷七上,中州古籍出版社1992年版,第323页)。
② 汤用彤:《魏晋玄学论稿》,人民出版社1957年版,第49页。

见此意。"①可见太虚既是宇宙本体,又是价值本体。其所谓之至一、绝对之太虚,并不是要提出一个与有完全割裂的孤立之无。一方面太虚尽管是"至静无感"的,但它又具有"无所不感"的能力。通过太虚与气的相联相感,实现了从宇宙本体到宇宙生成的过渡。从张载理论建构的方法上看,除了惯常提及的体用关系之合一层面外,尚有其相分之一面,即体用是有合有分,张载是以分言合,这是其基本思路。本着这一思路,似可看到,在张载那里"虚"与"气"亦是有分有合,且是分中有合,合中有分,以分来言合。而司马光并没有将对太虚之价值的考察纳入其整个思想体系,从而在"性"与"天道"的贯通方面面临着困境。而且在有关"太虚"与"气"之关系和对"太虚"价值的挖掘方面,不像张载那样形成了较好的贯通"性与天道"的理论效果,致使司马光理论体系中之"虚"并未发挥统领整个思想体系的核心作用,在哲理深度方面也就必然略显不足。

通过以上分析,可以得出结论:(1)司马光的虚气观改造了传统道家的虚气理论,并本着扭正玄学偏失的初衷,是在改变现实世界空言道德性命之不良风气的过程中逐渐建立起来的;(2)司马光的虚气观并未在其整个理论体系中发挥最为重要的统领作用,主要缘于司马光在对佛老理论资源的借鉴与汲取方面略显不足,对传统儒学心性理论的深度挖掘不够,故其思想在天道与人道的贯通上略显隔膜;(3)张载的虚气观与司马光的差别是显而易见的,从主体发生学的视角来看,最为重要的一个方面即在于由二人的关注点、为学路径、理论建构方法的不同所导发的理论效果之差别。

---

① 王植:《正蒙初义·臆说》,《文渊阁四库全书》第697册。

第二节　气以成体

一、气生万物

在司马光那里,宇宙演化是一个由气之聚散主导的始于"虚"又终于"虚"的循环往复的过程,宇宙间的万事万物皆因气之聚散而生生不息。对于这一过程,司马光在《潜虚》中作了清晰的描述:"故万物始于元,著于衷,存于齐,消于散,迄于余,五者,形之运也。"①"元"和"余"是万事万物的起点与终点,是气未分化前的无形形态,故无变。其中则涵盖了整个万物化生的过程,所以位置不能固定在任何一个方向上,自然也无"变"。

司马光在解释老子的"道生之,德蓄之,物形之,势成之"时讲:"宗本无形谓之道。气象变化谓之德。聚而成物,质性散殊。生必长,长必成,自然之势。及其成功,皆归于道。"②由此对宇宙化生之过程作了描述。气聚而成物,物的质性又有不同,按照这样的差异化的质性各自自然生长,待到这一质性发展到极尽之时,又回到原本无形的道那里。

落实到人,司马光说道:"人之生,本于虚,然后形,形然后性,性然后动,动然后情,情然后事,事然后德,德然后家,家然后国,国然后政,政然后功,功然后业,业德终则返于虚矣。"③这里揭示了人由"虚"返

---

① 司马光:《潜虚》,第 1 页。
② 司马光:《道德真经论》,第 364 页。
③ 司马光:《潜虚》,第 11 页。

"虚"的具体过程。司马光将《道德经》第四十二章"道生一"解为"自无入有"①,将第十六章"夫物芸芸,各复归其根"解为"物出于无,又复归于无"。② 比照《潜虚》之"名图"图说可见,这里的无就是虚。联系张载的一段话,似对解读司马光有关宇宙化生的理论有一定帮助。张载曾言:"太虚不能无气,气不能不聚而为万物,万物不能不散而为太虚。"③张载在这里是针对道家的"殉生执有"说和佛教的"寂灭"说而提出了以"太虚"发端又以"太虚"结尾的宇宙化生过程,旨在批评学者们执于有或执于无之两偏之失,所以他讲"诸子浅妄,有有无之分",在他看来只有实存意义上的"有形"与"无形",而没有本体意义上的"有"或"无"。故他讲:"知太虚即气,则无无。"④此与司马光有关宇宙生成演化的过程有着某种相似之处。综合来看,在司马光这里,气之聚散即为物之生灭,气成为化生万物的重要质料,故其言"气以成体",这里的体即指有形之物,与体质、材质相通。正是在这个意义上,

---

① 司马光:《道德真经论》,第370页。
② 司马光:《道德真经论》,第372页。
③ 张载:《正蒙·太和》,《张载集》,第7页。
④ 张载:《正蒙·太和》,《张载集》,第8页。据中华书局本《张载集》第8页校记,并参《周易系辞精义》,该处在《精义》中作"无有有无";又见《横渠易说·系辞上》,第200页,原文为:"知太虚即气(则无有有无。故圣人语性与天道之极,尽于参伍之)神变易而已。诸子浅陋,有有无之分,非穷理之学也。"第200页校记中指出括号内之语乃依《精义》补。比较两处其他话语,皆未见差异,联系张载对有无之辨的批判主旨来看,此处当作"无有有无"。故而,从《横渠易说》到《正蒙》,尽管张载思想曾有过一定的变化(胡元玲:《张载易学与道学:以〈横渠易说〉及〈正蒙〉为主之探讨》,台湾学生书局2004年版;白欲晓:《从〈横渠易说〉到〈正蒙〉——张载哲学本体理论的建构与发展》,《陕西师范大学学报(哲学社会科学版)》,2004年第4期,此处有关张载对"有无之辨"的批判却是共同的,可见张载哲学理论建构的问题针对很早就已形成。

他才讲"气者,生之户"。① 离开了气这一形构万物的材料,则万物无以生成。只有把握好了"气"这一概念,才能打开破解生命真谛的门户。

二、物成必毁

生死问题是在宇宙化生之后所必然面对的一个重要问题。对此,司马光曾指出:"物有始必有终,人有生必有死。"②司马光的理论既不执着于"殉生执有",又不"语寂灭",而是吸取了庄子那种"法乎自然"的生死观。所谓:"天地无余,则不能变化矣。"③"元"和"余"是万事万物的起点与终点,实际上司马光正是批判佛教的无始无终的轮回理论。在他看来,世界是有相对的开端和终点的,是由一个个新的开端与新的终点汇聚起来的不断发展的过程。这里实际也在很大程度上吸取了老子"反者道之动"的辩证思想。正是有了"元"与"余"之间的不断转化,才会出现他所描述的"天道不息"的生动画面:

> 日穷于次,月穷于纪,星回于天,岁将更始。以终养始,以初继末,循环无端,此天道之所以无穷也。④

---

① 董根洪指出:"由'气以成体'而来的体图之'体',一指由气形成的万物的形体器官,二指由气而成万物的质体品格。"(董根洪:《司马光哲学思想述评》,第64页。)
② 司马光:《温公易说》,第632页。将死亡视为一宇宙循环中的自然之事,此亦影响到司马光的生死观、人生观。
③ 司马光:《潜虚》,第61页。
④ 扬雄撰、司马光集注:《太玄集注》,第176页。

此外,他还将老子的"物极必反"的思想应用于对世界现象的体认之中,他说道:"物极则反,天地之常也。是故治者,乱之源也;通者,塞之端也。"①在司马光看来,"物极必反"的道理具有普遍性,不仅适用于把握"治乱"之关系、万物化生过程中"通蔽开塞"之关系,而且还适于认识天地万物的各种变化。如他所讲的:

> 物成必毁,盈必溢,理之常也。②
> 日中则昃,月盈则食,成穷而入于败,物理自然,败则毁其成矣。③

司马光用老子的"物极必反"思想观察分析自然界的各种现象,但其落脚点不在于让我们消极地顺势而为,而是在提醒我们要随时注意"防微杜渐",无论是个人的修身养性还是治国、平天下,莫不如此。故司马光总结道:"凡物极则反,自始以来,阴阳之相生,昼夜之相承,善恶之相倾,治乱之相仍,得失之相乘,吉凶之相反,皆天人自然之理也。"④由此可见司马光对于老子的辩证法应用之娴熟。

---

① 司马光:《温公易说》,第585页。
② 司马光:《道德真经论》,第366页。
③ 扬雄撰、司马光集注:《太玄集注》,第158页。
④ 扬雄撰、司马光集注:《太玄集注》,第176页。

第三节 "阴阳之间必有中和"

一、阴阳各自的局限

在司马光的宇宙论中,他充分认识到了阴气和阳气各自的局限性,他提出,"独阴"或"独阳"皆不能完成化生万物的神圣使命:

> 阳非阴则不成,阴非阳则不生,阴阳之道,表里相承,阴胜则消,阳胜则亢。①
>
> 坎,北方也,阴之极也,阴极则阳生其中矣;离,南方也,阳之极也,阳极则阴生其中矣。故坎离者,阴阳之交际,变化之本原也。②

司马光在这些引文中均明确指出,物必须由阴阳交会方可化生万物,"阴"与"阳"任何一方皆不能独生万物。由此来看,"阴"与"阳"都各有所欠缺,并不完美,但其所欠缺的却正是对方所拥有的,只要二者合一便能达成适合万物生成之条件,即达到"中"的状态。与"太极生两仪"的《易传》宇宙论相比,"一衍之则三"的理论架构彰显出司马光对

---

① 司马光:《温公易说》,第573页。
② 司马光:《温公易说》,第576页。

"中"之重视的独特性。① 对"中"的重视,暗示了司马光对于"阴"与"阳"在宇宙生成过程中的作用的理解,此意味着无论是"阴"还是"阳"所代表的气之分化过程,皆无法独立形成宇宙万物,宇宙要能真正成形,必须要靠二者间的交互作用,才能让气形成万物。此点有类于汉代人所提出的"阴阳三合说"。《春秋穀梁传》中曾曰:"独阴不生,独阳不生,独天不生,三合然后生。"②据林乐昌先生所说,这里的"三合"指阴阳和天这三种力量会合参错、互感互动,从而成为宇宙万物生成的结构性根源。③ 庞朴先生在其《一分为三论》中指出:"张载依据《易传》《穀梁》,并吸收道家观念,明确地提出太虚(天)或太极与阴、阳之气是由'一'和'两'构成的'三位一体式的存在',这是对儒家宇宙论哲学建构的重要贡献。"④他高度评价了张载以太虚或天为形构主导和价值主导的"天参"模式在宇宙论建构过程中的重要推进。在司马光这里,从其"分而为阴阳,阴阳之间必有中和"来看,"中"并非是气之外的另一更高的标准,或是在气当中的另外一个分化脉络,而是指在"阴"和"阳"两端之间自然存在的一种理想的调和状态。

换句话说,阴阳二气虽然是形构宇宙万物的重要材料,但其作用的

---

① 张晶晶指出:"由前述司马光《易经》诠释与《老子》诠释的通同无碍可以得知,这样的诠释从另一个角度来看,其实正代表着早期理学在融贯儒道二者上的一种尝试。在'一分为二'的模式下隐藏着'一分为三'的新解释,在'一分为三'的新解释中坚持以'一分为二'的形式来表达,这显示理学正处于一种儒道互摄的过渡阶段。"(张晶晶:《司马光哲学研究——以荀学与自然气本论为进路》,第 41 页。)
② 范宁集解、杨士勋疏:《春秋穀梁传注疏》卷五,载阮元校刻:《十三经注疏》,中华书局 1980 年版,第 2381 页。
③ 林乐昌:《张载两层结构的宇宙论哲学探微》,《中国哲学史》,2008 年第 4 期。
④ 庞朴:《一分为三论》,上海古籍出版社 2003 年版,第 132 页。

真正发挥,还必须仰赖它们之间的相互作用,唯有调和到恰到好处,从而合乎"中"这一内在原则,宇宙万物的化生才有可能。

二、阴阳调和以致中

所以当气之中的"阴"与"阳"因着气本身对"中"的倾向与要求,而自然产生交会、融合、彼此作用的动作时,万物便在这样不完美之双方的冲击、权衡、度量之后,以一个双方最能接受的结果产生。所有能生存于世的万物组合起来的种种生存法则与规律,便是"中"这一价值倾向的具体表现,亦即气潜藏之价值倾向的展现。

> 五为中和,常之盛也。①
> 阳气氾施平均,物皆争进,求遂其宜也。《诗》:由仪,万物之生,各得其宜也。②

由上述言论可见,在司马光看来,在宇宙化生过程中,万事万物都有朝向"宜"去发展的共同趋向,这一趋向应是指万物之最合宜状态:"中"。当万物不断争着往气适宜的方向去生长,"中"这一潜藏于气当中的价值倾向最终形成了宇宙间万事万物之常道,将宇宙维持在一个最适于生存与运作的状态之中。而这里的"中"即是司马光所讲的"阴阳中和之理"。对司马光而言,这一"中"之理,在维系宇宙万物的动态平衡方面发挥着重要作用。

---

① 扬雄撰、司马光集注:《太玄集注》,第107页。
② 扬雄撰、司马光集注:《太玄集注》,第53页。

司马光曾讲道:"天地之有阴阳,损之益之,不失中和,以生成万物者也。"①阴阳中和之理生成万物,"有兹事必有兹理,无兹理必无兹事"②。司马光对"理"有较多的论述。他说:"玉蕴石而山木茂,珠居渊而岸草荣,皆物理自然。"③此处讲的是自然之理。司马光曾建"独乐园",并称自己多在园中读书,"上师圣人,下友群贤;窥仁义之原,探礼乐之绪,自未始有形之前,暨四达无穷之外,事物之理"④。这里的"事物之理"实际上也包括自然之理,因为在他的"独乐园"中有"采药圃","为百有二十畦,杂莳草药,辨其名而揭之"⑤。显然,司马光是借探讨自然之理表达自己对宇宙秩序的看法。

仔细分析可见,在司马光有关宇宙的演化论述中,气的聚散与流动实际上蕴有一个最为重要的内在原则,那就是"中"。在司马光的理解中,它往往会因侧重点的不同,而与"和""正"一起合称为"中和"或"中正",虽用词有异,然基本是以论"中"为主。虽然司马光在使用"中和"与"中正"等词时,多是专注于"中"义的阐发,但仔细考察就会注意到,他所谓的"中"与"和","中"与"正""中正"仍不能直接划上等号。⑥

---

① 司马光:《传家集》卷二十七,第 375—376 页。
② 司马光:《传家集》卷七十四,第 909 页。
③ 司马光:《传家集》卷六十九,第 854 页。
④ 司马光:《传家集》卷七十一,第 876 页。
⑤ 司马光:《传家集》卷七十一,第 876 页。
⑥ 张晶晶主要基于司马光直接讨论《中庸》中问题的文献为据,对漆侠在《宋学的发展和演变》中提出的司马光"中"之三义(一、以"无过与不及"为中;二、"中"也就是"中正";三、"中"也就是"心"。)进行了驳斥,并指出在司马光那里,"中"之内涵并非等于"正",更非直接等于"中正",而认为"中"也就是"心"则容易引起将司马光的"中"等同于宋明理学诸家所讲的"理",不一定适于司马光对《中庸》之"中"的诠释。(张晶晶:《论司马光对〈中庸〉之诠释及其思想史意义》,《东方人文学志》,2007 年 3 月。)

司马光曾指出：

> 易有太极，一之谓也。分而为阴阳，阴阳之间必有中和，故夫一衍之则三而小成，十而大备，小衍之则六，大衍之则为五(十)。一者，数之母也；数者，一之子也。母为之主，子为之用，是故小衍去一而为五行，大衍去一而为揲蓍之数。①

如前所论，在司马光看来，阴气与阳气因其各自属性的不同，在宇宙化生过程中功能各异，只有两者协和才能顺利完成化生万物的使命。对于如上这段话，张晶晶在《司马光哲学研究——以荀学与自然气本论为进路》一文中使用以下表格作了比较明了的揭示②，很有启发性，现转引如下：

易经	太极	阴阳，中和 （阴阳中必有中和）		天地自然之数 （天数五、地数五）	
数	【一】	【三】小成	小衍【六】(去一为五行)	【十】大备	大衍【五十】（去一为揲蓍之数）
潜虚		气图（天地之数、五行潜藏的状态、方位）	体图		

在司马光看来，不管是由"小衍"而来的"五行"，还是由"小成"而来的"十而大备"的"天地自然之数"，其数列的排列组合依据皆是"一衍之则三"的法则。而这一法则实则脱胎于老子的《道德经》。《道德经》第

---

① 司马光：《温公易说》，第637页。
② 张晶晶：《司马光哲学研究——以荀学与自然气本论为进路》，第38页。

四十二章中首次集中阐述了从"一"到"三"的宇宙衍化过程。历来有关该章的"一""二""三"究竟如何理解,可谓众说纷纭。

朱谦之先生在《老子校释》中首先追溯了老子"道生一,一生二,二生三,三生万物"的理论来源,并借助《淮南子·天文训》对其进行了阐释:

> ……此以一为一气,二为阴阳,三为阴阳交通之和也,此说极妥帖。……案道,理也;一,一气也;庄周所谓"一之所起,有一而未形",是也。二,阴阳也;三,形气质之始也。第十四章曰:"此三者不可致诘,故混而为一。"盖此三也。意谓道生一气,一气分为阴阳,气化流行于天地之间,形气质具,而后万物生焉,故曰"三生万物"。①

朱谦之先生这里指出了"一"为"一气","二为阴阳","三为阴阳交通之和"。西汉严遵在《老子指归》中就《老子》第四十二章解释道:"道,虚之虚,故能生一。"②道是虚中之虚,所以能生一。进而他说:"一以虚,故能生二。"③"二以之无,故能生三。"④"三以无,故能生万物。"⑤一有于虚,所以能生二;二由于是无之无,所以能生三;三由于无,所以能生万物。归纳以上,严遵指出:"万物之生也,皆元于虚始于无。"也即从宇宙生成的意义来说,万物的产生都是源于虚而始于无的。当然,《老子指

---

① 朱谦之:《老子校释》,中华书局1984年版,第174—175页。
② 严遵著、王德有译注:《老子指归译注》,商务印书馆2014年版,第51页。
③ 严遵著、王德有译注:《老子指归译注》,第52页。
④ 严遵著、王德有译注:《老子指归译注》,第53页。
⑤ 严遵著、王德有译注:《老子指归译注》,第54页。

归》所提出的宇宙演化过程不是抽象的,而是一个由虚无向实有逐渐演化的过程,是具有真实内容的过程。对于道为什么能够生一,严遵说:

> 有虚之虚者开导禀受,无然然者而然不能然也;有虚者陶冶变化,始生生者而生不能生也;有无之无者而神明不能改,造存存者而存不能存也;有无者纤微玄妙,动成成者而成不能成也。故,虚之虚者生虚者,无之无者生无者,无者生有形者。故诸有形之徒皆属于物类。物有所宗,类有所祖;天地,物之大者,人次之矣。夫天人之生也;形因于气,气因于和,和因于神明,神明因于道德,道德因于自然,万物以存。故使天为天者非天也,使人为人者非人也。何以明之? 庄子曰:夫人形,何所取之? 聪明感应,何所得之? 变化终始,孰者为之? 由此观之,有生于无,实生于虚,亦以明矣。是故,无无无始、不可存在,无形无声、不可视听,禀无授有、不可言道,无无无之无、始未始之始,万物所由、性命所以,无有所名者谓之道。①

严遵在这里将道能生一的原因归于"怀有虚中之更虚者"。虚中之虚者生虚者,无中之无者生无者,无者生有形者。以上这段话看似比较玄虚,但却力图对天地万物终始的推动力进行探究。在严遵看来,有是从无中产生的,实是从虚中产生的。天和人的产生,形体依赖于气,气依赖于太和,太和依赖于神明,神明依赖于道德,道德依赖于自然。于是,在严遵这里,整个宇宙就是这样从极度虚无的道,通过四个层次,逐步生成实有,产生万物。所以,从这里我们可以看出,严遵不是对老子

---

① 严遵著、王德有译注:《老子指归译注》,第48—49页。

关于"有生于无"思想的简单重复,而是从更为复杂、具体的层次赋予了其注解以较高的理论价值。王德有先生在对该段话的注解中指出,"始生生者"指开始生物的生者,指"一","有无之无者"指怀有无中之更无的,指神明、"二";"造存存者"也被其解为"二",他也将"有无者""动成成者"解释为"太和""三"。①

王弼对该章的解释则有所不同:"万物万形,其归一也。何由致一?由于无也。由无乃一,一可谓无?已谓之一,岂得无言乎?有言有一,非二如何?有一有二,遂生乎三。"②王弼将宇宙化生的根源视为"无"。他力避解释"道生一"命题的麻烦,对其略而不论,甚且把"生"字解释成"归",这是他的老子诠释中一个重要的理论创发。他认为万物万形并非杂乱无章,而是具有统一性,而"无"即是万物统一性的基础。王弼把《老子》的"道生万物",解释为万物依据"无"而归于统一的过程,这无疑说明了万物依据"无"而生,又以"无"为归宿的过程构成了一个从"无"到"无"的循环。王弼在对《老子》第十章的注中又提出了"不塞其原,则物自生"的思想,说明万物自生当是有根据、有本原的。在王弼看来,这个本原即是"无",王弼的"有生于无"乃是"物之所以生,功之所以成"的根本所在。这可视为其以"无"释道的一个补充。王弼的诠释与严遵有一定的共同性,即都强调非实体性的虚无在宇宙化生中的作用,差别只是严遵强调虚的作用,王弼则重视无的价值。

陈鼓应先生则认为"'一'为道之数,喻整全之道,这在老子文本中多处可证,'二'究系指'有'、'无'、天地或阴阳,则众说不一"。③ 之后他

---

① 严遵著、王德有译注:《老子指归译注》,第49页。
② 王弼著、楼宇烈校释:《王弼集校释》,中华书局1980年版,第117页。
③ 陈鼓应:《道家易学建构》,商务印书馆2010年版,第39页。

又联系《黄帝四经》《淮南子》《易传》而倾向于将"二"解释为阴阳。陈先生这里只是明确了"一""二"之所指,而对于"三"所指为何则未明言。在其《老子注译及评介》中则明确指出:"三:有两种说法:一、阴阳相合所形成的一个均衡和谐的状态。二、阴阳相合而形成的'和气'。"①陈先生的解释实则是对汉唐《道德经》诠释的继承。

我们回过头来看,司马光将老子第四十二章中的"道生一,一生二,二生三"一句解释为"自无入有,分阴分阳,济以中和",很明显也是在从气的层面进行阐释的,汉唐哲学影响的痕迹比较明显。在司马光的诠释中,可以明显看到从"一"到"三"的过程也是以"阴阳之间必有中和"解之,与他对《易经》的诠释相同。这说明在他那里此为一贯的理论。这一点当与张载吸收汉代哲学中"阴阳三合"理论,从而完善其宇宙生成论的路径有着一定的相似之处。只是张载那里吸收了"参"有"三中含两之义"的解释,对此予以了丰富和发挥。他说:"地所以两,分刚柔、男女而效之,法也;天所以参,一太极两仪而象之,性也。一物两体,气也,一故神[自注:两在故不测。],两故化[自注:推行于一。],此天之所以参也。"②一当指太极之气,两则指的是阴阳对立,太极包含阴阳则为"参"。"参"中含有一和二,一中有二,二中有一,"数虽三,其实一也"③。在张载看来,这是包括气在内的宇宙中一切事物的本性。这样的理论路径与司马光具有一致性。

在《易说·说卦》中,司马光曾以"阳、阴、中"来解释"三才",实际上提出了从中的角度定位人之价值的新观点。他说:"三才者,天,阳也;

---

① 陈鼓应:《老子注译及评介》,中华书局1984年版,第233页。
② 张载:《正蒙·参两》,《张载集》,第10页。
③ 张载:《横渠易说·系辞上》,《张载集》,第195页。

地,阴也;人,阴阳之中也。"①从中可以看出,司马光是以"阴阳之中"来揭示人在世界上的存在属性。这首先说明"人"乃是由阴与阳共同交互作用,在取得最恰当、最和谐之"中"的状态下,才能成形。即所谓"数兆于一,生于二,极于三,此天地人所以立也"。② 其实,翻检司马光的有关论述不难看到,不只是人的生长需要合乎"中"的原则,整个宇宙的生成与发展,万事万物的运行无不以"中"为基本原则。此一以"中"为中心的宇宙观在《潜虚》"名图"中表现得非常明显。在"名图"中,司马光以"齐"名为中心,将其余五十四名按方位排成图形,此代表着整个宇宙与万事万物之气化过程。作为全图中心的"齐",其"行图"之辞为:

> 齐,中也。阴阳不中则物不生,血气不中则体不平,刚柔不中则德不成,宽猛不中则政不行。中之用,其至矣乎!③

由此可见,在司马光那里,"中"不仅在宇宙化生万物的过程中是万物形成、生存、存活的关键,而且也是个人道德修养与社会政治实践成功与否的主导因素。从"名图"图说中可见,物因气聚而成形后,要存于齐,亦即存于"中",只有气保持中和平衡的状态,物才能存活。气若未能保持于"中",物就会因气之消散而散亡,"中"是决定气聚散的关键。具体的物质如此,抽象的规则或人间秩序、价值亦然。世间万物既由气构成,"中"为气之原则,由气而来的各种脉络、规则、原理自然也是以"中"为原则。这点由"名图"的设计来看更为明显:"名图"中的五十五

---

① 司马光:《温公易说》,第654页。
② 司马光先引用了关子明的说法,而后才讲述他自己对"大衍之数"的看法。参见司马光:《温公易说》,第637页。
③ 司马光:《潜虚》,第61页。

名被分为十一组,每一组内前后排列顺序均与前述之气化规律遥相呼应,①因此其皆以中间之名为该组之核心②,以"名图"最中央的"齐"为中心,具体而微地呈现出一幅层层以"中"为原则和标准的宇宙、人间图景和社会秩序。

三、中和之气的价值

司马光这种"一分为三"的宇宙生成模式,看起来似乎较接近道家老子式的"一生二,二生三,三生万物",但其所谓的"一衍之为三"并不直接等同于"一生三",因为"中"在时间上仍必须在"二"出现之后,故而"中"之地位虽然相当重要,但并不可直接等同于阴阳之气,也并非是一种能外于气而独立存在的价值理体,而是阴阳之气本有的一种特性,乃是气分化、活动时的根本准则。

司马光在《易说·系辞传》中揭示了"中正"与"太极""阴阳""五行"的关系:

---

① 十一组名依形、性、动、事、德……功、业、形的顺序排列,其中"形"是气化过程的简单缩影(万物始于元,著于衷,存于齐,消于散,迄于余,五者,形之运也)。而其余十名则由抽象的性、动、情等内容,不断向具体的社会展开,如家、国、政等,最后在完成功、业之后,人生也到了尽头,于是又复归于气之中,完成整套气化循环的过程。每一组中之各名的排列顺序对应着"元、衷、齐、散、余"之关系,因此由其排列的顺序,约略可看出司马光对各组事物之发展过程的看法。

② 如"形之运"中"齐"的作用为"中",各组的中间名如"雍""虑""雍"等,亦在各组中发挥如"中"的作用,与"包干万物"的"齐"遥相呼应,表现了司马光哲学以"中庸""中和""中"为最终价值的一贯理路。

> 阴阳不相让,五行不相容,正也;阴阳醇而五行不杂,中也;阳盛则阴微,阴盛则阳微;火进则木退,土兴则水衰。阴阳之治,无少无多,五行之守,无偏无颇,尸之者,其太极乎?故太极之德,一而已。①

阴阳之间、"五行"彼此之间力量的均衡相当,使其不至于被某一方压过而遭消灭,这就是"正";而"阴阳"与"五行"保持在无杂无混、最能表现其中心质量的状态,这就是"中"。阴阳五行之所以能如此循环不息,正因为其遵循着"中正"之原则在活动。"中"所指的"阴阳醇而五行不杂",更是特别直指"阴阳五行"符合某一价值标准的状态而言,因此"中"很明显的与那些待发展实现的具体事物之脉络不同,其为气在宇宙中聚散、运行之原则,是气当中潜存的价值倾向。

"中"作为气本有的一种特性、价值倾向,犹如水具备往下流的倾向、火具备往干燥地方延烧的特性。《道德真经论》中释"物或损之而益,益之而损"为"满招损,谦受益,皆所以去甚泰,就中和",②宇宙间气化万物,气的倾向与原则即是"中",因此宇宙万物便都会有这样的倾向:"去甚泰,就中和",便自然而然地往这一倾向去发展。故司马光释《太玄》中"阳气潜萌于黄宫,信无不在乎中"为:

> "中"直冬至之初,阳气潜生于地中,如人居宫室也。信无不在乎中者,扬子叹三仪万物变化云为,原其造端,无不在乎中也。信,辞也。③

---

① 司马光:《温公易说》,第 642 页。
② 司马光:《道德真经论》,第 363 页。
③ 扬雄撰、司马光集注:《太玄集注》,第 123 页。

"中"在《太玄》中象征着冬至之时,阳气仍潜于地中之象,气在潜伏时即已有"中"之象。引申而论,当气生发为宇宙万物,万物的种种变化作为,便没有不在"中"这一原则之下的。因此,"中"可以说是气之终极规律。

世界的终极规律与价值倾向"中",也随着气的不断生化循环,逐渐形成宇宙间种种秩序和价值。承前所述,"中"并非独立于气之外的独立价值理体,而是随着阴阳之气在形构万物过程中慢慢表现出来的一种价值倾向。

因此,气虽然具备"中"之价值倾向,但其性质仍只是自然朴素、混沌待开展之状态而已,它对于万物的影响与作用方式,只能仰赖于阴阳之气在聚散过程中展现出来的潜藏倾向来实现。因为气之开展与聚散皆由其是否符合"中"之状态来决定,而"中"的具体价值也必须经由气内部的调和与发展来循序渐进地产生,故而气在影响万物发展的速度与作用上,往往不是快速且明朗的,而是缓慢且隐藏于内的。气的流动沿着"中"之倾向而有其固定不变的规律,不可突然间借助于强力去改变,因为万物只有达到"中"或失去"中",气才能对其造成影响,然而这一过程往往是渐进的。因此万物感受不到气在万物生成时有何强烈的干预作用,只是自然地随着气的规律生灭。故而从表面上看,万物好像都是自己自然而然地生灭的,事实上,万物之生灭,都仍是由气作为其存在的价值来维系的,并非真正的"无为"。这种理论模式虽对宇宙秩序的调和与维持较为隐藏而且缓慢,并不能直接且快速地让万物感受到,但对于维持宇宙之秩序与运作,它同样是一种相当有效的调和机制。

司马光在论老子的"道"时,对于"道"之无为、隐藏的特性与万物的自行生成曾反复强调,如:

> 深不可测,常为物主。……湛然不动,若有若亡。①
> 微而不绝,若亡若存,无物不用,而未尝勤劳。②
> 道之升,万物以生而不可见。道之降,万物以息而未尝亡。③
> 天地无为而自生。④

  道为"物之主",在司马光思想中它"深不可测","湛然不动,若有若亡","微而不绝,若亡若存",表示这样的道并非一种绝对命令式的存在,而是一种弱性的存在。道之升降,正可对应气之聚散:气聚万物因而生成,但气之实体却不可见;气散虽万物消灭,但气并未因此而消失。气作为宇宙万物产生之重要质料,看似隐藏无为,但实际上其聚散升降在万物未觉之处自在地主导了宇宙的生灭变化。

  气内部的调和不断朝向"中"的倾向去发展,这样的特性是气之聚散循环的关键。一方面,组成万物之气仍在不断地发展运动,若这样的运动发展能维持在"中"的状态,则能维持万物的存在,反之,万物就会朝毁灭与气散的方向去发展;另一方面,因气本身就有往"中"发展的倾向,因此在万物中就自然产生一种调和机制,亦即当气形成万物时,万物中的气会自然有一种维持"中"的倾向,只要人与物可以主动顺服或不去刻意背离这一潜在的规则,便可以让气自主发挥其倾向于"中"之特性,将自己维持在"中"的状态,不至于沦入毁灭散亡的危险之中。关系图示如下:

---

① 司马光:《道德真经论》,第 354 页。
② 司马光:《道德真经论》,第 354 页。
③ 司马光:《道德真经论》,第 356 页。
④ 司马光:《道德真经论》,第 354 页。

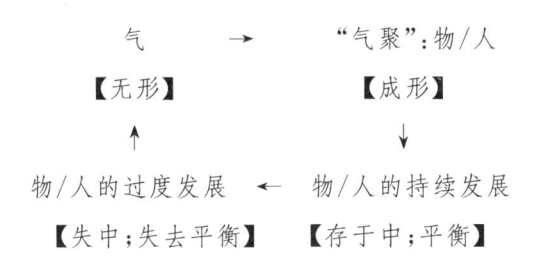

```
        气        →      "气聚":物/人
      【无形】              【成形】
        ↑                    ↓
   物/人的过度发展    ←    物/人的持续发展
   【失中;失去平衡】      【存于中;平衡】
```

此外,司马光还在《与王乐道书》中谈及他对"中和之气"的理解与应用:

> 凡人之所赖以生者,天地中和之气也。若不节饮食衣服,直以极熟极寒疏利之药,循环攻之,使中和之气,何以自存乎?加之弃置万事,勿以经怀,沉听内视,藏心于渊,恬淡逍遥,归于自然,使神安志适,骨肉都融,则中和之气油然自生。如此养之旬月,何疾不瘳矣?夫欲速则不达,半岁之病岂一朝可愈,但当去其害之者,勿令过与不及,俟血气徐徐自复,则善矣。①

这里所谓的"中和之气"乃是指构成人与万物的以"中"为原则与特性的气,指的就是气在人与物身上那种潜藏的调和机制。以人为例,如果人的行为不合于此,那么这种调和机制便不能按常态发展,无法发挥其维持身体平衡之作用,身体便会因失于中和而生病。但人若行为符合这潜在的机制,它便会"油然自生""徐徐自复"。但此过程并非一蹴可就,从"油然自生"与"徐徐自复"都可看出,从开始"养气"到中和之气真正发挥效用,是一个相当缓慢的过程,甚至必须"养之旬月"方成。

---

① 司马光:《传家集》卷六十二,第751页。

司马光对中和之气这一机制的信心亦可由其对"养气"的解释看出。值得注意的是,司马光的"养气"理论虽典出《孟子》,然其对孟子的"养浩然之气"却作了相当独特的解释:

> 故孟子养德,以气言之,盖能谨守中和之志,不以喜怒哀乐乱其气,则志平气顺,德日新矣。故曰:"持其志,无暴其气。"及夫德之成也,沛然不息,确然不动,挺然不屈。①

在司马光看来,孟子的"养浩然之气"是在"养德",养浩然之气,是不去人为烦扰气本身的自然发展,这样便能在循序渐进之中实现"德之成",从而做到"沛然不息,确然不动,挺然不屈"。只要人能够从一开始就"谨守中和之志",不以情感欲望去干扰气化之过程,它就会自然而然地趋向于"中"。这里也说明,气所存在的"中"之机制不会以绝对道德命令的形式强制人和物,它作为一个最合理的规则,需要人、物的主动配合才能收效,如此,气便可以自己恢复并发挥其原有的功效,病痛就会不药而治,这也表现了司马光对于"中和之气"这一机制的充分信心。人体作为自然之气内充的存在,实际上是一个动态平衡的有机体,涵养充体之气保持中和状态,是人保持健康状态的重要前提。一旦打破了这种气的中和平衡,则将进入疾病的状态。

需要补充说明的是,在司马光看来,"中"是一种良好的调和机制,失中则形成了毁灭机制。"失中"而导致的毁灭也同"得中"带来的恢复一样,并非是瞬间发生的,而是长期的累积所致。这也是理解司马光宇宙论不可忽视的重要方面。

---

① 司马光:《传家集》卷六十四,第794页。

总而言之,在司马光哲学中,因缺失对玄学和佛教体用思维的借鉴,其宇宙论哲学建构过程中出现了"虚"与"气"之间的关系问题的理解障碍。从应然的角度来看,结合司马光所要面对的问题,他拈出的能够作为世界本原的东西一定不像道家与玄学中的虚无论,那应该是一个可以"一有无"的东西;从实然的角度来看,可以满足这个条件的,对司马光而言只有可能是"虚",但这里的虚不能直接等同于气,更不能讲司马光是以气为本。在司马光这里,气作为宇宙化生之质料不难理解,那是什么东西扮演着推动万事万物运动变化的角色呢?司马光赋予了作为本原之虚以价值根据的使命,在这个意义上它与中(齐)相通,依靠它自发地调节万事万物的生灭成毁。虽然司马光的宇宙论不像张载那样论证细密,但其合天道与人道、为儒学探寻形上本体的思路则是共同的。

第三章　相分相感，天人衡中

　　有关司马光天人关系的问题，在以往的研究中争论异常激烈，或将他视为"天命论者"①，或视为"否定天命论，重人事者"②，莫衷一是。依

---

① 《中国思想通史》第四卷上指出："司马光的哲学是传统的天命论神学的继承者。"（侯外庐等：《中国思想通史》第四卷上，第521页。）任继愈则提到："司马光相信命，相信天是自然和社会的主宰，……司马光继承了孔子、子夏以来的'死生有命，富贵在天'的唯心主义观点，认为'得失有命''成功在天'。"（任继愈主编：《中国哲学史》，人民出版社2011年版，第190页。）姜国柱《中国历代思想史（宋元卷）》中说："司马光在哲学思想上崇信天命论和天不变道亦不变的形而上学思想。他认为天是一个有目的、有意志、全智全能的人格神，是人和宇宙万物的主宰者，天能主宰人的吉凶祸福，又能赏善罚恶。"（姜国柱：《中国历代思想史（宋元卷）》，台北文津出版社1993年版，第128页。）李元庆亦坚持认为司马光"具有明显的唯心主义天命论的严重局限"（李元庆：《论司马光的宇宙观与人性论——兼与〈中国思想通史〉作者商榷》，《运城学院学报》，1986年第3期）。姚瀛艇在《论司马光经学史学思想的哲学基础》中指出："司马光相信天命，是一个天命决定论者。""司马光天人观的全部内容应当是既承认社会意义上的'天'，又承认自然意义上的'天'；既强调天命，又强调人事。"（载刘乃和、宋衍申主编：《司马光与资治通鉴》，吉林文史出版社1986年版。）漆侠指出："在司马光看来，'天者，万物之父也'，这个作为'万物之父'的'天'，是有意志、有人格的，人们必须按照它的命令、意志办事，'违天之命者，天得而刑之；顺天之命者，天得而赏之'。"（漆侠：《宋学的发展和演变》，第23—24页。）

② 杨渭生在《试论司马光的学术思想》一文中指出："司马光在对待天与人的关系问题上，是强调'尽人事'，而不是把天视为主宰一切的造物主。""如果只摘取司马光某些信天命的话，而不注意他不相信天命、神怪的正面论断，便给戴上

前所论,司马光对于气当中潜藏的"中"这一自然的调节机制相当有信心,认为只要不人为打扰其自然的发展,"中和之气"就会渐渐自动发挥调节秩序的作用,使天地万物恢复到原先正常合乎"中"的秩序。这样的信心表现在他对天人关系的理解上,于是一方面呈现出近似于荀子的"天人有分"的理路,另一方面又对于董仲舒的天人相感理论有一定的继承和发展。而这一看似矛盾的状况皆根于司马光对天和人双重有限性的深刻认识。

'天命论'的帽子,那是不妥当的。"(载《宋史研究论集》第1辑,第48页。)董根洪认为:"司马光继承坚持了历史上直接与天命论对立的三个根本观点。第一是继承了荀子、扬雄等人主张的天道自然无为的思想,反对天有意志的观点。……第二是继承了唯物主义者荀子、刘禹锡的天人相分又相胜的观点。……第三是肯定并继承了荀子人定胜天的'养备而动时,则天不能病'的制天命思想。……显然,司马光完整地继承发扬了历史上反天命论的各种基本观点,将它们有机统一起来,从而构成了系统的反天命的理论,而这在北宋可说是独一无二的。……在社会生活中重人事、薄天命。"(董根洪:《司马光哲学思想述评》,第97页。)陈克明指出司马光主张:"天命和人事是一种相互影响、相互制约的依存关系。""既不否认天命的作用,也不否认人为的作用。"(陈克明:《略论司马光的哲学思想》,《社会科学辑刊》,1982年第5期。)罗光在《中国哲学思想史·宋代篇》指出:"司马光恢复《诗》《书》的思想,以人的命运属于天,人的伦理标准在于天意,人则有责任努力行善,以利国家社会。他不是消极的命运论者。"(罗光:《中国哲学思想史·宋代篇》,第38页。)晋生在《司马光哲学思想论略》中指出:"首先,他是一个天命决定论者。……司马光在天人关系问题上也吸取了'天人相分'的思想,重视'人为'的作用,具有'天人相济'的积极思想。"(晋生:《司马光哲学思想论略》,《河南师范大学学报(哲学社会科学版)》,1989年第4期,第21页。)余敦康指出:"司马光则是天道与人事并重。"(余敦康:《司马光的温公易说》,《内圣外王的贯通——北宋易学的现代阐释》,第56页。)

第一节　常道与神理

一、有形与无形

　　宇宙间万事万物的变化虽自有其道、可探可循，但基于人的有限性，始终会存在超乎人类认识和体察的神秘莫测的东西。故而，司马光在论"道"或天地间之规律时，分别就"常"与"变"两部分做了深入探究和描述。"常"呼应了对天的有限性的反应，即所谓"天行有常，不为尧存，不为桀亡"，人无需过分期待天的作为；而在论述"变"时，则常会出现对占卜、命、天之赏善罚恶等语，正表现了司马光对于人之有限性的深刻感受。
　　司马光对《易》的诠释在很多时候表现出了这种双重的有限性。据《易说·系辞上》：

> 圣人穷理尽性以至于命，欲立有于无，统众于寡，故设卦以观万物之象。八卦成列以尽天下之象，因而重之，变化备矣。犹未得与众共之，故圣人复系以爻象之辞，明言吉凶以告。爻象所言者，有形之常道，犹未足以穷无形之神理，故复以刚柔相推，极变化之数而占事知来。①

　　圣人"穷理尽性以至于命"的目的是设立卦爻象这一套《易》的系统来"立有于无，统众于寡"，是为了向一般人"明言吉凶以告"。但爻象中所说

---

① 司马光：《温公易说》，第 631 页。

的,还只是"有形之常道",而未能探究到"无形之神理"。要探究到更深一层的"无形之神理"的境界,圣人必须更进一步,从爻的阴阳变化去穷尽各种变化的可能,使人能"占事知来"。在这里,司马光明显将道分为"有形"与"无形"两个层次。有形的为"常道",圣人已经用言辞向一般人明言其吉凶规律,这是一般人可以直接体察到的。但无形之"神理"[①],是一般人不能直接明白的,需要透过占卜或圣人的参透才能得知其讯息。而由圣人创造爻象到进一步设计变卦等占卜机制的过程,可知此一部分并非来自另一秩序,而只是属于道中较为隐微难测的部分,相较于"常"的那一部分,可以称此部分为"变"。《易说·系辞上》:"蓍未形而不测,故曰神;卦已形而变通,故曰知。"[②]蓍草所代表的是未形难测的神理这一层次,与占卜有关;已写成的卦爻辞是人的一般理性所能理解的,代表的是有形的常道。《易说·系辞上》云:"仁者守其常分,知者应变不穷,易道兼而有之。"[③]仁者守常,智者应变不穷,易道兼有此二者,这种对"常"与"变"的分判,正是司马光双重有限性之天人关系特色的理论根基。

在司马光的天人关系理论中,属于重要环节之一的天人共享之"道"可以分为"常"与"变"两个层次。根据中国传统天人关系发展理论的总体特点来看,天人关系理论的发展方向主要还是取决于思想家对于"变"的态度,即人在天或所遇之时的态度和价值选择。根据取向之

---

① 在司马光的著作中,只要提到"神",几乎都与"变化""不测""难知""无形"有关,例如"神之所为,变化不测,惟易能知之"(《易说系辞上》,第639页),"可测则不为神"(《易说系辞上》,第634页),"阴阳不测之谓神,惟圣人能形容之"(《法言集注》,第349页),《法言集注·问神》释"神心惚恍,经纬万方"为"惚恍,无形;方,道也"(《法言集注》,第296页),均是在说明道当中此一变化不测的精微部分。
② 司马光:《温公易说》,第640页。
③ 司马光:《温公易说》,第633页。

差异,大致上可以分为被动与主动两种态度。一般的思想家往往仅执此一端,而在司马光那里,却往往是兼而有之。此间被动的那一面,可以从他对"命"的解释来看。人只要掌握好常道,就可以做到像程颢所讲的"物来而顺应"。既然变道非人力所可以改变,被动地接受就好,不可强求改变。虽然无法改变,但司马光并不反对对变道有一主动积极的探寻,让自己更了解变道,行为就能更合于流行之大道。这种探寻只是为了能更完全地认识"道",而非试图扭转、改变道,所以这与其"修道以俟命"式的被动接受态度并不冲突。

司马光对"变"采取主动探寻态度的这一面,可以从他对"变"的诠释来看。首先,他认为"物久居其所则穷,故必变而通之"。"有敝者也,故曰'常疾'。"宇宙中的万物虽都按常道而有固定的位置与运行的轨道,但同时也需要"变"的存在,来让宇宙不断变化创新以实现生生不息。因此变道并非是另一种神秘的秩序,而是整个宇宙秩序的一部分,而且它不能独立于常道而存在。从《易说·系辞传》释"通变之谓事"为"物各居其所则无事"、释"刚柔杂居而吉凶可见矣"为"各居其所而不相交,则无吉凶"来看,"变"的产生来自各种事物间的相互往来,事物彼此间出现关系时,就会产生变动,于是就有种种事情发生,而这种种事情就会产生吉或凶的结果。《易说·系辞传》:"吉凶悔吝生乎动",[1]正说明变道之所以难以掌握,是因为其来自于各种事物的交互作用,这当中的变化无穷且牵一发而动全身,隐微难测。

因此,只要能掌握这一复杂隐微的变道,就能够达到对道的全盘体认。其《易说》释"曲成万物而不遗,通乎昼夜之道而知"为"知阴阳通

---

[1] 司马光:《温公易说》,第633页。

变,反复无穷,则无所不知",①对照前述司马光将道分为"有形之常道"与"无形之神理"这两层来看,这"阴阳通变、反复无穷之道",应正是指着"无形之神理"这一层面来说的,也就是道之中"变"的这一层次。只要知"变"就能"无所不知",完全掌握道的全幅内容,但能够知道的人毕竟只有极少数,大部分的人是无法轻易知道的。《易说》释"神而化之,使民宜之"为"变而民莫之知",由于一般人无法了解变道,故而那极少数能参透掌握个中奥秘的人就设立了种种法度与机制,来让一般人也有机会知道这一规律。这些人自然就是被后代称作圣人的人了,《法言集注》云:

> 圣人以聪明深美之德,继成上天之功,测知神灵之理,首出群类,立之法度,以为万世之常道。②
> 言德与天地参者则为圣人。③
> (圣人)范围天地,曲成万物。④
> 圣人之言譬如天,天运行有常,岂妄动乎?⑤

圣人透过种种工夫的践行与摸索,掌握了全幅的道,由于连天也不能违背这天人间共享的道,因此当人知道了这一限制天的规律,就能进一步来"范围天地,曲成万物"了。人与天的关系,就在透过人这种积极主动认识规律的行为后,转而由人来将天地间原有的种种事物的合理秩序具体化,人不再只能听命于天的安排,而能在知道了天的规律后,反过来制天用天。

---

① 司马光:《温公易说》,第633页。
② 司马光:《法言集注》,第313页。
③ 司马光:《法言集注》,第314页。
④ 司马光:《法言集注》,第315页。
⑤ 司马光:《法言集注》,第316页。

二、养备与知天

在以上这种思维制导下,司马光首先肯定了人有自己了解、认识规律的能力,再进一步强调人在天地间必须主动去体悟道,然后依道来安排自己的言动。在《葬论》中,司马光说过"人之贵贱贫富寿夭系于天"①,但这不过是为了揭穿阴阳风水之说而运用人们已习惯的、能接受的一种说法而已。在《扬子法言·学行篇》中,他说:"死生有命,富贵在天。好学者修己之道,无羡于彼;有羡者,皆非好学者也。"②应当说,这才是他对生死富贵的真实立场。司马光对天命的态度,基本未脱离孔子重人事、轻天命的立场,与孔子对天命存而不论的审慎态度是一致的。这在《原命》中表达得最为清楚,他说:"子罕言命。子贡称,'夫子之文章,可得而闻也;夫子之言性与天道,不可得而闻也'。是则天道精微,非圣人莫能知。今学者未能通人理之万一,而遽从事于天,是犹未尝操舟而欲涉海,不陷溺者其几矣。"③又说:"夫天道窈冥恍惚,若有若亡,虽有端兆示人,而不可尽知也。非天下之至神,其孰能与于此?适宜圣人之教,治人而不治天,知人而不知天。"④司马光反对当时儒者盲目言天道而不务实的不良做法,认为所谓的"圣人之教"在于"治人"而非治天,"知人"而"知天"。在《邴吉论》中,司马光以矫健犀利的笔锋严厉批驳了邴吉为自己"不问治安、但问牛喘"之行为狡辩的谬论。他说:

---

① 司马光:《传家集》卷六十五,第810页。
② 司马光:《法言集注》,《文渊阁四库全书》第696册,第274页。
③ 司马光:《传家集》卷六十七,第833页。
④ 司马光:《传家集》卷六十七,第833页。

当邴吉为政之时,政治之不得,刑罚之失中,不肖之未去,忠贤之未进,可胜纪哉?释此不虑,而虑于牛喘,以求阴阳,不亦疏乎?且京邑之内,盗贼纵横,政之不行,孰甚于此?《诗》云,"商邑翼翼,四方之极"。近不能正,如远人何?若曰守令之职,守令不贤,当责何人?非执政者之过,而又谁欤?……若盗贼不禁,而曰长安令之职;风俗不和,而曰三老之职;刑罚不当,而曰廷尉之职;衣食不足,而曰司农之职;推而演之,天下之事,各有其官,则宰相居于其间,悉无所与,而曰主调阴阳,阴阳固可坐而调耶?[①]

这些文字强烈表达了司马光努力人事的思想。他认为这是一个人立身于不败之地的正道,也是圣人取得成功的原因之所在。

由于司马光同时感受到天的有限性与人的有限性,他一面主张"养备而动时,则天不能病",但也同时会有"天,至大而难知者也"[②]之类推崇天的语言。加之司马光自身也曾在政治上失意,在人生重大问题上存在着与现实的激烈冲突,在这种状况下,对于天的有限性往往只是一种哲学与道德信念上的坚持,但对人的有限性的论断则更多时候是一种切身的体验与感受,如:

> 天之祸福必因人事之得失,人之成败必待天命之与夺。[③]
> 光曰:"李奇曰:常行逊顺,以备不虞。"光谓:虽有明智,旁

---

① 司马光:《传家集》卷六十五,第808页。
② 扬雄撰、司马光集注:《太玄集注》,第145页。
③ 司马光:《法言集注》,第328页。

照无极,不能思不虞之患而预防之,使坠失上天福禄之命,犹未足以为明也。①

在这种理路下,天与人之间由于分享同一秩序而产生了亲密的关系,但这种关系又不同于孟学式的由内在天理向上冥契而达至天人合一境界的天人关系理论建构路径。

第二节　天人和合

北宋时期,大多数儒家学者赞同并倡导汉唐儒家经学的天人感应论,并自觉利用天人感应论来批评时政,劝谏皇帝以德配天,在财政、用人等各方面励精图治,从而获得天的庇佑。利用天人感应论劝谏皇帝,是宋太宗、宋真宗时期的儒学名臣寇准、田锡、王禹偁等经常采取的手段。宋仁宗时期,儒学士大夫阶层积极投身政治,天人感应论成为他们批评时政、谋求变革的工具。当时主持"庆历新政"的范仲淹本人不相信天人感应论,但其周围拥护新政的欧阳修、孙复、石介、苏舜钦、李觏、蔡襄等都赞同天人感应论。欧阳修、石介、苏舜钦都对柳宗元的反天人感应论颇为不满,屡屡作文予以反驳。宋神宗支持王安石变法,而当时的很多反对派往往利用天人感应论来批评新法。宰相富弼、韩琦也利用天降灾异批评时政,贬斥变法派为小人。王安石及宋神宗虽反对那种庸俗化的天人感应论,然亦难以从正面直接加以反对。北宋后期的哲宗、徽宗、钦宗时期,虽然新旧党争持续不断,但王安石变法中"天变

---

① 司马光:《法言集注》,第303页。

不足畏"的精神逐渐丧失,天人感应论更加兴盛。正是因为得到皇帝的认同,它才能长期成为维护政治平衡的有效手段。董仲舒的天人感应论在政治管理中的工具性作用并未因个别儒者的反对而退出历史舞台,而是被皇帝和士大夫们所利用,因应时代发展的需要适时地进行调整。作为反对王安石变法的领袖人物,司马光也在通过其新天人观的建构,围绕"天变不足畏",展现了他对董仲舒天人感应论的批判继承与理论发展。从这个角度而言,司马光在对天人关系的理解上,既近似于荀子的"天人有分"的理路,又对董仲舒的天人相感理论有一定的继承和发展。这一看似矛盾的状况,实际源于司马光对天和人双重有限性的深刻认识。司马光也正是以此为基础,实现了对董仲舒天人感应论的传承与转化。

一、天人相感

司马光天人关系论首要的一方面,即是对董仲舒强调灾异的天人感应思想有着一定程度的肯定。这一点往往让学者的评论出现很大的出入。[①] 漆侠先生的评论虽然并不全面,但其所指出的司马光对董仲舒天人感应论有所肯定这一点,实为司马光思想中无法回避的一面。

---

① 漆侠认为司马光的"天"有人格神色彩,他认为董仲舒的"天人相感论"把"天"神秘化、人格化,而司马光"对天的认识路线就是沿着董仲舒的路线发展的,而且比董仲舒还要董仲舒"。(漆侠:《宋学的发展和演变》,第375页。)李昌宪则是将此部分解释为司马光为政治而作的策略性论述,如认为司马光的思想"基本上继承了刘禹锡'天人相胜'的思想,而且还提出了'天人共济'的思想,从而完善发展了荀子在天道观上的天人相分的思想"(李昌宪:《司马光评传》,第350页),但是由于"封建社会里权力缺乏有效的制约机制,人们不得不借助天命论、天人感应的学说来'略以助政'"(第352页),所以司马光才会有如"天者,万物之父也"这样的论述出现。

在董仲舒建立的天人感应思想当中,最基本的概念,即认为自然灾异的发生缘于君主施政不当,上天以此示警。在此思想影响下,汉人经常将某一人事与某一灾异作连结。而这套思想内涵在董仲舒之后,经汉儒的诠释,并与谶纬相结合,其内涵进一步扩充。这套思想至魏晋时仍继续流行,但只限于政治领域。至唐代,开始出现大规模批评天人感应思想的言论,但当时少有人直指天人感应思想的理论核心进行攻击。

北宋建国初期,基于国家政权合法性的需求,天命思想被大量运用。因此可见大臣以"天灾为时数"的言论响应君主;亦可见天书事件中充斥祥瑞和天命思想。但相对地,也不断有对天书事件持批评意见的朝臣。在学术上,也有儒者对作为天人感应思想依据的《尚书·洪范》进行反五行灾异的理论改造工作。北宋中晚期的天人感应思想在质与量上都有重大突破。"当中虽有持传统天人感应思想者,但他们更侧重两点:一为自省修德;一为行事应发自内心与至诚。"①

董仲舒的天人感应论是以元气为本的,他在《春秋繁露·五行》中讲:"天地之气,合而为一,分为阴阳,判为四时,列为五行。"其所主张之天人感应、天人合一的基础为"人副天数"。其理论是从"天人相类""天人相通"之前提出发,达致"天人相感"。在董仲舒看来,人之所以会与天同类而能"同类相动",是因为其均以气为本,才能"由阴阳性情而感通",以阴阳之气为媒介来进行天人感应。与董仲舒相仿,司马光也有天人间可以精神感通的主张:

> 天人之际,精祲相感,人失其道,妖灵先觉也。②

---

① 颜汝庭:《北宋天人感应政治思想之研究》,台湾师范大学硕士学位论文,2007年。
② 扬雄撰、司马光集注:《太玄集注》,第88页。

君臣上下夫妇朋友,无不以类相应也。①

一为思始而当昼,精神感通,故遇神及师,虽或发于梦寐,而不失其正,若高宗梦傅说是也。梦者,事之难据者也。精诚之至,犹得正而可据,况佥谋师锡者乎?②

在这些引文里,天人精神感通中的"天",似乎都指向鬼神之说,但此类鬼神并没有强烈的人格神色彩,人与天互相感应,感于鬼神的重点仍是在求"道"。这样的精神感通是建立在"以类相应"的基础之上,与董仲舒的观点比较相近。最后一条引文提及以梦之形式出现的精神感通,虽有玄妙神秘之嫌,但强调的仍是人必须"精诚得正",否则无法得到正确的信息,这依然与前述天人有分的理路一贯。

所以在这种理路下,司马光有强调畏天、事天等文字,也就不矛盾了。《迂书·士则》云:

万物之父也,父之命,子不敢逆;君之言,臣不敢违。父曰前,子不敢不前;父曰止,子不敢不止,臣之于君亦然。故违君之言,臣不顺也;逆父之命,子不孝也,不顺不孝者,人得而刑之,顺且孝者,人得而赏之。违天之命者,天得而刑之,顺天之命者,天得而赏之。③

在以往的研究中,这段文字往往被引用来证明司马光的"天"是人格神的天,而且是为了巩固政治上的君权才大谈神道。但其实不然,从上下

---

① 扬雄撰、司马光集注:《太玄集注》,第88页。
② 扬雄撰、司马光集注:《太玄集注》,第89页。
③ 司马光:《传家集》卷七十四,第906页。

文来看,司马光反而是用现实生活中的父子关系与君臣关系来比拟、说明人对天应有的态度,强调人有绝对顺服此规律的必要,要是人违反这一规律,其强制力就会显现出来。因此人不能不"事天""顺天"。"天者,万物之父也",这并非强调"天"像基督教所讲的"天父",只是在说明天与万物之关系犹如父子关系,子对于父之命令有着在道德上必须顺服的绝对义务,否则将会招致刑罚的恶果。人对天这一必须绝对顺服的感受,即是前文所强调的"人之有限性"。天之刑赏并不在物质层面,而往往在精神层面。

从这样的观点来看司马光提到鬼神或天之刑赏的文字,就能明显发现其论鬼神之能力多只是在赏善刑恶方面:

> 著在天庭,犹云简在上帝之心。二帝三王以明美之德,故为天所祚、人所爱而长久。①
>
> 小人骄溢,不以法度自规,鬼所毁笑,将降之祸也。明察者莫若鬼,人之愚者或未之知,而鬼之明察先见其祸也。②
>
> 小人不慎其初,隐于祸极,乃始矺矺然俟天之救己,天且亦降之祸矣,故曰:"天扑之颡。"③
>
> 小人为隐匿,阴伤于物,自以为人莫能知也,然冒于天罔,天必诛之。④

如上所述,小人遭受天的报应,多是因为自身早已累积祸事,有时候表面上看起来像是天有意识的惩罚,但事实上都是因为抵触了人尚

---

① 司马光:《法言集注》,《文渊阁四库全书》第 696 册,第 328 页。
② 扬雄撰、司马光集注:《太玄集注》,第 109 页。
③ 扬雄撰、司马光集注:《太玄集注》,第 42 页。
④ 扬雄撰、司马光集注:《太玄集注》,第 49 页。

未知的隐藏规律,才会招致恶果。因此,在司马光的理解中,鬼神或许是存在的,会带来福善祸恶,但并无真正的人格精神意识,因为在司马光看来,鬼神仍是代表天地共同之规律。

承前所述,在这样的天人关系架构下,司马光亦承认灾异的存在。但他极为强调灾异是末、德为本,若要把灾异视为天之暗示,就一定要谨慎分判,《法言集注》释"在德不在星,德隆则晷星,星隆则晷德也"为"晷,影也。影从形者也,德崇则星从而祥,星崇则德从而坏"。① 司马光在《法言集注》中还讲:"灾异应时君之德,故以德为本,异为末。"② 灾异是会随着人的德而表现出来的,所以重点应该是要注重道德,而非一味重视灾异来改变、决定事物。就司马光的政治态度而言,他在进谏皇帝的时候,大多会斥退过于附会、谄媚式的灾异说,但有时也会依谏言的需要,适当地用灾异来提醒皇帝。这种反对过分迷信,却又反对绝对的天人二分的理路,对鬼神之说有些许宽容的思想,表面上看似矛盾,但实为对天人双重有限性有深刻体会的一种典型的天人关系。司马光本身"不喜佛老",对于迷信、风水等会影响正常人事制度的说法,更是多加反对。但他更反对王安石那种"天变不足畏,祖宗不足法,流俗不足恤"的论点,《学士院试李清臣等策问一首》中便写道:

> 王者造次动静,未尝不考察天心而严畏之也。……天地与人,了不相关,薄食震摇,皆有常数,不足畏忌。……意者古今异宜。③

---

① 司马光:《法言集注》,第317页。
② 司马光:《法言集注》,第350页。
③ 司马光:《传家集》卷七十五,第919—920页。

由他为学士院所拟的这一题目可知,司马光虽然反对迷信,但极端的天人二分,司马光更是强烈批判的。对于天,他无论如何都会留下处理"变道"和"命"的那份敬畏谨慎——人不可过分自信。对于人之有限性的深刻体会,或许就是司马光与王安石最大的差别吧!

《易说》将"神而明之存乎其人"释为"苟非其人,道不虚行"①,这强调了人对道的配合在宇宙中的重要性。司马光强调没有天神或外来的力量会将现成法则告知于人,人必须自己主动从自然中摸索出规律,然后谨慎地遵行,不能背离此一规律。如其所言:"天犹不能无事,况在于人?安得饱食终日无所用心?"另一条引文的意思也与此相近:"天地能示人法象而不能教也,能生成万物而不能治也,圣人教而治之以成天地之能。"②天地自然只能给人呈现各种"象",不能直接教导人规律,所以天地能生成万物却不能治理,人必须从这些法象中自己摸索出规律。能摸索出规律的人就是圣人,圣人掌握了规律,以此来治理万物,便是"成天地之能"。《法言集注》释"圣人存神索至,成天下之大顺,致天下之大利,和同天人之际,使之而无间者也"为:

> 大顺谓上下各安其分,大利谓万物各得其所。天者不为而自成,人者为之然后成,和同其际使之无间隙,皆圣人神心之所为也。③

此处对圣人安顿宇宙秩序之功的论述,强调了人在天地中的能动

---

① 司马光:《温公易说》,上海古籍出版社1989年版,第643页。
② 司马光:《温公易说》,第653页。
③ 司马光:《法言集注》,第297页。

性与重要性,也显示了天处于这一大规律下的有限性,因此当人能掌握这一规律后,就能反过来掌握天、治理天,使天人都能够各得其所。天人处在同一秩序之下,人间的规律与天地自然之规律紧紧结合,没有方向相左、矛盾冲突的情形发生,而是天人互助,天人互利。其实,追本溯源即可见,司马光的这一思想仍是根于其天人合一的理念,如其在《易说》总论中所言:

> 或问:敢问易者天事欤? 抑人事欤? 曰:易者道也,道者万物所由之途也,孰为天? 孰为人? 故易者,阴阳之变也,五行之化也,出于天,施于人,被于物,莫不有阴阳五行之道焉。……凡宇宙之间皆易也,乌在其专于天? 专于人?①

在司马光看来,易道广大,囊括天人,无所不包,宇宙之间的万事万物莫不受此道支配,故不可将天人强行分割为二,使之流于一偏,或专于天道,或专于人事。而这一点构成了司马光天人相感理论的重要支撑。

司马光从这一"天人相感"的理论模式自然得出了"天者,万物之父也"的结论。在传统社会,权力缺乏有效的制约机制,人们不得不借助天人感应的学说"略以助政",通过"天"的绝对道德命令,来实现对包括君王在内的社会各阶层权力合法性的有效制衡与惩戒。在《迂书·士则》中,司马光说:"天者,万物之父也。父之命,子不敢逆;君之言,臣不敢违,父曰前,子不敢不前;父曰止,子不敢不止。臣之于君亦然。故违君之言,臣不顺也;逆父之命,子不孝也。不顺不孝者,人得而刑之;顺

---

① 司马光:《温公易说》,第567页。

且孝者,人得而赏之。违天之命者,天得而刑之;顺天之命者,天得而赏之。"又说:"智愚勇怯,贵贱贫富,天之分也;君明臣忠,父慈子孝,人之分也。僭天之分,必有天灾;失人之分,必有人殃。尧舜禹汤文武勤劳天下,周公辅相致太平,孔子以诗书礼乐教洙泗,颜渊箪食瓢饮,安于陋巷,虽德业异守、出处异趣,如此其远也,何尝舍其分而妄为哉?"① 出于"神道设教而天下服"的目的,历代统治者都不惮用繁文缛节以文饰政治,但是,一旦这些繁文缛节疲弊百姓,危及邦本,士大夫们就会挺身而出,大声疾呼,提出"事天者,贵于内诚而贱外物"的思想主张。英宗即位之初,连年大灾。即位第二年(1065年),行南郊大礼,司马光即主张"国有凶荒则杀礼","固不可与庸俗之人执文泥例者谋之",请求英宗"侧身克己,痛自节约",否则就"无以应合天意,感慰民心,使昏垫者忘其悲愁,馁死者无所怨嗟"②。他认为一切祸福都以人道为转移,所谓"灾异之来,不在于它,苟人心和悦,则天道无不顺矣"。③ "灾异应时君之德,故以德为本,异为末。"④故而,他鄙薄商纣王处淫谑将亡、灾异并臻之时,却口出狂言,说:"我生不有命在天。"司马光认为这是"废人事而任天命,得凶而以为吉也"。⑤ 在司马光那里,假借天命,以使自己始终保持敬畏、谦虚谨慎、戒骄戒躁、兢兢业业的心理,成为对君王行道与否的惩戒标准,故而他所讲的"天者,万物之父也",其实很大程度上是在强调君王应该通过内省认识到,君权不是绝对的,只有符合天道的君权行使才是具有合法性的。

---

① 司马光:《传家集》卷七十四,第906—907页。
② 司马光:《传家集》卷三十六,第475页。
③ 司马光:《传家集》卷三十六,第473页。
④ 司马光:《法言集注》,第350页。
⑤ 司马光:《法言集注》,第305页。

二、天人有分

司马光天人关系论的另外一个方面,即是对荀子天人相分思想的吸收,他也正是通过这样的理论借重,实现其对董仲舒天人感应论的时代性转化。司马光曾经引用荀子《天论》篇来作为其天人关系的重要阐释,《荀子·天论》曾云:

> 天行有常,不为尧存,不为桀亡。应之以治则吉,应之以乱则凶。强本而节用,则天不能贫;养备而动时,则天不能病;修道而不贰,则天不能祸。故明于天人之分,则可谓至人矣。①

司马光亦屡言及此,如《法言集注》:"其言合于天地人之常道者,所谓德也,否则皆过言也。"②"天运行有常,岂妄动乎?"③均将天认知为按规律运行的常道。荀子主张"明天人之分",天有天事,人有人事,人不能与天争职,必须专心于各自的职分上。司马光在《迂书·士则》中则云:

> 智愚勇怯,贵贱贫富,天之分也;君明臣忠,父慈子孝,人之分也。僭天之分,必有天灾;失人之分,必有人殃。④

---

① 王先谦:《荀子集解》,第306—308页。
② 司马光:《法言集注》,第302页。
③ 司马光:《法言集注》,第316页。
④ 司马光:《传家集》卷七十四,第907页。

在司马光看来,智愚勇怯等天生的才能,跟贵贱贫富一样,皆是被命运所决定的,是人所不能掌控的,属于"天之分",我们所能掌控的只有像君臣父子之道这种为人所知的人间常道,人若妄想僭越自己职分去干涉天,也就是模糊了天人之间的职分,结果只能适得其反。另外,这种"天人有分"的思想除了消解人因命运而来的自责,其实也同时提升了人在宇宙中的地位。因为虽然有些事是人无法掌控的,但同样地,也有些事情是只有人能努力做到,而天不能做的。司马光《迂书·天人》:

> 天力之所不及者,人也,故有耕耘敛藏;人力之所不及者,天也,故有水旱螟蝗。
> 天之所不能为而人能之者,人也;人之所不能为而天能之者,天也。稼穑,人也;丰歉,天也。①

司马光还说:"大顺谓上下各安其分,大利谓万物各得其所。天者,不为而自成,人者,为之然后成。而同其际,使之无间隙,皆圣人神心之所为也。"②天与人各有自己的有限性和特点,而"究天人之际"、探求宇宙运行之大道,则是圣人借助于其"神心"乃可为也。司马光在《易说》中进一步指出:

> 象曰:后以财成天地之道,辅相天地之宜。何也?夫万物,生之者天也,成之者地也,天地能生成之而不能治也。君者所以治人而成天地之功也,非后则天地何以得通乎!③

---

① 司马光:《传家集》卷七十四,第916页。
② 司马光:《法言集注》,第297页。
③ 司马光:《温公易说》,第584页。

在这段话中，司马光把荀子"天生人成"的思想表现得淋漓尽致，并结合天地人生成之道，引出了君主治理之合法性。这体现了司马光在天人关系问题上非常强烈的现实政治关怀，也是司马光天人相分思想一个方面的体现。此外，这也就很明显地表现了这种"天人有分"的观点：天与人各有其能力的限度，人必须主动完成人的任务，与天分工合作，才能推动宇宙正常的运行。此当与荀子所主张的"天有其时，地有其财，人有其治，夫是之谓能参"①理路相当。

司马光曾因牙痛，通宵呻吟不已，达于四邻。恰有道士经过，便问之，道士云："病来于天，天且取子之齿以食食骨之虫，而子拒之，是违天也。夫天者，子之所受命也。若之何拒之？其必与之！"②司马光听从了道士的意见，听之任之，不久痊愈。又一次，司马光被蜇痛了手，痛苦不亚于牙病，祝师要他从精神上藐视蜇虫，结果也解脱了痛苦。随后，司马光问祝师，祝师说："蛋不汝毒也，汝自招之。余不汝攘也，汝自攘之。夫召与攘皆非我术之所能及也，子自为之也。"③司马光听后，恍然大悟，说道："嘻！利害忧乐之毒人也，岂直蛋尾而已哉？人自招之，人自攘之，亦如是而已矣。"④因此，与其说司马光的思想是天命论，毋宁说是对利害、忧乐的一种超脱更为恰当一些。司马光在他生命最后的日子里，躬亲庶务，不舍昼夜。宾客见他身体虚弱，举诸葛亮食少事烦之例为戒，司马光应之以"死生，命也"⑤，工作越发努力。直至病危，他失去知觉，喃喃所语，皆是国家大事。

---

① 王先谦：《荀子集解》，第308页。
② 司马光：《传家集》卷七十四，第907页。
③ 司马光：《传家集》卷七十四，第908页。
④ 司马光：《传家集》卷七十四，第908页。
⑤ 脱脱等：《宋史·司马光传》卷三三六，中华书局1977年版，第10768页。

质言之,司马光是不信天命的。他认为"天地,有形之大者也",与"血气之类皆营为以求生"的万物不一样,"天地无为而自生"①。因此,天地只不过是自然界中最大的物体罢了,他们是无意志的。这种认识在《迂书·天人》里表露得最为明显。他说:

> 天力之所不及者,人也,故有耕耘敛藏;人力之所不及者,天也,故有水旱螟蝗。②
> 天之所不能为而人能之者,人也;人之所不能为而天能之者,天也。稼穑,人也;丰歉,天也。③

这里的"天",无疑指的是自然之天。天与人的功能、作用各不相同,体现了司马光天人相分的思想。如果只看这两段文字,似乎在司马光的思想意识之中,人类在天的面前、在水旱蝗螟面前是无能为力的。其实不然,司马光是主张人定胜天的。他多次阐述了自己的这一思想,他坚信,如果"以道莅天下",那么"寒暑风雨,变化自成","物各得其所,无妖灾"。他认为"圣人与鬼神合其吉凶","民,神之主也。圣人不伤人,则神亦不伤矣"④。由此可见,妖灾是否形成,关键在圣人是否按客观规律决策行事。

司马光讲天人相分的目的,并不仅仅在于揭示宇宙间万事万物都有自己的职分,更重要的是在于引出"天人相济"之思想。司马光说:"天者不为而自成,人者为之然后成,而同其际,使之无间隙,皆圣人神

---

① 司马光:《道德真经论》,第355页。
② 司马光:《传家集》卷七十四,第909页。
③ 司马光:《传家集》卷七十四,第916页。
④ 司马光:《道德真经论》,第371页。

心之所为也。"①主张充分发挥人的主体性,协调天人关系,使之达到最佳状态,以取得最佳效果。这样,司马光不仅继承了刘禹锡天人相胜的思想,而且还提出了"天人共济"的思想,从而完善并发展了荀子在天道观上的天人相分思想。

他认为个人是否能保持健康,关键也在于自己能否行中和之道,"养备而动时"。他说:

> 夫人之有疾也,必自于过与不及而得之。阴阳风雨晦明,必有过者焉;饥饱寒燠劳逸喜怒,必有偏者焉。使二者各得其中,无疾矣。阴阳风雨晦明,天之所施也;饥饱寒暑劳逸喜怒,人之所为也。人之所为,苟不失其中,则天之所施,虽过亦弗能伤矣。木朽而蝎处焉,肉腐而虫聚焉。人之所为,不得其中,然后病袭焉。故曰,养备而动时,则天不能病也。是以圣人制动作礼义威仪之则,所以教民不离于中;不离于中,所以定命也。能者则养其中以享福,不能者则败其中以取祸。是皆在己,非在他也。②

但是,人类认识自然、征服自然的能力毕竟是有限的。"人定胜天",也只能在一定的范围内才能显示它的威力,此即为《天人二则》所要表达的思想:"天之祸福,必因人事之得失,人之成败,必待天命之于夺。"③

---

① 司马光:《法言集注》,第297页。
② 司马光:《传家集》卷六十二,第753页。
③ 司马光:《法言集注》,第325页。

而从另外一个方面看,司马光讲天命、天分、人分,一个重要的目的在于要求上至君王、下至臣民修省恐惧,安分守己,按照儒家所倡导的"君君""臣臣""父父""子子"的伦理思想来调整社会关系,以达致长治久安的目的。故司马光说:"王者造次动静未尝不考察天心而严畏之也。"①"天心"成为对君王权力的唯一有效制裁,故而天命亦成为能够主宰包括君王言动视听的重要工具。富弼在听到"三不足"的传闻后失声惊呼也是同样,他说:"人君所畏惟天,若不畏天,何事不可为者?去乱亡无几矣!"②质言之,统治者借助天命这一绝对命令实现"神道设教而天下服"之目的。

三、辨"天变不足畏"

"天变不足畏",是熙宁变法时期的反对派加给王安石的罪责。事实上,王安石提出过"祖宗不足法"③"人言不足恤",却没有明确提出过"天变不足畏",然而在思想上,王安石还是有"天变不足畏"之痕

---

① 司马光:《传家集》卷七十五,第919页。
② 黄以周等:《续资治通鉴长编拾补》熙宁二年二月己亥,中华书局2004年版,第151页。
③ 邓小南指出:"王安石从未直斥'祖宗之法',但他确曾表明自己的立场说:至于祖宗之法不足守,则固当如此。且仁宗在位四十年,凡数次修敕;若法一定,子孙当世守之,则祖宗何故屡自改变?(《续资治通鉴长编纪事本末》卷五九《王安石事迹(上)》)。他也曾经批评过吴申'谨奉祖宗成宪'的意见:且如'谨奉成宪',不知申意欲如何'谨奉'?若事事因循弊法,不敢一有所改,谓之'谨奉成宪',恐非是。(《太平治迹统类》卷十三《神宗任用安石》)以有为的、发展的观点看待祖宗之法。"(邓小南:《祖宗之法:北宋前期政治述略》,生活·读书·新知三联书店2006年版,第426页。)

迹的。①

在传统社会,天命论是社会的统治思想。它不仅是士大夫们的一般宇宙观,同时也是政治斗争的工具。北宋熙宁十一年间的反变法派,也无不以天命论为依据,反对变法。如御史吕诲曰:"方今天灾屡见,若安石久居庙堂,必无安静之理。"灵台郎尤瑛言:"天久阴,星失度,宜退安石。"富弼道:"王安石进用多小人,以致诸处地动。"范镇云:"乃者天鸣地震,皆新法劳民之象。"郑侠说:"熙宁七年大旱,由安石所致,去安石天必雨。"文彦博谓:"市易司卖果实,与天下争利,致使华州山崩。"如此等等。反对派的这些说法,是其反对变法的口实,也深深地影响了笃信天命的宋神宗。

---

① 最早论及"三不足"之说的是邵伯温撰写的《邵氏闻见录》。该书中说:"荆公相神宗,以天命不足畏、祖宗不足法、人言不足恤为本。"这里已明确把"三不足"之说与王安石联到一起。然因《邵氏闻见录》作者敌视王安石变法的立场,有关该资料的可靠性尚有争议。关于"三不足"之说,目前学界有两种看法:第一种以邓广铭为代表,他认为"三不足"之说的提出者是司马光,但对于王安石是否讲过"三不足"之语未有明确说明,但邓又指出,该说确实反映了王安石的立场。(邓广铭:《北宋政治改革家王安石》,人民出版社1997年版,第92页。)第二种,以王荣科、林天蔚、黄复山为代表。王荣科认为王安石并没有提出过"三不足"之说。当然也不可否定,王安石身上确实表现出了相当的"三不足"精神与变革勇气。(王荣科:《王安石提出"三不足"之说质疑》,《复旦学报(社会科学版)》,2000年第1期。)林天蔚则对邓广铭的观点提出批评,考论了"三不足"说的初意在于范论神宗与王安石对新法推行的坚决意志,司马光主持策论以之命题旨在试探民众,亦可能拟在制造反对舆论。邵伯温录之,乃在维护司马光创"三不足"说;李焘录之,被后世史家所沿袭。(林天蔚:《考三不足说之伪,析杨升庵说之偏》,载《纪念司马光王安石逝世九百周年学术研讨会论文集》,台湾文史哲出版社1986年版。)黄复山则在林文基础上详列了二十二种述及"三不足"说的文献,就"三不足"说的历史流衍作了精细的考辨。(黄复山:《王安石三不足说考辨》,《汉学研究》第11期。)

但是,天命论并不是反变法派的专利,变法派当然也可利用。当郑侠说天旱是由王安石变法所致、文彦博说华州山崩是市易司卖果实所致时,王安石即对神宗讲道:

> 华州山崩,臣不知天意为何,若有意,必为小人发,不为君子。汉元时日食,史高、恭、显之徒,即归咎萧望之等,望之等即归咎恭、显之徒。臣谓天意不可知,如望之等所为,亦不必合天意。然天若有意,必当恕望之等,怒恭、显之徒。①

他是完全可以用天命论反驳司马光等人的。但是,哲学不能只是反对异己的工具,而首先是自己的安身立命之所。天命论固然可以用来反击反对派,但变法派却不能以此安身立命,因为天命论尚存有导向人无所事事、被动顺应的现实可能。如果人事都由天命决定,则会消弭人的斗志。故因循守旧者多与天命论有着亲缘关系,而变法者却不能以此作为自己安身立命之所,必须强调人事,而不是天命或天变。没有人事,又何来破弊俗、立法度呢?因此,整个熙宁变法期间,王安石一直强调修人事,而不是不畏天变。因为在王安石看来,自然灾害只是由时数造成的,对人事究诘不休当是极其可笑的,当务之急应该是赈灾。

熙宁七年(1074年)四月,神宗以久旱不雨,忧见于容色。每次辅臣进谏,未尝不叹息忧心,欲尽罢保甲、方田等法。王安石对神宗曰:"水旱常数,尧汤所不免。陛下即位以来,累年丰稔,今旱暵虽逢,但当益修人事,以应天灾,不足贻圣虑耳。"②结果遭神宗批评:"此岂细故耶?朕

---

① 李焘:《续资治通鉴长编》卷二三九,第5810页。
② 李焘:《续资治通鉴长编》卷二五二,第6147页。

今所以恐惧如此者,正为人事有所未修也。"①张希清先生曾认为王安石这一言论完全否定了董仲舒的灾异观②,也有学者对此提出了质疑,认为王安石在这里并没有否定董仲舒的"天人感应论"。③

熙宁八年(1075年)冬十月,彗出东方,神宗诏中外臣僚直言朝政阙失。王安石又上言曰:

> 臣等伏观晋武帝五年,彗实出轸,十年,轸又出孛,而其在位二十八年,与《乙巳占》所期不合。盖天道远,先王虽有官占,而所信者人事而已。天文之变无穷,人事之变无已,上下传会,或远或近,岂无偶合?此其所以不足信也。周公、召公岂欺成王哉?其言中宗所以享国日久,则曰"严恭寅畏天命,自度,治民不敢荒宁"。其言夏、商所以多历年所,亦曰德而已。裨灶言火而验,及欲禳之,国侨不听,则曰不用吾言,郑又将火。侨终不听,郑亦不火。有如裨灶未免妄诞,况今星工岂足道哉?④

在王安石看来,"天道远""人道迩",水旱有其常数,上下附会,只是偶合罢了。可以修人事以应天,修政以救灾。循此而论,天变亦不需恐惧,更不应以天变而动摇推行新法的决心。从这个意义上说,王安石是有"天变不足畏"思想倾向的。

---

① 李焘:《续资治通鉴长编》卷二五二,第6148页。
② 张希清:《王安石的赈济思想与〈上龚舍人书〉的真伪》,《中国史研究》,1982年第2期。
③ 王宇:《王安石"天变不足畏"新论》,《浙江社会科学》,2002年第5期,第119页。
④ 李焘:《续资治通鉴长编》卷二六九,第6597页。

需要指出的是,王安石不畏天变并不是完全否认了天道、人事之间的紧密关系,而只是说,天变并非是由政治行为造成的,对天变本身要认真对待,修人事以消除天灾。在这个意义上说,对天变亦要畏惧,不畏惧是不对的。所以他在《洪范传》中讲道:

> 人君固辅相天地以理万物者也。天地万物不得其常,则恐惧修省,固亦其宜也。今或以为天有是变,必由我有是罪以致之;或以为灾异自天事耳,何豫于我,我知修人事而已。盖由前之说,则蔽而葸;由后之说,则固而怠。不蔽不葸、不固不怠者,亦以天变为己惧,不曰天之有变,某必以我为某事而至也,亦以天下之正理考吾之失而已矣。蔽是蒙蔽,葸是不敢进取,固是固陋因循,怠是怠慢。①

在这里,王安石充分意识到,在天人关系问题上有两个误区:一是天人的盲目感应,"以为天有是变,必由我有是罪以致之",有了这种思想,则会受其蒙蔽而无所进取。故而,反对派以天变反对新法,这当然是他所不能接受的。另一种是天人相分说,"以为灾异自天事耳,何豫于我,我知修人事而已",由此不知取法天地,统理万物,把自己从天地万物中抽离出来,则其结果一定是虽亦曰修人事,其实仍不知如何修人事,这也是他所反对的。在王安石看来,修人事应当是质诸天地自然的,即"以天下之正理考吾之失"。此即"不蔽""不葸""不固""不怠"的态度。如上所提,他劝神宗修人事,即是在这一意义上的修人事。有学者据此提出,王安石于此彻底否定了董仲舒天人感应论和《洪范》灾异

---

① 王安石:《王文公文集》卷二十五,第293页。

学说,这种说法是不符合实际的。①

当然,也不能说王安石完全不相信天命,或者说,明确地主张"天变不足畏"。他有时也相信天命,常以"畏天变"来称誉神宗。这固然是应时之辞,但他有时也径直劝神宗祈天永命。如熙宁六年(1073年)三月,"司天监言,四月朔,日当食九分。神宗诏:自十四日,易服,避正殿,减常膳。仍内出德音,降天下死罪囚,流以下释之。王安石言曰:'民每欲雨,陛下辄一祈未尝不辄应,此陛下致诚感天之效。然今岁日食正阳之月,恐宜以此降德音。'上从之"。② 如此种种,说明了王安石虽身为宰辅大臣,基于对人有限性的体察,还是不可能完全摆脱天命论的影响。

如前所论,司马光也持守天命,但他认为天和人各自都有一定的局限,故而又主张天人相分,天人共济。落实在常与变的问题上,则表现为对"道"与"法"的区分,并主张采取不同的态度去面对。如他曾讲:"夫道有因有循,有革有化,因而循之,与道神之;革而化之,与时宜之。故因而能革,天道乃得;革而能因,天下乃训。夫物不因不生,不革不成。故知因而不知革,物失其则;知革而不知因,物失其均。革之匪时,物失其基;因之匪理,物丧其纪。因革乎因革,国家之矩范也。矩范之动,成败之效也"。③ 但是,他是反对变革"道"的。另一方面,司马光还提出社会的各种制度要随着时代的变化而变化,如其所言:"物久居其所则穷,故必变而通之。"社会的各种制度若长期不变,最终将物极必反,必得加以变革才行。司马光认为,在人类社会中,对于历史发展的客观规律,人类是不能改变的,只能加以认识利用,但礼仪制度却是可

---

① 邓广铭:《王安石:中国十一世纪时的改革家》,人民出版社1975年版,第94—99页。
② 李焘:《续资治通鉴长编》卷二四三,第5918页。
③ 司马光:《法言集注》,第293页。

以而且必须适时地加以变革,由于"时异事变""世变风移,故应时而造者、损益可知也"①,所谓"应时而造,谓礼乐刑政也"。② 人们必须遵循客观规律,但不必也不应死守各项具体的法规制度,故他讲"圣人守道不守法"③。

司马光在熙宁三年(1070年)三月奉命拟策试题时,正担任谏官,享有风闻言事之权力。然而当其引导参试者批驳"三不足"的策试题被否决后,司马光即此罢休。与此同时,司马光以故旧好友的身份接连致书王安石,批评他主持变法是"侵官、生事、征利和拒谏",建议停止变法。其信中所谈,涉及王安石变法的人事、组织措施、指导思想等方面,皆是从具体的处事方式出发进行的规劝。然从另一方面来看,司马光通过试李清臣等策试题以及随后神宗与王安石的对话,将其归纳为"三不足"以批判王安石变法,亦不是没有可能。台湾学者林天蔚曾在《宋代史事质疑》中指出,司马光以"三不足"之说的内容做策试题,目的在于试探民意,亦可能是拟制造反对的舆论。④ 被王安石称作"赤帜"的司马光,作为反对变法派之领袖,"三不足"之说出自其手,似也在情理之中。而以司马光长期从政的政治才干与主持编撰史学巨著《资治通鉴》所展现的文学才能来看,要概括出"天变不足畏、祖宗不足法"这样的话语,亦非难事。但不能不说,这样的做法与司马光"天人相分"的思想有一定的冲突。

综上可见,司马光在天人关系上借由荀子天人相分思想的融入,实

---

① 司马光:《法言集注》,第298页。
② 司马光:《法言集注》,第298页。
③ 司马光:《温公易说》,第645页。
④ 林天蔚:《宋代史事质疑》,台湾商务印书馆1987年版,第95页。

现了董仲舒天人感应论的转化①,通过对天与人双重有限的认知,形成了针对作为王安石变法理论基础的"天变不足畏"观点的系统批判。司马光对天命的基本观点是天人相分与天人相感理论的和合发展,从思想渊源来看,其思想是孔子敬畏天命思想、荀子天人相分思想和董仲舒天人感应思想的综合创新发展。基于司马光对中和思想的高度重视与应用,他对于天人相分和天人相感的思想都有所发展完善,使之更能符合当时社会政治的需要,从而为其在对人类自身进行认识批判过程中形成的中和哲学的理论方向奠定了良好基础。司马光对董仲舒天人感应论思想的吸收与转化,乃是北宋士大夫对天人关系体认的集中代表。他们一方面肯定天人感应论,另一方面又不同意迷信,不同意汉唐儒家经学在天人感应论上搞一一对应的机械比附,实则是从总体上肯定天人之间的互动关系。欧阳修、二程、苏轼等人亦持这种观点。诚如欧阳修所言:"然会而通之,天地神人三以异也。使其不与于人乎,修吾人事而已;使其有与于人,与人之情无以异也,亦修吾人事而已。夫专人事,则天地鬼神之道废;参焉,则人事惑。"②这实际上是在天命和人事之间寻求一种平衡,进而认为重人事和肯定天人感应两者之间并不矛盾。通过中和理论的介入,肯定天人感应、强调重人事二者被有机结合起来,成为司马光对天人感应论的重要改造。

---

① 漆侠在《宋学的发展和演变》中指出:"从天道观这个根本问题上看,司马光在事实上则是继承了孟子、董仲舒以来的天道观和天命论,而王安石则是继承了荀子的天道论和人定胜天的思想。"(见该书第 24 页。)实际上将孟子与董仲舒合称,本身从天人观上是不成立的,何况司马光的天人观本身就体现了兼采荀子和董仲舒的鲜明特色。
② 欧阳修:《易或问》,《全宋文》第 18 册,第 6—7 页。

第三节 "修道以俟命"

司马光天人关系的另外一个侧面,可以从他对命的态度来考察。在儒家思想中,"命"所牵涉到的意义有天的命令、生命与命运。天之命令的内容、生命的产生与长短、命运的好坏吉凶,都不是人所能掌控或决定的,因此命这一哲学范畴的产生,其实就代表着人意识到宇宙间有一无法用人之理性去轻易推知、掌控,且又无力违逆的神秘秩序。这种对神秘秩序的认知感,便是来自于人在世间对自身力量之有限的感叹。[①] 人的有限感引出人对宇宙间有一无限秩序的想象与向往,因此,"命"这一概念的出现,与人的有限感有密切关系。《论语》讲:"五十而知天命"[②]"不知命,无以为君子也"[③]。"知命"即是儒家思想中的重要追求目标与工夫境界。这一面表示"命"并不是平凡人所能轻易掌握的,另一面又表示对"命"之存在与内容的认知是人生必然面对的课题。"知命"成为历代儒者所不能回避的工夫重点,但对于"命"的诠释则基于其对天人关系之理解的不同而各有侧重。

一、"乐天知命"

司马光对"命"的态度,相当程度地表现了他"天人有分"的学术倾向。他主张吉凶有命,认为现实中确实存在着像"命"这样,与人之道德

---

① 欧阳修:《易或问》,《全宋文》第18册,第6—7页。
② 朱熹:《四书章句集注》,第54页。
③ 朱熹:《四书章句集注》,第195页。

善恶、人事之努力无关的神秘秩序。对此,司马光在其青年时所作之《原命》一文中即有了清醒地认识:

> 子罕言命,子贡称:"夫子之文章可得而闻也,夫子之言性与天道不可得而闻也。"是则天道精微,非圣人莫能知。今学者未能通人理之万一而遽从事于天,是犹未尝操舟而欲涉海,不陷溺者其几矣。昔眭孟知有王者兴于微贱,而不知孝宣乃欲求公孙氏嬗以天下。翼奉知汉有中衰陀会之象,而不知王莽乃云洪水为灾。西门君惠知刘秀当为天子,而不知光武乃谋立国师公刘秀,秀亦更名以应之。刘灵助知三月当入定州,四月尔朱氏灭而不知了,灭尔朱者为齐神武灭定州者,乃其首也。此五子者其于术可谓精矣,皆无益于事,而身为戮没,又况下此者哉!夫天道窅冥恍惚,若有若亡,虽以端兆,示人而不可尽知也。非天下之至神,其孰能与于此。是以圣人之教,治人而不治天,知人而不知天。《春秋》记异而说不书,唯恐民冒没,猖狂以趋于乱也。①

在这篇文章中,司马光提出了如下观点:首先,"知天"只有圣人可以做到,一般的学者当谨守"知人"之本分,而不可越过"天人之分"。故而,在这里他对那些丢弃人事不论而一味探究所谓"天道"的学者提出了批评,认为这最终会误入歧途;其次,司马光看到了"天道"神秘莫测的一面——即便它会通过一些方式给人们以启示,人们却不可"尽知",必然会形成与天道之间的距离;再次,只有圣人才可以凭依其至神而知

---

① 司马光:《传家集》卷六十七,第833页。

天,一般学者当秉持圣人之教,做到"知人""治人"即可。

数十年后,他在《法言集注》中又云:

> 言颜渊、冉伯牛非不知修人事,而颜渊早夭,伯牛恶疾,何也?①
>
> 周秦楚汉,一废一兴,皆天命使然,非专人事。②

第一条引文是在解释《法言》"命不可避也"。或曰:"颜氏之子,冉氏之孙?"曰:"以其无避也。"这显示司马光亦赞成用扬雄所说之不可回避的"命"来解释颜渊和冉伯牛在现实中遭遇困厄之因,由此可知,人在个体人事上的修养,与"命"这一秩序的运作是没有绝对因果关系的。第二条引文更是直言在朝代更迭、历史嬗变的过程中,有些因素并非来自于人,而是被"天命"这一隐藏的秩序所掌控的。

对于此种人无能为力而又无法掌控的神秘秩序,司马光认为,当人认知了其存在与人无法掌控的性质,反而会因切断了它与人修身养性的关联,所以能豁达地接受它,因为"知命",所以能"乐天",不因命的无定而担忧,即便有忧虑,也是在忧虑自己能不能掌控好自己能掌控的部分,而非眼前的命运。不强求改变命运,也不羡慕别人的"好命":

> 知易,则吉凶有命,惟天所授而乐之,夫复何忧。③
>
> 知命乐天,无忧则贤;乐天知命,有忧则圣。若夫涉世应

---

① 司马光:《法言集注》,第305页。
② 司马光:《法言集注》,第328页。
③ 司马光:《温公易说》,第633页。

事,则有常理,始于忧勤,终于逸乐。人无远虑,必有近忧。①

死生有命,富贵在天。好学者修己之道,无羡于彼,有羡者皆非好学者也。②

何谓违天之命?曰:天使汝穷,而汝强通之;天使汝愚,而汝强智之。若是者,必得天刑。人之刑罚,刑赏其身;天之刑罚,刑赏其神。故天之所赏者,其神娴静而逸乐,以考终其命。天之所刑者,其神劳苦而愁困,以夭折其生。彼虽偻然而白首哉,犹贰负之臣桎梏而处诸石下,虽踰千岁,恶足称寿哉!③

以上这些引文,充分表现了司马光"乐天知命,知命不忧"的人生态度。最后一处引文更是指出:人对命运的安然接受,其赏赐结果并非现实的物质享乐,而是精神上的娴静逸乐。反之,人若硬要使用一些违背正道的方法来改变自己的命运,最后就算得到了物质享受,在精神上也只会得到折磨痛苦的恶果。此处的"天",并非指具有人格意义的"天",而是指命运就宇宙中一隐微之秩序的层面而言。人若能顺应这一秩序,则虽然在现实生活中不一定有物质上的好处,却会在自我修养的精神层面自然而然得到好的结果,这不是天有意识的赏罚行为,而是因顺应规律而自然带来的善果。司马光这种被动接受命运安排,不做任何反抗或试图改变之动作的人生态度,实际上来自前述对天人双重有限性的深度理解,并不能将其与命定论或宿命论相等同。张立文、祈润兴在《中国学术通史(宋元卷)》中指出:"通常认为,司马光的天命观念是

---

① 司马光:《潜虚》,第27—28页。
② 司马光:《法言集注》,第274页。
③ 司马光:《传家集》卷七十四,第906—907页。

宿命论或命定论,其实是一种误解。命定论是两汉学术的基本主张,以王充为代表。受佛教因缘和合、因果报应等思维洗礼后,宋明理学的命题范畴逐步道德理性化、时遇机缘化,在'穷理尽性以至于命'中'理''性''命'是等价的道德本体范畴,'命'具有自然生命、道德使命和偶然时遇三种基本内涵。"①这段话明确提出对司马光天命论的既有看法进行否定,其结论是可取的,然其论证上已然潜在地将司马光视同理学家,这样容易将司马光在天命论上的两重性遮蔽起来,从而使错综复杂的北宋学坛尚存的"汉学"或"唐学"的余蕴被当时并不占据主流地位的理学抹杀。

扬雄在《法言》中有诸多对于圣人遭厄运、圣人现实遭遇之悲惨的辩答,其中有一处,认为天为何没有因为孔子道德圣明就让他舒服度日,反而让他困病劳碌一生?司马光将此处解释为:"天日行一周逾一度,未尝休息,何病乎?"②即是说,天没有休息也并不叫累,所以圣人没有休息,也只是和天一样,并不因此而病苦。是故"天圣各得其道,行之自乐"。③圣人之所以能"乐天",并非因为天出于功利的考虑给予了他什么好处,而是因为他能行与天相应之"道",因行道而乐。

天与人各自有该行的道,实际上彼此间未有明显直接的因果,但人只有在顺承此道的情况下,方可"乐天知命"。这显示在这种合中有分的天人关系中,虽然司马光承认"命"对人有所影响,但其影响在人对道这一大规律的积极顺应下,被降到了最低。从消极面来讲,人只要行正道,就算命运不好,也无损于自己的修为;但若从积极面来讲,人若能行

---

① 张立文、祈润兴:《中国学术通史(宋元卷)》,第301页。
② 司马光:《法言集注》,第304页。
③ 司马光:《法言集注》,第304页。

正道,司马光仍对天有着一定的信心,相信天不会违逆其规律,因此仍用"行正道,天不能动"来进行自我勉励:

> 正则吉凶不能动矣,故易道贵之。①
> 君子以德自防,外患无从而危者也。②
> 君子非罪而逢祸者也。傥审己之道,不以祸为祸,天道福善,必将生我也。③

在如上引文中,司马光很明显地认为人只要"审己之道",知道自己并没有违背道,就无需为命运所带来的祸患担心;即便真有祸患,也必须秉持对"天道"的信心,并坚信这只是暂时的。因为从根本上看,天是有限的,它不可能违背正道而行,最后一定会回归到福善祸恶的正常规律上来。在这一结果出现之前,虽有祸患,仍需继续坚持践行正道。这种主张实际上强调了对人之行为的信心,亦适当地否定了天有任何能违反规律的能力,体现了天人有分的色彩。

二、"以德自防"

那么,司马光是否认为好的命运是能被"等到"的呢?从天人关系来看,他仍认为天的大规律是倾向福善祸恶的,所以《易说》又言:"兰生深林,不以无人而不芳,君子居中履正,久幽而不变,人将信之,然后可

---

① 司马光:《温公易说》,第644页。
② 扬雄撰、司马光集注:《太玄集注》,第13页。
③ 扬雄撰、司马光集注:《太玄集注》,第42页。

以发其蕴而行其志也。"① 这与司马光在《太玄集注》中所说的"君子以德自防,外患无从而危者也"②"君子以中正为务,虽祸不害也"③意义相近,表示司马光对于命运这一神秘规律基本上还是抱有一定的乐观态度。但若人一直遭遇现实的不幸呢? 司马光认为,纵使如此,只要已经尽到人生修养道德的责任,那么就都算是已经"尽天命",得到正命了。《太玄集注》里讲道:

> 夫吉凶者,非幸不幸之谓也。得君子之道,虽遇祸犹为吉,虽遇福犹为凶。明君子守正以顺命也。《洪范》五福有"考终命",《孟子》曰:"君子尽其道而死者,正命也。"④

综上所述,司马光的天人关系告诉我们,人生的目标不在于被天赏赐具体的福禄,而在于能完全发展自我,修养道德。这是司马光在个人修养工夫上的重要主张,也是司马光天人论的重要理论指向。

第四节 "圣人不占"

一、化祭祀为修身

在先秦诸子中,对于迷信、鬼神之说批判最为激烈者当为荀子。在《荀子·解蔽》中,他讲道:"凡人之有鬼也,必以其感忽之间,疑玄之时

---

① 司马光:《温公易说》,第 614 页。
② 扬雄撰、司马光集注:《太玄集注》,第 13 页。
③ 扬雄撰、司马光集注:《太玄集注》,第 56 页。
④ 扬雄撰、司马光集注:《太玄集注》,第 7—8 页。

正之。"①即认为鬼出自人在精神萎靡时的幻想。司马光对于迷信与鬼神也多采取如此的理智批判态度,此由《法言集注》中所述可见。在该书中,他释"灵场之威,宜夜矣乎?"时言:"妄言可以欺愚,不可以诬智。"②释"神怪茫茫,若存若亡,圣人曼云"为"曼,无也,无言之者"。③

司马光认为圣人不谈论怪力乱神之事,认为神怪之说只能欺骗愚民,不能欺骗聪明的君子,它们在现实生活中并不存在,如其所言:"借使有仙,亦如龙鱼等,非人类所能学也。"④需要补充的是,虽然司马光不语怪力乱神,但对于"神",司马光还有另外一个层次的态度,需要引起我们的注意。他曾在《迂书·事神》中讲道:

> 或问迂叟:事神乎?曰:事神。或曰:何神之事?曰:事其心神。或曰:其事之何如?曰:至简矣。不黍稷,不牺牲,惟不欺之为用。君子上戴天,下履地,中函心,虽欲欺之,其可得乎?⑤

在这段文字里,司马光对"事神"这件事的态度,一方面凸显了其哲学中"心"的重要性,另一方面也体现了司马光对孔子"敬鬼神"之敬的态度。在他看来,君子事神并非仅重于外在的仪式,而是要重在自身行为的不欺于神上。按其合中有分的天人关系论来看,他并不赞成人热衷于宗教性的拜神行为,而是将这种传统的祭祀要求转化为君子的修

---

① 王先谦:《荀子集解》,第405页。
② 司马光:《法言集注》,第307页。
③ 司马光:《法言集注》,第325页。
④ 司马光:《法言集注》,第346页。
⑤ 司马光:《传家集》卷七十四,第909页。

身行为,强调人应该努力去修德而敬神,通过这种敬神不断地修正自身行为,这也是司马光对于"神"这个范畴意义认知的一个方面,同时也是最重要的揭示。

另外,荀子曾讲过"善为《易》者不占"[1],从表面上看,对于人所无法掌控的那部分规律,其态度是比较被动的。《易》中所叙述的很明显是天人共享之道,而能掌控道的人,便会知道占卜其实是无用的。原因在于:一方面,占卜无法改变已经注定要发生的事情;从另一面来看,只要能掌控常道的倾向,即便不占卜亦能预知吉凶,因此便选择"不占"。司马光亦有类似主张,他也坚持"圣人不占"的观点,在《法言集注》中释"或问圣人占天乎?曰:占天地"为"仰观象,俯观法"。[2] 这显示圣人之占是在观察天的规律,而非占求任何神鬼;又释"史以天占人,圣人以人占天"为"史考察象数,知人事之吉凶;圣人修人事,知天道不能违"。[3] 即所谓:"圣人纵心所欲皆合于道,不可殚尽言深远也。"[4] 由此可知,因为圣人只要观察人世间的常道,就可以预先知道天命吉凶的大方向,所以并不需要特别运用象数等占卜机制。但司马光同时也认识到,圣人对道的体悟与践履,实际上是指向其得君行道的政治理想的。他也看到圣人并不是万能的,昏聩之君王则是圣人所不能教化的,下愚之人亦是如此,故言:"顽石、朽木造化所不能移,昏君、愚人圣人所不能益。"[5]

虽然司马光有"圣人不占"的观点,但司马光这种论述在逻辑上并未绝对禁止一般人进行占卜。相反,他认为在人尚未达到像圣人那样

---

[1] 王先谦:《荀子集解》,第336页。
[2] 司马光:《法言集注》,第317页。
[3] 司马光:《法言集注》,第317页。
[4] 司马光:《法言集注》,第317页。
[5] 司马光:《法言集注》,第317页。

完全知"道"的境界之前,在遇到变道的困扰时,适当地运用圣人设计的占卜机制去决定自己行为的趋向,不但不是一种妄求改变命运或迷信的举动,反而是一种积极体道的行为。因为在他看来,当人认识到命运、吉凶等变道让人难以掌握之时,除被动地接受这一秩序的安排外,人也可以采取另一种态度,即主动积极探寻这一隐藏秩序的内在机理和动因,并尽可能地去顺应这一秩序,不可"强通以求其志"。因此,在这种意义下的占卜是值得鼓励的,透过占卜可以进一步了解、认识到隐藏较深的那一面,这种了解并不是想要控制或改变命运,而是为了更好地去顺应命运,以达到与"道"完全不违的状态。此前的研究多站在庸俗化的马克思主义阶级论的立场对此进行分析,往往将司马光的这种思想——其实不只是司马光一人所具有的观念——定位为"为维护没落封建统治而服务的落后思想"和"保守主义",这是对司马光思想的极大误解。实际上,司马光的这种思想与儒家所关注的"修齐治平"的主流思想是一脉相承的。在对于社会秩序之道的探究方面,其积极探求之态度是一致的,并没有发出庄子那样的"以有涯而随无涯,殆矣"的慨叹;在对社会发展稳定性的观照方面,司马光与孔子亦是一致的,讲究名正言顺,各安其分,不可随意僭越;在对现实中主体命运的分化理解上,他亦与孔子思想紧密相关,都看到了人谋和天命的双重有限性这个根本的动因。故而不能将司马光这种思想简单斥为"反动腐朽的毒草"予以剔除、反对,应该看到其对于士大夫在把握自身命运、持守常道,在传统"修齐治平"的道路上所发挥的稳定秩序方面的积极作用。

整理司马光对占卜的看法,可得到以下几个方面:

其一,在司马光看来,占卜是圣人为一般不易掌握变道之平凡人所设立。《易说》释"知几其神乎"为"除恶于未萌,消祸于未形,身安而后国治,百姓莫知其所以然","几"可释为"道的几微之处",应指"道"这一层次。只要能掌握变道,即可"除恶于未萌,消祸于未形",使身安而国治,这正是圣人希望透过占卜让一般人所能达到的效果。

其二,《易说》释"是以明于天之道而察于民之故,是兴神物以前民用"为"神物谓蓍龟,凡卜中然后用之,故曰:'以前民用。'"说明这一套占卜机制是经过圣人非常谨慎的亲身试验后,才让一般人使用的,因此,它是圣人对于变道之掌握的具体体现,并非迷信的产物。正是基于此,司马光对占卜活动给予了相当的肯定,如《易说》:

> 韩曰:"鬼谋,寄卜筮以考吉凶也。"光谓:"圣人谋之于人,谋之于鬼,以考失得。故举无不当,能如是者,则百姓与之。"①
>
> 能以暗求明,如错蓍焯龟以决其疑,出于滞泥而入于光明,故曰:"比光道也"。②
>
> 君子消息盈虚,随时衰盛,如轮之转,应变无穷,不失正当也。③

在司马光看来,"谋之于人""谋之于鬼"只是在往"圣人不占"这一至高境界努力的过程中所采取的辅助手段而已。所以君子一面要对天存有敬畏之情,不可轻蔑视之,要尽量能"随其顺逆,应其吉凶",不要固执己见;但另一面,仍不可因为过度追求对"变"的认识,而疏忽掉对常道的持守。在《法言集注》中,司马光讲道:"圣人志道秉常,随时应物,如天之阴阳五行变化无穷。"④这里指出"志道秉常"与"随时应物"两者

---

① 司马光:《温公易说》,第653页。
② 扬雄撰、司马光集注:《太玄集注》,第28页。
③ 扬雄撰、司马光集注:《太玄集注》,第59页。
④ 司马光:《法言集注》,第345页。

皆不可偏废。必须指出的是,畏天这一态度只是过程,更高的境界是能完全掌握全幅规律之后的"乐天知命"。正如其在《道德真经论》中所讲的那样:"畏天者保其国,乐天者保天下。"①占卜只是一种辅助手段,而不能超越其有限的本质。

二、吉凶主之于人

根据前文所述可见,司马光虽然肯定占卜,但他亦非常强调占卜的有限性,即受制于天。所谓的吉凶其实仍主要取决于人,不可以把责任推到天上面,所以要求我们分判好天与人的能力限度,明白天与人各自的职分。换言之,只靠占卜并不能真的获吉,要获吉,尚需靠人主动与常道配合方能实现:

> 人事可以生存而自取死亡,非天命也。②
> 楚庄王以无灾为惧,曰:"天岂弃忘寡人乎?"是得吉犹以为凶也。纣淫虐将亡,灾异并臻,而曰:"我生不有命在天。"是废人事而任天命,得凶而以为吉也。③
> 然以正顺而致之则吉,以邪逆而致之则凶。④
> 夫吉凶者,非幸不幸之谓也。得君子之道,虽遇祸尤为

---

① 司马光:《道德真经论》,第367页。
② 司马光:《法言集注》,第305页。该句为解释扬雄《法言》中"命者,天之命也,非人为也,人为不为命。请问人为,曰:可以存亡,可以死生,非命也,命不可避也"一段的话语。
③ 司马光:《法言集注》,第305页。
④ 扬雄撰、司马光集注:《太玄集注》,第21页。

吉,失君子之道,虽遇福犹为凶。故《莹》曰:"天地所贵曰福,鬼福所佑曰福,人道所喜曰福。其所贱所恶皆曰祸。"明君子守正以顺命也。①

从以上引文可知,很多表面上看似为天所做的事情,其实只是反映了人之行为与规律相合或不相合所造成的结果而已,因为天地鬼神并没有赏罚人类的自主意识,只是单纯反映这一规律。所以占卜虽会提到天地鬼神,但并非求神问鬼,而是在确定自己是否合于鬼神所反映的此一规律。因此,吉或凶并非绝对等同于在物质生活境遇上的幸与不幸,而是在反映人顺应此规律的结果。只要人能主动顺应规律,就算表面上遇到祸事,事实上仍是会得"吉"。此即所谓的"得君子之道,虽遇祸犹为吉",反之亦然。这样的思想与前述"修道以俟命"很明显是互相呼应的,这显示了在这些看似相反的天人关系中,不管是被动地接受命运安排,还是积极地占卜探寻趋吉避凶的常道,莫不以感受到人的有限性与天的有限性为前提。《潜虚》所构建的一套象数体系,表达了司马光对宇宙秩序、社会秩序的独特体认,对于北宋大变革时期政治秩序的重建具有一定的积极意义,对于其提到的占筮理论也当在天与人的双重有限性的理论脉络下予以重新观照,不可简单斥之为历史的倒退。②

司马光在天人关系上与荀子和董仲舒的相近:当人并未认识到有一无限、先天神圣完美之理体存在时,便会产生对于天与人的双重有限

---

① 扬雄撰、司马光集注:《太玄集注》,第7页。
② 刘蔚华在《略论司马光的〈潜虚〉》一文中指出:"《潜虚》一书的出现,表现了司马光的唯心主义世界观向宗教神学和封建迷信的粗俗形式靠拢了,成为太玄的末流,象数学的别系,筮占术的支派。这不能不说是学术史上的一个倒退,因而它长久地淹没在故纸积尘之中,实非偶然。"(《中州学刊》,1984年第1期。)

感，而此种有限感正是司马光天人关系理论建构的基本立足点。这种形态的天人关系以及因之而起的工夫实践，在中国哲学史上可能未必为非主流，只是过去未能辨明其由荀子以降至汉、唐、宋、明清之一脉相承的发展，因此只作为各时代不同的个案来处理，这条线索也就因此隐而不宣了。总而言之，司马光对天命的基本观点是天人相分与天人相感理论的和合发展，从思想渊源上看，是孔子敬畏天命思想、荀子天人相分思想和董仲舒天人感应思想的综合创新发展。基于对中和思想的高度重视与应用，司马光对于天人相分和天人相感思想都有所发展完善，使之更能符合当时社会政治的需要，从而为其在对人类自身进行认识批判过程中形成新的理论方向奠定了良好基础。

第四章　体性中和，善恶相兼

与天人论紧密相关的则是人性论。在司马光的时代，思想界的性论是在韩愈《原性》的基础上，将孟子的性善说、荀子的性恶说、扬子的性善恶混说、韩子的性三品说并列起来，从而表达为对其中某一种说法的赞同。持孟子之说的一派，有初期道学者和陈襄等，他们的立场很彻底，认为谁都可能成为圣人。持扬子之说的一派有司马光①等，持韩子之说的一派有孙复、石介、李觏②等。另外还出现了一些新说，如王安石、苏轼等的性无善恶说，以及刘敞的性九品说③等。但重要的是，与天人论上的争议一样，士大夫们拥有此种共同的议论方式，而新儒学的天人性命论，也建立在同时代的广泛议论的基础上，这影响到他们的表达方式和对于议论重点的处置方式。从下述程颐的话语中，不难窥知这一点："孟子言人性善是也，虽荀扬亦不知性。孟子所以独出诸儒者，以能明性也。性无不善，而有不善者才也。性即是理，理则自尧舜至于途人一也。"④在拥有共同的话语环境的基础上，士大夫们展开了对"性与天道"问题的讨论。司马光的性论即是在这种理论背景下产生的。

---

① 司马光：《传家集》卷六十六，第821页。
② 李觏：《李觏集》，中华书局1981年版，第13页。
③ 刘敞：《论性》，《公是集》卷四十七，《文渊阁四库全书》第1095册。
④ 程颢、程颐：《二程集》，第92页。

第一节 "体以受性"

在作为司马光哲学思想体系总纲的《潜虚》中,他提出了"体以受性"的著名提法。虽然司马光未对该命题作系统的阐释,但我们综合其哲学著作进行分析,就会注意到,它是司马光性论中非常重要的一个方面,也是我们理解司马光性论的基点。通观司马光在《潜虚》中的论述不难看到,他把人分为"体"与"性"两层外在条件。这一点在中国人性论史上是比较少见的。以下即围绕这两个方面对司马光有关人性理论的基本点略作分析。

一、形质与等级合一之"体"

体是司马光人性理论的一个非常重要的范畴,那么什么是体呢?综观司马光的著作可以深刻地感受到,在他那里,体最基本的涵义当指形体或形质。落实在对人的理解上,体首要的涵义当是指人的形体。在五行之气化生万物之后,人也秉受了自然的东西,正如司马光所云:

> 天地之理,人物之性,皆生于自然,不可强变。智者能知其可以然,则因而导之尔。苟或恃其智巧,欲用所不可用,益所不可益,譬如人之形体,益之则赘,损之则亏矣。孟子曰:"所谓恶夫智者,为其凿也。"①

---

① 司马光:《法言集注》,第292页。原书所引孟子之言与《孟子·离娄下》:"所恶于智者,为其凿也。"在文句上略有不同,此处以原书为准。

这段引文给我们提示了三个重要方面：首先，司马光非常强调自然之性在先天上的限制，不可强求；其次，他相信智者的存在，指出人有能力去理解并利用天地人各自有限性这一共同原理；最后，在他看来，自然之性需要我们找出"可用""可益"的地方，经外在条件合理"导之"，才能达到最佳的状态。在如前所论的强调天人有限性的本体论与天人观下，其人性论特别强调承认并接受人先天的限制与不足，并且去极力肯定人能认识、理解并实现对不足的补救。因此他十分重视后天对人性的导引与发展。司马光在《法言集注》中的这段话，即是在这种本体论与天人关系的理路下，就如何定义、理解"人"这种存在而展开。换言之，天与人的力量都是有限的，故而主张天人"合中有分"。"合"指天人同质，"皆生于自然"，指天地与人物均生于气之自然。"不可强变"，表示当人与万物由气而生时，就已先天决定了某些基本结构、素质是不能在后天改变的。智者能体察到这一点，所以能够基于"其可以然"的先天潜藏脉络来导引"天地之理，人物之性"的发展。反之，结果只是背离"中和之道"而导致亏损。这是司马光对体的第一个层次——形质的强调。

在司马光那里，体还有另外一层涵义，需要我们去挖掘。司马光在《潜虚》中将五十五个呈金字塔形排列的符号分为十层，每一层各代表一种社会阶级：王、公、岳、牧、率、侯、卿、大夫、士、庶人。司马光的体图排列规律是先由"｜｜"开始，第一等有一个组合，第二等则有两个组合，第三等有三个组合，依此类推排列到第六等。由第七等开始，最左边有所变化，而其余数列与原本规律相同。第八等则由左边数来有两个变格，第九等一样由左边数来有三个变格，第十等则有四个。体图由第七等到第十等的十个变格，看来似乎破坏了数列的规则性，但按照司马光在"体图"图说中的解释："位愈卑，诎越多，所以为顺也"，"诎"应是弯曲之意，地位越往下，越要能曲顺上层。但"诎愈多，不及半，所以为正也",根据张晶晶的说法,"这可能与司马光对象数学的主张有关,所谓'阴不可过于阳',所以阳多于阴是为正,正与顺的搭配组合,正如阴阳、天地的相互调和,因此是'曳堕(天地)之大谊也'。但体图这样硬是改变数列规则,似乎是有点牵强,若要解释其原因,则很有可能是因为司马光想要与下一图'性图'配合使用一套符号的结果"。① 司马光在《体图》图说中叙述道:

> 一等象王,二等象公,三等象岳,四等象牧,五等象率,六等象侯,七等象卿,八等象大夫,九等象士,十等象庶人。一以治万,少以制众,其惟纲纪乎? 纲纪立而治具成矣。②

对此段话,清人苏天木作了比较详尽的解说:

> 天地之数有十,图将天下之人分为十等。自上而下,见王为天下之主,志安定天下之人,故设公、岳、牧、率以统理天下,又设侯、卿、大夫、士以分治其国,有天下一家之象。自下而上,见天下庶人各受治于士大夫、卿与侯,侯受治于率、牧、岳、公与王,有权归一统之象。③

苏天木的解释可谓直击肯綮,将司马光体图之政治意图揭示得非常清楚,同时他也注意到司马光此处将人分为十等乃是符合"天地之

---

① 张晶晶:《司马光哲学研究——以荀学与自然气本论为进路》,第28页,注释1。
② 司马光:《潜虚》,第3页。
③ 苏天木:《潜虚述义》,丛书集成初编,商务印书馆1937年版,第6页。

数"的,不是司马光的刻意作为。《潜虚》开卷语中说"气以成体",一般而言,"体"应该只是单纯指形体,但"体图"中却直接展现了一幅等级分明,体系完整的社会图像。由群体一面来看,它显示出形下社会的纲纪来自气在化生万物过程中所流露出的自然发展;从人的个体性而言,在个人气化成体的当下,就已经存在着先天本有的等差。一个社会里,为王侯者少,为庶人者多,因此当每个个体出生时,人所秉受的气就已经有差别了。司马光用社会阶层来叙述这种先天的差等,已经暗示了这种差等不只包含人先天领受气禀的高下,还包含了出生时的身份、家庭、社会地位等现实的外在条件。

司马光认为,这种先天条件的等差,是为了维持社会秩序而必须存在的设计,因为社会规律必须要在"一以治万,少以制众"的状况下才能维持。他以人之身体为比喻说明:"心使身,身使臂,臂使指,指操万物。或者不为之使,则治道病矣。"①心、身、臂、指有不同的能力,但若不能有统一命令的机制,这些能力是无法组合起来运作并发生效用的。司马光非常重视在社会层级化管理中下一级对上一级的"顺",故而他在多处反复强调这一比喻。在元丰四年(1081年)所著成之《法言集注》中,他在解释扬雄《法言》之"曰纲纪"一句时曰:"自天子至于庶人,上下相承如身使臂,臂使指。"②而在元祐元年(1086年)所上之《论钱穀宜归一札子》中指出:"量入为出,详度利害,变通法度,分画移用,取彼有余,济此不足,指挥百司、转运使、诸州如臂使指。"③可见这一比喻和思想当是司马光长期思考并非常推重的。

---

① 司马光:《潜虚》,第5页。
② 司马光:《法言集注》,《文渊阁四库全书》第696册,第322页。
③ 司马光:《论钱穀宜归一札子》,《传家集》卷五十一,第641页。

归纳起来可以看到,在司马光哲学中,"体"应当具有双重含义。除了形质之意外,它还包括人的先天社会身份。前者指向对人自然材质差别的强调,后者指向社会等级的先天性与合法性。

二、才、情、欲统一之性

关于司马光对性的直接定义,《潜虚》中有两处论述:

第一,"性之赋也",结合"体者,质之具也"来看,当是指事物在外在形质形成后,其内在精神意识形成的阶段。

第二,"'柔''刚''雍''昧''昭',性之分也。"① 除"和"即各种性质之协和状态外,其余的刚柔、明暗均指的是事物最基础的内在无形性质。

仔细分析可以注意到,这两处论述都将"性"的意义指向事物之内在无形性质。《潜虚·隶·变图·初》:"木养其才,工则剧之;玉潜于石,人则琢之"②等,均明确指出"性"的先天潜质、需待后天导引方能发展的特性。"性"虽蕴有发展的潜质,但并非先天具有现成的价值理体,而只是一待发展的素朴材质,因此必须接受现实社会适当的引导。这是对司马光"性"范畴之内涵的揭示。

那么司马光之"性"到底包括哪些内容呢?我们可以推论,凡是与上述条件相符之人的属性,都应该包含在"性"之内容中。据此可以判断,人的才智资质、个性、性向、精神、情感、欲望等,皆应属于"性"之范畴。《法言集注》释"学者,所以修性也,视、听、言、貌、思,性所有也,学则正,否则邪"为"五事人皆有之,不学则随物而迁,不得其正"。③ 此处

---

① 司马光:《潜虚》,第12页。
② 司马光:《潜虚》,第24页。
③ 司马光:《法言集注》卷七十四,第909页。

司马光赞成扬雄将"视、听、言、貌、思"视为"性"的内容,即将人运用感官的能力视为"性"的一部分,并且指出若不经由"学"适当地导引,将无法得到正确的结果,此点亦与上述"性"之特性相照应。《迂书·理性》中指出:"是不是,理也;才不才,性也,遇不遇,命也。"①亦将才能划归在性的范围中。《四言铭系述》载:"孔子称才难,夫才者所受于天,非人所能强也。"②此处也显示才能为人先天具有、不能勉强的条件,为"性"之一部分。

"才"为性的一部分,是人先天的内在条件之一。而"才德"虽常连用,但"德"并非人先天内在既有的条件。《诸兄子字序》曰:

> 明敏辩智,天之才也;中和正直,人之德也。天与之才,必资人以德以成之。与其才胜德不若德胜才,故愿尔勉于德而已矣。③

《才德论》:

> 世之所谓贤者何哉?非才与德之谓邪?二者殊异,不可不察。所谓才者,存诸天;德者,存诸人。智愚勇怯,才也。愚不可强智,怯不可强勇,四者有常分而不可移,故曰存诸天。善恶逆顺,德也。人苟弃恶而取善,变逆而就顺,孰御之哉?故曰存诸人。存诸天者,圣人因而用之,存诸人者,圣人教而成之。④

---

① 司马光:《传家集》卷七十四,第 909 页。
② 司马光:《传家集》卷六十七,第 836 页。
③ 司马光:《传家集》卷六十九,第 857 页。
④ 司马光:《传家集》卷六十四,第 796 页。

此两处引文中,司马光明辨所谓"天之才"与"人之德"的不同。对他来说,"才"是天所命定的常分,是先天的资质,人无法强力改变或增补,只能"因而用之"。而"德"则是人能够自己掌握、努力实现的部分,所以能"教而成之",但这也表示必须待人后天自己去完成它,所以其并不属于强调先天性之"性"的一部分。但修德能力仍有先天的高下强弱之分,因此仍是属于"性"的一部分,如《法言集注》:

> 哲能知圣人之道,不溺于异端,智之俊者也;秀谓材秀能修德行,使颖出于众秀之大者也。①

优秀者的先天资高,故其在"修德行"上的能力也优于一般人,此种先天资质,亦是属于性的一部分。在司马光看来,"情"与"欲"也是性的一部分,如其所言:

> 君子所嗜者道,虽多取而无害者也。②
> 古之人寒衣而饥食,贪生而畏死,不殊于今也。喜怒哀乐好恶畏欲,与民俱生,非今有而古无也。③

司马光认为"情"与"欲"都是人自然就有的内在条件,其先天的性质都是中性的,并没有善恶之分。只是每个人情欲的强度与偏重,和才能一样,是各自不同的,而这会造成后天发展上的不同结果。

---

① 司马光:《法言集注》,第390页。
② 扬雄撰、司马光集注:《太玄集注》,第160页。
③ 司马光:《传家集》卷七十一,第870—871页。

司马光曾言:

> 天子以德教加于百姓、刑于四海为孝,诸侯以保其社稷为孝,卿大夫以保其宗庙为孝,士以保其禄位为孝,四者非得贤人以为师友不能全也。故思事亲不可以不知人,夫仁义礼智信皆本于天性,其引而伸之,则在人矣。君子知五常之本于天,有之则为贤,无之则为不肖。以此观人,人焉廋哉?故思知人不可以不知天。①

依上段引文,就如田地中稻粱藜莠并生,司马光认为仁义礼智、暴慢贪惑同出于性;争夺残贼、慈爱羞愧皆是人生而即有。从表面上看,司马光并非完全否认孟子对于人性的观察,他肯定孟子将仁义礼智等道德的源头指向人性,只是认为孟子未能将暴慢贪惑等违反道德的行为亦归于性。在这里要特别注意的是司马光对孟荀的不同诠释,他用"仁义礼智出乎性"来解释孟子人性论,而用"争夺残贼之心,人之所生而有"来解释荀子人性论,这当中表现出的意义非同寻常。用"仁义礼智出乎性"而非"仁义礼智即性"来论孟子,表示司马光对孟子的肯定,但只是在肯定人有实现仁义礼智的可能性,而非肯定人性本质即是仁义礼智,所以他强调的是"长善",而非"复善",这一点非常重要。因为强调"长善"需要的工夫是循序渐进地积累,通过不断地学习,通过改变自身本有的不良材质,而实现向善的靠拢。在司马光那里,即便是圣人也未尝无恶,故而绝对的善在他那里是不存在的,善是他设定的一个道德理想,"虽不能至",然需"心向往之";若为"复善",则说明人本有的气

---

① 卫湜:《礼记集说》卷一百三十,宋嘉熙四年新定郡斋刻本。

质是纯善无恶的,人在出生之后,因受外在环境的影响,其善性会慢慢被遮蔽起来,对此,人要做的工夫就是要"尽心、知性而知天",通过这种向人所本有的"仁义礼智"之性的复归,实现实然之善,所以这种人性论所导发的工夫必然是要通过不断地提升主体的道德内省意识,不断地"养心",以实现善的理想。司马光通过与孟子人性理论的自觉区分,逐步实现着对"性"本身的深刻理解:

> 疑曰:告子云性之无分于善不善,犹水之无分于东西,此告子之言失也。性之无分于善不善,谓中人也。瞽叟生舜,舜生商均,岂陶染所能变乎?孟子云:人无有不善,此孟子之言失也。丹朱商均,自幼及长,日所见者,尧舜也。不能移其恶,岂人之性无不善乎?[①]

在司马光看来,告子与孟子都有一样的弊病,即只看到有能力向善的中人,而未能正视无法移于善的恶人。司马光这种人性存在差异的主张,可能与其重实事的"朴儒"性格和学术倾向有关。从历史事实来看,连圣人也无法改变的恶人是确实存在的,因此怎能说人性中无恶之存在呢?所以孟子人性无不善的说法,在司马光那里是无法接受的。这里司马光从现实中圣人教化的角度来反驳孟子的性善论。这在今天看来,应该说是混淆了道德典范本身存之可能性与圣人教化之效果两个不同的问题。在孟子那里,应该也没有明确提到凡是经过"圣人"教化者皆可成圣,能不能"成圣",教化只是一个必要条件,但不是充分条件。进而,司马光又通过对《孟子》中孟告之辩进行讨论辨析,深化对性之概念的认识:

---

① 司马光:《传家集》卷七十三,第896页。

> 疑曰：孟子云：白羽之白，犹白雪之白；白雪之白，犹白玉之白。告子当应之云：色则同也，性则殊矣。羽性轻，雪性弱，玉性坚。而告子亦皆然之，此所以来犬牛人之难也，孟子亦可谓以辩胜人矣。①

我们知道，告子认为"生之谓性"，而孟子以物品虽同但性实不同来质疑告子这种说法无法区分人兽之性，因此是错误的，这里实质上是批评告子忽视了人性论中一个非常重要的向度，即"人禽之辨"。但在司马光看来，孟子是以辩论技巧服人，而非其结论真的牢不可破，若非告子掉进孟子的辩论陷阱中，不把"色"与"性"作等同的类比，则孟子要攻破他将非常艰难。那么，对于人的天生资质，到底该怎么看待呢？司马光讲道：

> 疑曰：所谓性之者，天与之也；身之者，亲行之也；假之者，外有之而内实亡也。尧舜汤武之于仁义也，皆性得而身行之也，五霸则强焉而已，夫仁义者，所以治国家而服诸侯也，皇帝王霸皆用之，其所以殊者，大小高下远近多寡之间耳。假者，文具而实不从之谓。②

司马光在此认为五霸行仁义道德并非假仁假义，其与圣王的差别，仅是资质与实行程度多少的问题而已，即所谓的"性之"与"身之"的差别，二者只是因先天资质而有不同的实行方式。若说五霸行仁义是假

---

① 司马光：《传家集》卷七十三，第896页。
② 司马光：《传家集》卷七十三，第897—898页。

冒而行,那就等于否定了那些天生资质不够好的人行仁义的可能性,就算实行得不够好,也不能否定其努力。司马光此种观点表现了他对人性天生有等差之事实的认定,以及对后天努力的充分重视。对司马光来说,最重要的并非标榜圣王们的天性纯良,而是要学习其如何去行仁义,这才是一般人真正需要努力的方向。

综上我们可以看出,司马光在对人性的界定上,实际上既考虑了先天的因素,也考虑了后天人为的因素,要求我们恰当地把握好两者之间的关系。这是其中和思想在人性论上的具体体现。

三、"体"与"性"

如前所述,在司马光那里,社会等级的存在是必要的,下层对上层的顺从是该群体秩序能顺利运作的关键。因此,从维系社会群体秩序的角度来看,人有等差的事实是绝对必要的。但问题在于,司马光的问题意识是否仅仅为了巩固社会制度的存在,将社会等级形容为先天存在、无法更改的外在条件,僵化社会中的阶级流动?司马光支持传统社会秩序本有其时代历史背景,无可苛责。若超越对封建制度的批判,从"体图"在人之形成过程中的位置出发,理解这种先天无法更改之外在条件在司马光哲学中的另一层意义,则会看到司马光的真正用心。根据《潜虚》诸图可见,当气化成人之时,其体与性的内容几乎是同时被决定的,但基于此处司马光将"体"先于"性"的特意安排,应有以下两点重要的哲学意涵:

首先,性并非独立的实体,必须依赖外在形体来论性才有意义。为什么这样说呢?如前所述,在《潜虚》中,"性图"与"体图"实为同一符号体系,虽其排列规则有异,然每个组合的五行之性实际上由其右边的符号决定,而符号的五行属性皆是在"气图"时就已预定好,"性图"所谓的"受性",只是将这一组合之属性正式彰显并确定下来,并没有在符号上制造一些变化,所以"受性"并不是在气之外由天赐予一神圣的主宰。当气化生万物时,物的"体"与"性"几乎是同时形成的,所以说"体"与"性"并不存在生成与被生成之关系,追本溯源,皆是由气化生而来。那么如何理解"体以受性"呢?应该说,性并非一个能够独立存在的实体,必须因形下之实体而论才有其意义,故而其在成就的顺序上才会稍后于体。作为人先天具有的两个条件,"体"与"性"的关系与朱熹那里的"理"与"气"的关系不是一个层次的问题,但从对二者顺序定位之方法来说,这种关系与"理先气后"的逻辑性规定有相通之处。①

其次,所谓的"体"又先于"性",即"性图"的符号与"体图"的符号组合并没有不同,只是将此符号组合的性质正式确定下来。所以性并没有具体的实体②,必须在已成立的形体上来讲才有意义。因此,不能脱离"体"来论"性"。体现于性,事实上是一种从现实角度来理解人之形成过程的看法,即人外在的条件先于其内在条件存在。尽管人在出生

---

① 《朱子语类》卷一中云:"问:先有理,抑先有气?曰:理未尝离乎气。然理形而上者,气形而下者。自形而上下言,岂无先后!"另一条语录则云:"或问:必有是理然后有是气,如何?曰:此本无先后之可言,然必欲推其所以来,则须说先有是理。"(中华书局1986年版,第3页。)按照朱熹的说法,理与气在本源上实际上并无先后,但从理论上讲理在气先。朱熹的推论方式是"推说在先"(陈来:《朱子哲学研究》,华东师范大学出版社2000年版,第95页),与司马光之体性先后关系相类,若要使"体以受性"有比较合理化的解释,"推说在先"无疑是比较恰当的方法。
② 这里所谓的"受性"并非被动地向天承受"性",而仅是将气组成的形体之性质确定出来。

之时,性的潜质已经存在,但只有在现实中,由社会环境所铸就的人的身份被明朗化之后,人各自的内在性才由不明朗的当下向对社会秩序的明晰觉知往层级化的方向去转变。从社会认同的视角来看,每一个个体首先取得的身份标志事实上来自社会的分判。只有意识到像司马光所强调的人性之"先天有限性",对这种"先天无法更改之外在条件"的具体承担与认知才会更富有深刻理解。惟其如此,人才能合理评估自己未来之发展方向,避免好高骛远或妄自菲薄。这种对现实限制的强调,虽在表面上看来趋向保守,但实为一种务实谨慎的哲学理路。

既然"体以受性"有其理论的必要性和可能性,那么如何"受性"呢?通过分析《体图》的图说就可以注意到,此一"受性"的动作有其先定的规律:

> 凡性之序,先列十纯,十纯既浃,其次降一,其次降二,其次降三,其次降四,最后五配,而性备矣。始于纯,终于配,天地之道也。①

这一规律的内容来自《潜虚》中的图示符号本身所蕴含的数列规律,循此规律,体图中的五十五体都各具不同之"性"。这说明并没有统一的"性"可言,每个人由气而生时所具之"性"已有差别,亦都是不完美的。因此,在司马光的思想中特别强调人的有限性与个别性,基于先天即有等差,故而凡事不可强求,要顺应"体以受性"之潜在规律。

---

① 司马光:《潜虚》,第8页。

第二节 "性以辨名"

一、"性可揉也"

在司马光看来，无论是圣人、中人还是愚人，其人性中善、恶之性乃是并存的。这就内在地给每个人提出了一个通过学习提升、改造自我的任务，所以司马光曾质问道："必曰圣人无恶，则安用学矣？必曰愚人无善，则安用教矣？"[①]尽管司马光没有否认孔子那里的"惟上智与下愚不移"的观点，似乎圣人是不需要学的，但是，他认为"不学则善日消而恶日滋，学焉则恶日消而善日滋"[②]，如果坚持学习改造自我，那么，"贤者学以成德，愚者学以寡过，岂得谓之无益也"[③]。司马光第一次提出了"虽圣人不能无恶"的观点，这就在一定程度上抹去了长期以来戴在圣人头上的神圣光环，应该说这在一定意义上受到了荀子的影响。此外，司马光还认为，"圣人与人皆人也，形性无殊，何为不可企及"[④]这里提出圣人相较于凡人并没有绝对完美的光环。在《答秉国第二书》中，司马光精辟透彻、淋漓尽致地阐述了他的这一思想，他说：

> 圣人亦人耳，非生而圣也。虽聪明睿智过绝于人，未有不好学从谏以求道之极致，由贤以入圣者也。故孔子曰："我非

---

① 司马光：《传家集》卷六十六，第821页。
② 司马光：《传家集》卷六十六，第821页。
③ 司马光：《法言集注》，第275页。
④ 司马光：《法言集注》，第304页。

生而知之,好古敏以求之者也。"又曰:"吾十有五而志于学,至于七十,然后纵心所欲,不逾矩。"以孔子之德性,犹力学五十有五年,乃能成其圣,况佗人不学而能之乎? 若谓圣人生知自天,必不可及,则颜子何为欲罢不能,孟子何为自比于舜哉? 舜戒群臣曰:"予违汝弼,如无面从。"使舜生而圣,不勉而中,不思而得,夫又何弼哉?①

由此可见,在司马光心目中,所谓"不勉而中,不思而得,从容中道"的"圣德之已成者",在现实生活中是不存在的。现实中,仅有"择善而固执之,博学、审问、慎思、明辨、笃行"的"贤人之好学者",与勤以补拙、"人一能之,己百之"的"愚者之求益者"。他认为"至愚之难值,亦犹至圣之不世出也。故短长相杂者,举世并肩是也"。② 总而言之,在司马光看来,只要人们致力于修身养性,致力于仁义礼智信,那么,人皆可为尧舜。司马光在这里打破了过去圣人纯善无恶的神话,给人们的修身养性提供了一个现实的目标指向。圣人不再只是"高山仰止"、只能"心向往之"的境界形态,而是与我们的现实生活之道德修养有了密切的联系。

但是,在现实生活中,要实现"尧舜"的理想人格却往往非常艰难。在司马光看来,导致这种状况的主要原因是绝大多数人被利欲迷惑了。只有克制人的欲望,不被外在利益所牵引,修至圣人才有希望。《致知在格物论》中,司马光对于成圣的诸多原因作了深刻分析,他说:

---

① 司马光:《传家集》卷六十二,第768页。
② 司马光:《传家集》卷七十,第862页。

人之情莫不好善而恶恶，慕是而羞非，然善且是者盖寡，恶且非者实多，何哉？皆物诱之也。物迫之也。桀纣亦知禹、汤之为圣也，而所为与之反者，不能胜其欲心故也。盗跖亦知颜、闵之为贤也，而所为与之反者，不能胜其利心故也。不轨之民，非不知穿窬探囊之可羞也而冒行之，趋于饥寒故也。失节之臣亦非不知反君事仇之可愧也，而忍处之，逼于刑祸故也。况于学者，岂不知仁义之美、廉耻之尚哉？斗升之秩、锱铢之利诱于前，则趋之如流水，岂能安展禽之黜、乐颜子之贫乎？动色之怒、毫末之害迫于后，则畏之如烈火，岂能守伯夷之饿，徇比干之死乎？如此则何暇仁义之思、廉耻之顾哉？不惟不思与不顾也，抑亦莫之知也。譬如逐兽者不见泰山，弹雀者不觉露之沾衣也。所以然者，物蔽之也。故水诚清矣，泥沙汩之，则俯而不见其影；烛诚明矣，举掌翳之，则咫尺不辨人眉目。况富贵之汩其智，贫贱之翳其心哉？①

在这段话里，司马光从"好善恶恶"之人所同然性的理论前提出发，指出"物诱""物迫"对于成圣的负面作用。既然有这样的阻碍因素，为什么少数"好学君子"却能达到这种理想境界？这主要是因为"好学君子"能安贫乐道，不为物欲所动。他们一旦认识到"己之道诚善也是也，虽茹之以藜藿如粱肉，临之以鼎镬如茵席；诚恶也非也，虽位之以公相如途泥，赂之以万金如粪壤"，由于能够正确地对待名利，他们还是会"视天下之事，善恶是非，如数一二，此辨黑白；如日之出，无所不照；

---

① 司马光：《传家集》卷六十五，第 808—809 页。

如风之人,无所不通,洞然四达,安有不知者哉?所以然者,物莫之蔽故也"。在对两类人作了如上分析比较之后,我们不难明白,人们能否正确地认识客观世界,实现自我人格的完善,关键在于能否抵制外物的诱惑,能否遵循仁义礼智信等儒家的人格理想。如果能"依仁以为宅,遵义以为路,诚意以行之,正心以处之",也就是说能动静语默、饮食起居皆念念不忘仁义,并以此"扞御外物",即为"能知至道矣"。司马光在《潜虚》中提出了"曲木为轮","性可揉也"①的著名论断。他坚信人性是可以改造的,"中人"是可以成为"圣贤"的。但是,他也从丰富的人生阅历中深刻体会到完善自身理想人格之难,如果人能战胜自己,那他就没有什么艰难险阻不可以战胜了。他说:"胜人易,胜己难。胜己之私以从于道,则人无不胜矣。"②"胜己之私"的关键最终在于什么?司马光认为在于人自身。他说:"去恶而从善,舍非而从是,人或知之而不能徙,以为如制悍马、如斡盘石之难也。静而思之,在我而已,如转户枢,何难之有?"③如果能"修身以帅之",修己而化人,那么"天下国家何为而不治哉"④?从而最终实现儒家追求的格致正诚、修齐治平的人生最高价值。

司马光曾讲道:

> 夫性者,人之所受于天以生者也,善与恶必兼有之。是故虽圣人不能无恶,虽愚人不能无善。其所受多少之间则殊矣。善至多而恶至少,则为圣人;恶至多而善至少,则为愚人;善恶

---

① 司马光:《潜虚》,第23页。
② 司马光:《法言集注》,第301页。
③ 司马光:《传家集》卷七十四,第912页。
④ 司马光:《传家集》卷六十六,第808页。

相半,则为中人。圣人之恶不能胜其善,愚人之善不能胜其恶,不胜则从而亡矣。故曰:惟上智与下愚不移。①

这段话比较集中地反映了司马光的人性论思想。观其要旨,大概有如下数端:首先,所谓"性者,人之所受于天以生者也",这里的"天"当是就质料而言,而非就义理而言。其实,司马光在《扬子法言·问道篇》中已明确指出:"天地之理,人物之性,皆生于自然,不可强变。"②新出生的婴儿起初是没有善恶等社会属性的,却有这方面先天的潜质,否则,婴儿在此后的成长过程中就不会接受社会的影响而带上社会属性。"人非木石,孰能无情",说明人异于木石,是有情的。这个情不是别的,就是社会属性。这种先天的社会属性的潜在素质,开始并不表现为社会属性,只是有接受社会影响、发展为社会属性的可能。人为什么会有这种素质呢? 应该说这是人类在发展的过程中,经过长期的累积而逐步形成的。人生活在社会中,受社会各种因素的影响而有了社会属性,即人的社会属性是后天获得的。由于社会是有善恶的,因而负载于人性的社会属性也是有善有恶的。然而,因为每一个个体所遭遇的环境和其他外在条件会有差异,对于社会属性的承载也会有差异。故而,每一个体都会有所不同。就这个方面而言,司马光的人性论比较客观地体现了人类个体的差异性,因而具有一定的合理性。

---

① 司马光:《传家集》卷六十六,第821页。
② 司马光:《法言集注》,第292页。

二、"性"与"名"

基于儒家所倡导的"天尊地卑"理念,司马光深刻意识到"正名"与"辨名"的重要性,他曾就此讲道:"仰天俯地,正名辨位,以定民志。"①"辨名"的途径则在于对性的体认与把握。

如前所论,"性"的内容包含了人的资质才能、个性刚柔、情欲强弱等无形的内在条件,而司马光强调这些能力都是先天就有所差异的,且这一差异是不能强求改变的。《法言集注》云:"生而知之,独运明智,极深研几,非常人所能逮。"②"贤人能为人所不能,必有以殊于众。"均提到有"生而知之""殊于众"的人存在。《潜虚·变图》中的"徒"这一名,其主旨是在论学生。此名的第三变为"虎豹之能,千人莫当,不可服箱"。其《解图》解释"不可服箱"为"不可训也",意为有些人的天性犹如虎豹,完全无法驯服改变。而第四变中提到"骅骝骐骥,造父授辔,一日千里",《解图》中的"一日千里,天才异也",则意味着这世上有天才存在的事实。除了以上两种极端的例子,第五变还提出"中人不堕,可以寡过",《解图》云:"中人不堕,志务学也。"这指出大部分的人所拥有的性都是"中人",只要愿意学习,其"性"就能往好的方向去发展。因此,司马光虽然强调人的能力先天有等差,有些等差是后天完全无法弥补或赶上的,但他基本上肯定大部分的人只要愿意学习,其"性"均能被牵引往好的方向去发展。但是每个人的方向,都会随其"性"的不同而有所区别。因此第六变中说道:"樛木之曲,惟材之辱,为轮转毂。"《解图》中

---

① 司马光:《潜虚》,第19页。
② 司马光:《法言集注》,第288页。

云:"曲木为轮,性可揉也。"弯曲的木材之所以能做成轮子,是因为其先天的条件使其能够往这一方向发展,若没有该条件,做轮子就会是一个错误的选择。他在《法言集注》中说:

> 金玉二物,苟礧而错之,随其质之美恶,皆有所用。譬之于人,贤者学以成德,愚者学以寡过,岂得谓之无益也?①

同样是"学",由于贤者与愚者先天所领受的"性"不同,其导致的结果高下也不同,但只要愿意努力找到最适合自己"性"的发展方向,其努力达到的结果,不论高下,同样都是值得肯定的。

司马光认为,只有当人经过"受性"的过程,其个体性才真正挺立,才能以"辨名"分辨彼此不同的位置与其在群体中应有的行为或责任。从《潜虚》的架构来看,"名图"代表的是当人由气所生,体性具足,便会在社会脉络中衍生出种种行为、情感、道德、家国责任,最后又回归消散于起初之气的过程。因此,由"名图"的内容来看,人所受之"性",在未进入此群体脉络之前,先天并不具有任何具体的道德价值,只是潜藏发展可能、待发展的素朴材质。若不经过后天的导引和学习,是无法将名图之内容发展完全的;反之,若能顺利"辨名",那么人就能在体性具足的基础上,将先天条件中的潜质完全实现出来。此种对"性"之待发展性和潜质的强调,在《潜虚》中多有论述,如《潜虚·斅·行图》:"斅,教也。木有材,工则断之;民有性,君则教之。生之者,天;教之者,人。"②

司马光对于"性"之先天性、等差性的强调,显示了司马光并不认为

---

① 司马光:《法言集注》,第292页。
② 司马光:《潜虚》,第27页。

"性"中有任何可以先天现成依赖、回溯的共通道德理体,人必须重视各自后天的发展与影响,才能找到将其性充分发展的方向,进而在现实中将自己独特的性充分实现、完成。司马光的这一理路,很明显与"复性"理路不同,而与"成性"理路极为相近。

第三节 "性善恶混"

一、"人倮而繁"

在中国传统的人性论中,人禽之辨或人兽之辨是在诸多相关讨论中首先要面对的问题。基于共性与个性之辩证关系或先天与后天之关系理论在分析该问题时的交错运用,逐渐衍生出有关于此的多种讨论。司马光为政治合法性和君王治理之完善化张本的人性论亦是在这种方法中展开的。

在《潜虚·哀·变图·二》中,司马光指出:"人倮而繁,兽猛而殚。"①在司马光看来,人兽之别即在于人能够掌握群居在一起的秩序与方法。人之所以能够掌握群居之道,是因为人能够学习群体中传递下来的知识,而这种能力是动物所无法得到的。所以,人如果不学习,就与禽兽无异了:

不学无义,惟饮食牝牡之嗜,禽兽之毙。②

---

① 司马光:《潜虚》,第44页。
② 司马光:《潜虚》,第15页。

人而不学，饱食终日，无所用心，徒耗粮食，何以异于野鸟？①

　　此外，《法言集注》释"鸟兽触其情者也，众人则异乎！"为"人为万物之灵"，释"贤人则亦众人矣"为"能循礼义"。② 司马光在这里肯定人有异于乃至高于禽兽的学习能力，人只有通过学习才可以把鸟兽那种触情即发的现象加以克制，只有学习才可以使人不致于"饱食终日"而无所事事，沦于与鸟兽相同之境，也只有学习才可以确保人作为"万物之灵"的地位。③ 司马光主张性有善有恶，重视人性在现实中的差异性，没有树立一个可回溯的完美的现实共同本性，人只能各自发展其天生不同的天性，但又不是随波逐流，而是按照礼仪法则不断规范自己，在规范之内这种有限的自由之中自主发展自我，成就自我。这一点的指向在于引导人们重视学习社会规范，重视对社会自身有序化意义的体会，从而实现人从"鸟兽"之中脱颖而出的目标。另外一层意义则在于，人必须在群体中生存，才能发现自身的不足，互相补足彼此的缺失，在礼仪的整合规范下共同确立真正的价值理路。人的这种群性，便是人与禽兽最大的区别，因为人显然拥有超越禽兽的，能互相沟通、合作、学习，以至于能组成团体的能力，所以才能组成社

---

① 司马光：《法言集注》，第278页。
② 司马光：《法言集注》，第277页。
③ 周敦颐在其《太极图说》中亦讲："'惟人也得其秀而最灵'，这是从宇宙万事万物在化生过程中，人得天地之秀气而生，即指人是万物之精华，能够通达'太极一诚'及宇宙化生过程，明了人生的价值意义。"（杨柱才：《道学宗主：周敦颐哲学思想研究》，人民出版社2004年版，第256—257页。）周敦颐此句固然与司马光在彰显人的意义之思维取向上有相近之处，但周敦颐的主旨在于揭示万物化生，此与司马光有异。

会,传承、累积并不断创造文明。在这一点上,应该说司马光是继承了荀子的观点。

二、辨性善恶

人性善恶问题是中国哲学史上长期讨论的核心问题之一,先秦时期就已有了世硕的性可善可恶论、告子的性无善恶论、孟子的性善论和荀子的性恶论等几种理论形态。到了汉代,扬雄基于世硕的性可善可恶论及董仲舒的性三品论,提出了人性的善恶混说。他指出:"人之性也善恶混,修其善则为善人,修其恶则为恶人。"①如前所论,司马光相当强调人先天的有限性与个别性,所以他在论及人性善恶之问题时,便倾向于人性有善有恶的性善恶混论。司马光对人性善恶之问题的论述,可于其《性辩》一文中来寻其线索:

> 孟子以为人性善,其不善者,外物诱之也;荀子以为人性恶,其善者,圣人教之也,是皆得其一偏而遗其大体也。夫性者,人之所受于天以生者也,善与恶必兼有之。②

《性辩》一开头,司马光从对孟、荀人性论之批评开始论述,在此讨论基础上明确表达了他对"人性善恶论"所讨论之"性"的定义:"人之所受于天以生者也。"在《性辩》中,司马光基于对"性"的基本界定,谈到了性的普遍性与个别性问题:

---

① 司马光:《法言集注》,第284页。
② 司马光:《传家集》卷七十三,第721页。

> 是故虽圣人不能无恶,虽愚人不能无善,其所受多少之间则殊矣。善至多而恶至少,则为圣人;恶至多而善至少,则为愚人,善恶相半,则为中人。圣人之恶不能胜其善,愚人之善不能胜其恶,不胜则从而亡矣。故曰:惟上智与下愚不移。①

这里司马光认为性既是"善恶必兼有之",但每个人所受之性的善与恶在量上是有差别的,没有所谓的纯善之性与纯恶之性的存在。只是圣人之恶少,所以胜不了善;愚人之善少,所以胜不了恶。善与恶的比重在量上的区分成为对主体定位的一个重要因素。所以从性的先天性来看,司马光承认人先天有等差,有上智、中人、下愚的分别,其中上智与下愚的善恶倾向是很难改变的。但司马光在此特别强调性的普遍性,善与恶在人性中都是绝对存在的。也就是说善与恶在人生的任何时期都是相混而存在的,只是因修为程度的差异导致善性多少的不同而已。这一点并非无源之水、无本之木,而有着源远流长的人性论发展的理论基础。

在宋明理学独尊孟学、使性善论成为儒家思想主流之前,由汉至唐,反而少有思想家主张人性全然是善,而多主张"性善恶混",如汉代的董仲舒、王充、扬雄,唐代的韩愈、柳宗元等。这些思想家大多对孟荀的人性论各有褒贬,认为人性有善有恶,不主张人性有普遍的善或普遍的恶。在司马光的思想世界里,他所主张的性善恶混论是直接承自扬雄的,他在《性辩》中从辨明扬雄性善恶混论的角度,对孟荀人性论做了评论与比较:

---

① 司马光:《传家集》卷六十六,第 821 页。

> 孟子以为仁义礼智皆出乎性者也,是岂可谓之不然乎?然不知暴慢贪惑亦出乎性也,是知稻粱之生于田,而不知藜莠之亦生于田也。荀子以为争夺残贼之心,人之所生而有也,不以师法礼义正之,则悖乱而不治,是岂可谓之不然乎?然殊不知慈爱羞愧之心亦生而有也,是知藜莠之生于田,而不知稻粱之亦生于田也。故扬子以为人之性善恶混者,善恶杂处于身中之谓也,故人择而修之何如耳,修其善则为善人,修其恶则为恶人,斯理也,岂不晓然明白哉?如孟子之言所谓长善者也,荀子之言所谓去恶者也,扬子则兼之矣。韩文公解扬子之言,以为始也混,而今也善恶,亦非知扬子也。①

在儒家人性论中,司马光认为孟荀虽各有优点,但都并不全面,而只有扬雄的人性论才是最能兼容、照顾到所有人性的学说。他与扬雄之间的关系,前已有论。从思想上看司马光对扬雄有所继承也有所发展。

> 天子以德教加于百姓、刑于四海为孝,诸侯以保其社稷为孝,卿大夫以保其宗庙为孝,士以保其禄位为孝,四者非得贤人以为师友不能全也。故思事亲不可以不知人,夫仁义礼智信皆本于天性,其引而伸之,则在人矣。君子知五常之本于天,有之则为贤,无之则为不肖。以此观人,人焉瘦哉?故思知人不可以不知天。②

---

① 司马光:《传家集》卷六十六,第 821—822 页。
② 卫湜:《礼记集说》卷一百三十,宋嘉熙四年新定郡斋刻本。

司马光在《法言集注》中诠释"人之性也,善恶混。修其善则为善人,修其恶则为恶人。气也者,所适善恶之马也欤?"时,认为扬雄性善恶混论是"善恶杂处于身中",要人"择而修之","修其善则为善人,修其恶则为恶人"。这样的诠释来自扬雄在《法言》中的论述,司马光注为:

> 梦得曰:"志之所生,则气随之。"言不可不养以适正也,乘而之善,则为忠为义;乘而之恶,则为慢为暴。①

从学术史的角度看来,司马光对扬雄的这种高度推崇是比较特别的。司马光之后,扬雄的人品与学说常为宋明理学家所诟病,故逐渐没落,一直到清代才为人所重新重视。由此看来,司马光哲学与日后以程朱阳明为主流之理学在理路上的分歧,从司马光对扬雄的推崇即已朗现。根据扬雄混沌未明的意思,司马光认为"性善恶混"是指善恶由混沌状态开始,渐渐在时间中发展后才成形的说法,故认为司马光在此理解有误。但这事实上并不表示司马光不赞同这样的理路,只是他对"善恶混"的解释是将善恶的可能性都已直接视为善恶,所以他强调的是善恶混杂之意,没有去强调"善恶还在混沌未成形状态"的那层意义,这样的差距只是由于对字词的定义不同而已,司马光基本上没有违背扬雄的本义。

承前所述,司马光在《性辩》一文中针对韩愈对扬雄的批评进行了反驳,提出了与韩愈不同的看法。韩愈在《原性》中讲道:

> 性之品有上中下三。上焉者,善焉而已矣;中焉者,可导而上下也;下焉者,恶焉而已矣。……孟子之言性曰:"人之性

---

① 司马光:《法言集注》,第285页。

善。"荀子之言性曰:"人之性恶。"扬子之言性曰:"人之性善恶混。"夫始善而进恶,与始恶而进善,与始也混而今也善恶,皆举其中而遗其上下者也,得其一而失其二者也。①

韩愈批评扬雄的重点,其实并不是因为韩愈认为扬雄人性论主张人性善恶均可,而是因为韩愈将人性分为上中下三品,认为人性中有绝对无法移易于善或恶之性存在。但是扬雄却否认有这样的人性,认为所有的人性都是能往善亦能往恶发展的,所以韩愈认为扬雄与孟荀一样,都只看到中品的人性,未能考虑到绝对不能改变的上品与下品人性,故皆不全面。韩愈这种严格区分的性三品论,表现了他对人性在现实中存在悬殊差异之现象的强烈感受,因此无法接受普遍人性论。很明显,司马光在《性辩》一文中并没有准确地理解到韩愈批评扬雄的真正缘由,但性善恶混论如果要响应韩愈这样的批评,其反驳的重点应在于对人性具有普遍性的强调,但这一普遍性是指人性无论上中下品,均同时杂有善性与恶性,并不表示善与恶的成分比例亦是放诸四海皆准、人人均同。司马光在《太玄集注》中讲道:"纯恶无善之人,何可辅也?"②这清楚点明了其与韩愈人性论最大的分歧点。由此看来,性善恶混论对于人性的现实等差这一事实相当的重视,认为每个人生来性善恶混的比例与程度都不同,故而会有圣人、中人、恶人等区别存在。由于圣人性中善极端的多于恶,因此较易往善发展;恶人则相反,恶极端的多于善,因此较易往恶发展。但纵使圣人也有少量的恶,恶人也有少量的善,故而圣人必须经过后天学习的过程才能真正成圣,而愚恶之人在学

---

① 韩愈:《韩昌黎全集》,第122—123页。
② 扬雄撰、司马光集注:《太玄集注》,第78页。

习之后也会有机会克制自己的恶性。

但若跳过这一分歧来重新检视司马光的人性论主张,其实可以发现,性三品论与性善恶混论在理论结构上有许多相似之处。首先,二者均从人性在现实中的悬殊差异现象来考量人性论的结构。性善恶混论的"混"让人正视人性中善与恶的存在比例并非固定的事实,因此,其表面上虽然仍是强调人性有普遍性可言,但相较于孟荀的性善论与性恶论,着眼于人与人间的共通特性来论人只要到了某种程度,事实上也就几乎等于不移了。例如司马光在《太玄集注》中所述:"小人顽愚,心如磐石之坚,不可化而入于正也。孔子曰:'惟下愚不移。'"①之前司马光《疑孟·性犹湍水》中亦述及:

> 瞽叟生舜,舜生商均,岂陶染所能变乎?孟子云:人无有不善,此孟子之言失也。丹朱商均,自幼及长,日所见者,尧舜也。不能移其恶,岂人之性无不善乎?②

在司马光看来,下品愚恶之人的存在是一个不争的事实,而韩愈只是直接指出此种现实的无奈,其与性善恶混论的不同处,在于对恶人或中人是否有机会成为圣人较不乐观,但其理论结构基本同样是建立在对现实人性之差异的高度关注之上。若不看韩愈对于极端人性的看法,对于一般人性,他也基本认为性是可善可恶的。他在《原性》中讲道:

---

① 扬雄撰、司马光集注:《太玄集注》,第154页。
② 司马光:《传家集》卷七十三,第896页。

> 性也者,与生俱生也,性之品有上中下三。上焉者,善焉而已矣;中焉者,可导而上下也;下焉者,恶焉而已矣。①

韩愈对性的定义亦与性善恶混论对性的定义相近,强调的是人先天即有的本性,除了上、下品之外,一般的人性都是能够被导引向善或向恶的。

对于人是否能成为圣人的问题,性善恶混论显然较韩愈性三品论乐观,但这样的乐观与孟子性善论相比,仍是较为悲观的。因为纵使人人均有善性,人人亦均有恶性,所以性善恶混论对先天的原始人性是不放心的,无论圣凡,均须经过后天的进一步引导与学习,才能将其人性中原先蕴含的善性发展出来,并且将恶性克制或消减掉。基于这种对现实人性的认知,性善恶混论的理路在工夫论上必会引导向重学的结论。尽管韩愈强调孔子所说的不移,但并非主张人不需要后天的学习或改造,相反的,正因对人性上的差异程度有所认知,所以在后天的教导上更应该慎重地因材施教,使其上者愈明,下者可制,使其人性分别往好的方向去发展。另外,从韩愈著名的《师说》《进学解》等文章来看,韩愈的思想是相当重视后天教育的,这与性善恶混论强调后天的教化、重学等理路十分相近。

三、善恶相混

司马光提出"所受于天",指出所有人先天的、天生的部分,都是"性"的一部分。司马光曾在《答范景仁书》中提到:"民受天地之中以

---

① 韩愈:《韩昌黎全集》,第 175 页。

生,所谓生者,乃生存之生,非始生之生也。"①依此相仿的句型,应可推知"所受于天以生者",是指人先天就拥有的、能自由发展、需凭此生存的种种能力与材质。所以,此处的"性",不一定等同于第一节《潜虚》"体"与"性"架构中的"性",而是对整个人性的统称,包括"体"与"性"中所论的各种人的先天材质。由于只要是人先天拥有的所有发展可能,司马光都将其列入性的范围,若就发展结果来论善恶,必然会得出"善与恶必兼有之"的结论。

司马光继承扬雄的思想②,在《疑孟》中表达了他对人性问题的基本看法:

> 疑曰:告子云性之无分于善不善,犹水之无分于东西,此告子之言失也。性之无分于善不善,谓中人也。瞽叟生舜,舜生商均,岂陶染所能变乎?孟子云:人无有不善,此孟子之言失也。丹朱商均,自幼及长,日所见者,尧舜也。不能移其恶,岂人之性无不善乎?③

在这里,"陶染者"所能变者其实只是"中人",上品之善与下品之善都是天生而不能移的。故而他既反对告子的性无善恶说,也反对孟子

---

① 司马光:《传家集》卷六十二,第 753 页。
② 向世陵认为,司马光自己似乎根本忘记了还有性三品这一说,所以他从不关注从董仲舒到韩愈的这一长期流行的理论,而是只针对告子、孟子本身进行讨论。(向世陵:《理气性心之间:宋明理学的分系与四系》,湖南大学出版社 2006 年版,第 26 页。)实际上,司马光的人性论并没有绕开人性三品论。若否认了这一点,实际上就否认了扬雄人性论对董仲舒性三品说的理论吸收和回应这一环节。此亦可以司马光在《性辨》一文中针对韩愈对扬雄的批评提出了反驳为证。
③ 司马光:《传家集》卷七十四,第 896 页。

的性善论。按照司马光的理论逻辑,孟子主张性善,认为恶是外界环境影响的结果;荀子主张性恶,认为善是圣人教化的结果,这都是不够全面的,即"得其偏而遗其大体也"。正是在这个意义上,司马光提出了"性善恶混"说:

> 夫性者,人之所受于天以生者也,善与恶必兼有之。是故虽圣人不能无恶,虽愚人不能无善,其所受多少之间则殊矣。善至多而恶至少,则为圣人;恶至多而善至少,则为愚人;善恶相半,则为中人。圣人之恶不能胜其善,愚人之善不能胜其恶,不胜则从而亡矣。故曰:惟上智与下愚不移。①

司马光从对孟子与荀子的人性论之批评开始论述,在此讨论基础上明确表达了他对于人性善恶论中所讨论之性的定义:"人之所受于天以生者也。""所受于天",指所有人先天的、天生的部分,都是性的一部分。有关于此,司马光还提供了一个反推的例证:"必曰圣人无恶,则安用学矣?必曰愚人无善,则安用教矣。"②

正是沿着这样的思路,司马光自然而然地走向了扬雄的性善恶混论。如其所言:

> 故扬子以为人之性善恶混者,善恶杂处于身中之谓也,故人择而修之何如耳,修其善则为善人,修其恶则为恶人,斯理也,岂不晓然明白哉?如孟子之言所谓长善者也,荀子之言所

---

① 司马光:《传家集》卷六十二,第 821 页。
② 司马光:《传家集》卷六十二,第 821 页。

谓去恶者也,扬子则兼之矣。韩文公解扬子之言,以为始也混,而今也善恶,亦非知扬子也。①

在司马光看来,孟子坚持"长善",荀子主张"去恶",扬子则兼取二者,故最为恰当。在司马光看来,韩愈对扬雄的性善恶混论从时间坐标上做了划分,即认为在扬雄眼中,人初生之时是善与恶混为一体,后来则分化为善或恶,这是一种误解。当然,从理论落脚点来看,韩愈提出"上之性就学而愈明,下之性畏威而寡罪,是故上者可教而下者可制也"②。韩愈意在为统治者提供一个既有柔性之教又需刚性之制度的两全之策,而司马光的落脚点则在于为社会教化的可能性作合法性论证。两人还是有区别的。

四、与张载之比较

司马光继承了扬雄的性善恶混论,这是其人性论的一个重要特色,而同时代的张载也提到了有关"性善恶混"的问题。两者之间到底是什么关系,这里有必要作一番考察。

首先,两者在面对人性问题时,都有着非常强烈的现实关怀。人性的发展必然会面临两种不同方向的选择,此即张载所谓:"上达反天理,下达徇人欲者与!"③如果对人性善恶混杂的状况放任自流,则势必使人趋于"下达徇人欲",这当然不是张载所期望的。张载所期望的,是将人

---

① 司马光:《传家集》卷六十二,第821页。
② 韩愈:《原性》,《韩昌黎全集》卷十一,第176页。
③ 张载:《正蒙·诚明》,《张载集》第22页。

性"未成"的自然状态提升到"成性"的道德状态。所谓的"成性",就其一般涵义来看,当指通过一定的道德修为方法对人性加以调整和转变使之得以完成。同时,这也反映了张载对现实人性的清醒认识。他看到,现实的人性往往处于"性未成则善恶混"①的自然状态和价值混沌状态。形成这种状况的原因,在于气质之性对天地之性的"蔽塞"和"缠绕"②,尤其是气质之恶对天地之性的损害,使性之价值本原掩而不彰。张载又把上述人性善恶相混的自然状态称作"性同气异"③,这是张载"理一分殊"观念的人性论表述。在这个意义上,他与司马光的人性论的基点是一致的。

其次,两人在思想理论上对"成性"理论的重视,是张载和司马光在面对人性问题时所展现的比较相近的理论特色。张载曾言:"性未成则善恶混,故亹亹而继善者斯为善矣。恶尽去则善因以成,故舍曰善而曰'成之者性也。'"④人在性成之前存在一个善恶混的亹亹状态,成性的过程就是去恶趋善的过程。在这一点上张载与司马光是相同的,都把"性善恶混"作为人原初状态的现实化描述,这也成为二人在人性论建构上的重要前提。

再次,他们对人天生材质的认识具有一定的相似性。在张载那里,有善有恶的是气质之性。他曾说:"有天生性美,则或能孝友廉节者,不美者纵恶而已,性元不曾识磨砺。"⑤"天生性美",指后天之性善;"不美",指后天之性恶,都属气质之性。由于"天资美不足为功",故气质之

---

① 张载:《横渠易说·系辞上》,《张载集》,第187页。
② 张载:《正蒙·诚明》,《张载集》,第23页。
③ 张载:《张子语录下》,《张载集》,第330页。
④ 张载:《横渠易说·系辞上》,《张载集》,第187页。
⑤ 张载:《张载集》,第264页。

善虽与先验之善相通,但它仍然不能作为道德的超越根据;又由于气质之善在每个人身上的表现殊异,故它也不能作为道德的普遍根据。基于此两点,后天的、殊异的、有限的气质之善,不能作为"道德何以可能"的超越和普遍根据。可见,张载并非以后天的气质之善,而是以先验的本体之善作为成性根据。在司马光这里,将性善恶混,则是就"体"而言。从前论来看,"体"与张载的"气质之性"有着相近的涵义。

最后,两人都把至善作为修身养性的最终目标。张载讲:"性于人无不善。"①这是由于作为"天地之性"根源的太虚为"至善",故天地之性必然指向"无不善"的形上之"理"。"性只是理,非是有这个物事;若性是有底物事,则既有善亦必有恶。惟其无此物,只是理,故无不善。"②虽然司马光认为圣人亦有善有恶,但对至善的追求却是他从来都不曾否认的。离开了至善,修身养性将会出现目标的缺失,任何的修养工夫都将成为无意义的行为。

当然,尽管司马光与张载在人性论上有着如此多的共同点,但仔细分析就会看到,实际上他们在理论深层尚有很多差异。

首先,两人的理论渊源有异。在宋儒围绕人性论展开的争议中,大体有两派观点,一派赞同孟子的"性善"说,另一派则赞同扬雄的"性善恶混"说,从而出现了王安石所讲的"今学者是孟子则非扬子,是扬子则非孟子"③的局面。而如前所述,司马光的人性论本自扬雄。扬雄曾云:"人之性也,善恶混。修其善则为善人,修其恶则为恶人。气也者,所以适善恶之马也与?"④司马光对扬雄推崇备至,他对此注解说:"夫性者,

---

① 张载:《正蒙·诚明》,《张载集》,第22页。
② 张载:《张子语录·后录下》《张载集》,第339页。
③ 王安石:《王文公文集·扬孟》卷二十七,第314页。
④ 司马光:《法言集注》,第284页。

人之所受于天以生者也,善与恶必兼有之,犹阴之与阳也。"①显然,扬雄及司马光都是用阴阳之气来解释善、恶之根源的。朱熹的弟子陈淳在评价孟子性善论的得失时说:"孟子道性善,是专就大本上说来,说得极亲切,只是不曾发出气禀一段,所以启后世纷纷之论。"②孟子以"善"说性,言性未言及气,虽然其言性有偏,但未失大本,故张载论性仍然是以孟子的性善论为出发点的,而对扬雄等人单纯从气层面言性的非本体化倾向则提出了批评,说:"今之人灭天理而穷人欲,今复反归其天理。古之学者便立天理,孔孟而后,其心不传,如荀扬皆不能知。"③张载明确指出单纯以气言性的危害在于忽略了人性的本体根据,从而导致道德沦丧。

其次,两人对"性善恶混"论的理论基础不同。张载对人性的理解是建立在其天地之性与气质之性二分的理论基础上而逐步展开的。"形而后有气质之性,善反之则天地之性存焉。故气质之性,君子有弗性者焉。"④这里的气质之性乃为人生而具有的本然之性,它与人的诸种欲望紧密联系,经过"善反"的道德内省,方可达至天地之性的不落方所之境。如其所言,"性于人无不善,系其善反不善反而已"⑤,天地之性是对人的气质之性的一种超越,是人的本性所在。天地之性与气质之性乃人区别于物的两种属性,它们对人来说,都是须臾不可离的人性,"天地之性原存而未去,气质之性亦初不相悖害"⑥。虽然两者之间有矛盾,

---

① 司马光:《法言集注》,第285页。
② 陈淳:《北溪字义》,中华书局1983年第1版,第7页。
③ 张载:《经学理窟·义理》,《张载集》,第273页。
④ 张载:《正蒙·诚明》,《张载集》,第23页。
⑤ 张载:《正蒙·诚明》,《张载集》,第22页。
⑥ 王夫之:《张子正蒙注》,中华书局1975年版,第79页。

但可通过不断地提高主体的道德修养,在变化气质的过程中得以统一,然这种统一不是简单的和谐相处的统一,在张载这里实际上更强调用天地之性"战退"气质中恶的因素。① 善或者至善在这里被视为一种先验的道德本体,具有很高的境界意涵,并把对这种至善的发用流行看作一个"勉勉而不息"的过程,"何以致不息? 成性则不息"。② 这就初步赋予了人性理解的动态化、过程性的色彩。张载非常重视修为次序,他将修养过程分为学者、大人、圣人三个阶段,这也是成性过程的三个阶段。大讲变化气质的张载,主张以礼化性,知礼成性,这与荀子的以礼化性说不可谓没有相通之处,"古者圣人以人之性恶,以为偏险而不正,悖乱而不治,是以为之起礼仪,制法度,以矫饰人之情性而正之,以扰化人之情性而尊之也,始皆处于治合于道者也"。③ 张载所讲的成性,与荀子的化性有一定的相似之处。不过,张载与荀子所谓性恶的先定前提不同,他将成性之说建立在以天地之性为根本的两性统一基础上,从而形成别具一格的"知礼成性"说。④ 司马光的人性论以"体"与"性"的架构来理解人在宇宙间的存在,由于其对人的社会性条件的重视,以及对人性差异之现实有深刻的体认,他在考虑人性之道德属性时,倾向于性善恶混,认为发展为善或为恶的可能性均存于人性之中,但人若不能在后天的团体脉络中试着主动通过学习发展其善之可能性,则其人性必会倾向于恶来发展。

再次,二人对人物之别的体认不同。如前所论,司马光认为人兽之

---

① 林乐昌:《张载对儒家人性论的重构》,《哲学研究》,2000年第5期,第53页。
② 张载:《横渠易说·系辞上》,《张载集》,第192页。
③ 梁启雄:《荀子·性恶》,《荀子简释》,第168页。
④ 魏涛:《张载"知礼成性"说新探》,《宝鸡文理学院学报(社会科学版)》,2004年第5期。

别即在于人能够掌握群居在一起的秩序与方法,而这又是因为人不同于动物,能够学习群体所传递下来的知识。而在张载看来,人物之别在于"通蔽开塞"。他说:"天下凡谓之性者,如言金性刚,火性热,牛之性,马之性也,莫非固有。凡物莫不有是性,由通蔽开塞,所以有人物之别也。"①所谓"通",即张载所说的"性通极于无"的"通",它通往人性的至善本原。所谓"蔽",指的是气质之性对本原之性的遮蔽或束缚。"开",指改变气质的蔽塞或束缚,意当同于张载所讲的"变化气质"。在张载看来,人之所以为人,即在于他能够经过"开"的努力"通"于天地之性;反之,物之所以为物,乃在于其被气质所遮蔽,"牢不可开",无法实现与天地之性的相通。②

最后,两人所认定的道德根据不同。张载的"成性"说首先需要解决的,是"成性何以可能"的根据问题。问题的焦点在于,张载是否将"气"认定为成性或成德的根据?③ 有学者提出,作为人的道德属性的"天地之性",以及"气质之性",都根源于气,都是由气决定的。④ 这种认为张载两重人性"同体同源"、均源于气的观点,正是为张载本人所一再批评的。而且,两重人性各自与作为价值范畴的善或恶的关系亦有所不同。在张载这里,气并不能担当起价值根据的重任,⑤而承载起它的,只能是他反复强调的"太虚"。在司马光那里,因没有神圣理体作为道德根源之保障,故他将道德价值的产生归因于心。心虽然没有先天现成的超越的道德理体可直接发用为道德,但如前所述,司马光认为其拥

---

① 张载:《性理拾遗》,《张载集》,第 374 页。
② 林乐昌:《张载成性论及其哲理基础研究》,《中国哲学史》,2005 年第 1 期。
③ 林乐昌:《张载成性论及其哲理基础研究》,《中国哲学史》,2005 年第 1 期。
④ 龚杰:《张载评传》,南京大学出版社 1996 年版,第 96、102 页。
⑤ 林乐昌:《张载成性论及其哲理基础研究》,《中国哲学史》,2005 年第 1 期。

有对外物进行感应、判断、权衡的能力,使其能学习、认识外物,在各种现实的关系中权衡出适当的价值,积累经验,最后在与他人的沟通权衡中共同确立出道德。

总体来看,司马光以为任何人所具有的人性,除了量的多少有差别外,其余则是基本一致的。换言之,任何人所具有的人性,只是在量之多少上有所不同,而在质的种类方面大致一样:只可能有一种人性,三种人性是不可能存在的。据此推断,亦绝不可能只有善性而无恶性的圣人之性,同时也不存在只有恶性而无善性的斗屑之性。任何人的人性,就其质之有无而言,都是完全一样的,即同时有善有恶。只不过圣人善的人性极多而恶的人性极少,斗屑之徒的恶的人性极多而善的人性极少罢了。由此可见,"人性三分之错误,显然在于夸大三种人所具有之人性在量的多少方面的差异,抹杀三种人所具有的人性在质的有无上之共同性,从而得出错误的结论"。① 自世硕、扬雄、司马光以来的儒家性可善可恶论,一方面认为人性既固有同情心而能利他,另一方面又固有自爱心而必利己,这就从理论上避免了纯粹性善论和性恶论的片面性。但对于道德评价的标准而言,这种性可善可恶论与性善论、性恶论基本上犯了同样的错误,即片面地把"无私利他""仁"奉为评价人性善恶的终极标准。

---

① 王海明:《人性论》,商务印书馆2005年版,第376页。

第四节 "情道一体"

一、情需合道

从先秦诸子学、两汉经学、魏晋玄学,到隋唐佛道教、宋元明清的理学,思想家们对"道"上下求索,逐渐建立起了一套完整的道统学说,使"道"论成为中国传统文化的正统学说。人是"道"的践行者,是有感情的动物,所谓的"道"是人情感的理性,"情感是全部儒学理论的基本构成部分,甚至是儒学理论的出发点"。① "道"和"情"有着密不可分的关系,"情"既是佛教净灭的对象,是道教实现羽化飞升突破的关键,也是儒家哲学的重要组成部分。钱穆先生说:"宋儒说心统性情,毋宁说,在全部的人生中,中国儒学思想,则更着重此心之情感部分。我们只能说由理知来完成性情,却不能说由性情来完成理知。"②但由于"情"在儒家思想中处于非显性的地位,所以儒家关于情感学说的研究长期处于薄弱地位。这种格局长期影响着思想文化界对儒家思想的定位,也形成了人们对儒家以三纲五常为主导的道德理性的惯常认同。从总体来看,儒释道三家在中国文化中,实际上都在谈道,三教合一实际上是合于道。在情与道的关系问题上,三者把实现"情道一体"作为修身养性的共同目标。

宋明儒学的价值诉求以追求内在超越为目标,其理论劝导是修身

---

① 蒙培元:《情感与理性》,中国社会科学出版社2002年版,第2页。
② 钱穆:《孔子与论语》,台北联经出版公司1979年版,第198页。

养性,明明白白做人。自北宋士大夫政治形成以来,"得君行道"的观念不断实现着向"觉民行道"的转化,传统的学统、道统与政统之间的关系也变得越来越复杂。冯友兰先生说:"宋儒认为人的情感是自然的反映,不可能免除,所以人应该做的,不是无情,不是免除一切情感,而是使七情不要着累于物而伤苦。"① 朱子曰:"喜怒哀乐,情也。其未发,则性也,无所偏倚,故谓之中。发皆中节,情之正也;无所乖戾,故谓之和。大本者,天命之性,天下之理皆由此处,道之体也。达道者,循性之谓,天下古今之所共由,道之用也。"② 中庸之道是理学家对情感诉求的一种约束,其思维方式就是在任何条件下都要做出恰当的、正确的选择,即恰到好处的作为和恰到好处的不作为。要做到中庸,"首先要把自己纳入到一个天人合一的大宇宙中思考问题"。③ 张载将乾坤称为父母,把万物称为同胞,提出"民胞物与"的价值世界,他从天道论到人道,从治天下讲到孝道,"尊高年,所以长其长;慈孤幼,所以幼其幼。……知化而善述事,穷神而善继志。不愧屋漏为无忝,存心养性为匪懈"。④ 人要存心养性、穷神善志,做到天人合一,使得人出于情感的理性或理性的情感做出的行为选择符合天道、人道。宋明新儒学主张"以理统情",要求人的情感在理性思考之下,做出符合"道"的恰当选择,使人顺应天理、遵从人道,让人的价值世界处于天人合一的状态。而对这里的"情"和"道"关系做出非常精到、明晰阐释的,则是司马光的"情道一体"论。

---

① 陈来:《现代儒家哲学研究》,北京大学出版社2018年版,第425页。
② 朱熹:《四书章句集注》,中华书局1983年版,第18页。
③ 汤一介主编:《儒学与中国传统文化》,中国大百科全书出版社2014年版,第63页。
④ 黄宗羲原著、全祖望补修:《宋元学案》,第665页。

二、"情道一体"

在司马光看来,同"性者人之所受于天以生者"一样,人的情亦是与生俱来的,即所谓"情,天性也;性,天命也"①,所以古今人的"性情如故"。在善恶之性和人之七情的由来上,性情是同一的,也可以说,从性作为"受于天而生者"这一自然天生之义而言,二者都属人"性"范畴。由此可知,在司马光那里,广义的性不仅指一般的善恶之性,亦指人的喜怒之情。当然,就狭义的一般应用而言,司马光还是将性和情作了一定的区别。需要注意的是,司马光常常将"情"具体化为人的一般本性,即谓"常情"。如说"民之情见利则趋之,见害则避之"②,"人之常情谁不爱富贵而畏刑祸"③,"人好生恶死,苦贫乐富,重贵轻贱,乃其常情"④,等等。尽管司马光提出了抵制"欲心""利心"的要求,但他从未否认人的正当情欲。他主张将人的情欲纳入社会道德规范的堤防之中,在《潜虚·湛》中说道:"以欲忘道,惑而不乐。以道制欲,乐而不乱。去欲从道,其乐也诚。"⑤这里提出了人们面对情欲的三个层次,亦可视为三重境界,即"惑而不乐""乐而不乱""乐而诚"。在司马光看来,人生的最高境界即为"乐而诚",而要实现它,需要不断地克制自己的欲望,只有这样,才可以做到"形容心愉,内自适也"。"情有七,而虚其五,何也? 人

---

① 扬雄撰、司马光集注:《太玄集注》,第181页。
② 司马光:《传家集》卷三十九,第505页。
③ 司马光:《传家集》卷四十六,第589页。
④ 扬雄撰、司马光集注:《太玄集注》,第176页。
⑤ 司马光:《潜虚》,第14页。

喜,斯爱之,怒,斯恶之,故喜怒所以兼爱恶也。"①《中庸》中讲"七情",而在司马光看来,喜怒和爱恶其实是相通的,无须重复提及。在传统哲学家的理论体系中,道与欲往往处在一个对立的位置,而在司马光看来并非如此,他在《迂书·羡厌》篇中专门指出:"人情苦厌其所有,羡其所不可得,未得则羡,已得则厌,厌而求新、则为恶无不至矣。"在这里,司马光将人"厌旧求新"之"人情"视作一切罪恶的根源。从反对求新的贪欲出发,司马光对人的"利欲之心""物欲"亦给以否定:"人之情莫不好善而恶恶,慕是而羞非、然善且是者盖寡,恶且非者实多,何者?皆物诱之也,物迫之也,……不能胜其欲心故也"。② 由此可以看出,司马光是在肯定人的正当情欲的必要性和合理性的前提下,去否定人们"纵情欲""行贪欲"的。

基于此,他在《情辩》中,提出了著名的"情道一体"说:

> 应几有子,生十年而丧之,应几悲哀甚,继而自谕曰:"是何益哉?"昔者吾尝闻于有道者矣,曰:"死而悲哀者,情也,死生有时,短长有命,知其物理之常,不足悲者道也。故其始也,悲不自制,情胜道也,及其久也,悲日益衰,而理可以夺,道胜情也,予常以为知言。"光辨之曰:"是非有道者之言也,夫情与道一体也,何尝相离哉?始死而悲者,道当然也,久而寖衰者,亦道当然也。故始死而不悲,是豺狼也,悲而伤生,是忘亲也。豺狼不可,忘亲亦不可。是以圣人制服日远日轻,有时而除之,若此者非他,皆顺人情而为之也。夫情者,

---

① 司马光:《潜虚》,第15页。
② 司马光:《传家集》卷六十五,第808页。

水也,道者,防也;情者,马也,道者,御也。水不妨则泛溢荡滴无所不败也,马不御则腾突奔放无所不之也。防之、御之,然后洋洋焉注夫海,骎骎焉就夫道。由是观之,情与道何尝交胜哉?"①

从上述文字我们可以看出:

其一,司马光不同意简单地将"情"断为有害为恶。司马光认为:"密不可间,情也;成不可更性也;……情则毅而不害,善亲亲也;性则割而不绝,能生生也。"②他认为情从本来意义上是表示亲人间密不可分的亲近关系的,指的是"亲情",具有增进人们之间友情的"善亲亲"的积极作用。因此,人情与圣道并不是相逆相反的,而在一定意义上是相辅相成、紧密统一的。正是在这个意义上,司马光提出:"夫情与道一体也,何尝相离哉!始死而悲者,道当然也;久而寝衰者亦道当然也。故始死而不悲是豺狼也,悲而伤生是忘亲也。豺狼不可,忘亲也不可。"③又云:"人之有喜怒哀乐,也不能无,也不可无也。"④无人之情,圣道也就无从体现,得体之情正是表现圣道必不可缺的正常手段和形式。在司马光的情论中,虽有肯定人的情感的合理性一面,但在更多的场合,他却是持一种对情感消极防御的态度,特别是对人的情欲表现出一定的否定性倾向。

其二,以道统情。司马光说:"情者,水也;道者,防也;惰者,马也;道者,御也。水不可防则泛滥荡滴、无所不败也;马不御则腾走奔放、无

---

① 司马光:《传家集》卷六十六,第822页。
② 扬雄撰、司马光集注:《太玄集注》,第181页。
③ 司马光:《传家集》卷六十六,第822页。
④ 司马光:《传家集》卷七十四,第822页。

所不知也。防之御之,然后洋洋乎注夫海,浸张焉就夫道。由此观之,情与道何尝交胜哉!"①司马光在这里主张道与情当是统一的,不能以道灭情或以情害道,这种"交胜"关系当被"相生"关系所取代,此点颇有意义。情的发挥必须得当,亦即它如何发挥,体现到什么程度,都须受"道"的制约,要符合"道"的要求。

其三,道不可离情。尽管道与情的统一是建立在以道统情的理论基础上的,但他明确肯定了两者的一体性,特别指出"道"不能离开"情",从而大胆肯定了人适当情感的合理性与必要性,这不仅比佛教和韩愈、李翱的"灭情"说要进步,也比只论"制情"的二程、朱熹和张载的"心统性情"论②更具积极意义。需要说明的是,"心统性情"说由张载首先提出,后来受到朱熹的充分肯定,并从"主"和"兼"两个层次对其进行了新的诠释和发挥,使得该学说成为朱熹心性论的核心。

其四,以"中"统意和欲。在司马光看来,人们做一件事,本于一定的动机和意图,而人们的动机意图又是由一定的欲望作为内驱力。即所谓"事之生,未有不本乎意者也,意必自欲",③深刻指出了意与欲的统一关系。司马光认为,"人从常情也"。但此"人之常情",其结果却是不得认可的,因为"爱实生贪、恶实生暴,贪暴,恶之大者也"。④"爱"和"恶"本身虽不直接构成罪恶,但若不符合中的法则,结果必然是沦入"贪暴"之大恶者行列。

---

① 司马光:《传家集》卷六十六,第822页。
② 林乐昌:《张载"心统性情"说的基本意涵和历史定位》,《哲学研究》,2003年第12期;陈来:《朱熹的"心统性情"说》,《浙江学刊》,1986年第4期。
③ 司马光:《传家集》卷七十四,第897页。
④ 司马光:《传家集》卷七十四,第896页。

三、情道和合

综上我们应该看到，在司马光的思想世界中，道与情当是统一的，不能以道灭情或以情害道，这种"交胜"关系当被"相生"关系所取代。道与情完全是一种辩证统一关系。尽管"情道一体"的明确提法出自司马光，但实际上它是贯穿于宋元明清儒学乃至整个中国文化发展过程的一种思想。无论是王夫之的"理欲合性""以理导欲"，还是戴震的"理存乎欲"的理欲统一观，虽然表面上似乎在批评理学主流的"存天理，灭人欲"的观念，但实际上只是转换了视角，将理欲对立由他者协调转换到理欲统一通过理自身协调的模式。就其本质而言，都是在强调"情"和"道"应该一体化，充分展现了中华文化的道德理性精神。

"情道一体"作为中国文化深层的伦理展现，自先秦到清末乃至于今，贯穿始终，形成我们把握理解中国思想文化须臾不可抛开的重要线索。在"情"与"道"两者中执于一端，最终只能走向欲望膨胀而致的纲常废弛，或道德孤悬的泛道德主义，有序的社会格局均将会遭到破坏。故此，坚持"情道一体"恰恰实现了在"天理"和"人欲"之间的有效协调，作为传统社会文化层面的两翼，在"惟乎一心"的践履中，实现对历时长久的中国超稳定传统社会的维系。持久的农耕文明里，这种"情本体"文化已深深融入了我们的血液里，表现在生活的方方面面。虽然近现代以来的工业文明、都市文明正在摧毁中国人几千年来的"情本体"①特质,着力推进以理相待、以规则为依的社会建设,但整个过程显然任重而道远。"情道一体"既是我们迈向文明时期的原点,也是一个"极高明而道中庸"的亘古目标和道德归宿。尽管"情道一体"作为一种人文精神贯穿中华文化始终,但司马光的明晰点透和旗帜鲜明的标举,展现了其在性情论上的深刻洞见。

总之,司马光以"体"与"性"的架构来理解人在宇宙间的存在。他在考虑人性之道德属性时倾向于性善恶混,并认为发展为善或恶的可能性均存于人性之中,与扬雄的性善恶混论实为同一理路。但他对扬雄的理论亦有两点新的发展:

其一,与一般儒者所认定的圣人为至善的化身、纯善无恶不同,司马光提出圣人之性也有恶,与此相对,他认为愚人之性也有善,并非恶极无善。圣与愚的区别在于善多还是恶多。此种从量上去定性的思路在中国人性论史上具有重要的意义。

其二,在他看来,人性问题的关键不是既成的善恶定性,而是面向至善的道德教化和心性修养,即通过对人性的改良,使个体向无过亦无不及的中和之道靠拢。这一点可以说是对荀子"学以成性"理论的进一步发展,对于后世的"成性"说产生了重要的影响。

纵观整个中国人性论史不难看到,其实性善恶混论与性三品论在一定意义上可以归为同一种类型。与孟子之性善论相比,这种形态的

---

① 李泽厚先生晚年提出了影响颇大的中国文化"情本体"说。一个"情"字道出了中国人生命、生活世界的最深沉、最持久的关切,是个值得高度重视的命题。这个"情本体"的情字,当指人理智结构中知、情、意三分法中的情,与认知、意志同一层级鼎足而立。李先生的意思,大概是说西方的文化重视"知"和以"知"为基础的理性,中国人则更重视"情",以"情"之真伪、远近、深浅为思想言行的归依。

人性论对于现实人性的态度的差异非常明显,即对于先天之人性的可靠性抱有怀疑,故而认为需要后天的学习方可使其往正面之道德价值发展,因此其工夫是"成性"的进路。孟子性善论则是着眼于人所共有的善性,此善性在每个人身上都是先天完满自足的,只是因为每个人所受后天影响不同,因此远离了原来完美的本性,所以修养工夫的重点是"复性"。这样的理路显示了对先天人性的强大信心,也必然导致工夫的重点不是他人的辅助,而是自身对己之本性的反思与回溯。由此也可以说,偏重于前者的司马光与重视"复性"为主导的理学家们的路径明显不同。自张载在道学视野下首先提出"气质之性"与"天地之性"二分开始,二程、朱熹都非常重视此种划分,并在分析人性论时继承了这种划分,使得这种思路成为道学论人性的主流思路。在该思路下,人与人之间的差异乃根于气秉之不同,气之"通蔽开塞"成为解释现实人性的重要根据。基于这样的人性论,司马光在修养工夫论上形成了身心并重、内外兼修的独特路径。

第五章 以中为念，修身齐家

确立了中和在天道论和人性论中的重要地位后，司马光又将其引入了对工夫论的考察，这也成为司马光思想能够浑然贯通的重要环节。在北宋士大夫围绕"内圣"与"外王"问题展开激烈争辩之际，司马光通过"中和"论视域下的工夫理论的重建，将"内圣"与"外王"紧密地衔接起来，为其"一以治万""寡以治众"之可能性与合法性的论证提供了重要的理论铺垫。"体""性"架构下的人性论理路，对司马光的工夫论产生了重要影响。正是基于"体"本身的局限性，人需要不断学习以提升自我。① 如其在《四言铭系述》中所云："故君子好学不厌，自强不息，发于心，形于身，裕于家，施于国，格于上下，被于四表，虽尧舜周孔，莫不

---

① 张晶晶认为："司马光哲学以一潜藏价值脉络的气为本体，由于其价值非先天现成，需要在后天的发展脉络中，透过种种条件的配合，才能被实现出来，因此这一本体在道德创造过程中的作用，与可直接作为现成道德根源之价值实体相比，可说是一种'弱性本体'。但这种'弱性本体'并非是较弱的本体，只是一种与上述本体不同的哲学型态，其一样可开出有正当性的心性论、工夫论理路。这种先天'非完美'的本体，在人性论上表现为性善恶混型态，强调人性在现实中的个别性与差异性，不完美的个人不能单独生存，必须组成团体才能互相补足，所以特别重视团体脉络。而能使人将气中之潜藏脉络实化的关键，即是一具备有感应、判断、权衡外在事物等能力的心。心虽非先天即有现成之价值存在，但人只要主动去正确运用心的能力，就能在种种现实脉络中慢慢将潜藏之价值脉络实现出来，创造出道德价值。"（张晶晶：《司马光哲学研究——以荀学和自然气本论为进路》，第111页。）

本于是矣。呜呼,舍是而云道者,皆不足学也。"① 这段话在一定意义上代表了司马光工夫论的基本格调:君子需重视后天的学习,而其学习之工夫发端于心,展现于身,推广至家国,最终目标则是平天下。这一方面彰显了"心"作为工夫起点与基础的重要地位,也同时显示了其工夫论中鲜明的外王特点。顺承心性论的独特理路,司马光的工夫论表现出两个重要特色:一是以"心"为工夫的起点与基础;另一则是重养体,两者皆统一于"中和"。

第一节 守中和之心

一、理欲"交战于中"

众所周知,天理与人欲之辨是宋明理学的核心争辩之一,如何解决人的欲望与道德理性之关系,成为宋明理学家考虑的重要问题。在司马光这里,心之能力能否被正确发挥,是其整个工夫论的核心所在。从性善恶混论的主张出发,可以注意到,人性中既有趋善之可能,亦有趋恶之可能,而心则具备使人择善去恶的能力。然而在日常的工夫实践中,心要充分发挥这一能力,并非易事。由于人性中虽有能使人趋善之心,亦有能使人趋恶之情与欲,只有经过了艰难的抉择和努力锻炼,方可达到使心能够明辨的目标。而就原始冲动与本能来说,人若未经后天的矫正,则往恶发展之力量是胜过善的。因为个人若不需考虑到群体,则人性对外物的欲求当然是越多越好,而欲望过多,自然就会影响

---

① 司马光:《传家集》卷六十七,第836页。

到群体,造成争乱的结果,恶就此形成。司马光对于欲望的体会与反对,表现了他对人性中恶之力量的深刻感受。他在《迂书·绝四》中指出:

> 吉凶悔吝未有不生乎事者也,事之生,未有不本乎意者也,意必自欲。欲既立于此矣,于是乎有从有违。从则有喜、有乐、有爱,违则有怒、有哀、有恶,此人之常情也。爱实生贪,恶实生暴,贪暴,恶之大者也,是以圣人除其萌,塞其源,恶奚自而至哉?①

从这段话可以看出,在司马光看来,万事都来自人心中的意念,而人的意念必定是本于己欲。故而当人要违背欲望时,就会在情感上感觉到痛苦;但若顺从了它,就会觉得快乐,司马光承认此乃人之常情。可是顺从欲望则会一步步趋向恶。如《太玄集注》所云:"徇外欲而亡其内德者也。"②欲望正是人内在的最大道德阻力。欲望之所以会对人实践道德有如此大之破坏力,乃是缘于其使人为外物所牵引,失去了独立判断与行动的能力。用司马光的话来讲,即欲望使人"役于物"③或"为物所蔽"。如其所言:

> 不轨之民,非不知穿窬探囊之可羞也,而冒行之,驱于饥寒故也。失节之臣,亦非不知反君事仇之可愧也,而忍处之,

---

① 司马光:《传家集》卷七十四,第912页。
② 扬雄撰、司马光集注:《太玄集注》,第43页。
③ 司马光《训俭示康》云:"夫俭则寡欲,君子寡欲则不役于物,可以直道而行。"(《传家集》卷六十七,第840页。)

逼于刑祸故也。况于学者,岂不知仁义之美、廉耻之尚哉？斗升之秩、锱铢之利诱于前,则趋之如流水,岂能安展禽之黜、乐颜子之贫乎？动色之怒、毫末之害迫于后,则畏之如烈火,岂能守伯夷之饿,徇比干之死乎？如此则何暇仁义之思、廉耻之顾哉？不惟不思与不顾也,抑亦莫之知也。譬如逐兽者不见泰山,弹雀者不觉露之沾衣也。所以然者,物蔽之也。①

司马光在《致知在格物论》中云：

> 人之情莫不好善而恶恶,慕是而羞非。然善且是者盖寡,恶且非者实多。何哉？皆物诱之也,物迫之也。桀纣亦知禹汤之为圣也,而所为与之反者,不能胜其欲心故也。盗跖亦知颜闵之为贤也,而所为与之反者,不能胜其利心故也。②

纵使司马光肯定人应有爱慕和倾向道德价值的情感,但现实中之所以难能看到这种情感,主要因为人往往为外物所诱迫,故而无法体察道德之事。因人受外物控制,即便知道也无法实行,从而无法胜其"利心"与"欲心"。

心本应是倾向于分辨、判断出正面价值的器官,在此却已完全被利欲所主宰,失去了其原有的功能。司马光曾屡屡言及这种为物所诱蔽,导致原有的认识决断能力丧失之心：

---

① 司马光：《传家集》卷六十五,第 808—809 页。
② 司马光：《传家集》卷六十五,第 809 页。

> 思中而当夜,诱于外物,迷而失其所守者也。①
>
> 心识蒙暗,不能决断。②
>
> 心苟倾焉,则物以其类应之。是故喜则不见其所可怒,怒则不见其所可喜,爱则不见其所可恶,恶则不见其所可爱,顾右则失左,瞻前则忘后,视必有所蔽,听必有所偏,故曰未光大也。③

司马光认为,对于上述这种为物所蔽而失去决断力的心,要重新恢复其能力,避免继续为物所诱,就必须避免"倾"的状态,因此司马光的工夫论首重"正心"。正心的目的就在于让心的能力重新恢复,或是保持其原有的能力不被物所蒙蔽。所以要使心能正,就要先摒去外物之欲,"洗濯其心""洁其心"。《太玄集注》云:"心,精之源,万事之本也。君子澄其源,正其本,则事无不治矣。"④这里清楚指明心是人精神之源头,万事之根本。君子修德之工夫的起点即在于心,此工夫即为正心。正心重在澄其源,澄源意即屏去外欲。人若放下对利欲的爱好,使心回到未受外物影响的"虚静"状态,就能让心恢复其独立判断的能力。《太玄集注》:

> 君子有疑,则当屏去利欲,平除爱憎,清静其心,自反于身,义则行之,不义则舍之,以此决疑,夫何远之有?⑤

---

① 扬雄撰、司马光集注:《太玄集注》,第119页。
② 扬雄撰、司马光集注:《太玄集注》,第61页。
③ 司马光:《温公易说》,第604页。
④ 扬雄撰、司马光集注:《太玄集注》,第57页。
⑤ 扬雄撰、司马光集注:《太玄集注》,第131页。

除此之外,正心更重要的是让心锻炼出抵御外物的能力。

> 心能坚刚,以阻抑非常者也。①
>
> 惟好学君子为不然,已之道诚善也是也,虽茹之以藜藿如粱肉,临之以鼎镬如茵席;诚恶也非也,虽位之以公相如涂泥,赂之以万金如粪壤。如此则视天下之事,善恶是非,如数一二,此辨黑白,如日之出,无所不照;如风之入,无所不通,洞然四达,安有不知者哉? 所以然者,物莫之蔽故也。《大学》曰:"致知在格物",格犹扞也御也,能扞御外物,然后能知至道矣。②

由上可见,心能辨认、认识、判断、创造价值,使人择善去恶,但这并非易事。人须下定决心去克制,甚而违背自己天然的欲望情感,以便让自己脱离物欲的控制,才能使心发挥其应有的能力,从而让自己能学习或实践与道德有关的事。心如何能正,如何能战胜欲望,既是工夫的起点,亦是工夫最难之处。

由于司马光亦承认人性有恶,故他能体会人克服欲望实际上是一种反人性的艰难过程。他在解释《太玄·中·二》中"神战于玄,其陈阴阳。测曰:神战于玄,善恶并也"时,具体诠释了一场"心战":

> 神者,心之用也。人以心腹为玄。阴主恶,阳主善。二在思虑之中而当夜,其心不能纯正,见利则欲为恶,顾义则欲为善,狐疑犹豫,未知适从,故曰"神战于玄,其陈阴阳"也。子夏

---

① 扬雄撰、司马光集注:《太玄集注》,第170页。
② 司马光:《传家集》卷六十五,第809页。

出见纷华盛丽而悦,入闻夫子之道而乐,二者交战于中。子夏战胜,故为大贤,不则为小人矣。①

通观《太玄》可见,其中每首的第二则通常都是在描述心念已成但尚未付诸行动之情形,司马光在扬雄原文的基础上,更深入阐释了这种内心的挣扎。当心还不够纯正时,其对善恶之事物都会同时有所感应,而当要进行选择时,这两种意念的冲突挣扎就如同一场战争那样惨烈残忍。而所谓的君子,就是在这样的争战中得胜之人。司马光将道德与欲望间的抉择比喻为战争,也说明他认识到人性中善之力量并未能轻易胜过恶之力量,因此常会有"立志为善由得我,行出来由不得我"②之叹:

惑于外物,以挠内明,虽心知其非,而不能自克,所以终败也。③
胜人易,胜己难。胜己之私,以从于道,则人无不胜矣。④
小人处心不坚,善恶交战,二三其德,有始无卒……⑤

因此对有心修养的君子来说,必须做好心理准备,此一修身的过程是需要忍受一定痛苦的,仿佛是自己狠心地将身体上有病的部分割除那样:

---

① 扬雄撰、司马光集注:《太玄集注》,第5页。
② 扬雄撰、司马光集注:《太玄集注》,第36页。
③ 司马光:《法言集注》,第301页。
④ 扬雄撰、司马光集注:《太玄集注》,第154页。
⑤ 扬雄撰、司马光集注:《太玄集注》,第36页。

> 君子达于事变,知祸之至,割爱去恶,如砭割之去病,虽有亡,后得其利,不为废疾也。君子自攻其恶,不使滋大者也。①

虽然心不一定有绝对的把握使善获胜,但这却是工夫存在的必要所在,因为只要坚持实践工夫,获胜的可能性就会加强,《法言集注》释"知圣而不能用也,用之则宜从之,从之则弃其所习,逆其所顺,强其所劣,捐其所能,冲冲如也"为"顺,谓情志所欲""劣,谓彼所难能""能谓心所素有""心相逆斗之貌"。② 人要实践工夫,就必须放弃原有的情欲和喜好,强迫自己学习有一定难度的事情,放弃原来不好的习惯或知识,重新选定圣人之道,为了能完全符合此道而努力与自己争斗。这种对工夫之艰困挣扎的形容,实际上来自对人性之恶的深刻认识。《易说》:"知之非艰,行之惟艰"③,司马光认为知并不等于行,行当难于知。如《法言集注》所云:

> 本根不动而枝叶进长,学者正心修身而家齐国治,然十仞之木,非朝夕而成,圣人之道非造次而立,亦犹水之满而后进也。④

司马光这里用了形象的比喻,说明修身要达到终极的目标并不容易,是一个漫长坚持的过程,不是短时间内可以完成的,故而司马光非常重视立志的工夫:

---

① 扬雄撰、司马光集注:《太玄集注》,第149页。
② 司马光:《法言集注》,第315页。
③ 司马光:《温公易说》,第250页。
④ 司马光:《法言集注》,第277页。

> 人之进德修业,必自强于心,然后显著于外。志先减矣,德业从何而益乎?是其中先自困也。①

修身首先要能"自强于心",此即正心。志若减则自困,指正心工夫必须要有强大的志向支持,方可成功,否则只是徒劳无功而已。

二、"藏心于虚"

承前所述,心如何能战胜欲望,发挥并维持其原有之功能,此乃工夫之起点,司马光统称此一工夫为"正心"。他在《致知在格物论》中说:"《大学》曰:'致知在格物',格犹扞也御也,能扞御外物,然后能知至道矣。"②这里指出心要能真正认识道,就必须先摒除对外物的欲望。但心要维持此种摒除外物的能力,就必须要能"止于可止之所"。如《太玄集注》中说:

> 夫智之不明,诱于外物者也。故止于可止之所,则内明而无咎也。易曰:"艮其止,止其所也。"大学曰:"知止而后有定,定而后能静,静而后能安,安而后能虑,虑而后能得。物有本末,事有终始,知所先后,则近道矣。"③

当心不再囿于外物时,就能发挥其原有的功能。人运用心智去辨别事物,使人知"可止之所",此即《大学》所讲的"致知""知止"。当心能

---

① 扬雄撰、司马光集注:《太玄集注》,第115页。
② 司马光:《传家集》卷六十五,第809页。
③ 扬雄撰、司马光集注:《太玄集注》,第151页。

止于"可止之所",就能继续维持其原有的能力。对于心之止,司马光在《答韩秉国书》中云:

> 然所谓虚者,非空洞无物之谓也。不以好恶利害蔽其明是也。夫心,动物也,……惟贤者治之,能止于一,择其所止,莫如中庸。故虞书曰:"惟精惟一,允执厥中"也。凡人故有无喜怒哀乐之时,当此之际,其心必有所在。小人则追求嗜好,靡所不之,惟君子能自处于中庸之地,不动以待事也。大学曰:"知止而后有定,定而后能静,静而后能安,安而后能虑,虑而后能得。"又曰:"为人君止于仁,为人臣止于敬,为人子止于孝,为人父止于慈,与国人交止于信。"言所止各有在也。荀子曰:"德操然后能定,能定然后能应,能定能应,夫是之谓成人。"亦言所在于德也。又曰:"人何以知道?曰:心。心何以知?曰:虚壹而静。心未尝不藏也,然而有所谓虚。不以所藏害所将受,谓之虚。心未尝不两也,然而有所谓静。不以梦剧乱知,谓之静。"然则虚者,固不为空洞无物;静者,故不谓兀然而木石也。凡曰虚、曰静、曰定云者,如大学与荀卿之言则得中而近道矣。①

通过这段文字可以看出:首先,心所止之地为中庸,止于中庸就是止于一、止于中,亦即"所止各有在""所在于德"。其次,心止于中庸的状态即所谓"喜怒哀乐之未发",不动、不与外物接触时的状态。再次,《大学》"定静安虑得"与《荀子》"德操然后能定""虚壹而静"之工夫过程

---

① 司马光:《传家集》卷六十二,第766—767页。

当是互相对应的。

依上可以进一步看出,司马光之心性工夫似可分为两个阶段来理解:一是心未应物前,即前述心不动、无喜怒哀乐之时;另一阶段则是指心在应物时的工夫。第一阶段重在"止于中庸",前述引文中的"止于可止"、止于一、"允执厥中"、"所在于德"等均在形容心在未应外物之前,必须进行将道德价值执定于心的工夫。此工夫首先需要先摒除物欲,这就是"格物"工夫,其目的是要使心恢复功能,能明智以"致知"。摒除物欲这一工夫,正与司马光释《荀子》"虚壹而静"中的"虚"为"不以好恶利害蔽其明"相契合。司马光屡次强调此"虚"不同于佛老的空洞无物,而是指荀子工夫的"虚",可见其鲜明的儒学本位立场。司马光将正心的过程以心的应物前后分为两阶段,此乃受到《中庸》"喜怒哀乐之未发,谓之中;发而皆中节,谓之和"之影响。《中庸》的"未发""已发"之心性问题,历来是理学家之诠释重点。但由于司马光未将心视为先天现成的道德实体,故而其诠释并非要心去回溯本性,因为并无可以直接发用后,使一切行为皆中节的天理存在。

那么,做到"虚壹而静"的可能性何在呢?这关键在于对司马光哲学中的"心"的理解和把握。心在司马光那里是人之身体与精神的总枢纽,即"身之君",是人之意识的中心。除了具有思虑之官能外,它还具备与外界进行沟通进而相感的能力。司马光认为,当心与外物接触并相感之后,要如何适当地选择接受或拒绝外物的反应,好让人可以得到正确的知识,这就涉及心对价值的评判问题。他在《易说·咸》中讲道:

> 心感于物,为善为恶为吉为凶,无不至焉。必也执一以应万,守约以御众。……心苟正矣,则往也,来也,屈也,伸也,而

心不为之动焉。动于往来,则心倾矣。心苟倾焉,则物以其类应之,是故喜则不见其所可怒,怒则不见其所可喜,爱则不见其所可恶,恶则不见其所可爱。顾右则失左,瞻前则忘后,视必有所蔽,听必有所偏,故曰未光大也。①

只要心能一直持守自己从经验或学习中得到的道德价值标准,保持在不为外物所动的状态,就能对所应之万物做出正确的价值评判。《太玄集注·断·初一》云,"能以法度内断于心,而人不见其迹者也",②亦在强调心的此种判断价值、决断价值的能力。但心既无现成的道德标准可作为辨别价值的根据,在最初尚未建立任何价值观之前,它应如何行使此一能力? 司马光认为,只要能将心尽量澄明,不受外物之蒙扰,使心的感应与判断能力达到巅峰,那么便越容易接近真正的价值,所以他讲道:"君子纯粹在心,清明不杂,故能总群元,成万物也。"③这里指出,当心处在不惑于外物的清明状态下,其感应能力达于高峰,它就能在与外物之感应中体察到世界潜藏的理序,透过心的体察,此一潜藏理序就有被心认知为具有道德价值的"理",并将之实化为道德价值的可能性。由于在司马光的人性论中没有设定一个完美的道德终极标准,因此心不能只凭自己单独的感受来直接确立道德价值,必须将发现的这一可能价值放到社会群体的脉络中来检验,以进一步确认其可能性。

司马光认为,圣人之所以能让天下群体和平相处,是因其能与他人之心相感。当君子遇到事情时,需要运用心"度"的能力,故他在《法言

---

① 司马光:《温公易说》,第 604 页。
② 扬雄撰、司马光集注:《太玄集注》,第 61 页。
③ 扬雄撰、司马光集注:《太玄集注》,第 76 页。

集注》中释"君子动则拟诸事,事则拟诸礼"①为"拟,度也。动则度其事之可否,事则度于礼,为是为非"。② 除了以既定的外在标准礼仪来权衡是非外,也要适当考虑整个群体的反应,在群体的秩序中形成一个最适当的结果,此即"宜"。他还讲:"夫外物之来,入乎思也,言行之动,出乎思也,得其宜则吉,失其宜则凶。"言行的是非并不绝对取决于某些一定的标准,而是要经过"思"的过程,以能得到"宜"之结果为吉;反之,就算遵守了某些一定的标准,也无法得到"宜"。因此,司马光认为:

> 君子之道未尝曲也,其有曲者,遭时不得已而行之,以权正也。权者,权其轻重,所曲者小,所正者大,非不幸不可为也。……善反常者,虽反常道,志在于善也。③

在司马光看来,君子之道并非僵硬不可变通,要能"权其轻重",就算曲于乃至反于常道,也是可允许的,因为重要的是"志在于善",而不在于死守某些既定标准。司马光认为士大夫当"以中正为心","邦有道则见,邦无道则隐。可以进而进,可以退而退,不失其时"。④ 在欲退不能之时,则更要"履中守正,和而不流,执志之坚,人不能夺"⑤。"刚,阳德也,君子所尚也。然刚而不中则亢,刚而不正则戾,亢则人疾之,戾则人违之,故刚遇中正,然后可以大行于天下也。"⑥因此,司马光认为"正

---

① 司马光:《温公易说》,第605页。
② 司马光:《法言集注》,第350页。
③ 司马光:《法言集注》,第24页。
④ 司马光:《温公易说》,第606页。
⑤ 司马光:《温公易说》,第606页。
⑥ 司马光:《温公易说》,第613页。

直非中和不行,中和非正直不立,若寒暑之相济,阴阳之相成也"①。正直、中和,相辅相成,方始为美德。当然不可否认的是,保持中和之心,体察心的权宜判断之能力,使其在面对道德价值之确立与实行时比较有弹性,也较有修正的能力。个人运用心与群体沟通权衡,不但可以平衡个人价值观过于极端的部分,不至于坚持己见而因小失大,也能避免陷于个人错误的独立判断中,保持"中和之心"。

承上所述,司马光视野中的心,拥有与外界感应、判断、沟通权衡的能力,所以人能使用心来认识天地万物,从中获得经验,判断出可能符合气之潜藏理路的知识,然后再经过与他人的沟通权衡,便可确立此一道德价值。在司马光那里,道德价值的来源,是个人对外界的认识与外界对个人的辅助的结合。《法言集注》曰:"目因日光然后能有见,心因圣道然后能有知。"②这里的心在未能获取到外界知识之前,只是一个器官而已,因其没有先天存在的现成的道德价值,所以必须仰赖外界引导才能真正发挥其能力。但当心经过一番学习、锻炼之后,它就能判断价值、创立具体的道德德目,从而真正成为道德的来源。

因此,在司马光看来,所谓的善恶价值,乃是经过人对外界之感受、思索、判断后命名规定出来的。《法言集注》有语:"作为善恶,而人以善恶名之;自求祸福,而人以祸福与之。"③善恶祸福之行为必定先于善恶祸福之名存在,此一命名必是经过人判断而来的。因此,道德价值的成立,实不能不经过人心判断思索的创造过程。人可以在心中持有一定的法度来对所应之万物做出决断的动作,可以分析、思索外物是否应合于心中的标

---

① 司马光:《传家集》卷六十七,第836页。
② 司马光:《法言集注》,第316页。
③ 司马光:《法言集注》,第346页。

准,再对此做出价值上的判断,心才可以实现"执一以应万,守约以御众"。

当心能"致知"后,就能"识义所在"。司马光将《大学》"知止"工夫理解为"择其所止",由《易说》"井,德之地,……井以辨义,识义所在,处之不移"①亦可知,知止与格物致知等工夫的目的,都是使心能"识义所在",认识道德之具体内容后,方能"处之不移",意即坚持执定已认识之道德,不再为外物所动摇。《答秉国第二书》曰:

> 荀卿大学所谓虚静定者,非寂然无思虑也。虚者不以欲恶蔽其明也,静者不以怵迫乱其志也,定者不以得丧易其操也。中者,动静云为,无过与不及也。②

此处司马光释"定"为"不以得丧易其操",指的就是一种持之以恒的态度。比照上文"知止而后有定"与"德操而后定"可知,"定"当指心专一地持守已认识的道德价值,不随便因外物而改变的状态。

上述从格物、知止再到"定"这一阶段的正心工夫,是专指心在未应物前的阶段。当心已止于中庸,接下来的重点即在于让心能应物而不为物所动,仍持守定的状态。《易说·咸》云:

> 心感于物,为善为恶为吉为凶,无不至焉。必也执一以应万,守约以御众。其惟正乎?夫正而遇祸,犹为福也。求仁得仁,又何悔?故心正则事无不吉而悔亡也。③

---

① 司马光:《温公易说》,第651页。
② 司马光:《传家集》卷六十二,第768页。
③ 司马光:《温公易说》,第604页。

在司马光看来，心能感应万物，因此心会随着感应之物的各种状况产生善恶吉凶之结果。但心若能"正"，就能"执一以应万"，不被外物之吉凶所左右，反能主动掌握祸福吉凶之道，避祸得吉。《易说·咸》又说：

> 天下何思何虑归于致者，岂非正欤？故于文，一止为正，正者，止于一而无不周也，夫又何思而何虑焉？譬诸止水，寂然不动，物有万变而所以应之者，一也。故大人之道，正其心而已矣。治之养之，以至于精义入神，则用无违矣。用之于身，则身安而德崇矣。久而不息，则可以穷神知化，大人之德莫盛于斯矣。①

天下所有思虑都可用一共同的方法来统合、处理，此即所谓的"正"。"正"之义为"止于一而无不周"，正心工夫的重点即在于此，亦即要心先经过工夫的锤炼，恢复心之正常学习功能，运用该功能学习到真正的道德价值之后，再以这样的心来应对世上万物。心在未应万物时虽如止水，但并非佛道式的空无寂灭，而是已经持存好一实在的与道家相对之正道，当外物到来时即可以此道应付自如。对照司马光将"虚壹而静"的"静"释为"不以怵迫乱其志"，亦即强调心在万物之间仍能"静"，保持其思虑止于一之状态，而非完全无思无虑，可知"虚壹而静"正可涵括司马光全部心性工夫之内容，其工夫重点在于让心能专一执定正道从而行诸天下，与道家之虚静完全不同。

当人做到了正心，就能"执一应万"，心不再为外物所动摇或蒙蔽，就能坚强地战胜自我内在的欲望。《易说》云：

---

① 司马光：《温公易说》，第 604 页。

> 心苟正矣,则往也,来也,屈也,伸也,而心不为之动焉。①
> 夫得丧往来,物理之常也,苟能居正以待物,则往来不足为之累。②

这两处都在形容正心后人能战胜外物之诱、不为物动的工夫成果。但从上文"久而不息,则可以穷神知化""治之养之,以至于精义入神,则用无违矣"亦可知,虽心已知需要执一来应物,但要真正达到"精义入神,其用无违"的境界,并非一蹴可就的。正心并非能顿悟而达致,而是一个需要持续、累积进行的过程。《易说》:"圣人虚壹以静,存诚素至,故能精义入神,以致其治世之用。"③这更进一步提示,虚壹而静之正心工夫,其提升个人精神的终极目的是要能"致其治世之用",这充分表现了司马光工夫论重视群体的基调。

另外,从司马光将心的"止于一"等同于"止于中庸"来论述,可知"执一"的"一",所指的当是中庸之道。司马光对《中庸》极为重视,在心性工夫论上尤以其为圭臬。④他在《中和论》中说:

---

① 司马光:《温公易说》,第604页。
② 司马光:《温公易说》,第649页。
③ 司马光:《温公易说》,第604页。
④ 有关司马光《中庸》学的研究,可参见漆侠《宋学的发展和演变》第十二章"中庸之道与司马光哲学";张晶晶:《论司马光对〈中庸〉之诠释及其思想史意义》,《东方人文学志》,2007年3月;杨儒宾在《〈中庸〉怎样变成了圣经》一文将司马光以"中和"论为核心的中庸诠释置于整个中庸诠释史上予以观照,参见杨儒宾:《〈中庸〉怎样变成了圣经》,《宋代新儒学的精神世界——以朱子学为中心》,第503页;复旦大学的郭晓东在其《论司马光"中和"学说及其在道学史上的意义与局限》(《陕西师范大学学报(哲学社会科学版)》,2010年第4期)一文中,将司马光的中和论置于道学发展史中予以分析和定位,并指出了其在道学视野下的理论局限。

> 道只要在治方寸之地而已。《大禹谟》曰："人心惟危,道心惟微,惟精惟一,允执厥中。"危则难安,微则难明,精之所以明其微也,一之所以安其危也,要在执中而已。①

司马光用"惟精惟一,允执厥中"连结"一"和"中",将"执一"工夫与《中庸》工夫融为一体。但"执一"一词在先秦典籍中定义不一,在《孟子》与《荀子》那里,其评价甚至是相反的:

> 子莫执中,执中为近之,执中无权,犹执一也。所恶执一者,为其贼道也,举一而废百也。②

> 执一无失,行微无怠,忠信无倦,而天下自来。执一如天地,行微如日月,忠诚盛于内,贲于外,形于四海……③

在《孟子》那里,"执一"指的是偏颇一方、固执于某一见解,而《荀子》则指执持天下唯一之正道而行,不难注意到,司马光的用法与此极为相近。

由于司马光认为道德价值并非先天就有,而是必须经历心不断地让自我与外物进行价值判断、权衡修正之后,方可被确定下来,让心以此与外物交流,所以心必须先对道德有所认知与体察,方能进行判断。另外,因为道德这一动态的产生过程,心有时也会在与外物的交流中因外物的反应而反过来适当修正原本认识或实行道德的方式。因此,司马光的正

---

① 司马光:《传家集》卷六十四,第794页。
② 朱熹:《四书章句集注》,第357页。
③ 王先谦:《荀子集解》,第603页。

心工夫一面重视个人内在的工夫锻炼,要先能对道德价值作具体充分的后天学习,方可确保应物时不会为物所迷乱;另一方面,比起其他哲学家的心性论,他对人在群体中的道德实践更为重视,坚信人必须在群体中实际应对,方可在来往权衡中真正确定其心性工夫之正确性。此一工夫可以用司马光在《易说·坤·文言》中所诠释的"敬以直内,义以方外"来解释:

> 君子法地之直方,则敬以直内,义以方外。敬义立而德不孤,则大也。何谓敬以直内,义以方外?敬则所受不陷于败也,义则所适不失其宜也。……君子居则不陷于败,动则不爽其宜,施于身而身正,施于国而国治,夫又何习而何不利焉?可以断然无疑矣。①

按《文言》"直其正也,方其义也"可知,"敬以直内"指的是个人的敬慎工夫,即人在心中能敬慎地执守道德标准,不随外物改变,从而不会被外物牵引而陷于败亡。"义以方外",指人对一切事物之接触与处理能不失合宜。"君子居则不陷于败",指未应物时内心不会被外物的牵引所败亡;"动则不爽其宜",指要行动时不会爽失其合宜之节度。故而司马光认为人在未行动时要在内心保持谨慎态度,行动时亦必须谨慎权衡外在情势,才不会失宜。

以此来看,司马光这种平时谨慎,有事时还不能直接发用,要再次谨慎地权衡外界情势,与朱熹所强调的"未发时涵养,临发时检点"的工夫概念在实践上有些相似,无论无事或有事,均要敬慎以对。此外,司马光还特别注意到了谨慎态度,如其所言:

---

① 司马光:《温公易说》,第 575 页。

> 君子三思而后行,苟狂惑不当,不可复掩,故于成意之时,必慎而后发也。①
>
> 君子临事而惧,跃缩未决。所以然者,以事之既成则如鸟之飞,不可复逐。②

因为司马光的敬慎态度除了来自对自我工夫修养的期许外,还来自其对群体秩序的小心维护,这种对敬慎态度的强调,与朱熹那种恐惧自己一念之间可能有违天理本性的敬慎还是不大一样。若个人不谨慎自己的心念行为,那么群体之秩序随时会因个人某些价值的过度膨胀而被破坏,此亦是司马光强调"义以方外"这一工夫态度的缘由。因此,在司马光看来,任何个体的工夫修养,都需接受群体这一面的平衡。他在《太玄集注》中云:

> 事方在枢,思而未行,宜访问于善以求至当,而当日之夜,愚而自用,不咨不诹,以丧其智符也。尧稽于众,舜乐取人以为善,孔子每事问。③

当人要行事之时,一定会与他人发生关联,虽然心中已有定见,但仍需适当权衡要施行时的情境,才能最终"发而皆中节""动不爽其宜"。

---

① 扬雄撰、司马光集注:《太玄集注》,第151页。
② 扬雄撰、司马光集注:《太玄集注》,第151页。
③ 扬雄撰、司马光集注:《太玄集注》,第57页。

三、"穷理尽性以至于命"

司马光的正心工夫与其对道德价值创造过程的把握息息相关。他强调个人对价值的学习与个人在群体中的权衡调整要紧密联系,不可仅偏重一方。以此为立论基础,司马光认为人必须以"穷理尽性以至于命"为道德践履之目标。如《迂书·理性》所云:

> 《易》曰:"穷理尽性以至于命",世之高论者竞为幽僻之语以欺人,使人跂悬而不可及,愦瞀而不能知,则尽而舍之。其实奚远哉?是不是,理也;才不才,性也;遇不遇,命也。①

人活着虽然必须要面对不确定的命运、有限的才性,需要主动学习方可获致道德价值,但司马光这一思想的价值正是在于让人们在本来就不可能达到无限的范围内尽己所能做到最好。圣人所说的"穷理尽性以至于命"就是要人好好掌握住自己能掌握的部分,在有限的人生中尽力而为。穷理,即明辨是非;尽性,即是尽力发挥自己的本性。待这些都做到之后,尚需学习体悟命运,明白遇或不遇并不属于自己的能力范围,需要理解、等待命运。简单地说,司马光这种人生观有利于人们在有限的条件下,形成适合自身特点的实际努力方向。而在这种努力态度之后,并没有一个终极的外力可以保证祸福,其动机全然来源于自我精神上的满足。这种残酷现实下对人生的态度,正表现了在合中有分的天人关系下,对人类自主精神创造价值的肯定。

---

① 司马光:《传家集》卷七十四,第909页。

司马光将"穷理尽性"视为人能主动掌握努力的部分,但此二者不一定有先后的工夫顺序,应是齐头并进的。"穷理"与司马光重视的后天学习关系密切。如《易说·咸》云:"故大人之道,正其心而已矣。……久而不息,则可以穷神知化,大人之德莫盛于斯矣。"①此处的"穷神知化",当是"穷理"的最高境界,亦是正心工夫境界的结果。但其具体"穷""知"的内容究竟为何呢?前一段引文释"理"为"是不是",推测其与价值判断有关。《易说》释"易之为书也,原始要终,以为质也"为"易以穷物之终始为本质",释"夫易,圣人之所以极深而言几也,惟深也,故能通天下之志"为"达物情"②——圣人之所以能通天下之志,是因其能深入知道事物之"几",司马光释为"达物情",可以推测此"知"当与形下事物间的种种情结有关。从其将《易经》释为能"穷物之终始"可知,此"物情",应为"物之终始",由"终始"一词可以想到《大学》中的"物有本末,事有终始。知所先后,则近道矣"。司马光曾引此文来说明"知止"③。而从《法言集注》中的"皆谓小知浮浅之人,不能穷微探本"④亦可知,穷理所要穷尽的对象应为事物的本末终始,亦即人间事物之间的种种具体脉络。司马光此一"穷知"的范围应是无限的,因其希求从众多事物的体察认识中,理解到天下万物共同的价值脉络:

　　　　能平易其心以待物者也,则物无远近皆归之矣。《易》曰:
"易简而天下之理得矣。"⑤

---

① 司马光:《温公易说》,第604页。
② 司马光:《温公易说》,第639页。
③ 司马光:《传家集》卷六十二,第766—767页。
④ 司马光:《法言集注》,第303页。
⑤ 扬雄撰、司马光集注:《太玄集注》,第50页。

> 万物名状虽殊,其性命皆禀于天;众言礼趣虽殊,其极致终归于圣。①

所以虽然世事森罗万象,各有名状,但其中必有共同之"理"存在,人必须尽力去学习万事万物之理,才能将其体会出来。因此,司马光"穷理"的主张,自然与其一贯"重学"的主张相通。但司马光所讲的学习,并非纯知识或技艺的学习,而是倾向于道德价值上的知识。因此,其在学习上强调德先于才。《法言集注》云:

> 游孔门者,务学道德,不事文章。②
> 君子多闻正道以益其德,默而识之,不见于外也。③
> 君子之学如木根止于所生之土,而枝叶寖长,君子止于所守之道,而德行日新。④

穷理学习的目标必须首先以道德之内容为主,这是司马光儒者本色的充分展现。

"穷理"与"尽性"关系密切,司马光解释"尽性"为尽力发展其先天的本性,此性的内容包含了所有人不待后天锻炼即有的种种条件,包括才智、个性等等。司马光认为,人若未能经过后天学习的过程,就无法将其先天本性发展到极致。因此,"穷理"与"尽性"在工夫实践中基本上是一体的,均强调人后天的学习。但"尽性"更强调人要先了解自己

---

① 司马光:《法言集注》,第284页。
② 司马光:《法言集注》,第335页。
③ 扬雄撰、司马光集注:《太玄集注》,第30页。
④ 扬雄撰、司马光集注:《太玄集注》,第30页。

的本性、天资,然后寻找一个最适当的方向,从而将其能力发挥到最大的限度。《易说·蒙》曰:

> 则工虽巧不能持土以为兵,圃虽良不能植谷而生梓也。故才者,天也;不教则弃教者,人也。不才则悖,故人者受才于天,而受教于师。师者,决其滞,发其蔽,抑其过,引其不及以养,进其天才而已。①

司马光认为,人需要由他人去引导、开发出自己最适合发展的方向,如果不愿被他人教导,自我设限不愿学习,那就是违背了天意。司马光对这点相当重视和强调,认为人要以让天性得到更大的发展、达到自我能力之极致为人生目标,因此一定要努力学习。他在《法言集注》中讲道:

> 不学,则尽其天质而止矣,不能复进,益光大也。《家语》:"子路曰:南山有竹,不揉自直,斩而用之,达于犀革,以此言之,何学之有?孔子曰:栝而羽之,镞而砺之,其入之,不亦深乎?"②
>
> 虽有良玉以为刀,不礛则不能断割,虽有美玉,不错不能成器,如是,则何所用矣?③

---

① 司马光:《温公易说》,第577页。
② 司马光:《法言集注》,第275页。
③ 司马光:《法言集注》,第275页。

人不能满足于先天不学而知的本能,在学习上必须不断精益求精,不能自我停止,《易说·坎》:"水之流也,习而不止,以成大川。人之学也,习而不止,以成大贤,故君子以习教事。"①此即为"尽性"工夫所要强调的积极意义,亦是司马光对人生的重要期许与目标。尽管每个人的天性材质有所差异,但只要能尽力发挥,其终极境界均是相同的。

司马光认为人先天的才性是有所差异的,因此认为"尽性"的目标在发展"才"上是人各有志的。但人在"才"上的各自发展仍必须受到一种共同方向的管制,才能算是真正的"尽性",那就是"德"。《易说》云:

> 何谓才?曰:聪明强勇。何谓行?曰:孝友忠信。何谓德?曰:中和正直。何谓道?曰:远大高深。行以济才,德以济行,道以济德,是故才而不以行则凶,行而不以德则偏,德而不以道则隘,四者兼足,谓之圣人。②

在这段引文中,司马光充分说明了"才""行""德""道"之间的关系。这里的"才"指才能,"行"指好的行为,"德"指单一具体的德目,"道"则包含了才、行、德的实践整体。

只有好的行为方能使才能向好的方向发展,德化的实践能使好行为符合中和法则,不偏不倚。宽广包涵一切的道则使道德之实践能不拘于小德,并能放眼大局。即所谓"矫者矫其偏以就中也,矫之为言犹揉木也,塞未达也。君子当天下有道,其身必达,不变乎?未达之,所

---

① 司马光:《温公易说》,第601页。
② 司马光:《温公易说》,第642页。

守,故曰不变塞也"。① 司马光很明显地以德来规范才的发展,如《法言集注》云:

> 三子皆以其术名于世,则其才必有过人者,乡使舍其术而习圣人之道,乌有不可也?②
>
> 人苟尽心于圣人之道,则众说之不足学易知矣。③
>
> 聪者,闻言察其是非,明者,见事知其可否。人君得之,为尧为舜;匹夫得之,穷神知命,才之至美者莫尚于此。④
>
> 知哲当为哲知,言哲能之圣人之道,不溺于异端,智之俊者也。秀谓材秀能修德行,使颖出于众秀之大者也。⑤

通过这些论述可知,虽然司马光必然能将与道德无关的才能发展至极致,但仍无法与以圣人之道为努力目标的学习相提并论。将才智用在学习圣人之道上,方为才能最好之发展方向。因此司马光对"尽性"的理解,似可解释为:尽力发展自身先天拥有的各种才能,努力推进自身的道德修养。道德修养是"穷理""尽性"共同的、唯一的目标。

当人努力"穷理尽性"之后,还需要面对人所无法把握的部分,亦即"尽人事,听天命"中"天命"这一层面的问题。从司马光"天人合中有分"的内在理路来看,天基于其自身的有限性,无法绝对保证人只

---

① 卫湜:《礼记集说》卷一百二十四。
② 司马光:《法言集注》,第275页。
③ 司马光:《法言集注》,第277页。
④ 司马光:《法言集注》,第303页。
⑤ 司马光:《法言集注》,第350页。

要努力修养道德,就会获致"好命"。因此,司马光将"穷理尽性"的动机与目的归于人对完成自身生命之发展的满足感,如《太玄集注》中所言:

> 夫君子不患无位,患所以立。日新其道,久而不倦,虽未得福禄,又何咎哉![1]
>
> 君子志道,乐以忘忧,外物不能累,乐莫先焉。[2]
>
> 君子能与时消息,自胜其强者也。如是,则享有遐福,与天无疆矣。[3]

君子实践工夫的目的并非追求现实生活中的利益,而在很大程度上是为了自我修养成功后的满足与喜悦。因此,在司马光看来,道德修养才是人生最重要的目标,这绝非外在的富贵高位等成就可以比拟的。故他在《太玄集注》中云:

> 君子自微贱之时,人未之知,而己好是冥德,进而大之,匍匐而前,若将无有得行之时,言汲汲于进德不能待也。[4]
>
> 为时用,然积之不已,其用必大。君子广大其德心而已,不汲汲于求用也。[5]

---

[1] 扬雄撰、司马光集注:《太玄集注》,第 111 页。
[2] 扬雄撰、司马光集注:《太玄集注》,第 52 页。
[3] 扬雄撰、司马光集注:《太玄集注》,第 75 页。
[4] 扬雄撰、司马光集注:《太玄集注》,第 22 页。
[5] 扬雄撰、司马光集注:《太玄集注》,第 126 页。

人修养道德的目的必须是道德本身,而不能是道德以外的任何物质报答。司马光这一观点使人在面对逆境时,不会再痛苦地质疑自己是否修德不足而遭此报应,而是能豁然地接受命运。因为在他看来,人只要做好自己能掌握的部分,就已问心无愧了,此亦正是司马光所强调之"修道以俟命"向"修己以俟命"的推演。他在《易说·姤·九五》中云:

> 九五刚……遇小人道长之时,无应于内,不食者也。兰生深林,不以无人而不芳,故有美而舍之以俟命也。抑材之不良,德之不藏,身之忧也。材既良矣,德既藏矣,虽不遇其时,以至于陨越而不振,天实为之,谓之何哉?故修己以俟命,君子之志也。①

当君子确定自己是美材,却因命运之关系而不能被重用时,是无需埋怨的。君子之志就是要尽力修己,消去前述那种可能性,然后才能坦然地面对命运中的万千变化。

四、"先正其内而引其外"

司马光的工夫论主张以"正心"为修养工夫的基础与起点,在具体的人生任务上,则以"穷理尽性以至于命"为努力的目标与境界,个人必须在这样的人生实践中不断地"执一应万",使道德修养成为可能。如此,人便能从对道德的实践中获得自我满足感,不为现实福祸所动,达到孔子所谓"知天命"的境界。但司马光对个人修养工夫的强调,绝非

---

① 司马光:《温公易说》,第614页。

仅是为了个人精神之超脱而已。其所有对道德修养工夫的主张,最终目的均是要实现其外王的理想。此一特色,体现在司马光诸多将内圣工夫与外王理想并论的文字中,如《太玄集注》云:

> 若先正其内以引其外,则不相乖戾而皆就正矣。是故君子正心以待物,修身以化人,齐家以刑国,治国以平天下。①

君子的内圣工夫,是为了能"引其外",使外物均能因己而正。所以正心是为了能合宜地待物,修身是为了能教化他人,齐家治国是为了平天下。虽然此种"己立立人,己达达人"的外王理路本是儒家原本的传统,但从司马光哲学的整体来看,其工夫论中强烈的外王色彩,与以内圣工夫为主要基调的宋明理学所论述的外王工夫,实有内在理路上的根本差异。

首先,从司马光对道德价值之产生过程的理解来看,他认为个人心念对事物之判断并不能直接被承认为道德,必须要放在群体脉络中,在人与人之间的来往、沟通、权衡中加以衡定。对司马光来说,最大之恶是凭己之私破坏群体秩序,影响他人的生存;反过来说,纵使某一行为对个人而言是相当符合价值判断的,但若不能对群体有益,这样的实践终不是真的道德实践。这体现在司马光对"私"的反对言论中,他在《太玄集注》中讲:

> 君子喻于义,小人喻于利,小人思虑求盛,不过营利而已,故曰"怀利满匈"。利于私,斯害于公矣。②

---

① 扬雄撰、司马光集注:《太玄集注》,第16页。
② 扬雄撰、司马光集注:《太玄集注》,第78页。

小人要为自己求利，只会损害公众的利益，因此司马光反对自私自利的行为。但人为一己之私而求乃是人性本能，这一点司马光并不否认，但他认为只要把这样的自然情感扩大，便可避免"害于公"的情形出现。如《易说·同人》所云：

> 然则圣人其有私乎？曰：有。圣人之私大，众人之私小。圣人者，以天下为私者也。……夫惟圣人为能爱其身，爱其身故爱其亲，爱其亲故爱其国，爱其国故爱其道。道者，所以保天下而兼利之也，未有危人之亲而人不危其亲者也，害人之身而人不害其身者也，天下交害之而身不亡者，未之有也。然则危人适所以自危，害人适所以自害也，乌在其能私哉？

圣人之私，在于其能真正爱自己，所以为此而行，能保天下又兼利自己与家国之道。由上可知，真正的道德修养必须要考虑到很多的群体层面，一定是能让所有群体共生共荣的。因此，人不能自私地只在自己的意念中实践道德，置他人的生死于不顾，这种行为绝非真正的道德实践。如司马光在《太玄集注》中云：

> 仁者己欲立而立人，己欲达而达人，不专其美，如木垂枝以逮于下，故瓜苞得而蔓之。①

因为人必须在与他人的交流中，才能真正确定自己的实践是正确的，只有当自己愿意与他人分享自己修养道德的成果时，才会让

---

① 扬雄撰、司马光集注：《太玄集注》，第35页。

自己的道德修养越来越好。故而,人不能脱离群体来实践道德,《易说》云:

> 惠心者,何惠之所施?孚于心,然后善也。夫人坠于绝壑而遗之珠玉,寝疾垂死而馈之酒肉,其物非不美也,而人不以德者,何哉?非其心之所欲也。①

人若心中没有诚信,那是无法对他人施惠的,但"诚"建立在双方的默契上,人若没有通过与他人沟通权衡来了解他人真正之需求,这样的道德实践也是注定要失败的。对司马光来说,善并非一件只要自己认定就能成立的事,而是必须要与他人权衡,要在群体的脉络里思考方能成立。因此,司马光反对要人出世、离群索居的工夫论,他认为修身必须是入世的,要在群体中实践才能有所成,《太玄集注》中讲道:

> 闭门自终,不与物交,慎则慎矣,而终无所得,求之功业,不亦远乎?《易》曰:"括囊,无咎无誉。"②
>
> 思虑既成,则言貌可以接人矣。而家性为啥,当日之夜,尚闭塞而不交,则人道几乎绝矣。《易·节》之九二:"不出门庭,凶。"③

司马光认为,虽然只要不与外物交接,就能避免被外物所牵引,但不与物交,终究无法成就功业。因此,若思虑已成,却非要选择闭塞、不

---

① 司马光:《温公易说》,第 608 页。
② 扬雄撰、司马光集注:《太玄集注》,第 13 页。
③ 扬雄撰、司马光集注:《太玄集注》,第 118 页。

与物交,反会造成凶的恶果,亦使自己偏离"人道"之正轨。因为怕影响道德修养而选择隐居,在司马光看来,这不是人应遵行的正道。因此司马光反对隐居的修行工夫,《法言集注》中"扬子谓圣人不遁于世,不离于群,……"①"长沮桀溺之徒,君子所不与",②都是在强调修身不能远离社群。只有一种情形可以选择隐居,那就是君子不得志,不得已要出世之时。他在《易说》中指出:

> 君子之晦以避难也,内修明德不可息也。为人臣者有箕子之正则可也,无箕子之正,苟生以忘其君者,罪莫大焉,故曰"利贞"。③

虽同样是隐,但箕子之隐与长沮桀溺之隐不同,前者是因不得志而隐退,后者则是因对现实的漠然不关心而隐居。如果人的隐居原因是后者,是想躲避现实,托名道德修养的目的而苟活于世,不愿关心国政,司马光是坚决反对的。原因在于他绝不认为外王实践能与内圣有所切割——内圣工夫若不是为了外王实践,那就失去意义了。

其次,从本体论角度来看,人间的种种秩序均来自作为宇宙本原的气当中所蕴涵之价值。而从个体来看,人周遭存在的各种群体脉络,亦来自作为万物本体的气的自然发展。这在《潜虚》中表现得最为明显。如前所述,《潜虚》中的"名图"体现了在个体的体与性形成后,气的开展进入一个如何让个别个体进入群体秩序,集纳为一完整宇宙的过程。

---

① 司马光:《法言集注》,第343页。
② 司马光:《法言集注》,第323页。
③ 司马光:《温公易说》,第573页。

图中的五十五名被分为十一组,依形、性、动、情、事、德、家、国、政、功、业的顺序排列,按图说所述:

> 人之生,本于虚,虚然后形,形然后性,性然后动,动然后情,情然后事,事然后德,德然后家,家然后国,国然后政,政然后功,功然后业,业终,则返虚矣。①

除了第一组名"形"是气化过程的简单缩影,其余十组则由比较抽象的性、动、情等内容,不断向具体的社会拓展,如家、国、政等,最后在完成功、业之后,人生也到了尽头,于是就又复归于虚之中,完成整个气化循环的过程。在这十项人生的具体展开项目中,"德"之前的五项属于个人的发展,从家开始的五项则均属于个人在群体中的发展。换句话说,在群体中进行的工夫比重,实际上并不比个人内圣工夫轻,而是具有同等的重要性。也就是说,人必须进入群体层面纷繁复杂的种种脉络,发展并成全其秩序地运行,修身的目标、人生的任务才能算完成。

总而言之,司马光工夫论反复强调内圣修身是为了外王理想的实现,所有的内圣工夫均离不开外王实践,其目的均是要有利于群体之生存。如其所言:

> 知化谓修己以安百姓。②
> 君子修德以保其位。国不在大,在勤德以固其本而已。③

---

① 司马光:《潜虚》,第 11—12 页。
② 司马光:《温公易说》,第 651 页。
③ 扬雄撰、司马光集注:《太玄集注》,第 155 页。

> 六为隆福,太平之君子兼利万物,无有间异,民神禽鸟,靡不得所,乐孰大焉。四为下禄,独善其身。六为上禄,兼利天下者也。①

君子修身养性,是为了保国家、安百姓。在传统儒家看来,虽然独善其身也不差,但还是比不上兼济天下,那才是工夫的终极境界。《太玄集注》云:"君子之进取,务合众心而已矣。"②合于众心才是正心、修身的终极目标,"允执其中,以养天下",③用中和之道贯穿于自身的德化实践,天下太平的理想才可以实现。《指解》中云:"明白士以上,非直养而已,要当立身扬名,保其家国。"④这也是在强调人对于外王实践必须有强烈的使命感。

因此,在司马光的工夫论主张中,外王实践是工夫修养的目的,而内圣工夫则是能实现外王理想的唯一可行方法:

> 君子先修其身,其身正,不令而行。⑤
> 君子修德于心,而四海率服,兵无所用,故曰"兵无刃,师无陈"。⑥
> 人欲陈施其意,治化天下,动而不能感人者,盖由外逐浮伪,内无本真,不能正己以正物,故当先本诸身也。⑦

---

① 扬雄撰、司马光集注:《太玄集注》,第52页。
② 扬雄撰、司马光集注:《太玄集注》,第34页。
③ 扬雄撰、司马光集注:《太玄集注》,第174页。
④ 司马光:《古文孝经指解》,《文渊阁四库全书》第182册,第92页。
⑤ 扬雄撰、司马光集注:《太玄集注》,第83页。
⑥ 扬雄撰、司马光集注:《太玄集注》,第66页。
⑦ 司马光:《法言集注》,第284页。

人必须先正己然后才能正人,这是儒家一贯的传统,但司马光强调当人不为己所感时,则已必有不正之处。换言之,若外王的实践无法顺利推展,人必须先反思是否有所缺欠。这正是司马光强调人必须在外王实践中进行内圣修养的原因,因为无内圣工夫,外王理想就不可能完成;无外王实践,内圣工夫亦无可以被修正或验证的机会。与北宋其他哲学家相比,司马光重视外王工夫的特点是非常鲜明的。

第二节　养体以致中和

一、"治心养气"

虽然司马光不认为现成道德的神圣之气先天就在人身上,但他顺着孟子的思路,强调德之关键在于不要"乱其气",反而说明了荀学对气中潜藏之脉络的信心。用孟子的话来说,虽然没有所谓的"大体"存在,但"小体"中自有其潜藏之合理脉络、秩序。只要能顺此脉络适当安顿小体,自然能达到修身养性的最高境界。身体虽没有现成道德实体可直接发用,但其本质中自有潜藏的价值脉络,只要经过适当的后天引导即可实现。因此司马光所讲的"养中和之气",是指不要对人之身体刻意进行任何与生理自然规律逆反的工夫。只要让其保持中和的状态,就能实现其自然潜藏之价值脉络,能循序渐进地实现自身价值。

承前所述,司马光的"养气"实与荀学的"治气"理路相同,其心气关系亦似荀学,如其在《太玄集注》中所云:

> 发虑之始,幽而未显。贰谓义利也,二者交争,君子能取义而舍利,执坦夷之心,养浩然之气,自得于内,无求于外者也。①

心必须在与利欲交争挣扎,并认知、选择义后,才能执坦夷之心以养浩然之气。《道德真经论》释"心使气曰强"作:

> 志,气之率也。心动则气乱,气乱则昏,心不能制,故有悖乱之行,众人皆以气盛者为强,老子独以心能使气者为强也。②

此处虽引用孟子之言,但用"以心制气"来解释"以心使气",将气视为心控制的对象,这与荀子之"治气养心"说比较相近。

从表面上看,司马光的心气工夫与荀学理路相近,但其工夫论所主张的"治心养气"一词却与荀子"治气养心"之思想正好相反。《答秉国第二书》中曾云:

> 荀卿、《大学》所谓虚静定者,非寂然无思虑也。……《中庸》所谓中者,动静云为,无过与不及也。二者虽皆为治心之术,其事则殊矣,今秉国合而为一,恐未然也。③

司马光将《荀子》《大学》《中庸》所说之中和、虚静定等工夫均视作

---

① 扬雄撰、司马光集注:《太玄集注》,第49页。
② 司马光:《道德真经论》,第365页。
③ 司马光:《传家集》卷六十二,第768页。

"治心之术"①,可见他将心性工夫统称为"治心",而"治心"一词应是引用自《礼记·乐记》所述:

> 君子曰:礼乐不可斯须去身。致乐以治心,则易直子谅之心油然生矣。易直子谅之心生则乐,乐则安,安则久,久则天,天则神。天则不言而信,神则不怒而威,致乐以治心者也。致礼以治躬则庄敬,庄敬则严威。心中斯须不和不乐,而鄙诈之心入之矣。外貌斯须不庄不敬,而易慢之心入之矣。故乐也者,动于内者也;礼也者,动于外者也。乐极和,礼极顺,内和而外顺,则民瞻其颜色而弗与争也;望其容貌,而民不生易慢焉。②

如上这段文字在司马光《答范景仁书》与《中和论》中均被引用过。在《中和论》中,司马光引此文与《孔子闲居》"无声之乐,志气不违,以至于气志既起",共同论证中和为礼之本。由此可知司马光认为用乐来治心,会使"志气不违""气志既起"。故"气志既起"应与《乐记》的"易直子谅之心油然生矣"在工夫效果上相近。司马光《与王乐道书》中还提到:"归于自然,使神安志适,骨肉都融,则中和之气油然自生。"③此"油然自生"的"中和之气"与这里"油然生矣"的"易直子谅之心"亦应相同。由此可见,在司马光的工夫论里,"治心"其实就等于"治气",因为心并非现成的价值理体,而是由气所组成,因此自然与气一样属于被治的对象:

---

① "二者",指的是韩秉国所主张的道家寂然无思的工夫论,与《荀子》《大学》《中庸》中所论述的虚静和中庸工夫。
② 孙希旦:《礼记集解》,中华书局1989年版,第1029—1030页。
③ 司马光:《传家集》卷六十二,第751页。

> 治心以中,此舜禹所以相戒也。治气以和,此孟子所以养浩然者也。①
>
> 故大人之道,正其心而已矣。治之养之,以至于精义入神,则用无违矣。②

以上引文均可证明司马光的"治心"即"治气",其正心工夫涵括了"治心养心"。

接上文对《乐记》引文的论述,司马光对心与气"油然而生"之形容,并非指有一现成的价值理体直接发用,而是指心或气经过后天引导,可将潜藏的自然价值脉络实现出来,由此可被称为"中和"之气或"易直子谅"之心。而此后天引导就是《乐记》所强调的礼乐。在《答范景仁书》中,司马光引《乐记》说明"中和"为礼乐之本,为养生之法:"此乐之本,礼之原也。夫乐之用,不过于和;礼之用,不过于顺。二者非徒宜于治民,乃兼所以养生也。"③司马光在此强调乐以治心则和,礼以修身则顺,二者相和则内外兼修。因此,礼乐是使身心达到中和状态的具体方法。司马光引《乐记》言"易直子谅之心"生则能乐、能安、能久,达致"不言而信""不怒而威"之境界。这说明当心与气为礼乐所修治后,其终极境界是使身体完全德化并彰显出来,使身体成为礼义的具体表显。

综上所述,司马光所主张的"治心养气"工夫是指一套以礼乐来调整导正人身心之工夫法门,是由心到身的整套修养工夫。司马光这一

---

① 司马光:《传家集》卷六十二,第 757 页。
② 司马光:《温公易说》,第 604 页。
③ 司马光:《传家集》卷六十二,第 751 页。

重礼、以礼修养身心的工夫脉络,在一定意义上继承了荀子"凡治气养心之术,莫径由礼,莫要得师,莫神一好"①之思想。

二、养体以中

在文集中,司马光有许多与友人讨论"中""中和"与"中庸"的来往信件,其讨论多缘于司马光向友人宣讲其以"中和之道"为核心的养生之术。此一关于养生之术的讨论来自他针对治病方法的思考,因此充分表现了司马光对于身体的看法,如《与王乐道书》:

> 乐道所苦,盖本非大病,但药物过分剂,衣食不适宜,致困惫如此。……凡人之所赖以生者,天地中和之气也。若不节饮食衣服,直以极热极寒疏利之药,循环攻之,使中和之气何以自存乎?况今乐道之疾,上热下寒,服凉药则热去,而寒益甚,服温药则寒未减,而热益加。然则所服之药,皆有损而无益也。光愚欲望乐道尽屏去诸药(必不得已,止服参苓之类,扶助胃气可也),只调饮食,以待病气自退。饮食不惟禁止生冷,亦不可伤饱,亦不可伤饥。……衣服不可过薄,亦不可过厚。加之弃置万事,勿以经怀,沉听内视,藏心于渊,恬淡消遥,归于自然,使神安志适,骨肉都融,则中和之气油然自生。如此养之旬月,何疾不瘳矣?夫欲速则不达,半岁之病岂一朝可愈,但当去其害之者,勿令过与不及,俟血气徐徐自复,则善矣。②

---

① 王先谦:《荀子集解》,第31页。
② 司马光:《传家集》卷六十二,第751页。

另外,在《答李大卿孝基书》中,也可看到司马光有同样的观点:

> 昨日闻大卿言,脏腑素有冷疾,须至服热药,今则偏身生疮疥,手足时瘛疭,……窃以大卿勤养生之术,数十年而犹有冷疾者,殆食素膳太多故也。……天生万物,各有所食,苟不得其所食,则不能全其生。人为万物之灵,兼蔬谷酒肉而食之,乃其常性也。酒肉者,所以扶衰养疾,不可废也。大卿绝酒肉而专素膳,为日已久,此其所以有冷疾也。既得冷疾,复以热药攻之,闻大卿所服之药,皆躁悍酷烈,他人莫能近口,此其所以失中和也。……欲望大卿自今罢素膳,屏热药,静虑以适神,潜心以实下,起居饮食,造次须臾不少离于中和,试之旬月,窃谓所苦不须攻辽,必自去矣。①

司马光认为修心养性、安身立命与治国安邦均离不开中和之道。李孝基食素数十年,致患冷疾,既患之后,又以热药去病,过冷过热,两失中和。因此,司马光劝他"罢素膳,屏热药",饮食起居,不离中和。他坚信试行旬日,必然见效。

从上可知,司马光对养生主要有如下三点主张:

第一,正常的日常作息、饮食;第二,尽量少用药物;第三,心境要维持平和宁静。他认为疾病多是日常生活失中所致,特别是饮食与药物的失当对人的伤害最大。如其所言:"凡人之所赖以生者,天地中和之气也。……使中和之气,何以自存乎?"这里所谓的"中和之气",指的是作为本原之气的最适当状态。按司马光的思路,人与天地均由气所生,

---

① 司马光:《传家集》卷六十一,第735页。

气本身潜存着种种发展趋向,而其共同的内在发展原则是"中",由于气透过"中"与"失中"的机制来进行聚散循环之过程,因此其本有趋于"中"的自然倾向。但这一倾向只是气的一种潜在可能,落实在人身上,就只是一潜存于人身体之气中的内在机制,不是一种力量强大到能主动控制人之身体的"道"或"天理"。若人不主动在行为上予以配合,此潜质就无法真正得到发展,不能发挥其维持身体平衡的作用,身体也会因气之失于中和状态而生病。但若人的行为符合这潜在的机制,就能使之有发展的机会,它便会"徐徐自复"了。前述司马光在修养工夫论中所谓的"养气",便是要人将气之中这潜在的价值慢慢实现出来,而在身体的保养上,他也同样遵循此种理路进行思考。

由于这是一种身体自然的调整机制,必须给予良好的环境与充分的时间让它自主发挥调节身体、维持平衡之功用。若想要马上奏效,而去使用大量的药物或特殊的饮食来操控身体中气之方向,这对该潜在机制来说都是一种干扰,反而会使其无法"自存",导致疾病无法痊愈。所以真正的养生应该是要尽量保持常规的生活,而这种常规即在于放弃对身体过多的人为干预,以中和之道为饮食起居的唯一标准。所以那种刻意吃素或禁食酒肉,或者寒天穿薄衣、热天穿厚衣等特别的养生操作方法,在司马光看来都是不合于中和之道的。因为对症下药也是一种人为的操控,所以他甚至极端地劝人把医书丢掉[①],只要专心于保持日常生活的正常,就是最好的养生之道。虽然在司马光的思路中,这种气的潜在功效必须由人主动配合才能发挥养生之功用,不能强行地主动催促或控制人去改善行为。但这种养生方法反而表现出一种对于

---

① 他在《与范景仁书》中讲道:"谨当熟读《中庸》以代《素问》《巢原》。"此处所提之《素问》《巢原》为医书。(《传家集》卷六十二,第760页。)

身体的信心，因为只要人主动与此潜质配合，效果就一定会显现。而这一过程所隐含的工夫力度，实际上并不输给其他工夫形态。

由于司马光认为心与身一样均由具有中和潜质的气所构成，心的状态自然也会影响身体。因此司马光认为除了外在行为必须合于日用常道，内在之心也必须随时保持着中和状态，这样才会有助于身体之气的恢复。虽然司马光认为精神的修炼会对身体产生影响，但此种心—身影响模式不会像孟子那样，认为精神之力量能强大到直接产生"睟面盎背"的身体改变的结果。在孟子"践形"形态的身体观中，孟学预设着身体是消极偏差的根源所在这一思想，所以当主体在结构上表现出精神与身体、大体与小体之对立时，在工夫上就倾向于刻苦身体或削弱身体，认为可以以此达到精神的突破。因司马光对身体的潜质有着某种信心，所以他并不把身体当作道德修养的绊脚石，反而视为与精神互助互成的重要因素。精神心志若不努力锻炼，外在的行为亦不可能都合于"中"，进而实现身体的最佳状态。反之，若是能够在身体上确实合于正常之规律，则人的道德修养就会是真实的。要成就精神，就必须成就身体，反过来说，要成就身体，也必须从精神入手。所以这种身体观下的工夫论，不可能出现那种外在行为放浪形骸、惊世骇俗，却宣称自己悟得天理的状况。我们由此可以看到，司马光这种形态的身体观并不主张精神与身体的截然对立，反而认为二者的保养乃是互相关联、不可偏废的。因此他在工夫论之实践上呈现出一种对身体之保养与调节的态度，反对任何想要通过日用常事范围之外的特殊方法来对身体进行锻炼或削弱，以达到精神超脱的工夫。而司马光所谓的饮食起居等日用常事之标准，也就是其工夫的实际内容与实际标准，这其实是儒家礼教传统。所以他在《答范景仁书》中与范镇讨论养生治病之道时，面对范镇所信奉的《黄帝内经》《素问》等对症下药的医书，则以儒家"礼乐"来回应：

> 人之所为不得其中,然后病袭焉。……是以圣人制动作礼义威仪之则,所以教民不离于中,不离于中,所以定命也,能者则养其中以享福,不能者则败其中以取祸,是皆在己,非在他也。……人无礼则失中,失中则弃命矣。……彼素问病原之说虽佳,恐漫汗支离,不若此道之为明且约也。①

如前文所述,在司马光看来,疾病的根源是人之行为的"失中",而要确保行为不失中,就必须遵循圣人制定的"动作礼义威仪之则"。在礼之根源的诠释上,司马光依照传统将其归于圣人,不同的是强调了圣人对于"中和之道"的深刻体悟:

> 昔者圣人造次而动,不爽于和,纵心所欲,不失其中。施之于身,则有余矣;将以教天下,垂后世则未能也。是故调六律、五声,使当时及后世之人,听其乐则洋洋乎其心和,常若圣人之在其上。循其礼则肃肃其体正,常若圣人之处其旁。是以大夫朝夕出入起居未尝不在礼乐之间,以收其放心,检其慢志,此礼乐之所以为用也。②

由于圣人对"中和之道"的保证,"礼乐"就代表着一套"中和之道"的绝对标准,使人在"朝夕出入起居"之中皆能做到"收其放心,检其慢志",每时每刻在心性与行为上均能不失其中。司马光认为,日常生活中对这套儒家传统礼法规范的实践,完全可以代替医学。可以看出

---

① 司马光:《传家集》卷六十二,第753页。
② 司马光:《传家集》卷六十二,第754页。

"礼"的意义在他眼中早已不只是维持社会秩序的原始功能,更是直接与身体的保养有了紧密的关联,而这种对身体的安顿更是与精神的安顿、道德的修养息息相关。因此他指出:

> 夫乐之用,不过于和,礼之用,不过于顺,二者非徒宜于治民,乃兼所以养生也。致乐以和其内,致礼以顺其外,内和则疾疹不生,外顺则灾患不至。疾疹不生则乐,灾患不至则安,既乐且安,志气平泰,精神清明,畅乎四支,浃乎百体。[1]

在这样的养生思想中,道德修养与身体养生两个层次是交融互渗的,外在礼乐对内在精神与外在身体的调节,使得身体得到适当的保养,又反过来反映在精神上,使人"志气平泰,精神清明",而这种精神的超脱最后又会回馈到身体上,达到"畅乎四支,浃乎百体"的养生效果。精神与身体处于礼乐的调节下,从而产生良性循环。由此可见,司马光的工夫论与其养生理论乃是一体之两面,因此呈现出一种重视身体保养的理论特色。

三、"以礼自饬"

在司马光这种身体观的影响之下,其工夫论以循礼而行为主,但其背后的思维则是按照圣人以人之自然欲望调节为出发点所制定的理则来实行,以期对身心都能有最好的保养。因此,司马光主张对身体的调节与保养,不是为了达到更高超的精神境界而超越人伦日用的常态,做

---

[1] 司马光:《传家集》卷六十二,第755页。

出牺牲身体或扭曲身体,进而违反礼法的怪异举动。

从司马光的身体观来看,礼本立基于使生命存活、对身体进行保养的动机上。因此他认为以礼修身正是最好的养生方法,对于任何在礼之外的养生工夫或学说皆持一种排斥态度。此种工夫的具体实行内容,即是要对日常生活的一切事务,均以礼为标准来管理和约束,以使自己的所有行为均能尽量合乎礼。《法言集注》所讲的"动则度其事之可否,事则度于礼,为是为非"①正是此意。要使得自己的身体完全合于礼,一开始就强迫自己去遵从礼,并以礼为准。如其在《法言集注》中所言:"人皆苦礼之拘,难以强之。以其难,故强使遵之。"②这种对行礼困难之处的深刻体察,当源于荀学对人性之恶的承认。由于人性中有恶,所以行礼在一定意义上来讲,会让人经历与自己生而俱来的才性的逆反或冲突的痛苦挣扎,此点与前面所论"神战于玄"之形象描述相呼应。《法言集注》中还讲:"人或性安于礼,或自强以从礼,及其成名,一也。"③基于司马光对人性差异性的认识,每个人行礼的难度会因其性之不同而有所差异,但不管是天性安之或勉强行之,最后所达致的境界是一样的,均是为礼所完全内化的状态。

当人完全为礼所内化之后,天性中与礼冲突的部分被修正或削除,言行举止皆是礼的展现,从而脱离了勉强行礼的阶段,达到能纵心所欲而不逾礼之自在境界。《法言集注》释"周之士也贵"为"闲于礼义故可贵"④"圣人纵心所欲,皆合于道,不可殚尽,言深远也",⑤均指此种为礼

---

① 司马光:《法言集注》,第350页。
② 司马光:《法言集注》,第318页。
③ 司马光:《法言集注》,第319页。
④ 司马光:《法言集注》,第318页。
⑤ 司马光:《法言集注》,第317页。

所完全内化、悠游自得的境界。人之行为所以能自然不逾礼,乃是因其内在的意识已完全为礼所内化,如《太玄集注》所言:"外貌之恭,必贯之以诚,然后善也。"①外在的礼仪行为必须出自内在行礼的诚意,才能算是真正的行礼。但在实际的工夫实践中,司马光认为人也能从外在行为的勉强修炼中"内推至诚",《易说·乾·文言》:

  修辞立其诚,所以居业也。君子外修言辞,内推至诚,内外相应,令无不行,事业所以日新也。②

  君子外修言辞,内在就能以至诚推之,其工夫就能内外相应。以往解释"修辞立其诚"大多重在讲内在之诚,但司马光以内外相应来解释,实际上是提升了外在行为锻炼的重要性。此一理路当与张载强调礼在修养工夫论中之功能有着一定的相似性。③ 心中之诚需要外在的言辞来相应,若无外在之言辞,心中的诚亦无可证明,故而君子必须重视外在行为的修炼。《法言集注》云:"服儒衣,读儒书,经时不辍,斯亦儒矣。"④此语亦同样指出人外在行为之勉强修炼,对其内在心性之改造的功效。当人能以礼来约束自身行为,便能由外向内渐渐使其内在意识为礼所完全渗透,这样的内在精神表现在行为上,则能不违礼,更可直接创造出新的礼。司马光进而在《太玄集注》中称:

---

① 扬雄撰、司马光集注:《太玄集注》,第100页。
② 司马光:《温公易说》,第571页。
③ 有关张载礼之内外关系论说,参见林乐昌:《张载成性论及其哲理基础研究》,《中国哲学史》,2005年第1期。
④ 司马光:《法言集注》,第348页。

> 君子德义可尊,作事可法,容止可观,进退可度,以临其民,言以礼自约束,周旋无缺也。①

君子的身体成了礼的展演场,能直接为万民之表率,使民能知礼法并践行之,整个群体的秩序就能被维系,从而达致外王之目的。

第三节 心体中和

一、"养气"与"养心"

在传统儒家的工夫论体系中,强调"修身传统""成德之学"仅是一个方面,对"身体"的观照也是一个极为重要而不可忽视的向度。因为身体是人在现实中可操作的材质,是精神之载体,亦是整个修身过程的终极目标。人如何看待身体、对治身体、锤炼身体,让身体能成为道德顺利呈现与运作的场域,与工夫论本身的内容紧密相关。前一方面比较容易被注意到,因为其往往是特殊的、不包含在一般日常生活之正常内容中的操作方法,认为可以透过种种对身体的刻意行为达到精神上的超脱,借此精神上的尽可能超脱来改变身体,接近于宗教中寻求冥契经验的工夫路径。后者则将工夫蕴于日常生活之中,在具体实践上不赞成对身体强加任何违背生理一般需求或规律的实践,认为要尽量让身体处于正常的生活法则中。在此过程中,精神的正常与身体的正常乃是互为因果的,在工夫循序渐进的累积之下,精神与身体最后在整体

---

① 扬雄撰、司马光集注:《太玄集注》,第8页。

上也会达到某种美善境界。这两种身体观所表现出的工夫论虽然不同,但其结构都预设着一种"身心互渗"的目标,都相信精神与身体是能相互影响的,只是由于其对身体的态度不同,所以在实践上才有了分别。这种对身体之态度的分殊,其实正来自各自思想结构上的差异,可以说,由此即可看出儒家义理中所存有的两种不同的基本形态。此两种身体观的原型,按照杨儒宾先生的说法,似应追溯至孟子的"心气化的身体观"与荀子的"礼义的身体观"①,若前者是主要依循着孟学形态的身体观而来的工夫论,则后者不妨称为在荀学身体观下的工夫论。从工夫论的基本话语来看,孟学的"尽心养气"与荀学的"治气养心",正表明着这两种身体观与工夫论最基本的差异。

很明显,通过以上分析,结合司马光在工夫论上的观点,可以看到,司马光实际上是既重视孟子所强调的养心,也重视荀子所强调的养体,力图在养心和养体两个方面实现中和贯通,从而真正达到"成德""成仁"的目的。我们知道,孟子所谓的"尽心养气"的养心论,就是要人回复本性本心,将本心良知之功效充分发挥出来,进而养"浩然之气",使得原本在宇宙中盛大流行、至大至刚、永恒存在、作为人"体之充"的气能够"复其初",实现对人本身原初道德圆满状态的复返。当此气被人所感知而回复,在身体中不断扩充,就可以逐步改变其身体。因此,孟子认为人性中有能直接作为价值来源的终极理体,在心当为良知,在身则为其浩然之气。只要此一终极之理体能被徐徐发动,心与身同质,其效果由心到身慢慢扩充发散,就可自然改变身体,达到修身的目的。由此可知,孟子将"气"定义为一个"本自浩然"、永恒、神圣完满的道德实体,认为这才是人之身体的应然组成成分。因此当此气在人身上无法

---

① 杨儒宾:《儒家身体观》,台北"中央研究院"文哲所1996年版,第27—83页。

"浩然"时,人之身体基本上是处于一个不正常、不合法的状态,人必须要舍弃这种身体状态,努力回复至原本精气化的身体。

相较于孟子用"大体"来取代"小体"①的修养工夫论,荀子的"治气养心"展现了另外一种修身工夫。荀子主张修身工夫重在以礼来治气,礼能够使人的血气、志意、思虑等身体天生自然的本能材质得到最适当的发展,并且使人自然的需求得到最适宜的安顿,使人外在的形体被打造成为一种适合在群体中生存的样态。荀子对"气"的定义明显与孟子有所不同,它是人需要用意志来对治、控制的对象,必须要用外在的礼义等规则去后天塑造它,才能使其得到最适当的安顿或生存,并非如孟子那种浩然有力的神圣之气。因此,修身工夫并非要恢复气原初的状态,而是要使气经过一番修治、调和的过程。换句话说,孟子所谓的"大体"在荀子看来并不存在,故而不能用"大体"去直接取代所谓的"小体",而是必须从安顿、调和、改造"小体"出发,在最适当状态的过程中达到修身的目的。而所谓的"养心"则指人对治气这一修身工夫的坚定意志,如其所言:

> 君子养心莫善于诚,致诚则无他事矣。惟仁之为守,惟义之为行。诚心守仁则形,形则神,神则能化矣。诚心行义则理,理则明,明则能变矣。……夫诚者,君子之所守也,而政事之本也,唯所居以其类至。操之则得之,舍之则失之。②

---

① 《孟子·告子上》:"从其大体为大人,从其小体为小人。……耳目之官不思,而蔽于物;物交物,则引之而已矣。心之官则思,思则得之,不思则不得也。此天之所与我者,先立乎其大者,则其小者弗能夺也;此为大人而已矣。"(《四书章句集注》,第335页。)
② 王先谦:《荀子集解》,第37—38页。

这里所谓的"以诚养心",乃是指在心中坚持"守仁行义""操之不舍"的态度。只要能坚定此心志来修身,即可达到"形则神,神则化","理则明,明则变",即让身体把礼完全内化的境界。所以荀子所谓的"治气养心"即指要用心坚定操持一个标准来修治、调和身体,使身体将礼内化,达到一种最适宜的状态。

孟子与荀子,一个将"气"当作可依靠信赖的理体,一个将其当作必须修治的对象,这样的分殊实际源于他们在本体论与心性论上的差异。司马光虽对孟子的养气论极为重视,但其诠释似非孟学浩然之气的理路,而是有类于荀学"治气养心"的工夫。司马光在《中和论》中云:

> 孟子曰:"我善养吾浩然之气。夫志,气之帅也;气,体之充也。志至焉,气次焉。"故孟子养德,以气言之,盖能谨守中和之志,不以喜怒哀乐乱其气,则志平气顺,德日新矣。故曰:"持其志,无暴其气。"及夫德之成也,沛然不息,确然不动,挺然不屈。故曰:"其为气也,至大至刚,以直养而无害。"不有道义以充其内,能如此乎? 故曰:"配义与道,无是馁也。"凡人为不善,能欺天下之人,不能欺其心。虽忌而行之,于其心不能无蒂芥焉,然则浩然之气不存矣,故曰:"必有事焉而勿正,心勿忘,勿助长也。"操之则存,舍之则亡,久而无怠,然后自得之,此其所以难言也。……志之所至,气必辅之,君子乘之以为善,小人乘之以为恶,故曰:"气者所适,善恶之马也。"君子守中和之心,养中和之气,既得其乐,又得其寿,夫复何求哉?①

---

① 司马光:《传家集》卷六十四,第795页。

孟子的养"气"被司马光解释为养"德",他认为只要心能谨守中和之志,不要以过而不及的情绪去扰乱气之发展,"德"就能慢慢累积,直至"德之成",此气就会"沛然不息"。但这明显非孟子的本义,原因如下:

其一,孟子的"浩然之气"应先天是浩然有力的,并非等到人慢慢培养至"德之成"后,才"沛然不息"。这种先天饱满的价值理体,并不能在司马光的思想理路中出现,因为如前所论,他强调的善是必须在后天渐进的过程中去循序渐进地培养的,这反而与荀子"积善成德"的理路大致相合。

其二,司马光所谓的"守中和之心"并非把心当成现成理体来发用,而是要心去"谨守中和之志",并且认为心"操之则存,舍之则亡,久而无息,然后自得之",这种强调心对修身工夫的坚持态度,与上述荀学"以诚养心""守仁行义""操之不舍"的心性工夫比较相似。

其三,司马光引用扬雄《法言》"气者所适,善恶之马也"来说明心志对气的作用,气可被人用来发展为善或为恶,这表明司马光所意识到的气不可能是孟子式的浩然之气,而是荀子式需要后天修治的气。

如上所及的司马光在工夫论上的取向,实际上更加偏向于荀学路径,当然对孟子的养心方面的理论又有一定程度的吸收,从而形成了他治心与养体并重的修养工夫论。

二、身心裕如于家

司马光不仅是从一般的理论上强调身心应该兼重,而且明确提出实现两者兼重的重要途径就是重视以礼修身。在他看来,这种以礼修身之工夫的目的,实际上是维系群体秩序,群体之外则自然无工夫可言。而家是作为群体的最基础单位,亦是其他社会群体的基础,因此行礼的基本单位并非单独的个人,而是家。个人的修身场域必须首先在家中开展,然后才能层层递进至国与天下。天下之礼寓于家礼之中,家齐才能国治,国治才能天下平,因此家礼的实践非常重要:

> 家者,治之至小者也,然有严君之道焉。严,恭也,知事亲则知事君矣。①
>
> 礼者,所以治天下之法也。闺门之内,其治至狭,然而治天下之法举在是矣。②
>
> 长幼者言乎其家,上下者言乎其国。能使家之长幼顺,则知所以治国之上下矣。③

基于对家这一修身场域的充分重视,司马光编订了《家范》。该书像别的家训书一样,把《大学》中的"修身""齐家""治国""平天下"作为一个问题的四个环节来看待,而"家齐"处于中间环节。在他看来,只要孝在"齐家"上严正有成,则"穷"可以修其身,"达"可以兼济天下。当然,不可忽视的是,对家礼的重视,亦会使"孝"这一德目被充分重视,故司马光在《古文孝经指解》中讲:

> 将明孝而先言礼者,明礼孝同术而异名。④

---

① 司马光:《温公易说》,第574页。
② 司马光:《古文孝经指解》,第99页。
③ 司马光:《古文孝经指解》,第98页。
④ 司马光:《古文孝经指解》,第97页。

> 人之修德必始于孝,而后仁义生。先王之教亦始于孝,而后礼乐兴。①

从司马光"礼孝同术""修德始于孝"的主张可以看出,孝之所以被重视,乃是因其能维系家之秩序。而如前所言,家之秩序正是一切群体秩序的基础。司马光之所以著《家范》与《古文孝经指解》,则不难理解了。

修身与养体合一不仅止于个体,在中国传统社会发展的特殊结构中,还体现在"齐家之道"上。家作为个体社会化的第一个也是非常重要的场域,在修身理论、养体观念实践上发挥着特殊作用。从社会关系来看,家国同构是中国社会的一大典型特征,传统社会的国家完全是家族政权,血亲关系是家国同构的基础,家庭和家族之所以能够维持一种稳定的关系,不是因为法律和行政的强制性,而完全凭血亲关系,血缘如同一根纽带,紧紧把家庭与家族联结在一起。抛开家庭关系去谈修身与养体的问题,无疑是不合乎司马光思想建构的本意的。应该看到,在司马光哲学思想建构的体系中,家庭伦理处于衔接内外的至关重要的桥梁位置。

第四节 齐家以中

颜之推曾言:"三代而下,教详于家。"②这简明概括地说明了我国古代具有重视家教的传统。在我国传统文化中,"修身、齐家、治国、平天

---

① 司马光:《古文孝经指解》,第90页。
② 王利器:《颜氏家训集解》,中华书局2014年版,第582页。

下"一直被视作一个问题的三个环节,而"齐家"处于中间地位。在先贤们看来:只要是在治家上严正有成,则"穷"可以独善其身,"达"可以兼济天下。正是本于这样的理念,在中国传统典籍中,形成了大量的"家训""家诫"类著作。据考,该类著作源于东汉,盛行于魏晋南北朝时期,与当时世族社会教育制度有着密切关系。从诸葛亮的《诫子书》、颜之推的《颜氏家训》、司马光的《温公家范》、袁采的《袁氏世范》、朱柏庐的《朱子治家格言》到曾国藩的《曾国藩家训》,历代的这些家训对于规范人们的生活和行为方式、整齐家风以至维持整个社会的和谐稳定,都发挥了十分重要的作用。司马光《温公家范》的影响不及《颜氏家训》,甚至也赶不上素有"《颜氏家训》之亚"一称的《袁氏世范》,所以它在历史上只是以"家刻"的形式作为家教之法小范围地流传,甚而几被湮没。直至清代初叶,才有人发现旧本,并认为司马光"一生得力于是"的《家范》"有裨于世道人心非浅"[1],于是校正重刻,使之广为流传。司马光一生著作极为宏富,其中有两部书对后世影响尤著:一部是《资治通鉴》,为历代政治家、军事家所必读;另一部就是《家范》。司马光自己说,《家范》比《资治通鉴》更重要。他说:"欲治国者,必先齐其家。"[2]就研究立身处世和处理复杂的社会矛盾而言,《家范》确实比《资治通鉴》更重要、更实用。司马光《家范》一书共十卷,该书中首载《周易》家人卦辞、《大学》《孝经》《尧典》《诗》思齐篇语则,其后,自治家、祖、父、母、子(两卷)、女、孙、伯侄父、侄、兄、弟、姑姊妹、夫、妻(两卷)、舅甥、舅姑、妇、妾,至乳母,凡十九篇,皆杂采史传事迹可以为法则者。节目备具,切于日用,要而不烦,实足为儒者治行之要。《家范》系统阐述了传统家庭的伦理

---

[1] 司马光:《温公家范》,天津古籍出版社1995年版,第220页。
[2] 司马光:《温公家范》,第4页。

关系、治家原则,以及修身养性和为人处世之道。书中引用了许多儒家经典中的治家、修身格言,对我们颇有启发。此外,书中还收集了历代治家有方的大量实例和典范,以为后人树立楷模。司马光本人为人正直,为官清廉,居处得法,举止有礼,忠信仁孝,治家有方,以身作则,为后人树立了做人和治家的榜样。故而,他依托《家范》所建构的家庭伦理更有实际意义。

一、"治家莫如礼"

司马光推崇礼为治国之本,是治国总纲,也是治家之总纲。他提出应该将礼的"尊卑有等、长幼有序、内外有别、亲疏有序"原则贯穿于家庭伦理关系之中,强调要以"礼法齐其家"[①],并依此对家庭伦理思想做了非常详尽的规定和发挥。他要求家庭成员间要"生,事之以礼;死,葬之以礼、祭之以礼"[②],一切应依据礼的原则而行事。其讨论对象包括祖、父、母、子、女、孙、伯叔父、侄、兄、弟、姑姊妹、夫、妻、妾、乳母等具有不同伦理身份的个体所应具备的伦理规范与道德要求。为此,他引晏婴语曰:"父慈而教,子孝而箴;兄爱而友,弟敬而顺;夫和而义,妻柔而正;姑慈而从,妇听而婉,礼之善物也。"[③]司马光进而对父母、子女、兄弟、夫妻、姑妇等家庭关系提出了要符合礼仪的要求。他不胜感叹地说:"为人祖者,莫不思利其后世,然果能利之者鲜矣。何以言之?今之为后世谋者,不过广营生计以遗之,田畴连仟陌,邸肆跨坊曲,粟麦盈国

---

① 司马光:《温公家范》,第 25 页。
② 司马光:《温公家范》,第 100 页。
③ 司马光:《温公家范》,第 8 页。

仓,金帛充筐筒,谦谦然求之犹未足,施施然自以为子子孙孙累世用之莫能尽也。然不知以义方训其子,以礼法齐其家"。① 礼,作为家庭伦理的最高指导思想,对家庭成员到底有些什么要求呢? 司马光提出:"为父母者,慈严、养教并重;为子女者,孝而不失规劝;为兄者,富弟并友好待之;为弟者,恭敬而顺从;为夫者,相敬而不悖礼;为妻者,谦顺且守节;为姑者,慈爱无别;为妇者,屈从不苟言。"另外,司马光还引《礼记》中对男女的各种规戒,进一步阐明礼在家范中的具体运用,对家族成员的行为给予了明确严格的规范。例如,《家范》之《妻》篇具体涉及为人妻当有六德,倡导守节不改嫁、勤俭为美,进一步提出"非徒备此六德而已,又当辅佐君子,成其令名"。② 对于悍妻,《家范》卷七《夫》篇云:"自古及今,以悍妻而乖离六亲,败乱其家者,可胜数哉! 然则悍妻之为害大也。"③ 提出"凡娶妻,不可不慎择也。既娶而防之以礼,不可不在其初也"。④ 又言道:"其或骄纵悍戾,训厉禁约而终不从,不可以不弃也。"⑤ 司马光强调"夫妇以义合,义绝则离之","若妻实犯礼而出之,乃义也","苟室有悍妻而不出,则家道何日而宁乎"。⑥ 司马光修撰《家范》提倡以礼治家,并修撰《居家杂仪》,其关注的正是以古礼与现实的具体结合来规范家族内部的秩序。这是唐宋时期礼制发展的一个重要的趋势。司马光多次引用《论语》《礼记》《孝经》《孟子》《尚书》等经典阐述自己的观点。他在《温公家范》中十分注重礼的存在和作用,认为春秋时期所确

---

① 司马光:《温公家范》,第 25 页。
② 司马光:《温公家范》,第 193 页。
③ 司马光:《温公家范》,第 157 页。
④ 司马光:《温公家范》,第 157 页。
⑤ 司马光:《温公家范》,第 157 页。
⑥ 司马光:《温公家范》,第 157 页。

立的诸多礼节,都是需要后世人们遵循和重视的,于是他在书中多处引用《孝经》《礼记》等礼法类的典籍,来支撑其理论观点。如在《温公家范·治家》中,司马光认为"男女之别,礼之大节也,故治家者必以为先"①,并引用《礼》曰"男女不杂坐,不同椸枷,不同巾栉,不亲授受",②即认为男女之别是礼制中最根本的出发点,是治家最为重要的基础。③又引《曾子·子思子》:"君子之于子,爱之而勿面,使之而勿貌,遵之道而勿强言。心虽爱之,不形于外,常以严庄莅之,不以辞色悦之也。不遵之以道,是弃之也。然强之或伤恩,故以日月渐磨之也",④强调教子时要恰当处理疼爱之内心与外在神态表现之关系,使孩子在事中磨炼,逐步把握好为人处世的尺度。这也是司马光中和思想在治家方面的充分展现。

二、慈严养教

在《家范》中,司马光着墨最多的则是在处理父子(母子)、夫妻关系的部分(各占两卷)。"为父母者,慈严、养教并重;为子女者,孝而不失规劝。"在家庭基本伦理关系问题上,司马光首先认为做父母的须尽父母之道。他将此父母之道概括为:慈和严并重,养与教并重。

一方面,他提出做父母的若"慈而不训,失尊之义;训而不慈,害亲之理。慈训曲全,尊亲斯备",⑤即父母只讲慈爱,就失去了父母的尊严

---

① 司马光:《温公家范》,第8页。
② 司马光:《温公家范》,第8页。
③ 张晓敏:《〈温公家范〉主体思想研究》,青岛大学硕士学位论文,2008年,第29页。
④ 司马光:《温公家范》,第33页。
⑤ 司马光:《涑水家仪》,载朱熹:《家礼》卷一《居家杂仪》,《文渊阁四库全书》第142册。

大义;父母只讲威严,最终伤害父母与子女间的骨肉亲情。在只慈不严和只严不慈两种错误倾向上,司马光特别重视只慈不严所带来的危害。司马光还指出尽家长的教育责任也是家长义不容辞的一种道德义务,是"慈"的重要方面。他说:"今世俗之人,其柔懦者,子妇之过尚小则不能教而嘿藏之,及其稍著,又不能怒而心恨之,至于恶积罪大不可禁遏,则暗呜郁悒至有成疾而终者:如此有子,不若无子之为愈也。其不仁者,则纵其情性残忍暴决,或听后妻之谗言,或用嬖宠之计,捶扑过分,弃逐冻馁,欲置之死地而后已。"①于此,司马光进一步说明,家庭出现的种种和谐失态的情况并不都是传统道德所认为的由不孝导致的,关键还在于家长不慈。所以司马光在列举上述事实之后得出结论:"盖言不孝不慈,其罪均也。"②对子女不能"狎"和"简",不可一味地娇纵溺爱。"吾见世间无教而有爱,每不能然……至于长成,终为败德。"③

另一方面,他又要求父母对子女"养"与"教"并重,即"养之,故人赖以生也;教之,故人赖以明也……夫为人上者不能养,则人离制矣、养而不能教,则人毂乱矣"④,尤其重视父母对子女的教育职责,"自古知爱子不知教,使致乎微辱乱亡者,可胜数哉! 夫爱子当教之,使之成人"⑤。他主张父母前辈留给子孙后代的应是"以德以礼""以廉以俭",而不应是财。司马光在《家范》中以很大的篇幅提出和论述了处理家庭财产关系的基本原则。他认为在处理家庭财产关系时,必须坚持义利双行,二者不可少其一,但在这二者中,义是最重要的,这即是儒家所一贯倡导

---

① 司马光:《温公家范》,第39页。
② 司马光:《温公家范》,第40页。
③ 司马光:《温公家范》,第38页。
④ 司马光:《潜虚》,第6页。
⑤ 司马光:《温公家范》,第33页。

的"重义轻利"的原则。司马光指出,为人祖者,总习惯于广置田业,营制一笔财产遗之后世,荫及子孙,以此为自己的责任。其实这是不能齐其家的。古往今来的历史一再证明,单纯的以利遗子孙,并不能福泽后世,做父母的有比遗留财产更为重要的事,即训子孙以义。家财万贯,如不能导之以义,往往导致家庭纷争不已,产生种种家庭悲剧。司马光对此揭露道:

> 尝有士大夫,其先亦国朝名臣也,家甚富而尤吝啬,斗升之粟,尺寸之帛,必身自出纳,锁而封之,昼则佩钥于身,夜则置钥于枕下。病甚困绝,不知其子孙窃其钥,开藏宝,发箧笥,取其资财。其人复苏,即扪枕下,求钥不得,愤怒遂卒。其子孙不哭,相与争匿其财,遂至斗讼,其处女亦蒙首执碟自呈诉于府庭,以争嫁资,为乡党笑。盖由子孙自幼及长,惟知有利,不知有义故也。①

他还认为父母对子女须注意言传身教。《家范》中引述曾子杀豚等很多故事说明父母不能对孩子说谎。在为官善恶的标准上,《家范》中讲道:"儿子从官于外,有人来言其穷窭不能自存,此吉语也;言其富足,车马轻肥,此恶语也。"②拒绝接受为官的儿子利用职权猎得的财物,以帮助子女养成诚信廉勤的品格。即便在今天,此语也颇具借鉴意义。司马光提出的慈严并重、养教并重的对待子女的态度和方法至今尚有重要的意义和价值。

---

① 司马光:《温公家范》,第25页。
② 司马光:《温公家范》,第50页。

三、夫敬妇顺

在司马光看来,夫妇之道,"天地之大义,风化之本原也"[①]。他要求夫妻各守其德,即"为夫者,相敬而不悖礼;为妻者,谦顺且守节",做丈夫的要敬重妻子,勿作悖礼之事;做妻子的必须谦卑恭顺,保持节操。首先,在夫妻相合之道上,司马光主张夫妻应相合于义的基础之上,即强调婚姻应以夫妻品性相合为前提。"夫妇以义合",[②]"凡议婚姻,当先察其婿子妇之性行",即要求男女双方应把品行作为是否婚嫁对方的重要考察点。基于此,他最痛恨买卖婚姻,认为因贪恋财物而嫁或娶,那是"鬻奴卖婢之法"。司马光对重性行、贬财物的婚姻观的重视具有进步意义,反映了人类自身价值认识的提高,即人类不能降低自身的价值以屈就于财物。此外,他还批评"指腹为婚"的陋习,因在"襁褓童幼之时轻许为婚",不是建立在情投意合的基础上,待成人后,往往因对方不中意而产生背约致讼,影响社会的和谐稳定。其次,在相处之道上,司马光比较重视男女的相敬相爱,认为"夫妇之际以敬为美",[③]他列举了历史上"举案齐眉""相敬如宾"等很多典故予以说明。这种权利与义务的关系在《家范》中具有普遍的意义。它不仅是处理父子关系,而且是处理夫妻关系、兄弟关系乃至姑妇关系的道德准则和行为规范。司马光不以"夫为妻纲"为是,不认为妻子一切唯夫是从,听从丈夫的摆布,而主张妻子与丈夫在处理家庭问题时也应处于某种平等的地位,存在

---

① 司马光:《温公家范》,第155页。
② 司马光:《温公家范》,第157页。
③ 司马光:《温公家范》,第156页。

着妻子批评丈夫的权力。这不仅无妨"妇道",而且正是"内助之功",即做一个好妻子所不可缺少的。他说:"为人妻者,非徒备此六德而已,又当辅佐君子成其令名。是以《卷耳》求贤审官,《殷其雷》劝以义,《汝坟》勉之以正,《鸡鸣》警戒相成,此皆内助之功也。"①他是这样讲的,也是这样做的。在传统社会,倡导夫妻间相敬相爱是值得肯定的,毕竟其间已经表露出一定程度的平等交流的色彩。此外,司马光还提出"夫妇以义合,义绝则离之"②,允许感情不和谐的双方离婚,这在当时也是非常难能可贵的。

四、孝不失箴

司马光继承了儒家以孝为本的思想,赞同《孝经》的观点,将"孝"看作是超越家庭社会而存在的永恒天地之道。在他看来,"孝者,百行之本""德之极至",他将"孝"视为一切美德的基础和最高的美德,并认为孝是仁义的实质:"夫孝悌者仁义之实"③"孝慈仁义忠信礼乐,自生民以来谈之至今矣"④。他认为"自古圣王治天下之道,未有不自孝慈始",⑤"圣人之德无以加于孝。自天子至于庶人,莫不始于事亲,终于立身,扬名于后世",⑥孝成了修身立国的首要措施。然而孝是否意味着做子女的必须无条件地服从父母呢?司马光以为不尽然。他主张应该在服从

---

① 司马光:《温公家范》,第 193 页。
② 司马光:《温公家范》,第 157 页。
③ 司马光:《传家集》卷六十三,第 773 页。
④ 司马光:《迂书·辨庸》,《传家集》卷七十四,第 906 页。
⑤ 司马光:《传家集》卷二十八,第 385 页。
⑥ 司马光:《传家集》卷四十九,第 621 页。

的总原则下,对父母之不当言行施以"箴",此即所谓孝不失"箴"。"谏者为救过也。亲之命可从而不从,是悖戾也;不可从而从之,则陷亲于大恶。然而不谏,是路人,故当不义则不可不争也。""然则争之能无拂亲之意乎?曰:'所谓争者,顺而止之,志在必于从也。'孔子曰:'事父母几谏。见志不从,又敬不违,劳而不怨。'"①子女对父母的过错言行一定要强谏,争取父母放弃其错误的言行,不要总是担心父母不高兴,否则就是害亲不孝。当然他强调箴谏时要态度诚恳、语言柔和。"父母有过,下气怡色,柔声以谏。谏若不入,起敬起孝。悦则复谏,不悦,与其得罪于乡党州闾,宁孰谏。父母怒不悦而挞之流血,不敢疾怨,起敬起孝。"②在子女多次强谏下,父母还决意不从,子女最终只能忍痛随同父母,"三谏而不听,则号泣而随之,言穷无所之也"。③ 否则又将走到上下失和的地步,在司马光看来这又违背了孝的本意。司马光基于"孝不失箴"的基本立场,对于孟子"父子之间不责善"的思想进行了批评,认为"不责善是不谏不教也,而可乎?"④"孝不失箴"的思想无疑是对传统孝道思想的发展,在一定程度上允许子女有自己的独立思想,而且可以对父母提出批评,父母子女间可以展开双向交流,这无疑具有一定的进步性。在《温公家范》中,司马光对子孙进行的"养亲""敬亲"方面的教育与《孝经》的"孝子之事亲也,居则致其敬,养则致其乐,病则致其忧,丧则致其哀,祭则致其严"⑤的孝道教育思想具有一致性;他对子孙所进行的"爱亲"方面的教育是建立在孔子"事父母几谏"思想基础上的;他的

---

① 司马光:《温公家范》,第86页。
② 司马光:《温公家范》,第85—86页。
③ 司马光:《温公家范》,第86页。
④ 司马光:《传家集》卷七十三,第896页。
⑤ 李隆基注、邢昺疏:《孝经注疏》,北京大学出版社1999年版,第38页。

"显亲"教育出自《孝经》"立身行道,扬名于后世,以显父母,孝之终也"。可见,《温公家范》中的集"敬亲""爱亲"和"显亲"为一体的孝道教育思想,是对传统儒家孝道思想的继承与发展。①

综上可见,司马光以《家范》为中心的家庭伦理建构在宋代宗法关系日渐松弛的背景下,实际上为宋代家族组织确定了一套长幼有序、贵贱有等的符合礼教标准的生活方式。人们言谈举止各从其规范,冠婚丧祭皆有定式,从而为宋元以后的传统社会家庭规范确定了一个基本的框架。在"家正而天下正"原则指导下,司马光提出了"治家莫如礼"的思想。因此,可以说,司马光成为了以后家庭伦理思想的创始巨擘。在千年传统中,家是人伦秩序的核心。费孝通以"差序格局"所表述的秩序典范,就是以家人为中心圆、按照亲疏远近关系由内而外的层层外推。在这样的秩序典范中,家具有集政治、伦理、文化于一身的意义。从衣食住行开始,渗透在生活的每一个细节中的初始教育、气质之熏陶、日常的礼仪,都显示了家作为人生起源与归宿的意义,此中深含着中国人所具有的世代生成的时间意识。

我们不难理解在传统中国出现的那些与家相关联的词语,比如,传达家作为教化—伦常共同体的"家学""家风""家教""家礼""家训""家道""家法""家规""家范"等,体现家的时间历史意识与宗教精神的"家谱""家祠""家世""家业""家语""家神"等。所有这些词语,都体现了家在传统中国所具有的特别意义。在现代的公共体制与制度中不断边缘化的情势下,家也已然超出了古希腊意义上作为私有领域的"家政学"的意义。即便在现代中国,家的意义也没有被限定在日常生活的生

---

① 梁甜:《〈温公家范〉中的孝道教育思想研究》,山西师范大学硕士学位论文,2017年,第47页。

理—生物需要之满足,它依然被视为教化与伦理的策源地之一。正是在这样的意义上,司马光在家规、家范、家仪等方面做了大量的工作。这从其留下的《司马氏书仪》《涑水家仪》《温公家范》《说家杂仪》及《三家冠婚丧祭礼》中可以看出。司马光借由对治心和养体并重的理路,扩展为在《家范》中充分展现的家庭伦理,实现了由个体内在修养向社会政治秩序转化的有效衔接。故而,有学者认为"司马光虽然提出了'家正而后天下正'的治国思想,但其实在家庭伦理的相互角色中更多贯穿的是忠恕之道,讲究的是相对伦理,并不能将家庭伦理直接转换为君臣之间的礼仪纲常",①这种说法恐不符合司马光思想的实际。

　　基于内在修养和外在养体方面的修之以"中",司马光通过礼的实践力图实现两者的统一,并且试图将其扩而充之,从个体的修治扩展到群体,实现"齐家""平天下"之理想。由此可以看出,在孟荀两种截然不同的工夫论面前,司马光通过对孟子的反思与重新诠释以及对扬雄理路的继承,独具特色地选择了荀学的工夫路径。这也是司马光"体""性"架构下的人性论所必然导致的倾向。这样的路径也使得司马光在家庭伦理的建构上相较于时贤更为完善。在哲学理论体系的建构中,这样一个发端于内、完善于外,最终成为由个体修养向社会转化桥梁的家国理想秩序的建构与实践发挥了重要作用。

---

① 段海宝:《司马光的礼治政治哲学》,载彭永捷主编:《中国政治哲学史》第 2 卷,中国人民大学出版社 2017 年版,第 290 页。

第六章　中和损益，王霸并行

承前所论，司马光通过对天人各自有限性的体认，在理论上形成了非常鲜明的"中和"化倾向。秉承儒家一以贯之的内圣外王贯通的思路，司马光从虚气关系入手，以分合统一的天人观、体性中和的人性论为基础，将修身与修心并举，其目的不在于空言"大道精微之理"，而是将目标锁定在对现实政治秩序中义利、王霸、德法等关系的处理上，为在政治统治中"一以治万，寡以治众"提供有效的合理性论证。故此，他提出了心中理想的治理模式，即"中和之政"。实现"中和之政"既是司马光在政治实践中的理想追求，亦是其整个思想体系的最终落脚点。

第一节　"中和之政"的理想

一、"政以中和为美"

司马光以他的世界观为指导，穷探治乱之道、深究政治之本，其政治观根本上是为维护传统社会秩序、实现政治理想服务的。《法言集注》中，司马光提出了"中和之政"的概念。①《资治通鉴》中的大量评论

---

① 司马光在解释扬雄"中和之发在哲民情"句时云："哲当作晢，晢，明也，言将发中和之政，在光明民情。"(《扬子法言·先知篇》卷六，第319页。)

就是其政治哲学思想的集中体现,当然它们也同样体现在司马光的其他论著里:

> 古者至治之时,或耕者推畔行者,推涂狱讼不兴,盗贼不作,彼风俗若是之美者,岂古则可为而今不可为邪?繇教之未至故也。①

司马光作为一个封建政治家,其政治理想是建立一个太平之国:"君明臣忠、上令下从、俊良在位、佞邪黜远、礼修乐举、刑清政平、奸宄消伏、兵革偃戢、诸侯顺附、四夷怀服、时和年丰、家给人足,此太平之象也。"②这个政治理想与儒家传统颂扬的上古尧舜禹三代之治的"大同"理想有一定差距。之所以称它是现实理想,是因为在司马光看来,这种"太平之象"一度在宋初太祖、太宗、真宗时代出现过。那时就是一个和平安睦、与民休息、"吏守法度、民安生业"的"太平之极致"之象。只是好景不长,至仁宗起就消失了,在司马光时已难觅踪迹。所以,司马光的政治理想实际上就是要重现太祖、太宗时的盛景。由此而来,司马光提出了他的治国大纲:"夫为国家者,任官以才、立政以礼、怀民以仁、交邻以信。是以官得其人、政得其节、百姓怀其德、四邻亲其义。夫如是,则国家安如磐石、炽如焱火,触之者碎、犯之者焦,虽有强暴之国,尚何足畏哉。"③他明确认为,国家要实现"至治",其关键就在于要处理好"用人""礼治""仁政"和"信义"四个环节。

---

① 司马光:《传家集》卷七十一,第872页。
② 司马光:《资治通鉴》卷二四四,第8272页。
③ 司马光:《资治通鉴》卷七,第232页。

在司马光看来,理想的政治是中和之治,偏离中和之道,便是变革发生的深刻根源;而恢复中和,正是变革的根本目的。中和之道是变革的方法指导,变革就是以中和为原则对不适宜的礼仪制度进行损益,使其重新变得适宜,使各种关系间恢复或新构一种协调平衡的中和状态,即谓"阴阳之谓道,然变而通之,未始不由乎中和也。阴阳之道……在国为礼乐赏刑。……善为之者、损其有余益其不足,抑其太过、举其不及。大要归诸中和而已矣"。① 他由此提出自己的基本观点,从而在实际上构建了他的"政以中和为美"②为目标的政治哲学。

二、"上下相维,君臣同体"

除此之外,司马光还提出了一个非常重要的政治理想目标,即政治权力的上下协和。这充分体现在其《潜虚·体图》所详列的十类人群的良好秩序之规划之中。在他看来,只有有效实现了"一以治万,少以制众",纲纪方能确立,理想政治目标才可能实现。为了说明此点,司马光用了一个形象的比喻,即若"心使身,身使臂,臂使指,指操万物"。③ 王、公、岳、牧、率、侯、卿、大夫、士、庶人按照一定的礼仪规则进行有效整合,良好的社会秩序方能形成。否则"或者不为之使,则治道病矣"④,"卿诎一,大夫诎二,士诎三,庶人诎四。位愈卑诎愈多,所以为顺也。

---

① 司马光:《传家集》卷六十四,第795页。
② 司马光:《传家集》卷六十四,第795页。
③ 司马光:《潜虚》,第2页。又见《法言集注》卷六中释《法言》《先知》篇之"曰纲纪"云"自天子至于庶人,上下相承,如身使臂,臂使指"。(第322页。)
④ 司马光:《潜虚》,第2页。

诎虽多不及半所以为正也,正顺莫坠之大谊也"。①

基于此,司马光认为君臣的目的是共同的,都是为了实现天下大治,走向万世太平,而不是君为臣、臣为君的互利关系,"士之读书者,……求得位而行其道,以利斯民也。国家所以求士者,……亦欲得其道以利民也。故上之所以求下,下之所以求上,皆非顾其私,主于民而已矣"。②君臣努力的最终目标都在"思得先古之至道,当今之要务,施之于事,以安元元",③"以养民而全其生也",除此之外,没有别的特殊目标。既然如此,他为何又要强调君臣之分呢?司马光认为"四海至广,虽圣人不能独治;万机之众,虽圣人不能遍知。是故设官以分其事、量能而授之任"。④ 正是基于对人的有限性的觉知,司马光提出,天下万事"以一人之耳目智力为之,则所及者寡,所废者多矣"。⑤ 这就是说,圣人皇帝也是有限性的存在,并非是无所不知、无所不能的,必须要与臣僚和士大夫共治天下,天下大治才有希望。有君需有臣,君臣虽职分不同,但其宗旨是一致的。故他说:"故阳而不阴,则万物伤矣;君而不臣,则百职旷矣。阴阳同功,君臣同体。"⑥仁君不依靠人臣,则国家之职能将无以实施。因此,君和臣当为"同体",在治国平天下过程中都是不可或缺的,它们"上下相维,内外相制",互相维系、互相制约、共同主政。由此,司马光首先在君臣关系上突破了传统的君主臣仆的传统模式。

司马光还提出,既然君臣同体,那么君王对待臣官就不能再本着妄

---

① 司马光:《潜虚》,第4页。
② 司马光:《传家集》卷五十八,第697页。
③ 司马光:《传家集》卷七十五,第920页。
④ 司马光:《传家集》卷六十八,第841页。
⑤ 司马光:《传家集》卷六十五,第799页。
⑥ 司马光:《温公易说》,第574页。

自尊大、骄横专制的态度,而应以一种朋友般的友好态度相待:"与群臣言,愉和颜色,如接宾友,唯恐伤其意求。"①他反对"人君骄亢而自专";②君王还应该广泛虚心地就国事与臣僚相商,做到求贤若渴,从谏如流。毋论臣下身位贵贱、语止鲁雅,"人君不以鄙贱废善言""求规谏之言,孜孜如不及,虽有狂狷讦直,亦能容之"③。"自古明圣之君,闻一善言而立为之变更号令者多矣。"要求"位无高下,言无先后,唯是之从",④反对君王"合乎圣意则悦而从之,不合则怒而弃之"⑤的任意独裁作风,他认为唯有"君臣相与议于朝,……然后道可存国可治也"⑥。另外,君王还应相信群臣,不得随意撤更,明主"审求天下之大贤,而亟用之,专信之,举社稷百姓而委属之,虽有至亲不能夺也,虽有至贵不敢争也"。⑦ 他也反对任人唯亲和"知之不明、用之不固、信之不专"⑧的作风。

在此基础上,司马光又强调君臣各有职事,人君不能越俎代庖,包揽百官之职:"为人君者,谨于择吏而已矣,他奚足事哉?"⑨认为君王除倾听群臣百姓意见,选择高层官吏并施以相应赏罚外,其余大小百事不必也不应去直接管理。除任官赏罚外,其余皆不当用心。这在一定意义上,与今天的科层制管理模式有着非常近似的方面。在司马光《体图》所列的王、公、岳、牧、率、侯、卿、大夫、士、庶人,从上到下十个等级

---

① 司马光:《传家集》卷六十,第718页。
② 司马光:《传家集》卷三十,第408页。
③ 司马光:《传家集》卷六十,第718页。
④ 司马光:《传家集》卷三十八,第499页。
⑤ 司马光:《传家集》卷三十六,第475页。
⑥ 司马光:《潜虚》,第25页。
⑦ 司马光:《传家集》卷六十四,第789页。
⑧ 司马光:《功名论》,《传家集》卷六十四,第788页。
⑨ 司马光:《传家集》卷六十五,第802页。

的金字塔结构中,每一等直接受制于其上一等,各等皆须各尽职分。照此图示,司马光的"寡以统众,一以治万"之可能性就可以实现了。他曾说:

> 夫以四海之广,兆民之众,受制于一人,虽有绝伦之力,高世之智,莫不奔走而服役者,岂非以礼为之纪纲哉?是故天子统三公,三公率诸侯,诸侯制卿大夫,卿大夫治士、庶人。贵以临贱,贱以承贵。上之使下犹心腹之运手足,根本之制支叶,下之事上犹手足之卫心腹,支叶之庇本根。然后能上下相保而国家治安,故曰:天子之职莫大于礼也。①

这与《体图》里的一段解释文字高度类似:

> 一等象王,二等象公,三等象岳,四等象牧,五等象率,六等象侯,七等象卿,八等象大夫,九等象士,十等象庶人。一以治万,少以制众,其惟纲纪乎!纲纪立而治具成矣。②

此外,司马光在《法言集注》中还说:"国之所以能为国者,以在上者执号令御其下,如人之有神灵也。"③即等级名分乃是政治体的"神灵",是其存亡所系。在如上的体图中,构成该图的 55 个符号是生成之数的组合。作为一个完整的整体,其中的任何一个都是不可或缺的,每一个

---

① 司马光:《周威烈王二三年》,《资治通鉴》卷一,第 2 页。
② 司马光:《潜虚》,第 3a 页。
③ 扬雄:《纂图分门类题五臣注扬子法言》卷八《渊骞篇》,北京图书馆出版社 2003 年影印宋刻本,第 8b 页。

数并不因等级高低而有所差别,其辞云:"心使身,身使臂,臂使指,指操万物,或者不为之使,则治道病矣。"① 这里以身体为喻解释政治体:它作为一个有机的系统,心、身、臂、指任一部分都必须是完好、有效的,才能保证整个政治体的有序运转。另外,从"卿"等开始,出现了一些比较特殊的变化,见《体图》的左下三角框内:王在卿、大夫、士、庶人诸级中皆居于从位(右侧),而不是主位(左侧);相同的是公之于大夫、士、庶人,岳之于士、庶人,牧之于庶人。司马光把这种现象解释为"诎":"卿诎一,大夫诎二,士诎三,庶人诎四。位愈卑诎愈多,所以为顺也。诎虽多不及半,所以为正也。正顺,天地之大谊也。"这里所谓诎就是不正,说明处于政治体顶端的王、公、岳、牧的影响力不是绝对的,尤其是王(君主)在卿以下的政治等级中始终居于从属地位。这种现象与前面所说的君主为核心说法表面上看是有矛盾的,但实则反映了司马光后期政治主张的一个重要特色,即"为政有体"论。而这种"为政有体"论,正是为了补充他早年过度强调的君主核心论。

熙宁二年(1069年),司马光进《体要疏》,其中说道:

> 臣闻为政有体,治事有要,自古圣帝明王,垂拱无为而天下大治者,凡用此道也。何谓为政有体?君为元首,臣为股肱,上下相维,内外相制,若网之有纲,丝之有纪……古之王者,设三公、九卿、二十七大夫、八十一元士以纲纪其内,设方伯、州牧、卒正、连帅、属长以纲纪其外。尊卑有叙,若身之使臂,臂之使指,莫不率从。此为政之体也。

何谓治事有要?夫人智有分而力有涯,以一人之智力兼

---

① 司马光:《潜虚》,第 3a 页。

天下之众务，欲物物而知之，日亦不给矣。是故尊者治众，卑者治寡；治众者事不得不约，治寡者事不得不详，约则举其大，详则尽其细，此自然之势也……是故王者之职，在于量材任人、赏功、罚罪而已。苟能谨择公卿牧伯而属任之，则其余不待择而精矣；谨察公卿牧伯之贤愚善恶而进退诛赏之，则其余不待进退诛赏而治矣。然则王者所择之人不为多，所察之事不为烦，此治事之要也。①

这里所强调的"治事有要"，其实是重申了司马光在英宗一朝所上《陈治要上殿札子》的内容，明确了王者关于体、要的思考，尤其是关于"为政有体"的阐述，它绝不是司马光纯粹理论思考的结果，而是为了回应现实政治（即王安石变法）作出的有针对性的举措。在《体要疏》中，司马光指出，神宗登基三年以来非常努力，但一直没有很好的效果，问题就在于未得体要：

祖宗创业垂统，为后世法，内则设中书、枢密院、御史台、三司、审官、审刑等在京诸司，外则设转运使、知州、知县等众官，以相统御，上下有叙，此所谓纲纪者也。今陛下好使大臣夺小臣之事，小臣侵大臣之职，是以大臣解体不肯竭忠，小臣诿上不肯尽力，此百官所以弛废，而万事所以隳颓者也。而陛下方用为致治之本，此臣之所大惑也。②

---

① 司马光：《体要疏》，《司马光集》卷四，第897—899页。
② 司马光：《体要疏》，《司马光集》卷四，第899页。

司马光在这里详列了在京诸司、在外众官,认为这种设置即"所谓纲纪者也";而新法实施过程中对这种设置的侵蚀、破坏,乃是社会治理最大的危机之所在。他批评制置三司条例司的设置,认为此举侵夺三司之事,朝廷屡派使者出访也干涉了地方事务,影响中央和地方的关系;他还直接批评了神宗皇帝本人"好于禁中出手诏指挥外事",夺"小臣之事"①,会引发社会管理的混乱。从总体上来看,司马光认为当时社会的问题不是出在神宗一个人身上,而在于整个政治管理体制的运作。

第二节 "仁、明、武"的君道论

早在嘉祐六年(1061年),四十二岁的司马光在以同知谏院参与朝政时,就连续向仁宗皇帝呈送了三道奏章,即《三德》《御臣》《拣兵》。在《三德》札子中,司马光首次向皇帝提出了仁君所应具备之三德,即"仁""明""武"的问题。司马光突出强调了:

> 窃惟人君之大德有三:曰仁、曰明、曰武。仁者,非妪煦姑息之谓也,兴教化,修政治,养百姓,利万物,此人君之仁也;明者,非烦苛伺察之谓也,知道义,识安危,别贤愚,辨是非,此人君之明也;武者,非强亢暴戾之谓也,惟道所在,断之不疑,奸不能惑,佞不能移,此人君之武也。②

---

① 司马光:《体要疏》,《司马光集》卷四,第900—903页。
② 司马光:《传家集》卷二十,第296页。

"仁""明""武"之三德作为司马光终生信守的对皇帝的诫勉,在每一个皇帝继任之时他都反复言及和推介,足见其在司马光思想中的重要地位。

一、"仁"心化成天下

司马光所讲的"仁""明""武"之为君三德,首要的是"仁"。这里的"仁"实际上就是要求皇帝对百姓实行"仁政"。而要推行"仁政",首先就是要"兴教化",他把教化问题提到"国家之急务"的高度。因为在他看来,只有加强教化,才能改变社会风俗。考察司马光的多个奏章就会注意到,其实这里的"风俗"指的就是社会风气。在司马光看来,社会风气是天下之大事。他指出人君乃是为天下人走向天下太平而存在的,因此,"为人君者,视天下有一事不治,以为己过;有一民失所,以为己忧"。[①] 作为一个君王,应急天下之所急,忧万民之所忧。"王者以天下为家,……阜天下之财以养天下之民"。王者的天职就是为天下、为百姓,别无他图。对百姓在生死线上苦苦挣扎、受尽贪官污吏盘剥的凄惨生活,司马光常常予以充分揭示。如在一次上奏时道:

> 四民之中,惟农最苦。农夫寒耕热耘,沾体涂足,戴星而作,戴星而息。蚕妇育蚕治茧,绩麻纺纬,缕缕而积之,寸寸而成之,其勤极矣。而又水旱霜雹蝗蜮间为之灾。幸而收成,则

---

① 司马光:《传家集》卷三十,第 411 页。

公私之债,交争互夺,谷未离场、帛未下机,已非己有矣。农夫蚕妇所食者糠粒而不足,所衣者绨褐而不完。①

这段话中,农民极尽艰难的生活惨景跃然纸上,也表达了司马光对百姓贫苦生活的深切同情和立志富民救民的心志。正由此心志出发,司马光无情揭露抨击当时的各级官吏"视民之穷,曾无矜悯,增无名之赋,兴不急之役。吏缘为奸,蠹弊百出。民挢手计穷,无以为生"②的残劣行径,要求对一切贪官污吏治以重罪,故他讲:"善为政者,视民如子。见不仁者,诛之如鹰鹯之逐鸟雀也。故害民之吏,患在不知,知而不除,使戕贼良善,不爱一州而爱一酷吏,岂为民父母之意哉!"③要求为政者作为民之父母,当爱民如子,一心一意为百姓谋福利,对一切残害百姓"啖民为生者"应知而必除,决不姑息。进而,司马光严厉指斥仁宗帝不惜民财之举,严正指出:

夫府库金帛,皆生民之膏血,州县之吏,鞭挞其丁壮,冻馁其老弱,铢铢寸寸而诛之。今以富大之州、终岁之积,输之京师,适足以供陛下一朝恩泽之赐,贵臣一日饮宴之费。陛下何独不忍于目前之群臣,而忍之于天下之百姓乎?④

上文表达了司马光对仁宗及群臣不顾百姓生活现状,大肆搜刮民脂民膏举动的愤懑之情,在他看来,正是大批贪官的"病民"行为才导致

---

① 司马光:《传家集》卷四十八,第615页。
② 司马光:《传家集》卷三十九,第506页。
③ 司马光:《传家集》卷二十六,第369页。
④ 司马光:《传家集》卷二十五,第360页。

了"百姓困穷之弊均于秦汉"的惨局。他多次吁请仁宗一方面带头厉行节俭,对宗室宫戚内臣以及一切外臣的奢侈行为"明治其罪";另一方面则主张对百姓轻租薄税,"凡农民租税之外,宜无有所预",①罢除一切超越百姓承受力的赋捐劳役,减轻百姓负担,改善其生活,这也是从为君之"仁"的利百姓的立场出发的。虽然司马光这里对包括仁宗在内的皇帝们展开了一定程度的批评,但这仅仅是为维护当时社会秩序而发,也符合北宋时期"士大夫政治"的基本特点,绝不能提升到反对君主专制的启蒙意义去理解和定位。②

二、"明"辨贤愚是非

"明"是司马光之为君三德中强调的又一个重要方面,根据司马光对"明"的规定,"明者,非烦苛伺察之谓也,知道义,识安危,别贤愚,辨是非,此人君之明也"。③ 这里的关键是根据形势和国事的变化"别贤愚,辨是非","别贤愚"成为"明"的最重要环节。基于此,司马光形成了系统的人才观。故他在《资治通鉴》篇首讲道:

---

① 司马光:《传家集》卷二十五,第559页。
② 董根洪曾据此指出:"无论是司马光的君民论还是他的君臣论都充满了反封建君主专制思想,司马光这些反君主专制的思想无疑是中国古代政治思想宝库中的硕大明珠,他的反专制观点其理论的深度,其思想的广度,其语气的锐度,在总体上不仅前无古人,且明显胜过只重从情感道义上抨击(元朝)封建专制残害掠夺百姓的罪行,希冀先古圣君忧国忧民者再现的宋元之际的邓牧的反专制思想。"(董根洪:《司马光哲学思想述评》,第337页。)这种提法无疑是忽视了北宋士大夫政治的现实,没有从司马光所深切关心的政治合法性与秩序稳定的问题出发,过分地拔高了其思想。
③ 司马光:《传家集》卷二十,第296页。

> 智伯之亡也,才胜德也。夫才与德异,而世俗莫之能辨,通谓之贤,此其所以失人也。夫聪察强毅之谓才,正直中和之谓德。才者,德之资也;德者,才之帅也。云梦之竹,天下之劲也;然而不矫揉,不羽括,则不能以入坚。棠溪之金,天下之利也;然而不镕范,不砥砺,则不能以击强。是故才德全尽谓之"圣人",才德兼亡谓之"愚人";德胜才谓之"君子",才胜德谓之"小人"。凡取人之术,苟不得圣人、君子而与之,与其得小人,不若得愚人。何则?君子挟才以为善,小人挟才以为恶。挟才以为善者,善无不至矣;挟才以为恶者,恶亦无不至矣。愚者虽欲为不善,智不能周,力不能胜,譬之乳狗搏人,人得而制之。小人智足以遂其奸,勇足以决其暴,是虎而翼者也,其为害岂不多哉!夫德者人之所严,而才者人之所爱;爱者易亲,严者易疏,是以察者多蔽于才而遗于德。自古昔以来,国之乱臣,家之败子,才有余而德不足,以至于颠覆者多矣,岂特智伯哉!故为国为家者,苟能审于才德之分而知所先后,又何失人之足患哉!①

在这段话里,司马光提出了系统的人才观。

首先,他提出了衡量人才的两条标准:一是德,所谓"正直中和之谓德";二是才,"聪察强毅之谓才"。在一个人身上,最好是两者兼备。才胜德,或者德胜才,都会造成严重的错误。但在司马光看来,才胜德的危险更大,由此可见,司马光的择人标准比较明确,即取人当取德才兼备或德胜于才之人。故他说:"自古昔以来,国之乱臣,家之败子,才有余而德不足,以至于颠覆者多矣。"其次,司马光认识到了德与人之间的

---

① 司马光:《资治通鉴》卷一,第14—15页。

辩证关系。虽然才和德是有区别的,但它们又有联系,"才是德之资,德是才之帅",亦即才是发挥德作用的条件、手段,德是把握、决定才作用方向和效果的帅。不可因为德、才有区别,而忽视其联系,两者虽有轻重、先后之分,但在发挥作用时存在互补又相互制约的关系。

再次,司马光根据才、德禀赋的情况,对人进行了分化。即才德全尽谓之"圣人",才德兼亡谓之"愚人",德胜才谓之"君子",才胜德谓之"小人"。才德全尽亦即"德才兼备",其次是德胜于才的"君子",也算是好的人才。

综上可见,"审于才德之分,而知所先后",当是司马光关于择人任官的重要标准。故而,君王当明辨贤愚,不可将德与才两者相混同,而应知晓两者的先后、轻重。他确立了德在人才评估中的重要作用,以至于提出了"与其得小人,不若得愚人"的观点。

正是基于以上观点,司马光对以出身门第甄选人才的惯常做法深表忧虑:"选举之法,先门第而后贤才,此魏晋之深弊,而历代相因,莫之能改也。"①在实际选才过程中,他提出君王应该做到"至公至明",善于鉴别和发现人才。以往的荐举或考课,都是不够完善的。举荐者往往凭个人喜好,混淆善恶,真伪难辨。在取士方法上,他反对拘泥于某种形式,尤其是对以文辞科举取士的效果表示怀疑,他说:"文辞者,乃艺能之一端耳,未足以尽天下之士也。"②而且在他看来,以文辞取士,违背了以德为本的原则,将会出现"虽顽如跖蹻,苟程序合格,不废高第;行如渊骞,程序不合格,不免黜落,老死衡茅"③的现象。司马光的人才观

---

① 司马光:《资治通鉴》卷一百四十,第4396页。
② 司马光:《传家集》卷十九,第302页。
③ 司马光:《传家集》卷六十二,第665页。

成为其体现为君之"明"的重要方面,但不可否认,其中也存在着忽视德与才在一定条件下可以相互转化的缺陷。至于有学者指出的司马光的人才观有影射王安石而致此极端化的做法,学界早有回应。①

三、"武"至公、明、慎

司马光所述为君之道的第三个方面是强调"武"。何谓"武",按照他的解释,所谓"武者,非强亢暴戾之谓也,惟道所在,断之不疑,奸不能惑,佞不能移,此人君之武也"。② 这就要求为君者在辨别群臣时做到至公、至明、至慎。引申而论,这里的关键是确保赏罚分明。

在司马光看来,要做到赏罚分明,首先是要"至公"。所谓"公"就是要"不以亲疏贵贱乱其心,喜怒好恶乱其志"。君主也要秉公施赏行罚。他说:"爵禄者,天下之爵禄,非以厚人君之所喜也;刑罚者,天下之刑罚,非以快人君之所怒也。"③

其次是要"至明"。在司马光看来,明赏罚的关键在于君主要了解赏罚对象的真实情况,不被虚假所"蒙蔽"。故此,司马光提出当建立一套严格的官员考察制度,以做到像北魏世祖那样的"听察敏锐,下无遁情"。另外就是要分清何者该赏,何者该罚,需要像商鞅变法一样确立赏罚之界限。最后是要不以"喜怒好恶乱其志"。他认为执赏罚之柄的

---

① 邹永贤指出:"为什么司马光的人才观有如上的缺陷?有人怀疑他是由于对当时变法不满,所谓才胜于德的人,有点影射王安石之嫌,……但这个问题尽管怀疑者有一定的根据,研究思想,联系当事人的政治观点,也是必要的,但因为此事本身缺乏更多的旁证,……也就不去考证了。"(邹永贤:《〈资治通鉴〉治国思想研究》,厦门大学出版社1998年版,第146页。)
② 司马光:《传家集》卷二十,第296页。
③ 司马光:《传家集》卷四十六,第418页。

君王,不可因情绪的变化而使赏罚体系混乱。故而司马光在《通鉴》中借周世宗论刑赏来告诫皇帝不可因个人喜好乱了刑罚:"上与侍臣论刑赏,上曰:'朕必不因怒刑人,因喜赏人。'"①

最后是要"至慎"。司马光主张对于群臣要慎赏罚,不可妄赏、滥赏,妄罚、滥罚。《通鉴》引了东汉荀悦《申鉴》中关于慎赏罚的一段言论对此做了充分说明:"赏罚,政之柄也。人主不妄赏,非爱其财也,赏妄行,则善不劝矣;不妄罚,非矜其人也,罚妄行,则恶不惩矣。赏不劝,谓之止善,罚不惩,谓之纵恶。在上者能不止下为善,不纵下为恶,则国法立矣。是谓统法。"②司马光借荀悦之言强调赏罚是政之柄,在上者若能明此,则"国法立矣"。

总而言之,司马光对君王所应具备的"仁""明""武"这三个方面的德行进行了反复强调。尽管各自有所区别,但也有着紧密的联系,不可偏废,如其所言:"仁而不明,犹有良田而不获耕也。明而不武,犹视苗之秽,而不能耘也。武而不仁,犹知获而不种也。三者兼备,则国治强。缺一焉,则衰,缺二焉,则危,三者无一焉,则亡。自生民以来未之改也。"③在司马光看来,人君之三大德,是国家治乱存亡之所系,是君主治国的根本,这是亘古不易之至理。而从根本上看,司马光的三德乃是其"任官、信赏、必罚"之治国六言的灵魂,正如其所言:

> 夫治乱安危存亡之本源皆在人君之心。仁、明、武,所出于内者也。用人、赏功、罚罪,所施于外者也。出于内者,虽有

---

① 司马光:《资治通鉴》卷二百九十二,第9535页。
② 司马光:《资治通鉴》卷六十四,第1799页。
③ 司马光:《传家集》卷二十,第296页。

厚有薄,有多有寡,秉之自天然,好学则知所宜从,力行则光美日新矣。施于外者,施之当,则保其治,保其安,保其存,不当,则至于乱,至于危,至于亡。行之由己者也,所以能当,在于至明,所以能明,在于至公。①

在这里,司马光明确指出了"三德"与"六言"之间的密切关系,它们是内外、本末之关系,不可倒置。任官、信赏、必罚的致治之道乃是"仁""明""武"三德的外在表现和支撑,而"治乱安危存亡之本源皆在人君之心"。

第三节 "王霸无异道"

一、王霸之辨

王霸之辨是孟子首先提出来的,是孟子经世思想的重要组成部分。自孟子以来,王霸的讨论已成为儒家经世思想的重要问题,只要涉及经世致用,论王霸就不可避免。孟子时期周天子式微,群雄并起,时势与孔子之时已有很大不同,故而其论王霸也是时代使然。他区分天下之道为王道、霸道,所谓"王道"即"以德行仁""以德服人";所谓"霸道"则是"以力假仁""以力服人"。孟子主张"王道",反对"霸道"。而荀子著《王霸论》,推崇王道,但也并不一味地反对霸道,他赞齐桓公"其霸也,宜哉",赞行霸道的秦国是"治之至也"。但在荀子那里,王道与霸道性

---

① 司马光:《传家集》卷四十六,第587页。

质是不一样的。王道的内容是尊君爱民、隆礼至法、尚贤使能等,而霸道则是唯功业是从,不讲仁义道德。

到了汉代,统治者推行"霸王道杂之"的治国方略。当时的思想家桓谭曾经总结这一统治经验,提出了王霸异术"其实一也"的观点,主张王霸并用。认为重仁义的"王道政治"与重强力的"霸道政治"都是为政者所不可缺少的统治方法。"夫王道之治,先除人害,而足其衣食,然后教以礼仪,而威以刑诛,使知好恶去就。是故大化四凑,天下安乐,此王者之术。霸功之大者,尊君卑臣,权统由一,政不二门,赏罚必信,法令著明,百官修理,威令必行,此霸者之术也。而二者'具有天下,面君万民垂统子孙',其实一也。"① 显然,在桓谭看来,王霸二道性质虽有区别,但就治国目标的实现而言,其功效却是一样的。由此可见,在历史上王霸道历来是交杂使用,没有优劣、先后之分。

到了宋代,王霸问题因国家民族危机的再度浮现而凸显出来。据陈亮所言:"自孟荀论义利王霸,汉唐诸儒未能深明其说。本朝伊洛诸公,辨析天理人欲,而王霸义利之说于是大明。"② 这说明王霸义利之辨在北宋时已是士大夫讨论的一个重要问题。在这种讨论中,二程继承了孟子尊王抑霸的观点,极力推崇王道,贬斥霸道,称"三代之治,顺理者也;两汉以下,皆把持天下者也"。③ 他们认为"三代之治"是王道、两汉以下是霸道。为此,程颐专门向皇帝上书《论王霸札子》,力持王霸异道论,他讲道:"得天理之正、极人伦之至者,尧舜之道也;用其私心、倚仁义之偏者,霸者之事也。……霸者崎岖反侧于曲径之中,而卒不可与

---

① 朱谦之:《新辑本桓谭新论》,中华书局2009年版,第4页。
② 陈亮:《又甲辰秋书》,《陈亮集》(增订本),中华书局1987年版,第340页。
③ 程颢、程颐:《二程集》,第127页。

入尧舜之道,故诚心而王则王矣,假之则霸则霸矣。二者其道不同,""故仲尼之徒无道桓文之事,而曾西耻比管仲者,义所不由也。况下于霸者哉!"①二程的王霸异道论,力褒王道之正、力贬霸道之偏,力主王道之治、力贬霸道之治。这成为司马光提出"王霸无异道"思想的重要针对和问题指向。

二、"王霸无异道"

与二程的观点针锋相对,司马光提出了"王霸无异道"的观点,竭力倡明王道和霸道作为统治之道,都具有同样的正当合理性和必要性。

> 所谓性之者,天与之也;身之者,亲行之也;假之者,外有之,而内实亡也。尧舜汤武之于仁义也,皆性得而身行之也;五霸则强焉而已。夫仁义者,所以治国家而服诸侯也,皇帝王霸皆用之,顾其所以殊者,大小高下远近多寡之间耳。假者,文具而实不从之谓也。文具而实不从,其国家且不可保,况于霸乎?虽久假而不归,犹非其有也。②

司马光认为就性中有仁义之端而言,尧、舜、汤、武与五霸没有什么不同。就治国家服诸侯来说,皇帝王霸也是大同而小异,同者是都用仁义,异者是尧、舜、汤、武"性得而身行之","五霸"则是"强焉"以行。换句话说,司马光不赞同孟子以"五霸假之"的方式,从本质上刻意贬低

---

① 程颢、程颐:《二程集》,第450—451页。
② 司马光:《传家集》卷七十三,第897—898页。

"五霸"。他主张王霸的区别不在于行仁义的"性之""身之"或"假之",而在于行仁义能到什么程度。在这种认知下,他指出:

> 王霸无异道。昔三代之隆、礼乐征伐自天子出,则谓之王;天子微弱、不能治诸侯,诸侯有能率其与国,同讨不庭,以尊王室者,则谓之霸。其所以行之也,皆本仁祖义、任贤使能、赏善罚恶、禁暴诛乱。顾名位有尊卑,德行有深浅,功业有巨细,政令有广狭耳,非若黑白甘苦之相反也。①

在这里,司马光又再三重申了"王""霸"的本义,肯定了王霸"道同"的观点,批评孟荀以来至二程的区别王霸道的错误观点,提出了其王霸论的主要观点——"王霸无异道"。在他看来,王与霸唯一的区别在于二者的名位,因而在行仁义时,德泽、功业、政令有深浅和广狭之别。在元丰六年(1083 年)所作的《迂书·道同》中,司马光对此作了更为清楚的说明:

> 迂叟曰:合天下而君之之谓"王"。王者必立三公,三公分天下而治之,曰二伯,一公处乎内,一公处乎外,皆王官也。周衰,二伯之职废,齐桓、晋文纠合诸侯以尊天子,天子因命之为侯伯,修旧职也。伯之语转而为霸,霸之名自是兴。自孟荀氏而下,皆曰由王道而王,由霸道而霸,道岂有二哉!得之有浅深,成功有小大耳。譬诸水,为畎为浍为谷为溪为川为渎,若所钟,则海也。大夫士畎浍也,诸侯溪谷也,州牧川也,方伯渎也,天子海也。小大虽殊,水之性奚以异哉?②

---

① 司马光:《资治通鉴》卷二十七,第 523 页。
② 司马光:《传家集》卷七十三,第 911 页。

此处司马光力图从语源学的角度说明霸、伯本为一事,霸是伯之音转,伯本为周天子三公,襄助周天子治理天下。经这一转换,不论是齐桓公,还是晋文公,他们纠合诸侯尊王攘夷的行为都具备了充分的正当性。再经过"天子册命,使续方伯之职","五霸"成了王官,王霸之道性质相同,二者之别就消失了,也就不再是一个需要讨论的问题。他在一封信中再次重申了这一观点:

> 夫霸之为言伯也。古者天子立二伯,分治天下诸侯。周衰,方伯之职废,齐桓、晋文能帅诸侯,以尊周室。故天子册命使续方伯之职,谓之霸主。而后世学者,乃更以皇帝王霸为德业之差,谓其所行各异其道,此乃儒家之末失也。①

他明确指斥了后世儒者所提出的王霸"各异其道"的观点,认为这是儒家末流不明就里的荒谬观点。

如果一味听任"王霸各异道",王道是仁政、霸道是暴政,王道讲义、霸道讲利的"末儒"观点,只尊"王道",不重"霸道",就不能放手大胆地去建立功业,"积贫积弱"之势将日趋恶化。因此,司马光靠"王霸无异道"的观点,不仅在理论上纠正了重义轻利、尊王抑霸的错误倾向,使王霸之辨在理论层面上升到了前所未有的新高度。而且在实践上具有鼓励建功立业、重视发展工商业,重视富国安民,从而促进社会生产力、推动社会进步的积极作用。后来发生在南宋的陈亮与朱熹的王霸义利之辨,由于是双方直接交锋论争,其为后世学者所广知,然而就理论深度和实际意义而言,陈亮进步的王霸论尚不及司马光的观点。陈亮主张

---

① 司马光:《传家集》卷六十一,第739页。

的"王霸并用""杂霸者,其道固本于王"的观点及其阐述,远没有司马光的"王霸无异道"的观点及其阐述明确周详,陈亮的"王霸并用"四字还是朱熹给概括出来的。由此足见司马光"王霸无异道"观点乃是弥足珍贵的。董根洪对司马光的"王霸无异道"思想给予了很高的评价,[①]其评价是符合司马光王霸论的历史影响的。

第四节 中和礼法

一、正名与礼治

司马光在嘉祐七年(1062年)的《上谨习疏》中讲道:

> 国家之治乱本于礼,而风俗之善恶系于习。……降及汉氏,虽不能若三代之盛王,然犹尊君卑臣,敦尚名节,以行义取士,以儒术化民,是以王莽之乱,民思刘氏,而卒复之。赤眉虽群盗,犹立宗室以从民望。[②]

在这里司马光褒扬汉代,因其"尊君卑臣",崇尚名节、义行,所以国祚久远。

---

① 董根洪指出:"司马光的'王霸无异道'的观点及'本仁祖义、任贤使能,赏善罚恶、禁暴诛乱'的王霸治道原则,内在地将王霸之道,儒法之术结合起来,从而高度概括总结了中国历代封建统治者致治之道的方针原则。"(见董根洪:《司马光哲学思想述评》,第45页。)
② 司马光:《传家集》卷二十四,第239页。

正名之说,始于孔子。孔子曾讲:"必也正名乎?"司马光在多处引用此说,以为"此孔子教子路,以正卫之父子、君臣之名分"。① 孔子之正名,历代注家之训释大体可归为三类:正名实、正名字、正名分。蔡清在《论语蒙引》中云:"此名是名分之名。温公所谓'礼莫大于分,分莫大于名'是也。孔子告齐景公曰:'君君、臣臣、父父、子子。'此正名之说也。"②

名分观念是司马光礼治思想的主要方面。礼制之作用在于严格区分君臣上下、尊卑贵贱的身份秩序。司马光在《资治通鉴》开篇就对此作了详尽论述:

> 臣闻天子之职莫大于礼,礼莫大于分,分莫大于名。何谓礼?纪纲是也。何谓分?君、臣是也。何谓名?公、侯、卿、大夫是也。
>
> 夫以四海之广兆民之众,受制于一人,虽有绝伦之力,高世之智,莫不奔走而服役者,岂非以礼为之纪纲哉?是故天子统三公,三公率诸侯,诸侯制卿大夫,卿大夫治士、庶人。贵以临贱,贱以承贵。上之使下犹心腹之运手足,根本之制支叶,下之事上犹手足之卫心腹,支叶之庇本根,然后能上下相保而国家治安。故曰:天子之职莫大于礼也。
>
> 文王序《易》,以乾、坤为首。孔子系之曰:"天尊地卑,乾坤定矣。卑高以陈,贵贱位矣。"言君臣之位犹天地之不可易也。春秋抑诸侯,尊王室,王人虽微,序于诸侯之上,以是见圣

---

① 司马光:《景仁复书》,《传家集》卷六十一,第746页。司马光原书信已佚,但从该书信中范镇在这段话前有"又云"字样,可以推知,此话当出自司马光原致范镇的书信。
② 陈柱:《公羊家哲学》,华东师范大学出版社2014年版,第62—63页。

人于君臣之际未尝不惓惓也。非有桀、纣之暴,汤、武之仁,人归之,天命之,君臣之分当守节伏死而已矣。是故以微子而代纣则成汤配天矣,(玄义曰:物之大者莫若于天;推父比天,与之相配,行孝之大,莫大于此,所谓"严父莫大于配天"也。又孔氏曰:《礼记》称万物本乎天,人本乎祖。俱为其本,可以相配,故王者皆以祖配天。谥法:除残去虐曰汤。然谥法起于周;盖殷人先有此号,周人遂引以为谥法。分,扶问翻。长,知两翻。卒,子恤翻。)以季札而君吴则太伯血食矣,然二子宁亡国而不为者,诚以礼之大节不可乱也。故曰礼莫大于分也。

夫礼,辨贵贱,序亲疏,裁群物,制庶事,非名不著,非器不形;名以命之,器以别之,然后上下粲然有伦,此礼之大经也。名器既亡,则礼安得独在哉!昔仲叔于奚有功于卫,辞邑而请繁缨,孔子以为不如多与之邑。惟名与器,不可以假人,君之所司也;政亡则国家从之。卫君待孔子而为政,孔子欲先正名,以为名不正则民无所措手足。夫繁缨,小物也,而孔子惜之;正名,细务也,而孔子先之:诚以名器既乱,则上下无以相保故也。夫事未有不生于微而成于著,圣人之虑远,故能谨其微而治之,众人之识近,故必待其著而后救之;治其微则用力寡而功多,救其著则竭力而不能及也。《易》曰:"履霜坚冰至",《书》曰:"一日二日万几",谓此类也。故曰分莫大于名也。①

由此可见,"礼之纲纪"的观念,是贯穿于《资治通鉴》的核心观念,而由此发展出的君臣名分问题,更是其治国思想的立论基础。对此,胡

---

① 司马光:《资治通鉴》卷一,第2—6页。

三省注曰:"此温公书法所由始也。……《通鉴》始于此,所以谨名分欤!"胡氏在此说得相当明确,从上可以看出,周威烈王不能讨伐以下犯上之三卿,是君不君;三家分晋,是臣不臣,此君臣上下之名分,正是《通鉴》所欲重点强调者。司马光对于等级、名分的强调,也充分体现在其《潜虚·体图》中。司马光对于等级名分、君主角色的重视,都使得他必然无法容忍卦气说中的十二辟卦之说。这样的话,作为循环的辟卦、杂卦说必然无法满足司马光的需要,也必然产生了《体图》的金字塔结构。

在《以希逸为节度使》之"臣光曰"一段亦对此问题进行了讨论:

> 夫民生有欲,无主则乱。是故圣人制礼以治之。自天子、诸侯至于卿、大夫、士、庶人,尊卑有分,大小有伦,若纲条之相维,臂指之相使,是以民服事其上,而下无觊觎。其在《周易》:"上天、下泽,履。"象曰:"君子以辨上下,定民志。"此之谓也。凡人君所以能有其臣民者,以八柄存乎己也。苟或舍之,则彼此之势均,何以使其下哉!①

在这里,司马光提出,礼所以治民,使上至天子下至庶人皆尊卑有分。而唐肃宗有幸复国,却因为一时苟安,将藩镇统帅的任命权委于监军及地方军士,无论所推举的人是否有能力和操守。如此姑息行为导致《周礼》所谓德八柄不出于上而出于下,"于是唐权下移,于其世终乱,而国所以亡"。② 这也充分说明失礼将使得纲纪废弛。进而司马光引孔子之言,认为:"惟名与器,不可以假人,君之所司也;政亡则国

---

① 司马光:《资治通鉴》卷二百二十,第7065页。
② 王夫之:《读通鉴论》,中华书局1975年版,第800页。

家从之。"①若大夫擅政,诸侯专权,天子失去对臣下的控制,将必然导致天下分崩离析。司马光作为一个正统的儒者,继承了孔子"礼其政之本"的思想,特别是继承了荀子的"隆礼"思想,把"礼"看作为政之最高原则,予以特别重视。他在这里明确点出了"礼"乃是划分和维护尊卑贵贱上下等级关系的国纪政纲,是政治统治制度。而只要确立了"纪纲"之"礼",就可使上下级关系井井有条,使统治秩序安然无乱。在司马光看来,"礼"是国家治乱的关键和根本,即所谓"国家之治乱本于礼"。正是基于此,司马光再三强调"天子之职莫大于礼",人君的最高职责即在于重"礼"、践"礼"。他之所以如此重视凸显君臣之序的"礼","不是为了简单地复述先圣孔子之论,更重要的是在于他通过自己对先秦至隋唐五代的治乱历史和本朝政治现实的精考详察、深思熟虑而得出的观点"。②

司马光从礼制谈起,进而讲国家之赏善罚恶,最终仍须归结到"礼"上:

> 盖古者治军必本于礼,故晋文公城濮之战,见其师少长有礼,知其可用。今唐治军而不顾礼,使士卒得以陵偏裨,偏裨得以陵将帅,则将帅之陵天子,自然之势也。由是祸乱继起,兵革不息,民坠涂炭,无所控诉,凡二百余年,然后大宋受命,太祖始制军法,使以阶级相承,小有违犯,咸伏斧质。是以上下有叙,令行禁止,四征不庭,无思不服,宇内乂安,兆民允殖,以迄于今,皆由治军以礼故也。岂非诒谋之远哉!③

---

① 司马光:《资治通鉴》卷一,第4页。
② 董根洪:《司马光哲学思想述评》,第321页。
③ 司马光:《资治通鉴》卷二百二,第7066页。

司马光认为礼治是根本,不可动摇,国家之运作要靠纲常名分来维持,而用来维系纲常名分的便是礼。只有信守礼义,国家才能安如磐石。这也可称之为"名分决定论"①。在司马光看来,唐末之所以出现以下凌上、社会混乱的局面,一个重要的原因即在于唐治军不以礼,终致君不君、臣不臣,上下失序。

司马光重视礼治名分的思想不仅体现在对历史事件的评论上,而且体现在对历史人物的名号称谓上。如《通鉴》用以系年的王朝中,王莽所建之新朝,武则天所建之周朝,司马光并没有独立作《新纪》和《武周纪》。王莽称帝后,《通鉴》仍称王莽姓名,而不称其为帝;武则天称帝时,称武则天为太后,系年直接高宗之后。虽然二帝并不被司马光所承认,但在系年时,仍使用其年号。对此,胡三省注曰:"上无天子,通鉴不得不以王莽系年。不书假皇帝而直书王莽者,不与其摄也。及其既篡也书莽,不与其篡也。吕后、武后书太后,其义亦然。"②胡三省认为,当时天下确以王莽、武则天为最高执政者,故须秉笔直书,用以系年,但又觉得这是僭越,其政权无合法性,认为其算不得真正的天子,故以王莽书其名,武则天则书太后。

司马光有关正名礼治的思想还体现在嫡庶问题上。司马光深刻认识到皇帝立储问题在国家政权稳固过程中的重要性。早立太子,则早定名分,政权稳定,否则就容易产生嫡庶之争。故在仁宗时,司马光就大胆进言,劝无子嗣之仁宗早日立储,以免国本动摇。在此问题上,司马光持守传统的立长之制。夺储而继位者,即便如唐太宗之贤明,司马光亦多有贬责:

---

① 于瑞桓:《司马光的史学思想及其理学精神》,《山东大学学报(哲学社会科学版)》,2002年第3期。
② 司马光:《资治通鉴》卷三十六,第1158页。

> 臣光曰：立嫡以长，礼之正也。然高祖所以有天下，皆太宗之功；隐太子以庸劣居其右，地嫌势逼，必不相容。向使高祖有文王之明，隐太子有泰伯之贤，太宗有子臧之节，则乱何自而生矣！①

在司马光看来，玄武门之变之所以发生，唐高祖、唐太宗、隐太子皆难辞其责，并强调此次政变之根源在于未"立嫡以长"，失"礼之正"。由此可见司马光嫡庶之辨的严明，我们也可以据此推知，司马光之所以首倡濮议，当皆出于其正名分、辨嫡庶的思想。②

二、礼法与中和

重视纪纲之"礼"，必然重视刑律之"法治"。司马光继承了孔子"宽猛相济"和荀子"隆礼至法"的思想，认为礼治与法治必须兼施，礼治要达到维护、强化社会政治秩序之目的，就须辅以赏善罚恶之"法治"，必然要求对一切以下犯上行为绳之以法。否则，"礼治"就是一句空话。所以司马光谴责唐肃宗"治军而不顾礼"，对犯上者"姑息"纵容，没有遵循"赏善而诛恶"的原则加以严惩；他推崇宋太祖"治军以礼"，重视上下等级，使"小有违反，咸伏斧质，是以上下有叙、令行禁止、四征不庭，无所不服"。③ 显然，在司马光看来，上下等级之"礼"是必须辅以严刑之"法"才得以确立和维持的。"夫礼与刑，先王所以治群臣万民，不可斯

---

① 司马光：《资治通鉴》卷一九一，第6012—6013页。
② 卢奕璇：《司马光〈资治通鉴〉之"春秋"书法研究——以中晚唐为例》，台湾成功大学硕士学位论文，2009年，第182页。
③ 司马光：《资治通鉴》卷二二〇，第7066页。

须偏废也"，①"君之驭臣必资予法"。②"王者所以治天下，惟在法令伊，治理天下。"③法是不可或缺的工具。司马光指责那种反对刑法的观点，"若以刑名为非道，则何以能禁民使自然而止？"④"若杀人者不死，伤人者不刑，虽尧舜不能致治也。"⑤他主张德与刑不可偏废，两者需相辅相成，不能一味以"德"废"刑"。"天有杀生，国有德刑，其道相逆，不可偏任，必以中和调适其间，然后阴阳正而治道通也。"⑥德与刑虽不可偏废，然德与刑毕竟性质是不一样的，因此要使两者协调起来，以中和之道"调适其间"，否则难免废一任一，不能致治。

那么如何理解司马光在多个地方反对法治的现象呢？应该说，结合当时的语境，从其问题指向上看，司马光反对的是专任苛刑峻法、排斥仁德"礼治"的法家之"法治"，"如申韩者何足为法"。⑦"法者，谓唐虞成周之法也"，⑧"用秦之法以求治，犹冬而望生、春而望获，之燕而南、适楚而北，终不能致也"。⑨只任刑法非先王致治之道，刑法是受制于礼治、为王道德政服务的。刑法是迫不得已而须有的统治手段，它与德相比只处于从属地位："礼乐可以安固万世，所用者大；刑名可以输劫一时，所用者小。其自然之道则同，其为奸正则异矣"。"用法以砺人，……其如不仁何？"⑩

---

① 司马光：《传家集》卷七十五，第920页。
② 扬雄撰、司马光集注：《太玄集注》，第30页。
③ 司马光：《法言集注》，第295页。
④ 司马光：《法言集注》，第295页。
⑤ 司马光：《传家集》卷四十八，第618页。
⑥ 扬雄撰、司马光集注：《太玄集注》，第17页。
⑦ 司马光：《法言集注》，第295页。
⑧ 司马光：《法言集注》，第295页。
⑨ 司马光：《法言集注》，第304页。
⑩ 司马光：《法言集注》，第295页。

刑法虽不可缺少,在适当的范围还须严厉执行,但刑法的性质作用毕竟不能与仁礼相比,与仁道不一致。

很显然,司马光上述以礼治为主、礼法兼施、不可偏废的观点乃是在继承孔子荀子的思想基础上,充分考察了历史和当时的治乱经验教训而提出来的,具有一定的现实合理性,它从一个侧面反映了北宋中期社会矛盾斗争的剧烈性和社会动乱频仍的事实。追求礼治和法治在政治体内的中和与平衡,相得益彰,共同发挥作用,这既是司马光的政治理想,也是其在长期为宦生涯中所持守的重要原则。

第五节 "守道不守法"

一、守因革统一的中和之道

在北宋中期社会危机四伏、知识分子普遍提出变革弊政的浪潮之中,司马光也是一位积极探讨变革之道,期望实现"中和美政"的变革者。司马光基于对传统经典的"质疑""新解",提出了体现了对"道""法"关系深刻体察的"中和之道"的方法论,在长期的政治实践中,将其有关社会变革的思想予以了全方位的展现。

司马光通过《史剟》和《疑孟》,对《史记》和《孟子》的一些观点进行了批评,将其以中和之道为指导的变革论表现得非常充分。虽然有些新论未必正确,却可从一个重要侧面说明司马光虽"以朴儒自守",以"迂叟"自名,但他绝非一个迂腐不化,只知人云亦云,一味囿于成说的迂腐老叟。司马光推崇中和之道,重视矛盾的统一性,维持矛盾的平衡、协调、和谐、融合,但并不意味着他盲目否认矛盾的差异性。在他看来:"数之琦赢,虽天地不能齐也。夫惟不齐,乃能变化,生生无穷。"①由此,他承认:"凡物极则反,自始以来,阴阳之相生,昼夜之相成,善恶之相倾,治乱之相仍,得失之相乘,吉凶之相承,皆天人自然之理。"②

在对事物对立统一性形成全面认识的基础上,司马光提出了因革思想,认为"前人所为,是则因之,否则变之,无常道"。这一思想实际上发端于扬雄,这从《太玄》中的有关论述不难看到:

> 夫道有因有循,有革有化,因而循之,与道神之;革而化之,与时宜之。故因而能革,天道乃得;革而能因,天道乃驯。夫物不因不生,不革不成。故知因而不知革,物失其则;知革而不知因,物失其均。革之匪时,物失其基;因之匪理,物丧其纪。因革乎因革,国家之矩范也。矩范之动,成败之效也。③

在这里,司马光认为对前人所为,应抱"因"和"革"统一的辩证否定态度,反对"知因不知革"的一味守旧,也反对"知革而不知因"的全盘否定,而认为应是"前人所为,是则因之,否则变之,无常道"。④ 显然,司马光的上述因革指导思想即使在今天看来仍是有着相当的价值。

基于此前所述,司马光对于社会"常道"之体察,对于反映社会长久的发展之道,坚持因循的态度。他说:"古之天地有以异于今乎? 天地不易也,日月无变也,万物自若也,性情如故也,道何为而独变哉?"⑤古

---

① 扬雄撰、司马光集注:《太玄集注》,第176页。
② 扬雄撰、司马光集注:《太玄集注》,第176页。
③ 司马光:《法言集注》,第293页。
④ 司马光:《法言集注》,第293页。
⑤ 司马光:《传家集》卷七十四,第906页。

今不变的东西是什么呢？在这里,司马光指出,夏商周三代之递变乃是合乎天道,顺乎人情的。由此看来,司马光坚持"圣人守道不守法"①的观点,也是无可厚非的。他的这一"守道"思想,其意旨当在于提醒统治者对礼乐刑政的改革要把握好"度",如其所言的"礼虽先王未之有,可以义起也"。② 此处的"义",就是"宜"。他强调"事无常时,务在得宜。知宜而通,惟宜之功"③。他强调改革正确与否,关键要看是否与现实相协调,是否处于无过无不及的中和状态。

另一方面,他又认为社会的各种制度必须随着时代的变化而变化,而不能亘古不变。即如其所讲的"物久居其所则穷,故必变而通之"。④ 社会的各种制度若长期不变,最终将物极必反,必得加以变革才行："物极必反,故复变而开通、化生万物。"尽管司马光认为,在人类社会中历史发展的常道是不能改变的,但是由此而起的人为性的礼仪制度,却是可以而且必须适时地加以变革损益的。由于"时异事变","世变风移,故应时而造者、损益可知也",⑤所谓"应时而造者,谓礼乐刑政"。⑥ 人们必须遵循客观规律,但不必也不应死守各项具体的法规制度。对历史上已有的礼仪制度,当是坚持"有因有循、有革有化"。在这一思想的指导下,司马光认为必须大胆地根据新的情势建立新制度。

所以司马光认为,作为宇宙根本规律的中和之道便是社会变革的根本指导方针和准则。在他看来,"礼者中和之法,仁者中和之行,……

---

① 司马光:《温公易说》,第245页。
② 司马光:《法言集注》,第295页。
③ 司马光:《潜虚》,第18页。
④ 司马光:《温公易说》,第643页。
⑤ 司马光:《法言集注》,第298页。
⑥ 司马光:《法言集注》,第295页。

乐以中和为本、政以中和为美、刑以中和为贵"。① 显然,司马光上述关于改革的总体思想是有相当的理论深度的,它充分表明了司马光是一个既不泥古又不妄变、既坚决又稳健的变革者。

二、"保守主义"的定位正名

司马光生活的北宋中期,由冗官、冗费、冗兵的"三冗"导致了严重的积贫积弱危势,各种矛盾空前激烈,"天下之势危于累卵"。面对此情此景,许多有识之士纷纷要求变革旧制,以求救世,即所谓"世之名士常患法之不变也"。② 由范仲淹等发起的"庆历新政"和紧接着的王安石变法皆是当时历史变革必然要求的体现。审时度势、顺应时变,司马光此时也力主变革,反对一味固守旧弊。

首先,司马光曾屡屡上札,敦促皇帝决心变革。司马光认为当时"国家承百王之弊",③而"陛下欲振举纪纲,一新治道,必当革去久弊",④要求勇于"革政事之久弊,救百姓之疾苦"。⑤ 他坚决反对那些凡事守旧、不思变革、"当更而不更"的做法,认为"凡国家之弊,在于乐因循而多忌讳",⑥"方今国家多虞,人心危惧,正是朝廷斟酌时宜,损益变通之际,岂可不究利害,但询旧例而已"。⑦ 同时,他指出"臣等闻三王不相袭礼、五帝不

---

① 司马光:《传家集》卷六十四,第794页。
② 陈亮:《陈亮集》(增订本),第125页。
③ 司马光:《传家集》卷三十,第414页。
④ 司马光:《传家集》卷三十九,第510页。
⑤ 司马光:《传家集》卷三十八,第498页。
⑥ 司马光:《传家集》卷十九,第287页。
⑦ 司马光:《传家集》卷二十七,第378页。

相沿乐,……何必事事循其陈迹,而失当今之宜也",①要求一切从实际出发,不应拘守先王祖宗令典。对太祖太宗的令典成法,司马光更是屡屡提出变革要求。他要求当朝皇帝革除太祖太宗的独揽政权、凡事"一一躬亲阅视"的做法,反对当朝皇帝沿用太祖太宗重视培植"腹心羽翼"的陈规,反对太祖太宗开始的大肆"推恩"、随意授官于各级官僚亲属的惯例。他也反对用人唯年资出身,不问德行才能的"祖宗"旧法,认为"夫以资涂用人,不问能否,比例从事,不顾是非,此最国家之弊法,所宜革正者也"。②

其次,司马光直接提出了许多变革的主张、措施。他从"方今国家之得失、生民之利病,大要不过择人、赏罚、丰财、练兵数事"③的前提出发,在政治、经济、军事和教育等领域提出了具体的改革方案。如其所言:

> 收拔贤俊、随材授任,以举百职;有功必赏、有罪必罚,以修庶政;慎择监司、澄清守令,以安百姓;屏绝浮费、沙汰冗食,以实仓库;询访智略、察验武勇,以选将帅;申明阶级、蕲戮桀黠,以立军法;料简骁锐、罢去羸老,以练士卒;完整犀利、变更苦窳,以精器械。④

从当时最迫切的经济变革来看,司马光提出了不少"丰财"措施,这集中体现在他于仁宗末年所上之《论财利疏》中。司马光在该文中认为,要恢复经济、增加财利,必须采取三条根本措施,即谓"方今之术奈何?曰:在随材用人而久任之,在养其本原而徐取之,在减损浮冗而省用

---

① 司马光:《传家集》卷五十七,第685页。
② 司马光:《传家集》卷二十四,第341页。
③ 司马光:《传家集》卷二十四,第346页。
④ 司马光:《传家集》卷四十一,第528页。

之"。所谓"随材用人而久任之",是因为当时管理经济的部分官员系根据"出身资序"的原则而来的"不晓钱谷"的"文辞之士",且因每每频繁的调动,这些官员养成了不熟悉、热心本职工作的陋习,故他主张"精选朝士之晓练钱谷者"来担任经济官员,而"不问其始所以进",不必讲"出身资序"加以提拔,并确保其任职相对稳定。值得注意的是,在司马光提出的一系列致治经济军事教育的变革措施中,包括了众多改革先王旧制和祖宗成法的内容,它充分表现出司马光是一个具有强烈变革精神的改革者。如他反对当时实行"三代之时""兵出民间"的"古制",主张革除以民代兵的"刺义勇"和保甲法,实行唐起的募兵法;要求改革"古者天子亲祀上帝、一岁有九;国朝之制、天子三岁一郊"的先王祖宗的郊祭礼制,主张只在"大庆殿恭谢天地"即可;在其所著的《书仪》中,他屡屡变革《仪礼》中冠婚丧礼的古代仪制;他甚至无视孔圣人"三年无改于父之道"的圣条,以"若病民伤国,岂可坐而不改"的气概,要求哲宗立改刚死的父皇神宗之新政。

这些主张革除先王制度、祖宗令典的措施,清楚地说明了司马光绝不是倡导"祖宗之法不可变"的顽固保守分子,而是一个决意从现实出发、抛弃一切不适宜于实际需要的旧政令制度的变革者。

那么,司马光何以一直被当作保守主义者呢?究其原因,根本在于他是王安石变法的头号反对者。从对司马光著作的考察来看,在"变"与"不变"的问题上,司马光和王安石是一致的,都主张要变革弊政;而在"如何变"的问题上,司马光就站到了王安石的对立面。概括司马光反对王安石的变法,其基本点有二:一是在内容性质上指斥王安石的新法是"困民之法",它以"聚敛相尚",[1]"其害乃甚于加赋"[2];二是在方式

---

[1] 司马光:《传家集》卷四十六,第591页。
[2] 司马光:《传家集》卷四十六,第590页。

方法上批评王安石变法是"轻改旧章",①"尽变旧法""独任己意",急功近利。尽管后人认为司马光在元祐更化中有"意气用事""负气求胜""以恩怨自是非"②诸缺陷,但其中亦有不少合理之处。③ 他主张针对实际、实事求是、稳重而行的变法态度,大要可以归诸其中和之道。在他看来,改革方案须经过充分周密的协商讨论,不能仅凭几个人臆断而定,"制作新法以利天下,是宜与众共之,舍短取长,以求尽善"。④ 显然,在这方面,司马光的指责和主张在相当程度上是积极的。王安石变法的最终失败,其深刻的内在根源正在于此。任何变法既是革弊除陋,因此不仅要追求发展速度与效度,还要考虑到社会可以承受的程度,三者的有机结合才是社会改革稳步推进的重要保证,决不能盲目冒进。

因此,司马光反对王安石变法,但并非从根本上反对变法,只不过是不同意王安石式的变法而已。⑤ 这一点还可从司马光对王安石新法进行具体分析而不是一概否定的态度看出。司马光反对王安石变法,

---

① 司马光:《传家集》卷四十六,第588页。
② 蔡上翔:《王荆公年谱考略》卷一,上海人民出版社1974年版,第10页。
③ 董根洪详列了司马光倡导节俭、发展生产、注重发展工商业、推行募役法等举,以及批评变法的指导思想,分析了其批评变法的合理之处。这一评论基本是符合历史事实的。(见董根洪:《司马光哲学思想述评》,第355—357页。)
④ 司马光:《传家集》卷四十五,第572页。
⑤ 据葛兆光先生的观点,在当时的情况下,"相当多的士大夫却仿佛并不赞成这种方式,他们似乎更趋向于采取一种温和的文化保守主义与高调的道德理想主义立场,试图通过文化传统的重建,借助道德理性的力量,确立知识与思想以及它的承担者在秩序中的规训意义,并进而以温和的渐进方式清理并建设一个理想的社会秩序"。(葛兆光:《洛阳与汴梁:文化重心与政治重心的分离——关于11世纪80年代理学历史与思想的考察》,《历史研究》,2000年第5期。)面对宋朝当时的积弊,士大夫们提出了不同的构建社会秩序的路径,司马光和王安石则分别代表了两种典型。

并非任意地全盘排斥,而是持有因有革论:"王安石等所立新法,果能胜于旧者则存之,其余臣民以为不如旧法之便者,痛加厘革"①;"择新法之便民益国者存之,病民伤国者悉去之"②。因此,在哲宗元祐初年,司马光实际执政后,他虽对王安石变法持强烈否定态度,但在具体过程中并未全盘推翻"新法",比如对王安石关于改革科举与学校的变法内容,司马光就肯定其是"革历代之积弊",基本予以继承;再如"方田均税法",从现有文字资料看,司马光亦不曾提出异议。即使对反对最激烈的免役法,司马光亦并未要求完全恢复旧的差役法,而是主张各州各县从各自实际出发,"曲尽其宜",对原差役条款"于今日不可行者,即是妨碍,合申乞改更"③,视情况吸收了免役法的一些内容。

总之,司马光虽反对王安石的变法,但绝不能据此认定他是一个顽固守旧者。我们绝无理由将异于王安石的变法者皆断为保守主义者。通过以上分析应该不难看到,司马光乃是一个典型的反对王安石变法的变革者,是一个异于王安石激进型变革者的稳健型变革者。"从司马光上述丰富深刻的变革思想及其主张,从司马光强烈沉稳的变革精神与气质看,司马光也应算是北宋杰出的变革者。"④尽管为了增强反对那些打着"法先王"旗号的王安石"新法"的力度,他也曾说过"祖宗之法不可变"⑤的陈词滥调,但从其总体的思想倾向和长期的现实表现来看,司马光绝不是泥古不变的顽固派,而是一位坚持儒学基本原

---

① 司马光:《传家集》卷四十九,第625页。
② 司马光:《传家集》卷四十六,第591页。
③ 司马光:《传家集》卷五十五,第670页。
④ 董根洪:《司马光哲学思想述评》,第358页。
⑤ 司马光:《温国文正司马公文集》卷十六,第253页。

则、稳健通变的改革家,①将司马光定位为保守主义者的判断是"证据不足,有欠公允"的。②

通过以上分析,可以看到,司马光由对"中和之政"理想的追求,提出了对为政者"仁""明""武"统一的执政修养的要求,通过对"王霸无异道""守道不守法"理念的坚持,让他的理论在中和礼法关系方面表现出特有的理论优势,从而建构起了由内圣达至外王的完整理论体系。司马光经由齐家之道的衔接,在其所重视的《大学》式儒学内圣外王之路途上,依托系统的理论建构,实现了有效的过渡,从而奠定了其在中国政治哲学史上的重要地位。尽管在元祐复出之后,司马光力图秉持中和之道,在政治实践上推动新旧党的协调和解,重返多元政治,但最后还是以失败而告终。朱熹对此进行了批评:

> 看温公那时,已自失委曲了。如王安石罪既已明白,后既加罪于蔡确之徒,论来安石是罪之魁,却于其死,又加太傅及赠礼皆备,想当时也道要委曲周旋他。如今看来,这般却煞不好。要好,便合当显白其罪,使人知得是非邪正,所谓"明其为贼,敌乃可服"。须是明显其不是之状。若更加旌赏,却惹得后来许多群小不服。今又都没理会,怕道要做朋党,那边用几人,这边用几人,不问是非,不别邪正,下梢还要如何?③

---

① 李昌宪:《司马光评传》,第342—348页。
② 李平:《把司马光划为保守派的根据何在?》,《西南师范大学学报(人文社会科学版)》,1990年第4期,第49页。
③ 黎靖德编:《朱子语类》卷一二三,第2964页。

朱熹对司马光在元祐复出后兼用新旧党、追求两方协调之举提出了批评。表面上看,在朱熹眼中,似乎司马光在当时政治环境下不分青红皂白、不辨是非,而实际上这恰恰体现了司马光中和哲学在政治实践中的运用。尽管朱熹曾严厉驳斥司马光以"调停"为"持平之论"的观点,但司马光基于社会发展变革的实际情况,推进"更化",在客观上也着实展现出了对熙宁变法进行纠偏的效果。

第七章　司马光中和哲学的回响与流变

生活在宋元明清时期影响重大的理学形成期的司马光,较张载年长一岁,又较二程兄弟年长十余岁。司马光居洛期间,他们曾共同讨论学问,相互切磋。依据《宋元学案》的分类,司马光为张载、二程的讲友。① 在张载逝后,他曾撰长诗《又哀横渠诗》以怀念张载,而在他逝后,程颐又亲撰祭文。由此可见,司马光和公认的理学创立时期的人物张载与二程交往匪浅,那么他的思想一定在当时和后世产生了重要影响。以下通过对司马光与理学奠基时期的重要人物二程及朱熹、涑水后学在中和思想方面联系的考察,明晰司马光中和哲学的历史影响和此后的演变发展。

第一节　涑水后学的继承与发展

《宋元学案》中卷七、八列《涑水学案》,全祖望在该学案《序录》中云:"小程子谓:'阅人多矣! 不杂者,司马、邵、张三人耳。'故朱子有'六先生'之目。然于涑水微嫌其格物之未精,于百源微嫌其持敬之有歉,《伊洛渊源录》中遂祧之。草庐因是敢谓涑水尚在'不著''不察'之列。

---

① 黄宗羲原著、全祖望补修:《宋元学案》,第154页。

有是哉？其妄也！述《涑水学案》。"①由此可见，司马光所开创的涑水学派和邵雍、二程、朱熹等人的思想还是有一定的差异，其详情已如前所论。南宋张九成曾言："温公之门多君子。"范祖禹对《中庸》及群经颇为重视，其他涑水传人刘安世、晁说之、邵伯温等则多继承了司马光以《中庸》为本、《易》为辅翼的精神，孕理学于经学之中。据史可见，司马光涑水之学广大宽厚，其门人后学与邵雍、二程之学也有一定的关系。如范祖禹、邵伯温皆曾从学于二程。那么，这些后学与司马光中和思想之间有何关系，笔者拟在此予以考察，以明确司马光思想的后世传承问题及其影响。

一、涑水学派主旨的奠定

因司马光乃陕州夏县（今属山西）涑水乡人，世称"涑水先生"，故称其所创学派为"涑水学派"。他自幼聪颖好学，七岁有如成人，听人讲授《左氏春秋》，十分喜爱，回家后即为家人讲述，主要思想皆能领会。其后，他刻苦钻研儒家经典，儒家思想在头脑中扎下深根。中进士后，司马光曾历任中央和地方官，在其长期仕宦生涯中始终不忘学习，儒家经典不离案头，曾主持编撰《资治通鉴》等，学术造诣很深。司马光与邵雍、张载、程颢、程颐、陈舜俞等往来甚密，赞赏其学术思想者日益增加，因而形成涑水学派。其一传再传弟子众多，当中著名者有刘安世、范祖禹、晁说之、欧阳中立、田述古、尹焞、张云卿、李陶、邢居实、牛德师、唐广仁、黄隐、刘尧夫、陆九渊、朱松、李焘、李埴等。后来，涑水学派弟子进一步发展了该学派的思想，并产生了一些变化。刘安世在此基础上

---

① 黄宗羲原著、全祖望补修：《宋元学案》，第276页。

创"元城学派",范祖禹创"华阳学派",尹焞创"和靖学派",晁说之创"景迂学派",陆九渊创"象山学派",陆九韶、陆九龄创"梭山复斋学派"等。晁说之师法司马光涑水之学,反对王安石新学,继承司马光怀疑《孟子》之说,以王安石尊孟,极力诋毁《孟子》,不遗余力地攻击王安石"新学"。刘安世曾从司马光学习儒家经典,问及"尽心行己之要,可以终身行之者",司马光答之以"诚",并说求"诚"须"自不妄语始"。他自此力行,坚守一生,足见司马光对其的影响。范祖禹长期随侍司马光编《资治通鉴》,尽管在历史观上与司马光有异,却也将"诚"提升到近于宇宙大本的地步,并予以充分的强调,足见他对贯于一生之"诚"的坚守与重视,亦可见司马光对其影响之深。他们经常探究"诚者"与"诚之者"的道理,同时也思索身为诚之者所可以努力改进的地方。围绕传统经典所包蕴的义理,司马光也经常和自己的学生展开讨论,逐步形成了一个自觉稳定而富有独特性的学术思想流派。

该学派秉持司马光"万物皆祖于虚,生于气,气以成体,体以受性,性以辨名,名以立行,行以俟命"的思想观点,认为"天"有意志,称"天者,万物之父也。父之命子不敢逆,君之言臣不敢违","违天之命者,天得而刑之;顺天之命者,天得而赏之"。又继承了孔子、子夏以来"死生有命,富贵在天"的观点,认为"人之贵贱贫富寿夭系于天"。主张治学先"治心",曾说:"学者,所以求治心也。学虽多而心不治,何以学为?"从整体上看,该派重儒而不喜佛、老之学,司马光曾说:"其微言,不能出吾书;其诞,吾不信也。"范祖禹亦反对以《老子》《庄子》为"治性之书",主张"学《中庸》以治其性"。在人性论方面,该派调和孟子"性善论"和荀子"性恶论",认为人性兼有善恶,但因其中善恶多寡不同而有圣人、中人、恶人之别,善恶多寡,皆由天命所定,不可更改。政治思想方面,则主张整治纲纪,推行礼治,反对用社会大变动的方式整顿社会,曾说:"治天下譬如居室,弊则修之,非大坏不更造也。"在涑水学派的诸多观念中,尤以对"诚"的统贯最富有特点。诚字,原有诚实、真实的意思,《中庸》进一步发挥诚的精神,把诚提升到更高的层次。在司马光看来,天道和万物一样,本身蕴含了诚,也无时无刻不表现诚,是故天道才能运行得如此顺畅无碍、风调雨顺。天道并不需要高谈阔论,上天的道理就在人世间,司马光曾云:"《易》曰:'穷理尽性以至于命。'世之高论者,竞为幽僻之语以欺人,使人跂悬而不可及,愤瞀而不能知,则尽而舍之,其实奚远哉! 是不是,理也;才不才,性也;遇不遇,命也。"①《易经》所教人的穷理尽性说,并不是幽僻之语,也绝对不是那种无法实践的道。司马光认为所谓合于理,端赖判断事的对与错,所谓的性端赖适不适个人的才能,所谓的命端赖有没有机缘,理、性、命,就只是简单的道理而已。《中庸》曰:"诚者,天之道也;诚之者,人之道也。诚者,不勉而中,不思而得,从容中道,圣人也。诚之者,择善而固执之者也。"个中蕴合着真实无妄的实理、体现了万物自身便存有诚的生生之德的话语,司马光与刘安世对这句蕴含《中庸》意旨的话特别有感悟,《元城道护录》曾云:"诚是天道,思诚是人道,天人无两个道理。"②如前所言,司马光于《涑水迂书》中曰:"天之所不能为,而人能之者,人也;人之所不能为,而天能之者,天也,稼穑,人也;丰歉,天也。"③对伊洛学派而言,易学的天道就是一种天理,但对涑水学派而言,易学里所称的上天,其实说穿了,就是诚。如下择取司马光之高足刘安世、晁说之、范祖禹三人,略述其思想,以见其对司马光思想的传承。

---

① 司马光:《迂书·理性》,《传家集》卷七十四,第909页。
② 刘安世:《元城道护录》,《宋元学案》卷二十《元城学案》,第828页。
③ 司马光:《迂书·天人》,《传家集》卷七十四,第909页。

二、刘安世对中和的力行

刘安世(1048—1125年),魏州元城(今河北省大名县)人,字器之,学者称之为"元城先生",故其所创学派为"元城学派"。年幼之时,因其父仲通与司马光为同年至交,即前往拜师学道。熙宁初年,进士及第,但不就选,仍回到司马光身边,从学儒家经典。问及"尽心行己之要,可以终身行之者",司马光答之以"诚",并说求"诚"须自不妄语开始。安世自此力行七年,多有所得,又与颜岐、石子植、韩撝则、陈瓘等往来甚密,多受教益,创以笃信力行为特点的儒家学派。刘安世从学弟子甚多,著名者有吕本中、李光、孙伟、马大年、刘勉之、曾恬、曾几、李孟博、曹粹中、潘畴、孙蒙正、刘芮等。元城学派学问自称只有一个"诚"字,认为"诚是天道,思诚是人道,天人无两个道理"。要做到"诚",必须"不妄语",必须"笃信力行",他们曾说:"为学惟在力行,古人云,说得一丈,不如行得一尺,说得一尺,不如行得一寸,故以行为贵。"要做到守道力行,"只一勤",如有间断,"便不可谓勤"。司马光之学以《中庸》为本,其弟子刘安世受此影响,更以其为力行实践之本。《谈录》载:"凡五年得一语曰'诚'。某请问其目。公曰:'诚者天之道,思诚者人之道,及臻其道一也。'复问所以致力,公喜曰:'此问甚善,当自不妄语人。'"①《元城语录》又云:"某之学,初无多言。旧所学于老先生者,只云'由诚入'。某平生所受用处,但是不欺耳。今便有千百人来问,某只此一句。"②如前所论,《中庸》乃司马光形上之学的立论之本所在,由此形成了"中""中

---

① 刘安世:《谈录》,《诸儒鸣道》本。
② 刘安世:《谈录》。

和""诚"等重要哲学范畴。此与其所重视的《大学》一起,构成了集大本与方法相统合为一的理论体系。漆侠先生认为:"在宋代士大夫中,对《中庸》做出较为重要贡献的则是司马光。"① 司马光的"诚"即本体、功夫,刘氏正是从功夫入。所以,他说:"为学惟在力行。"② 时人比较过他与程颐的区别,史载:"曾茶山(几)曰:刘器之(安世)之学问门户,自与伊川不同。伊川说话极精微,刘大抵理会笃信力行,亦自有省要处。尝言勿忘勿助长,不思善不思恶,但愿空诸所有,慎勿实诸所无。"③ 这也体现了刘安世以力行为本的特征。

三、晁说之的《中庸学》

晁说之(1059—1129年),字以道、伯以,因慕司马光之为人,自号景迂生,济州钜野(今山东巨野)人。晁说之与同族近亲晁补之、晁冲之、晁祯之都是当时有名的文学家。元丰五年(1082年),晁说之进士及第,并获得苏轼、范祖禹、曾巩等人的力荐。范祖禹亦以晁说之"博极群书"荐以朝廷,曾巩同样予以力荐。元符三年(1100年),晁说之知无极县,奉诏上书祗德、法祖、辨国疑、归利于民、复民之职、不用兵、士得自致于学、广言路、贵多士、无欲速无好高名等十事。

北宋世儒之学,大体在晁、吕二氏。晁氏历来善读书、能为文,"家传文学,几子人人有集"。④ 从学术上来说,晁氏以融汇儒、释、道三家为

---

① 漆侠:《宋学的发展和演变》,第364页。
② 刘安世:《谈录》。
③ 黄宗羲原著、全祖望补修:《宋元学案》卷二十《元城学案》附录引,第832页。
④ 永瑢、纪昀等:《四库全书总目》卷一五八,《嵩山居士集》提要,中华书局1995年版,第1363页。

主,这种取向始于晁迥(951—1034年)。诸晁之中,惟有晁说之例外。清人全祖望说:"昭德晁氏兄弟大率以文词游坡、谷间,如补之、咏之、冲之皆盛有名,独景迂湛深经术,亲得司马公之传,又为康节私淑弟子。"①这表明,晁说之亦为北宋后期理学运动的特殊人物,可因种种原因常为人所忽视。南宋洪迈曾说:"景迂子晁以道留意六经之学,各著一书,发明其旨,故有《易规》《书传》《诗序论》《中庸》《洪范传》《春秋三传说》。其说多与世儒异。……然则晁公之于群经,可谓自信笃而不诡随者。"②由此可见,晁说之的经学卓然成家,不让于诸儒,且保持传统的经学形态。

晁说之认为:"圣人之意具载于经,而天地万物之理管于是矣。"③足见其治经的目的必在于推见天地万物之义理。他在易学上主要继承司马光、邵雍,独推易数。至晚年,他又重《中庸》,当是受司马光之影响而致。他说:"《中庸》之书,学者之至也。其始曰'戒慎''恐惧',盖言诚也。"④又云:"《中庸》曰:'用中为常道也。'既而质诸安定先生、司马温公之传,则益知郑说矣。……所谓中者,用之则曰和、曰孝、曰礼、曰智、曰仁、曰勇、曰强、曰纯、曰一、曰明、曰诚,其实皆中之谓也。"⑤可见,其中庸之学完全来自司马光的"中"和"诚"。

从总体上看,应该说,晁说之没有进一步发挥理学思想,与当时理学疏离经学的风气也不尽相同。比如,他对张载、二程也有如此评说:

---

① 黄宗羲原著、全祖望补修:《宋元学案》卷二二《景迂学案》,第862页。
② 洪迈:《容斋随笔·三笔》卷一《晁景迂经说》,上海古籍出版社1995年版,第419—422页。
③ 永瑢、纪昀等:《四库全书总目》卷一四《耻新》,四部丛刊续编本。
④ 黄宗羲原著、全祖望补修:《宋元学案》,第865页。
⑤ 永瑢、纪昀等:《答朱仲髦先辈书》,《四库全书总目》卷一五,第1365页。

"惟通人有蔽,夫三先生者亦岂无蔽哉!明道取人太吝,横渠轻视先儒,伊川时出奇说。"①再比如,他反对援用"体用"之说,其云:"经言体而不及用,其言用则不及体……究其所自,乃本乎释氏体用事理之学。"②这些都是对理学疏离经学的不满。

为子学形态的理学大体形成于"道学六先生"时期。稍后,理学之传逐渐归于洛学和朔学,且洛、朔二学也在合流。其中,司马光门人或游离于经学、理学之间,或存理学于经学中;而二程门人则多疏离经学,特别注重以传记、性理文本为基础建构理学体系。至高宗初年,以《三经新义》为基础的王学不再独尊,《尚书》《诗经》《周礼》三经的地位也随之微降,"伊川之学"日盛。汉以来官学的基石在于经学,理学欲成为官学,就不得不求助于新经学的重建,尤其是本经中的《易》《春秋》和兼经中的《论语》《孟子》。于是,这种子学形态的理学开始走向理学化的经学。

从历史上看,司马光与晁说之二人对《太玄》都十分重视,而且评价极高。二人都认为《易》和《太玄》的思想是相通的,并把《太玄》作为学习《易》的基础。其次,二人都为扬雄仕莽一事极力辩解。司马光是层层分析,晁说之则着重于论述其绝无谄媚之意。虽然论述的重点和方式不一,但殊途同归,都是为了维护扬雄的形象。当然,不可否认的是,二人在学术上还存在着一定的差异性。其一,司马光对扬雄的负面评价较少,而晁说之较多。司马光是极力推崇扬雄的人,似乎仅对扬雄的"三勤论"提出过异议。但晁说之不一样,他在为扬雄仕莽辩解的同时,也认为他"迂于事而近谀""不纯其行"。除此之外,晁说之还认为扬雄

---

① 永瑢、纪昀等:《答朱仲髦先辈书》,《四库全书总目》卷一五,第1368页。
② 晁说之:《儒言·体用》,《嵩山文集》卷一三,四部丛刊续编本。

对圣人的认识并不正确:"能常操而存者,其唯圣人乎?"①他表示扬雄的所作所为也并非在学习圣人。其二,二者的人性论并不一致。司马光赞赏并继承发展扬雄的性善恶混论,晁说之则对二程关于性善论的述论大量引用,虽未明确指出其人性论的观点,但似乎又能看出其对二程性善论的认可,不然也不会在读书笔记中花费大量篇幅摘抄此观点。总之,司马光的学术思想的确对晁说之有着重要的影响,但这并不代表后者对前者的完全继承,而是有选择性的继承和发展,这应该是学术传承中一种常见的形式。

四、范祖禹礼理诚的中和

范祖禹(1041—1098年),字淳甫,因其原籍成都华阳(今四川成都),学者称之为"华阳先生",故其所创学派为"华阳学派"。祖禹早年协助司马光编修《资治通鉴》,同在洛阳十五年,多受教诲,人以其为司马光得意门生。祖禹勤敏好学,继承司马光思想,得其纯粹,并有所发展。又与吕希哲、刘恕等为友,谈论经书,相得益彰,因成"华阳学派"。他的一传再传弟子及子孙有:范冲、司马康、黄庭坚、范子长、范子该等。此派为学主要探讨"诚""性"等。他们认为,"圣人之治天下,未尝不以诚也"。又说,"诚者,存乎其心,不可得而见之",即认为"诚"是一种精神实体。他们还说,要做到"至诚",必须"尽其性","能尽其性,则能尽人之性,能尽人之性,则能尽物之性,能尽物之性,则可以赞天地之化育,可以赞天地之化育,则可以与天地参矣"。史臣称其"开陈治道,区别邪正,辨释事宜,平易明白,洞见底蕴"。作为涑水后学,范祖禹在其

---

① 晁说之:《晁氏客语》,第20页。

论著中构建出一个完整的道德修养体系。他把"诚"作为贯穿始终的一个中心,既是他的最高境界,又是达致最高境界的起点。他将司马光的中和思想用于礼理关系问题的把握,形成了一些比较重要的思想观点。他说:"礼者,理也,至于理,则能复礼矣。"①礼的依据就在于理。"礼者,理也。臣无君之事,而僭君之礼,岂理也哉!"②臣违背名分之道,僭越使用本该由君主使用的礼仪,是有违天理的。他还指出,"为礼则敬,临丧则哀者,理当然也"。③ 礼敬丧哀,乃理中应有之事。他从不同角度反复阐明了礼与敬的关系,说:"凡礼之体,主于敬;及其用,则以和为贵。……敬者,礼之所以立也。"④"经礼三百,曲礼三千,亦可以一言以蔽之,曰:毋不敬。"⑤"礼之本在于敬。……外貌斯须不庄不敬,虽有玉帛,非礼也。"⑥"礼所以修外,主于敬。"⑦礼是修身养性中的外在工夫,然要将其功能真正发挥出来,还需要有内在的敬的精神作为主宰,或者换一句话来说,礼在修身养性中的意义实际上取决于敬的贯彻程度。在范祖禹看来,儒家伦理也是性的内涵,他说:"仁者,性之所有也,为仁由己,故不远,欲之则至矣,行之则是也。不求之己而求之外,则远矣。"⑧故为仁当内求诸己。三是主张治心养性。范祖禹继承了二程"学本是治心"⑨的观念,把

---

① 朱熹:《论语精义》,《朱子全书》第七册,上海古籍出版社、安徽教育出版社2002年版,第412页。
② 朱熹:《论语精义》,第126页。
③ 朱熹:《论语精义》,第131页。
④ 朱熹:《论语精义》,第52页。
⑤ 朱熹:《论语精义》,第64页。
⑥ 朱熹:《论语精义》,第580页。
⑦ 朱熹:《论语精义》,第553页。
⑧ 朱熹:《论语精义》,第275页。
⑨ 程颢、程颐:《河南程氏遗书》卷十五,《二程集》,第156页。

"治心"看作为学之根本目标,也把"治心"作为成圣的必由之路。在他看来:"学者所以学为圣人,非治心养性不能至也。"①在这一点上,他与司马光具有一致性,都将治心置于重要位置予以充分强调。在如何治心养性的问题上,范祖禹提出,一是要养心,提出"君子养其内心,故言无不中理"②,将孟子所言之"养心"予以具体化,并将其与理学影响下对理范畴的强调展现了出来;另一方面,则要"求放心","善良的本心丢失了,谓之放心。为了把善心寻找回来,就是求放心"③。这里通过对孟子的"求放心"的解释阐发了其对治心养性之道的具体看法。同时他也看到了"习"对人成长的意义,他说:"放心而不知求,故其习愈下,学其不可勉哉!"④若不求放心,则善的本心将受现实生活中习染的影响,离成圣的目标会愈来愈远。因此,要治心养性,从而达至成圣的目标,就要把"养心"和"求放心"密切结合起来。⑤

范祖禹继承和发展了司马光重"诚"以为圣的思想。我们知道,为改变唐末五代以来"学绝道丧"的局面,"宋儒致力于在道德文化与学术思想之中重新建构社会理想和人格理想,以此重新确立儒家伦理规范和道德原则"⑥,致力于"为天地立心",为重建社会的合法性依据而进行积极的理论建构。范祖禹亦是如此。在他看来,对一般民众而言,惟有通过学习,才能成为圣人。他说:"孔子习周公者也,颜渊习孔子者也,

---

① 朱熹:《论语精义》,第204页。
② 朱熹:《论语精义》,第554页。
③ 蔡方鹿:《宋明理学心性论》,巴蜀书社2009年版,第89页。
④ 朱熹:《论语精义》,第568页。
⑤ 唐明贵:《范祖禹〈论语说〉的诠释特色》,《湖南大学学报(社会科学版)》,2015年第4期。
⑥ 刘欣、吕亚军:《敬以直内、义以方外——从"私箴"看宋儒的道德修养》,《内蒙古农业大学学报(社会科学版)》,2009年第2期。

人君习尧舜,是亦尧舜而已。子曰:'性相近也,习相远也。'伊川曰:'习与性成。'学者之习,将以反其性也。习之而串,则与性一矣。……学而知之者,次也,所以求为圣人。"①人的本性是一样的,关键在于后天的习染,习久成性。学习可以使人复其本性,所以人人可以通过学习成为圣人。既然人皆可学以成圣,那么,到底应该如何学呢?在范祖禹看来,学之本在于内心之诚。他说:"恶恶臭而好好色者,人之诚也。以好贤而易其好色之心,则善无以加矣。然而好贤者,未必诚好之也。贤贤者,诚心以为贤,此好之笃者也。事父母竭其力之所至,事君不敢有其身,故危难不避,而终之以信。此可学之资也。虽曰未学,必谓之学也。本立而质美故也。"②如果诚心向贤,就会下孝父母、上忠君主、临危不惧,也就具备了学习的前提条件。如果一个人做到了这些,即使他没有读书学习过,我们也认为他学习了。由此出发,范祖禹指出,在现实生活中,人们的德性之所以不完备,究其原因就在于人之内心"诚"的缺位。他说:"与朋友交而不信者,诚意不至也。"③由此可见,"诚"是立人之本,立德之基。

如何才能从内心生起诚意呢?在范祖禹看来,一是主忠信。他说:"主忠信,所以立诚也。徙义,所以修身也。诚立而身修,则德日益崇矣。"④"忠者,诚也。信者,不欺也。君子之守,诚为大;其与人也,不欺为大。故心必以忠信为主,言必以忠信为主,行必以忠信为主。忠信,所以立本也。"⑤他将忠信之道作为确立诚心、提升自身德性的基础。二

---

① 朱熹:《论语精义》,第26页。
② 朱熹:《论语精义》,第41页。
③ 朱熹:《论语精义》,第35页。
④ 朱熹:《论语精义》,第427页。
⑤ 朱熹:《论语精义》,第43页。

是入孝出悌。他说:"入孝出弟,立身之本也。"①"道之有本,如木之有根,水之有源也。无本,则无自而生焉。故君子为仁有道,在修其身;修身有道,在正其心;正心有道,在诚其意;诚意莫如孝弟。未有事父孝,事兄弟,而不忠于君,不顺于长,不爱于人者也。"②即从最自然的父母兄弟之间的关系出发,进而正其心、修其身,从而成就为仁之道。三是克己复礼。他说:"有不善未尝不知,知之未尝复行,克己也。不迁怒,不贰过,复礼也。夫正与是出于理,不正不是则非理也。视听言动,无非礼者,正心而已矣。为仁由己,在内故也。克己复礼,时天下之善皆在于此矣。天下之善在己,则行之一日,可使天下之仁归焉。"③通过外在的约束,端正自己的内心,使天下之善汇集于此。在范祖禹看来,礼就是用来修身的。他说:"知礼,所以修身也。"④他要求人们注意自己的言行举止:"言重则有法,行重则有德,貌重则有威,好重则有观。动容周旋中礼者,盛德之至。君子所贵乎道者,正己而已。故不重则不威。轻乎外者必不能坚乎内,故学则不固。为人而不重,未有不易其守也。"⑤外在的表现是内心的反映,所以不能轻视外在的表现。四是要持之以恒。在范祖禹看来,内心诚意的培育不是一蹴而就的,而是日积月累的结果。他说:"《易》重险之卦曰习坎。水之于险也,必洊至而不已,然后能乘险而流焉,君子于难事也亦然。如其《象》曰:'常德行,习教事。'夫必有常也,而后能立。"⑥君子尊尚德行,教化民众,应像细水长流一样,

---

① 朱熹:《论语精义》,第39页。
② 朱熹:《论语精义》,第30—31页。
③ 朱熹:《论语精义》,第412页。
④ 朱熹:《论语精义》,第640页。
⑤ 朱熹:《论语精义》,第43页。
⑥ 朱熹:《论语精义》,第26页。

不断克服前进中的困难,永不停息。唯其如此,才能达至修身的最高境界。范祖禹在《中庸论》中集中阐发了他对于"诚"的系统理解:

> 圣人以为仁义者生于吾之性,而不生于外,是故用之以诚,仁焉而必出于诚,义焉而必出于诚。不诚于仁,则人不亲;不诚于义,则事不成。诚仁者,不施而亲;诚义者,不为而成。诚在内者形于外,是所以贵诚也。是故不赏而人劝,不怒而人威,不动而人化,不言而人喻,此所谓尽其性也。是故为人子者诚于孝,为人臣者诚于忠,为人弟者诚于恭,举天下之性,莫不诚于为善,此所谓尽人之性也。是故天地为之诚化,日月为之诚明,四时为之诚行,风雨为之诚节,草木为之茂,鸟兽为之蕃,凡在天地之间者莫不安其性命,此所谓与天地参也。①

在这里,范祖禹重视"诚"的观念已经显而易见。他将"仁义"视为人之本性,在现实生活中的表现则为"诚"。只要内心秉持诚念,则仁义之事、教化之事皆可水到渠成。只要天下之人诚心为善,则天地万物皆可有序生长,实现天人共生的和谐局面。范祖禹在此将"诚"提升到近于宇宙大本的地步予以充分的强调,足见其对贯于一生之"诚"的坚守与重视。

综上可见,范祖禹的思想既继承了司马光的思想,又充分吸收了二程的思想,倡导立诚成圣,着力阐发人性论和"礼"与"理"的关系,也具有自己的鲜明特色,不但注重引史证论,而且重视对经世之学的抉发,因此在宋代思想史上应具有一定的地位。其所著《论语说》被朱熹赞为

---

① 范祖禹:《中庸论》,《宋元学案·华阳学案》,第852页。

诸家解说中最好的:"范纯夫《语解》①比诸公说理最平浅,但自有宽舒气象,最好。"②因被多种著作借鉴和吸收,在《论语或问》中几乎"在各篇每章每节具有论及"③,"《文集》和《语类》分别有23条和62条评论(均不含总论)"④,在《论语精义》"总共近五百章(节)的内容中,仅有十八章(节)没有采录范氏之说,此足见朱熹择取诸家注解《论语》而汇为《精义》时,范氏《论语说》居于何等重要的位置"。⑤ 在最能代表朱熹思想的《论语集注》中,共征引范氏之说54条,仅次于二程和尹焞,居第三位,比杨时、谢良佐和胡寅都多。⑥ 此外,在对待老庄之学的态度上,范祖禹亦表现出与司马光的共同之处:

> 盖尧、舜、三代之治天下,与夫孔子、六经之道,莫不由于忠恕也。若夫以己能而责天下之人,此老、庄所以肆其放荡虚空之论而不能自反也。圣人者,为天下而言者也,故己可用而人亦可行。老、庄者,为一人而言者也,故己独可言而人不可用,是欲以一人之私论而率天下以行之也。其意曰:"治身者曷不为我之等贵贱,齐生死?治天下者曷不为太古之为无为,事无事?"是以言之而不可行也。圣人之言,其自为也过少而为人也过多,老、庄之言,其自为也过多而为人也过少,此其所以异也。老、庄之说如此,而好之者或以为治性之书,是不然。

---

① 即指《论语说》。——笔者注
② 黎靖德编:《朱子语类》卷一百一十四,第2758页。
③ 粟品孝:《朱熹与宋代蜀学》,高等教育出版社1998年版,第110页。
④ 粟品孝:《朱熹与宋代蜀学》,第110页。
⑤ 粟品孝:《朱熹与宋代蜀学》,第114页。
⑥ 粟品孝:《朱熹与宋代蜀学》,第115页。

> 夫治性者莫如《中庸》,而乱性者莫如老、庄。故学《中庸》以治其性,则性可得而见也;学老、庄以乱其性,则性不可得而反也。惟不惑乎老、庄之言,则可与由《中庸》以入于尧、舜之道也。①

由此也可以看出,范氏之学虽在论治道方面承继司马光之说,但在人性论与对待《孟子》这两方面呈现出与司马光相反的态度。在对待老庄之学方面,范氏排斥老庄的态度则与司马光高度一致。

通过以上对涑水后学与司马光中和哲学关系的分析可见,由刘安世、晁说之、范祖禹所代表的涑水学派尽管在此后的发展中分别衍生为元城学派、景迂学派和华阳学派,但是他们在理论建构中继承了司马光对《中庸》的重视,并通过身体力行践行司马光一生所坚守的"诚而不妄"的理念和品格,铸就了涑水学派鲜明的特色。全祖望亦指出,"涑水(司马光)弟子不传者多,其著者刘忠定公(安世)得其刚健,范正献公(范祖禹)得其纯粹,景迂(晁说之)得其数学,而刘、范尤为眉目"。② 刘安世的弟子吕本中在此基础上创"紫微学派",刘勉之等创"刘胡诸儒学派",张栻创"南轩学派"等。晁说之在易学上的造诣得到了后世学者的高度评价。而范祖禹不仅因《唐鉴》《帝学》而在史学史上影响颇著,其所著《论语说》《中庸论》因分析精详、颇具诸经融会贯通解说之功力,而得朱熹屡屡表彰,对后世的思想史产生了重要影响。尽管他们对司马光的思想有一定程度的变革,然对其思想风范的持守与学风的濡染,则通过后世对其发展谱系和脉络的考察得到彰显,自不可视而不见。借

---

① 范祖禹:《中庸论》,《宋元学案·华阳学案》,第853页。
② 黄宗羲原著、全祖望补修:《宋元学案》卷二十《元城学案》,第820页。

由司马光与弟子思想的关系,考察其思想对后世的影响,应不失为一条行之有效的路径。

第二节 二程的批评与回应

一、二程对司马光《中庸解》的批评

"制中"之说乃是司马光论"中"最为重要的一个论点,也是最常受到理学家批判的一点。二程曾言:"温公作《中庸解》,不晓处阙之,或语明道,明道曰:'阙甚处?'曰:'如强哉矫之类。'明道笑曰:'由自得里,将谓从天命之谓性处便阙却。'"①可以看出,二程对于司马光的《中庸》诠释并不看好,从对首句"天命之谓性"之解释处已见分歧。今从司马光对"天命之谓性"之原解中略作分析,以见其中端倪:

> 性者,物之所禀于天以生者也;命者,令也。天不言而无私,岂有命令付与于人哉?正以阴阳相推,八卦相荡,五行周流,四时运行,消息错综,变化无穷,庶物禀之以生,各正性命,其品万殊,人为万物之灵,得五行之秀气。故皆有仁、义、礼、智、信,与身俱生。木为仁,金为义,火为礼,水为智,土为信。五常之本,既禀之于天,则不得不谓之天命也。水火金木,非土无依,仁义礼智,非信无成。《孟子》言"四端",苟无诚信,则非仁义礼智矣。夫人禀五行而生,无问贤愚,其五常之性必

---

① 程颢、程颐:《河南程氏外书》卷十二,《二程集》,第425页。

具,顾其少多厚薄则不同矣。或相倍蓰,或相什百,或厚于此而薄于彼,或厚于彼而薄于此,多且厚者为圣贤,少且薄者为庸愚,故曰天命之谓性。①

郭晓东认为司马光对《中庸》首句的这一段解释基本上沿袭了郑玄注、孔颖达疏中"用气为性"的思路。② 司马光在这里的解释看似基本上在照搬郑注孔疏的观点,"了无新义"。不可否认的是,司马光在这里对"性"的解释在很大程度上有复向告子"生之谓性"之嫌。在司马光看来,宇宙间万事万物之所以千差万别,就是因为所秉之性不同。所谓"人禀五行而生,无问贤愚,其五常之性必具,顾其少多厚薄则不同矣"。强调人先天即具有孟子以来所强调的善性,但人与人之间因为所秉的善性有差别,故而在现实生活中的表现也会有异。

司马光的"无过不及"之"中"只是状态,其实质内涵当落在那种可维持动态平衡的作用。从《易经》而来的传统,大抵会以"阴阳""气化"立论,司马光的选择亦是如此。如前所及,他曾言"适宜为中,交泰为和",③"一阴一阳之谓道,然变而通之,未始不由乎中和也"。④ 在具体的气化流荡中,维系平衡的张力,这种均衡的张力一直被司马光视为人生最美满的状态:既是宇宙间万事万物化生之本、天人关系的理想状态,也是理想的生存状态、理想的政治状态,即其所言之"养生作乐"之本。"养生"与"中和"有关,这是司马光一再触及的议题,他在与朋友的通信

---

① 卫湜:《礼记集说》卷一百二十三。
② 郭晓东:《论司马光对〈中庸〉"性"与"诚"的诠释:从经学史与道学史的双重脉络考察》,《复旦学报(社会科学版)》,2010年第5期。
③ 司马光:《传家集》卷六十七,第836页。
④ 司马光:《传家集》卷六十一,第734页。

中,力陈"治心以中,治气以和",俨然以开处方的医师自居了。他所开的处方即是"中和",而在今天看来,"中和"既是生理药方,亦是心理药方。

> 先生曰:明道犹有谑语,若伊川则全无。问:"如何谑语?"曰:"明道闻司马温公解《中庸》,至'人莫不饮食,鲜能知味',有疑,遂止。"笑曰:"我将谓从'天命之谓性'便疑了。"伊川直是谨严,坐间无问,尊卑长幼,莫不肃然。①

司马光这样一种工夫论,听起来似乎颇为合理,他亦相当自信,曾宣称用这一工夫法门治好了自己的失眠问题,并以此劝勉韩维、范镇等人。② 但司马光似乎没有意识到,这里面事实上存在着一些重大的理论困难。司马光的工夫强调要守"中",要执"中",要制之以"中",但诚如杨儒宾所指出的,"'无过不及'的'中'不会是实体字,它只是状态字","我们很难想象一种形象化的'中体'可为人所执"。③ 也就是说,作为"无过与不及"的"中",它本身就是心之已发,其所发因时事之不同而不同,又如何存于未发之心中？司马光无法回答吕大临"何所准则而知过不及乎"这一根本性的问题,从而其在工夫上要"守中",事实上就无"中"可守,因此,"中"仅是一个没有内容的"名言"而已。尽管在本体的

---

① 程颢、程颐:《河南程氏外书》卷十二,《二程集》,第442页。
② 如司马光在写给韩维的信中说:"愿秉国试辍习静之心,以习中之心,动静语默饮食起居皆在于中,勿须臾离也,久而观其所得所失,孰少孰多,则秉国必自得之矣。"(参见《答韩秉国书》,《温国文正司马公文集》卷六十三。)又如他在给范镇的信中说:"光所愿者,欲景仁举措云为,造次颠沛,未始不存乎中和。"(参见《答景仁书》,《温国文正司马公文集》卷六十二。)
③ 杨儒宾:《〈中庸〉怎样变成了圣经》,《宋代新儒学的精神世界——以朱子学为中心》,第503页。

体会和工夫的路径上,二程兄弟都有差异,但他们对司马光守"中"、念"中"、执"中"的这一工夫,均不以为然:

> 先生曰:司马温公平生用心甚苦,每患无着心处。明道、伊川叹其未止。一日,温公谓明道:"某近日有个着心处,甚安。"明道曰:"何谓也?"温公曰:"只有一个中字,着心于中,甚觉安乐。"明道举似伊川。伊川曰:"司马端明却只是拣得一个好字,却不如只教他常把一串念珠,却似省力,试说与时,他必不受也。"又曰:"着心!只那着的是何?"①

司马光在修养工夫上主张对身体采取以保养为主的工夫态度,强调在日用常事上依礼而行便能达成道德修养目标。但"礼"基本上是儒学中一个很传统的理论,何以司马光还需要大力向他的朋友推荐呢?此应是当时佛道工夫论已广泛行于士人之中,而儒学工夫论还在建构当中的缘故。所以即便"以礼修身"其实并非新颖的概念,司马光也仍需以从《中庸》中所得到的新诠释,即用"中和""气"等概念来解释其思想基础,才能重新建立工夫论的完整架构,以便与当时流行的佛道工夫论抗衡。但虽然同样是基于对《中庸》之理解所建立的工夫论,司马光却呈现了一个与二程"观喜怒哀乐未发前气象""主静"等工夫截然不同的工夫论,故而遭受了二程的激烈批评。二程言:

> 君实尝患思虑纷乱,有时中夜而作,达旦不寐,可谓良自苦。人都来多少血气?若此,则几何而不摧残以尽也。其后

---

① 程颢、程颐:《二程集》,第433页。

告人曰:"近得一术,常以中为念。"则又是为中所乱。中又何形,如何念得佗?只是于名言之中拣得一个好字。与其为中所乱,却不如与一串数珠。及与佗数珠,佗又不受。殊不知中之无益于治心,不如数珠之愈也。夜以安身,睡则合眼,不知苦苦思量个甚,只是不与心为主,三更常有人唤醒也。①

这里以几近讥讽的语气对司马光之"以中为念"说进行了批评,认为司马光的理论终将导致"为中所乱"。其弊端在于由外在的"中"做主,而非以"人心"做主,此则最终无法彻底地与佛教的修养工夫划清界限。如其所言:

人心作主不定,正如一个翻车,流转动摇,无须臾停,所感万端。又如悬镜空中,无物不入其中,有甚定形?不学则却都不察,及有所学,便觉察得是为害。着一个意思,则与人成就得个甚好见识?心若不做一个主,怎生奈何?张天祺昔常言,"自约数年,自上着床,便不得思量事"。不思量事后,须强把佗这心来制缚,亦须寄寓在一个形象,皆非自然。君实自谓"吾得术矣,只管念个中字",此则又为中系缚。且中字亦何形象?若愚夫不思虑,冥然无知,此又过与不及之分也。②

---

① 程颢、程颐:《二程集》,第25页。
② 程颢、程颐:《二程集》,第52—53页。按:此条《宋元学案》作伊川语,《近思录》卷四、《朱子语类》卷九十六作明道语。

在二程看来,司马光这种执守一个"中"字的工夫法门,存在着重要的理论缺陷,此点学者已有所注意①。二程基于其"识仁""主敬""存养"的工夫对司马光的"以中为念"说展开的批评,应该说是抓住了司马光思想的症结所在。但若从气化论本身的理论初衷而言,其立足点在于如何从现实的角度去解释生活中人与人之间的道德差异性,而不在于寻求道德的普遍性根据。故而,其实在司马光那里"以中为念"之所"念"并非没有实际内容,应该说这个内容是在现实生活中经过长期累积,被人们从价值上日渐认同的"礼",所以从这个意义上说,司马光的"以中为念"说便转变为其在工夫论上实际发生效用的"以礼自饬"②说。而这一学说在人性论上的支撑,正是自荀子以来的"学礼成性"说。这才当是司马光工夫论真正的落脚点所在。所谓的"伊川与君实语,终日无一句相合"③即是就此而言。

如前所论,在司马光对《中庸》的解释中,"庸"字被置于无关紧要的位置,往往被视为"常","中庸"则指"以中为常"。学者无论应世处物,时时皆要"以中为念"。"中"是司马光工夫论的焦点。然而何谓"中"?司马光不以"宇宙论"意义解之,亦不以本体意的"中体"解之,却以常识性的"无过与不及"论"中",这个观点显得比较特别。在元丰年间,司马光居洛时,曾写信给范镇,提到两人早年曾作为贡院点检官参加阅卷工

---

① 郭晓东指出司马光"以中为念"的工夫存在着两个缺陷:第一,这个"中"字既无形象,又无内容,只是一个"好字",不及佛教数念珠之工夫作用大,因其不能使心有所主,而无益于"治心";第二,二程认为司马光的这一工夫法门不仅无益,反而有害,即使人心反被这个"中"字所乱,或者说为"中"字所缚。(郭晓东:《论司马光"中和"学说及其在道学史上的意义与局限》,《陕西师范大学学报(哲学社会科学版)》,2010年第4期。)
② 司马光:《潜虚》,第14页。
③ 程颢、程颐:《二程集》,第428页。

作,当时试题为《左传》中的"民受天地之中以生",考生多从"民之始生无不秉天地中和之气"立论,而司马光认为,这违背了经典中"刘康公"之本意——在他看来,经典所说的"生"乃"生存"之"生",而非"初生之生"。在今天看来,"初生之生"固然可以指谓一种生物学的原初时间概念,但此语也未尝不可以被运用于本体论意义作始源解,而这恰恰不是司马光所主张的"制中"之"中"。但是,"中"既非实体,我们很难想象一种形象化的"中体"可以为人所执。"中"作为无法量化的应物标准,相较于二程而言,这样的观念自然显得很特别。显然,作为不偏不倚的"中"之意识若不附加其他条件,"制中"之说是很难付诸实践的。无论是对"孝"的重视,还是对"礼"在移风易俗、治理国家等方面效用的反复强调都充分地说明了这一点。二程的批评是站在道学高扬道德主体性的意义上而言的,其主旨在于确立道德的终极根据,而司马光的关注点则在于如何去具体实践,两人差异的根本原因还是其最终的关切点不同。

二、与程颐、吕大临及苏昞论中之分歧

有关程颐对于司马光"以中为念"说批评之理论深层背景,亦可从其与吕大临及苏昞论中和这一理学史上的著名公案得见。程颐的《与吕大临论中书》收录了吕大临与程颐之间的对话。吕大临从"中者,道之所由出"谈起,而程颐针对于此,不断地力图修正吕大临的观点。因程颐的话语中正面表达较少,反面批评较多,言辞缴绕,故其立场不易辨明,吕大临的立场却很明朗。他说:

> 既云"率性之谓道",则循性而行莫非道,此非性中别有道也。中即性也,在天为命,在人为性。由中而出者莫非道,所以言"道之所由出"也。与"率性之谓道"之义同,亦非道中别有"中"也。……圣人之学,以中为大本。虽尧、舜相授以天下,亦云"允执厥中",中者无过不及之谓也,何从而求之乎?求之于喜怒哀乐未发之际而已。当是时也,此心即赤子之心;即天地之心;即孔子之绝四;即孟子所谓"物皆然,心为甚",即《易》所谓"寂然不动,感而遂通天下之故"。此心所发纯是义理,与天下之所同然,安得不和?①

在这里,吕大临将"中"视为"大本",亦即"天地之心"。此处心的实质内涵既是性,是命,又是道。吕大临对"中"的理解简洁一致,为典型的心学化诠释模式。后世的佛道诸子注解《中庸》时,援其学入儒,除了在根源的道德意识或解说意识上有所扞格外,皆与吕大临之说相同。②程颐与吕大临论中和,从语言上来看,两人语言处处窒碍,极难沟通,根本的原因恐怕在于心与理的关系,以及"本体之心"与"发用之心"到底能否实现同一。

程颐的立场在《与苏季明论中和》处表现得较为清楚,基于既有"求",即有"思",工夫即非究意的,故他反对学者"求之于喜怒哀乐未发之前"。程颐不是反对在"喜怒哀乐未发前"下工夫,他只是主张:未发时只宜"存养""涵养","涵养久,则喜怒哀乐发自中节"。若程颐论"中

---

① 程颢、程颐:《二程集》,第606页。
② 杨儒宾:《〈中庸〉怎样变成了圣经》,《宋代新儒学的精神世界——以朱子学为中心》,第505页。

和",只是为了反对"求中",倡导"涵养",则其主张大体可为理学各派所接受。然而,当苏昞向他请教:"当中之时,耳无闻,目无见否?"程颐答道:"虽耳无闻,目无见,然见闻之理在始得。"苏昞后来问道:"先生于喜怒哀乐未发之前下动字?下静字?"程颐答:"谓之静则可,然静中须有物始得,这里便是难处。学者莫若且先理会得敬。能敬,则自知此矣。"①根据程颐的回答,我们知道,只要"知"有"物"、"察"有"物"、"思"有"物",即不是静,也就是远离大本。但如果只是"静",而不知"有物",这亦非工夫究竟。"物"为何?明显就是理。通观程颐前后答语,似可理解他要求的中和工夫乃是学者必须心灵永葆湛纯,即此为"敬"。敬的工夫做久了,心物交融,内心澄明,理即呈现矣。

通过以上的分析可见,司马光的"中和"诠释是发端于"气",从万物生生的基本原则出发,提出人与自然万物、人与社会、人自身的身心和谐的准则要求,构建起了一个独特的中和哲学体系。② 而程颐的"中和"论,则是偏向于主体上达的思维形态,"由人而天理,推阐下学上达之意,以心体用关系诠释'中和'的已发、未发问题"。③ 这里的本体乃是天道性体存在于人性之中,故"天下事事物物皆有中","中者性之德",人性中本有"中"之特性。若就事上说,则"天理"所体现的是"致中和",表现为"天尊地卑""万物化育";若就人道而言,"中和"是人日用伦常皆合乎"天理"的要求。故此,"格物致知"中的"致知"则是指最深刻的自我

---

① 程颢、程颐:《二程集》,第107页。
② 林素芬:《"独乐"与"中和"——论司马光园林书写中的修身意涵》,《生活园林:中国园林书写与日常生活》,第188页。
③ 程颐曰:"心一也,有指体而言者,有指用而言者。"(见《二程文集》卷九《与吕大临论中书》,《二程集》,第609页。)程颐又曰:"心本善,发于思虑则有善有不善。若既发,则可谓之情,不可谓之心。"(程颢、程颐:《河南程氏遗书》卷十八,《二程集》,第204页。)

认知,既认识到自我本然存在着至善天理,又体知此理与万物化育之理,是乃贯通之理。这是一种由下学而上达,"人分"之上实践而"达天理"的过程。由上可知,程颐与司马光"中和"之论,乃分属于不同的思维与诠释,这应该也是后世朱子界定司马光与周程之学"殊辙"的重要因素之一。①

第三节　朱熹对"中和"说的检讨与发展

朱熹心性论的形成乃至其整个思想的发展都与两次顿悟有关,这两次顿悟皆是关于中和问题的,从时间先后顺序来看通常被称为"中和旧说"与"中和新说"。朱熹于乾道八年(1172年)所作《中和旧说序》中叙述了两次顿悟的发展过程:他早年从李侗学《中庸》,未能体验未发气象,后从张钦夫(张栻)处得到衡山胡氏学,与张钦夫往来辩论后,一日喟然感叹,心有所得,"人自婴儿以至老死,虽语默动静之不同,然其大体莫非已发,特其未发者为未尝发尔"②,朱熹把这次顿悟称作中和旧说。"乾道己丑之春,为友人蔡季通言之,问辨之际,予忽自疑"③,又想到与程子所言不合,重新读程子之书,方悟前言之非,如今才冻解冰释,形成区别于中和旧说的观点,这次顿悟就被称为中和新说。"中和旧说"与"中和新说"是朱熹思想的重要组成部分,在以往的研究中,往往

---

① 朱熹:《沧州精舍告先圣文》,《朱熹集》,郭齐、尹波点校,四川教育出版社 1996 年版,第 4446 页。
② 朱熹:《朱子全书·文集卷七十五·中和旧说序》,第 3634 页。
③ 朱熹:《朱子全书·文集卷七十五·中和旧说序》,第 3634 页。

将朱熹该思想的渊源追溯至周敦颐、吕大临、苏季明,①抑或更多地关注张栻与朱熹"中和"思想形成之关系。② 对于朱熹"中和"说与司马光思想之关系过去关注较少。笔者拟在此略作探讨。

---

① 刘学智指出:朱熹显然是在重温程颐著作时,方悟得"前日之说,虽于心性之实未始有差,而未发、已发命各未当",从而完成了从"中和旧说"到"中和新说"的转变。此后,朱子在对张载"心统性情"说的阐发过程中发现,张载其实早已注意到性体而情用心统摄性情这一点,从而更坚定了其心分体用的理论立场。可见,朱熹"中和新说"的形成与关学学者的探讨有着密切而内在的思想关系。(刘学智:《朱熹"中和新说"与关学关系探微》,《哲学研究》,2015年第12期。)丁为祥在《学术性格与思想谱系:朱子的哲学视野及其历史影响的发生学考察》一著中云:"直到张载去世,其弟子三吕、范育、苏季明等东入洛阳,进入二程门下之后,吕大临、苏季明关于'中'与'中和'等问题的理解才与小程发生了分歧。吕、苏二位自然主要是从个体修养之形上形下统一的角度来理解"中"与"中和"问题的,而小程则主要是从宇宙论之形上与形下分际的角度来辨析二者关系的,——此分歧之所以形成。但这只是这一问题的缘起。延平承'道南'一脉,'大抵令于静中体认大本未发时气象分明,即处事应物自然中节,此乃龟山门下相传指诀',——所以,由此也就可以看出,延平实际上仍然是从个体修养的角度来探讨'中和'问题的。朱子虽然承接了延平的这一'题目',但对这一'题目'的理解与处置方式又显然不同于延平,这就使其形成了从'中和旧说'到'中和新说'的转向与发展;而这一过程,由于同时又是朱子对经典文本(比如倚重《大学》还是倚重《中庸》)之再选择与思路之再择定的过程,因而这一过程实际上也就成为朱子思想体系之初步形成的过程。正因为这一原因,所以牟宗三、刘述先四位先生都非常重视朱子这一选择,并认为正是这一选择,从而也就从根本上将朱子思想体系的性质给确定下来了。"(人民出版社2012年版,第75页。)

② 钱穆:《朱子新学案》,第一册105—112页,第二册第123—182页;钱穆:《宋明理学概述》,台北中华文化出版事业委员会1953年版,第103—109页;牟宗三:《心体与性体》下册,吉林文史出版社2013年版,第71—228页;王懋竑:《朱子年谱》,台湾商务印书馆1966年版,卷一上第23—27页,卷一下第35—42页;陈荣捷:《朱子新探索》,华东师范大学出版社2007年版,第537—543页;陈来:《朱子哲学研究》,第157—193页;张立文:《朱熹思想研究》,中国社会科学出版社

一、朱熹"中和"说的演进

关于"中和旧说"的思想及其形成,朱子本人有如下一段表述:

> 人自有生即有知识。事物交来,应接不暇,念念迁革,以至于死,其间初无顷刻停息,举世皆然也。然圣贤之言,则有所谓未发之中,寂然不动者。夫岂以日用流行者为已发,而指夫暂而休息,不与事接之际为未发时耶?尝试以此求之,则泯然无觉之中,邪暗郁塞,似非虚明应物之体,而几微之际一有觉焉,则又便为已发,而非寂然之谓。盖愈求而愈不可见,于是退而验之于日用之间,则凡感之而通,触之而觉,盖有浑然全体应物而不穷者,是乃天命流行,生生不已之机,虽一日之间,万起万灭,而其寂然之本体则未尝不寂然也。所谓未发,如是而已!夫岂别有一物,限于一时,拘于一处,而可以谓之中哉?然则天理本真,随处发见,不少停息者,其体用固如是,而岂物欲之私所能壅遏而梏亡之哉?①

1981年版,第434—440页;蔡仁厚:《宋明理学》上册,台湾学生书局1980年版,第76—106页;友枝龙太郎:《朱子の思想形成》,日本春秋社1969年版,第38—102页;刘述先:《朱子哲学思想的发展与完成》,台湾学生书局1984年版,第71—138页;申美子:《朱子诗中的思想研究》,台北文史哲出版社1988年版;束景南:《朱子大传》,福建教育出版社1992年版,第223—267页;Chung Tsai-chün(钟彩钧),*The Development of the Concepts of Heaven and of Man in the Philosophy of Chu Hsi*, Academia Sinica, pp. 89-130;田浩:《朱熹的思维世界》,第57—81页。

① 朱熹:《答张钦夫》,《朱熹集》卷三十,第1289—1290页。

这就是朱子"中和旧说"的思想。根据丁为祥先生的说法,以上所论"从其出发点来看,其个体人生——'人自有生'的角度自然是非常明确的,这说明朱子此时确实是从李侗的角度来承接这一'题目'的,但问题在于,其既然以'天命流行之体'表示已发,同时又以之蕴涵未发;否则,就只能陷于'愈求而愈不可见'的境地。而朱子这一理解上的特色,同时也就构成了其问题的形成根源,——因为他同时又是从宇宙生化之大用流行的角度来说明所谓未发已发的"。① 根据上文所论,其所言之未发、已发说显然都是从个体心性之喜怒哀乐角度出发言说的,而朱子这里却隐含了一个宇宙生化论的角度与背景,所以刘述先先生评论说:"朱子是由宇宙论的观点落在气化不息之迹上说天命流行之体,其不相应可知。"②但张栻的这一质疑无疑又启发了朱子,使他转而从心与性之体用关系的角度来重新思考未发已发包括所谓中和的关系问题。

李侗死后,除甲申相见外(据朱熹《答罗参议书》,其甲申九月曾至豫为张浚送葬,与张栻得三日款),朱张时有通信往来;刘珙帅长沙时刻程氏文集,朱熹因改字问题曾与刘张往复讨论。又据朱熹《与罗参议书》,朱张关系在此二年间有较快发展,而这集中体现在《答罗参议一》(乙酉)、《答罗参议四》(乙酉丙戌)、《答罗参议六》(丙戌)等文献中。《中和旧说序》所谓问学于南轩,当指甲申后二年间所通书。朱熹《答罗参议四》说:"钦夫尝收安问,警益甚多,大抵衡山之学只就日用处操存辨察,本末一致,尤易见功。某近乃觉知如此,非面未易究也。"这是说

---

① 丁为祥:《学术性格与思想谱系:朱子的哲学视野及其历史影响的发生学考察》,第75页。
② 刘述先:《朱子哲学思想的发展与完成》,第84页。

湖湘之学注重日用间辨察良心萌蘖，扩充操存，可见张栻向朱熹介绍的湖湘之学主要是察识端倪的内容。朱熹自李侗逝去，苦心考究中和之说，至丙戌有所省悟，这个过程一直是与张栻通书讲论联系在一起的，且中和旧说最后一书作于丁亥春，故湖南之行必然要讨论中和之说。据李本年谱"是时范念德行，尝言二先生论中庸之义，三日夜而不能合"。王懋竑《朱子年谱考异》以李本此语无所据，"予文集语录皆无所考"。如果中庸之义是指未发已发之论，因前此二人通书对此无甚异议，则三日不合之说确乎无疑，若不拘于三日不合之说，李本年谱此条正反映了朱张论中庸未发义的热烈情形。此间，张栻的未发之义确乎成了朱熹中和说的重要理论参照和论战对象。

在受到张栻质疑后，朱子又做了如下反省：

> 大抵目前所见、累书所陈者，只是儱侗地见得个"大本达道"底影象，便执认以为是了，却于"致中和"一句全不曾入思议，所以累蒙教告以求仁之为急，而自觉殊无立脚下工夫处。盖只见得个直截根源倾湫倒海底气象，日间但觉为大化所驱，如在洪涛巨浪之中，不容少顷停泊，盖其所见一向如是，以故应事接物处但觉粗厉勇果增倍于前，而宽裕雍容之气略无毫发。虽窃病之，而不知其所自来矣。而今而后，乃知浩浩大化之中，一家自有一个安宅，正是自家安身立命、主宰知觉处，所以立大本、行达道之枢要。所谓体用一源，显微无间者，乃在于此……

> "复见天地心"之说，熹则以为天地以生物为心者也，虽气有阖辟，物有盈虚，而天地之心则亘古亘今未始有毫厘之间断也。故阳极于外而复生于内，圣人以为于此可以见天地之心

焉。盖其复者气也,其所以复者,则有自来矣。向非天地之心生生不息,则阳之极也一绝而不复续矣,尚何以复生于内而为阖辟之无穷乎?①

在这一反省中,朱子彻底将张栻的心性关系也拉到"天地之心"的角度来加以比附,故有了"在洪涛巨浪中"的感觉。但是,由于此处非但没有理清个体心性之未发已发的关系,又匆忙地加上对"致中和"的关注、对"安身立命"的探寻,这就使他进一步走向程颐宇宙论的所谓"体用一源,显微无间"了;而所谓"天地之心"的引入以及其阴阳阖辟的说明,也就只能使他更彻底地走向天地万物之所以然。所以,对其所引入的"复者气也,其所以复者,则有自来也",刘述先先生评论说:"朱子日后所了解的'理'的观念几呼之可出矣!……气是实然,理是超越的所以然,朱子终于在屡经周折后走上对他自己来说最自然的形态。"②而在这一背景下,小程的"涵养须用敬,致知则在格物"也就自然成为其从宇宙论角度的未发已发说到人生论之致中和问题的可靠理论依托。这样一来,朱子承接于李侗的个体修养之道,也就只能从个体人生论走向理气宇宙论背景下的人生修养论与格物致知论了;而他的"中和新说",实际上也就等于是从李侗之个体心性关系基础上的工夫论出发,经由张栻所代表的湖湘学派之批评与启发,最后则落脚于程颐在形上与形下之反复辨析基础上所形成的心任情理论了,即从宇宙论视角来看待个体的心性情关系。自然,这也就代表着朱子"中和新说"的完成。

---

① 朱熹:《答张钦夫》,《朱熹集》卷七十五,第1372页。
② 刘述先:《朱子思想的发展与完成》,第86页。

三年后，朱子整理旧日书札，特写成《中和旧说序》，从而将他从"中和旧说"到"中和新说"的发展过程做了一个细致的总结。

  余蚤从延平李先生学，受《中庸》之书，求喜怒哀乐未发之旨未达，而先生没。余窃自悼其不敏，若穷人之无归。闻张钦夫得衡山胡氏学，则往从而问焉。钦夫告余以所闻，余亦未之省也。退而沉思，殆忘寝食。一日，喟然叹曰："人自婴儿以至老死，虽语默动静之不同，然其大体莫非已发，特其未发者为未尝发尔。"自此不复有疑，以为《中庸》之旨果不外乎此矣。后得胡氏书，有与曾吉父论未发之旨者，其论又适与余意合，用是益自信。虽程子之言，有不合者，亦直以为少作失传而不之信也。然间以语人，则未见有能深领会者。乾道己丑之春，为友人蔡季通言之，问辨之际，余忽自疑斯理也，虽吾之所默识，然亦未有不可以告人者。今析之如此其纷纠而难明也，听之如此其冥迷而难喻也，意者乾坤易简之理，人心所同然者，殆不如是。而程子之言出其门人高弟之手，亦不应一切谬误，以至于此。然则予之所自信者，其无乃反自误乎？则复取程氏书，虚心平气而徐读之。未及数行，冻解冰释，然后知情性之本然，圣贤之微旨，其平正明白乃如此。而前日读之不详，妄生穿穴，凡所辛苦而仅得之者，适足以自误而已。至于推类究极，反求诸身，则又见其为害之大，盖不但名言之失而已也。于是又窃自惧，亟以书报钦夫及尝同为此论者。惟钦夫复书深以为然，其余则或信或疑，或至于今累年而未定也。夫忽近求远、厌常喜新，其弊乃至于此，可不戒哉！暇日料检故书，得当时往还书稿一编，辄序其所以而题之曰《中和旧说》,盖所以深惩前日之病,亦使有志于学者读之,因予之可戒而知所戒也。独恨不得奉而质诸李氏之门,然以先生之所已言者推之,知其所未言者其或不远矣。壬辰八月丁酉朔,新安朱熹仲晦云。①

由上可见,朱熹早年的中和思想曾有过两次重要演变,第一次即序中所谓"一日谓然叹曰"的见解,学者一般称为"中和旧说"(王懋竑《年谱》以中和旧说悟于乾道丙戌,故亦称"丙戌之悟");第二次即序中所说"己丑之春"的"冻解冰释",一般称为己丑之悟。在这一过程中,客观的宇宙论背景始终是朱子探讨中和问题的基本立场;而将未发已发统一于自然的气化流行也始终是其"中和旧说"的核心;受到张栻质疑后,他又将张栻得之于湖湘学派的心与性之体用形着关系直接附会于他的宇宙论之形上形下关系,然后再通过程颐所谓的"体用一源,显微无间",一并推及于心性情关系,于是形成了心性情之三分而又体用两层的格局。这一过程,诚如其后来在《答何叔京》一书中所说的,"性、情一物,其所以分,只为已发未发之不同耳。若不以未发已发分之,则何者为性,何者为情耶?仁无不统,故恻隐无不通,此正是体用不相离之妙。"②显然,他从宇宙论的角度来理解未发已发关系,进而将心性问题对象化,并以形上与形下分解的方式进行论证,这也就是朱子"中和新说"的基本结论了。

---

① 朱熹:《中和旧说序》,《朱熹集》卷七十五,第3949—3950页。
② 朱熹:《答何叔京》,《朱熹集》卷七十五,第1875页。

二、司马光与朱熹"中和"说的形成与转变

除了朱熹的孟学诠释及经史观对司马光有颇多继承外①,其实在关于司马光哲学核心范畴"中和"的问题上,朱熹也不是毫无关联。翻检整个《朱子全书》可见,朱熹提及温公或君实之处颇多,除了以上所及外,还集中展现在对当年程颐与司马光围绕"中"字的讨论上。朱熹和吕祖谦当年编写《近思录》时,曾将程颢针对司马光"念中"思想的一段形象说明收录其中:

> 人心作主不定,正如一个翻车,流转动摇,无须臾停,所感万端。……若不做一个主,怎生奈何?张天祺昔尝言:"自约数年,自上着床,便不得思量事。" 不思量事后,须强把佗这心来制缚,亦须寄寓在一个形象,皆非自然。君实自谓:"吾得术矣,只管念个中字。"此则又为中所系缚,且中字亦何形象?有人胸中常若有两人焉:欲为善,如有恶以为之间;欲为不善,又若有羞恶之心者。本无二人,此正交战之验也。持其志,使气不能乱,此大可验。要之,圣贤必不害心疾。②

根据程颢的观点,叶采引用朱熹的观点对此解释曰:"欲强绝思虑,然心无安顿处。司马温公欲寓此心于'中'字,亦未免有所系著。朱子

---

① 魏涛:《朱熹道统理论与思想视界中的司马光》,《理论月刊》,2013 年第 3 期。
② 叶采:《近思录集解》,中华书局 2017 年版,第 141—142 页。

曰:'譬如人家不自作主,却请别人来作主。'"① 专门强调心的主宰作用。我们知道,在程颐与吕大临围绕"中"的讨论中,吕大临认为本心即性,中既可以状性之德,也可以状心之体,而程颐则认为中只可以状性之德,不可以状心。在与苏昞的讨论中,程颐明晰了其"中"有二义:一为喜怒哀乐未发谓之中是言"在中";二"中之道"之中是"时中"之义。对此,朱熹在《中庸或问》中专门作了梳理:

> 中,一名而有二义,程子固言之矣。今以其说推之,不偏不倚云者,程子所谓在中之义,未发之前,无所偏倚之名也。无过不及者,程子所谓中之道也。见诸行事,各得其中之名也。盖不偏不倚,犹立而不近四旁,心之体,地之中也。无过不及,犹行而不先不后,理之当,事之中也。故于未发之大本,则取不偏不倚之名。于已发而时中,则取无过不及之义。语固各有当也。②

按照朱熹的解释,"在中"是"不偏不倚","时中"是"无过不及",前者描述未发之大本,后者描述已发之达道。我们也注意到,司马光与二程的讨论中,其核心意义在于如何理解"在中"的意涵问题。实际上在程颢看来,"在中"的关键在于自然而然地顺承天道之中,无需刻意去持守。只有这样,才可以自作主宰。朱熹看到了这一点,并专门作了评论,展现出在程颐启发下形成了对司马光所坚持的"念中"思想作了深刻的回应和讨论:

---

① 叶采:《近思录集解》,第141页。
② 朱熹:《四书或问·中庸或问上》,上海古籍出版社2001年版,第44页。

明道曰:"虽则心'操之则存,舍之则亡',然而持之太甚,便是必有事焉而正之也。亦须且恁去。其说盖曰,虽是'必有事焉而勿正',亦须且恁地把捉操持,不可便放下了。'敬而勿失',即所以中也。'敬而无失',本不是中,只是'敬而无失',便见得中底气象。此如公不是仁,然公而无私则仁。"又曰:"'中是本来底,须是做工夫,此理方着。司马子微《坐亡论》是所谓坐驰也。'他只是要得恁地虚静,都无事。但只管要得忘,便不忘,是驰也。"明道说:"张天祺不思量,事后须强把他这心来制缚,亦须寄寓在一个形象,皆非自然。君实又只管念个中字,此又为中所制缚,且中字亦何形象?他是不思量事,又思量个不思量底,寄寓一个形象在这里。如释氏教人,便有些是这个道理,如曰'如何是佛'云云,胡乱掉一语,教人只管去思量。又不是道理,又别无可思量,心只管在这上行思坐想。久后忽然有悟。'中'字亦有何形象?又去那处讨得个'中'?心本来是错乱了,又添这一个物事在里面,这头讨中又不得,那头又讨不得。如何会讨得?天祺虽是硬捉,又且把定得一个物事在这里。温公只管念个'中'字,又更生出头绪多,他所以说终夜睡不得。"又曰:"天祺是硬截,温公是死守,旋旋去寻讨个'中'。伊川即曰'持其志',所以教人且就里面理会。譬如人有个家,不自做主,却请别人来做主!"[①]

朱熹这里不仅注意到了程颢对司马光"念中"说的批评,同时也注意到了程颐基于"敬以直内"观念对其的批评,程颢的批评本着自然而

---

① 黎靖德编:《朱子语类》卷九十六,第2461页。

然的坚持,程颐则重于理事一体、不必他求的观念,而批评司马光的"死守"中。虽然两方面的批评有差异,但最终的目的却具有一致性,即都认为关于"中"的工夫需要立足于自我,皆无需他求,从而强调主体性。清代学者张伯行曾对此解曰:

> 此要人以敬持志,而为心做主也。盖心者身之主,敬又能做心之主。若中无操存,作主不定,翻来覆去,正如翻水之车,流转动摇,无刻停息。夫物之所以感于心者,纷纭万端,而我之所以应之者,无能做得一个主宰,何以握要御烦乎?然所谓作主者,非强制其心,系缚之谓也。张天祺自约数年,上床不思量事,是患心之流转动摇,而思有以定其心者,毕竟此心何所安顿,必须把心制缚,寄寓一处必偏倚于一处,所谓欲息思虑便是思虑,皆非自然。此天祺之作主不定也。司马温公自谓得存心之术,只管念个"中"字,是又患心有偏倚制缚之弊,而欲以中之理定之者,毕竟中字何处捉摸,有心求中即为中系缚,不多着此一念乎?且中有一定之理,无一定之形象,悬空设想,此心究是动摇,温公之术亦未见做主之定也。①

从张伯行的解释中,我们可以清晰地看到,基于朱子学的立场,温公念中之说关键的问题在于"未见作主之定",其实和张载当年与程颢讨论"定性"问题的观点具有相似性。在程颢那里,非常强调"自作主宰"义,朱熹可谓抓住了问题之关键所在。这在茅星来的解释中点得更为明确:"'为中所系缚'以下,亦程子推言其弊如此也。愚按,天祺欲制

---

① 程水龙:《〈近思录〉集校集注集评》,上海古籍出版社2012年版,第482页。

其外来者,使不以动吾心。温公欲守其在中者,使不为外物所动。朱子所谓'硬截死守'是也。"①张载之弟张戬偏于外,温公过分强调内守,两者各存偏失。朱熹的评论也被民国学者张绍价所再次强调:

> 做一个主者,居敬以为此心之主,却下文所谓持志是也。怎生奈何者,言无如此心何也。张天祺、司马温公,欲治心而不能做一个主。奈何此心不下,天祺不思量事,把捉制缚,固非然;温公念个中字,又为中所系缚。常人之心,做主不定,胸中理欲交战,皆由不知以敬为主也。居敬以持其志,则心有主而气不能乱,不待把捉制缚,而心自定矣。圣贤持志工夫,正以涵养此心,非强为制缚,以致心劳气耗,故必不害心疾。自"学者敬守此心"以下至此,凡八节,皆言居处恭之功也。②

如上张绍价的解释中,除了吸取朱熹的解释外,还将其纳入到一般常人的视野予以分析。他认为人们只要"以敬为主""持其志",就可避免由"强为制缚""把捉"所造成的弊端。仔细分析可见,这里其实还是沿袭了朱熹对二程与司马光围绕"中"之讨论的基本观点,足见朱熹之见对后世影响之深。从中我们也可以看出,朱熹在其"中和"说的理论建构中,实际上应该充分注意到了张戬与司马光在理论上的两偏之失,从程颢和程颐的理论中吸取了基于"仁者浑然与物同体""不需防检""不需穷索"的工夫,也从程颐那里看到了"主敬"思想的优势,进而从中

---

① 程水龙:《〈近思录〉集校集注集评》,第481页。
② 张绍价:《近思录解义》卷四,青岛同文书局1936年铅印本。参见程水龙:《〈近思录〉集校集注集评》,第483页。

吸取了温公在中和论上理论建构不足的教训,从而在其后所倡导的"心统性情"说中充分强调心之主宰作用。我们不能说,进入其视野的温公与二程论"中"的公案没有引起朱子的重视,或后者对于参与其间的司马光的中和理论会视而不见。后世学者大多认为,朱熹中和观念继承并深化明确了程颐的某些观点,又拥有自己的创新之处。朱熹中和新说在程颐的基础上明确了五点:一、心体流行是一个不间断的过程,相对于程颐的"心一也"的说法,朱熹明确地表达了心在未发已发问题上的地位和作用;二、明确心有未发已发两种状态,重新强调了程颐关于"心"的观点,避免对程颐书中散落的观点的误解;三、建立新的心性情关系。程颐虽说未发是心之体,已发是心之用,但未明确未发是性,已发是情,且心、性、情关系混乱,朱熹修正了程颐已发是情不是心的说法,把心看作贯通未发已发的过程,最终提出了性为心之体、情为心之用的心性论和性发为情的性情论;四、中和体用论。朱熹从程颐所言"心一也,有指体而言者,有指用而言者"出发,己丑之悟后在中和问题上确定了中和体用论,他以性情体用论述中和,即中是性是体,和是情是用;五、工夫论问题,朱熹"主敬以利其本,穷理以进其知"①的工夫论继承了程颐"涵养需用敬,进学则在致知"②的工夫论,③而这则源于朱熹对程颐思想有早晚变化的认知。④ 其实朱熹在完成由"中和旧说"向"中和新说"的转变时,不仅有程颐的思想施发作用,如上所述,其中

---

① 朱熹:《朱子全书·文集卷七十五·程氏遗书后序》,第 2113 页。
② 程颢、程颐:《河南程氏遗书》卷十八,《二程集》,第 185 页。
③ 李沙沙:《论程颐在朱熹中和新旧说转变中的作用》,兰州大学硕士学位论文,2016 年。
④ 田浩指出:"朱熹现在相信,湖南的朋友认为情已发后是心,是因为他们只接受程颐早期的看法,其实程颐已经修正自己的看法,指出心兼具静而未发的'体'以及已发贯穿万物的'用'两面。"(田浩:《朱熹的思维世界》,第 59 页。)

亦有程颢思想影响的影子。应该说,在朱熹"中和"说的转变过程中,司马光的思想经由二程的批评而间接影响了朱熹。而这具体体现在朱熹对二程论"中"的不同向度的继承与发展上。

一方面,我们知道,朱熹继承了程颐的理本论——这是众所公认的事实,并在此基础上进行了系统化,完善了理在气先的理论,发展了格物致知论,最终形成一套完整的程朱理学体系。在对朱熹整个思想具有奠基作用的中和问题上,朱熹思想与程颐也存在着密切的关系。应该说,朱熹中和旧说到中和新说的转变有一个关键点,即程颐思想在其中的作用和影响。

朱熹新说已然成立后写成的《中和旧说序》《未发已发说》以及《与湖南诸公论中和第一书》都提及了旧说新说转变的原因,并多次提到程颐。朱熹对心体流行有所感悟后,又因程颐有言"凡言心者,皆指已发而言",才更加坚定了自己"心为已发,性为未发"的旧说思想,这时候的朱熹同样注意到程颐的矛盾处,即与"程子之言有不合者",程子亦有言"若既发,则可谓之情,不可谓之心",以及与吕大临辩论的最后结论"心一也,有指体而言者,有指用而言者",但这时候的朱熹对自己的旧说抱有极大的自信,以为在程颐那里找到了答案,把与自己观点不合的地方处理为"少作失传"而置之不理,只因《程氏遗书》乃是二程先生的弟子记录他们各自见闻答问的书,并不一定表达出先生的真意,反而由于记录者的影响,写出的是记录者所理解的意思。己丑之春,朱熹得新说是因为在与蔡季通辩论之际,对自己的旧说产生了怀疑,遂重新解读程颐之言,方悟自己旧说之非。

如前所论,其实程颐在中和观念的分析上着墨并不是很多,以今天较成熟的观念看,恐亦有很多不足之处。程颐本身在心是未发还是已发的问题上多有含糊矛盾处,虽然在《与吕大临论中和书》最后达成了

一致的观念。关于吕大临与程颐论"中"的讨论,《河南程氏粹言·论道篇》记录了其起因:

> 吕大临曰:"中者,道之所由出也。"子曰:"非也。"大临曰:"所谓道也,性也,中也,和也,名虽不同,混之则一欤?"子曰:"中即道也。汝以道出于中,是道之于中也,又为一物矣。在天曰命,在人曰性,循性曰道,各有当也。大本言其体,达道言其用,乌得混而一之乎?"
>
> 大临曰:"中即性也。循性而行,无非道者。则由中而出,莫非道也。岂为性中又有中哉?"子曰:"性道可以合一而言,中不可并性而一。中也者,状性与道之言也。犹称天圆地方,而不可谓方圆即天地。方圆不可谓之天地,则万物非出于方圆矣。中不可谓之性,则道非出于中矣。中之为义,自过与不及而立名,而指中为性,可乎?性不可声容而论也,率性之谓道,则无不中也。故称中所以形容之也。"①

上文对程颐与吕大临关于中的问题之讨论,记载清晰,但其文章中散落的语句容易让人误会其思想,道南学派注重未发、湖湘学派注重已发以及朱熹的中和旧说目心为已发,可以说都存在对程颐思想理解的误区。除了对"心是未发还是已发"问题的误读外,在心、性、情关系上也存在着混乱与不明确。"心即性也。在天为命,在人为性,论其所主为心,其实只是一个道。"②"性之本谓之命,性之自然谓之天,自性之有

---

① 程颢、程颐:《河南程氏粹言》卷一,《二程集》,第1182—1183页。
② 程颢、程颐:《河南程氏遗书》卷十八,《二程集》,第204页。

形者谓之心,自性之有动者谓之情,凡此数者皆一。"①"心本善,发于思虑,则有善有不善。若既发,则可谓之情,不可谓之心。"②从这里的引用可以看出,程颐所论心性关系并不明确,既说"自性之有形者谓之心",又说"心即性也",心与性既不是一个东西又是一个东西,这种看法很矛盾。在性情关系上,其言"自性之有动者谓之情",跟朱熹后来所提出性发为情是一致的。在论及心、情关系时,他把已发时的心与情进行了区分,认为已发的是情而不是心。

以上可见,通观程颐与朱熹的中和思想,朱熹不管是旧说还是新说都与程颐的影响密不可分,但在参照程颐思想之外,朱熹首先有自己的思索与体悟,这从他不从程颐已改之言,而与程颐未改之言相对应的旧说上亦不难看出。

另一方面,朱熹看到了程颢思想中重视"静中体验"的工夫,尽管未曾在对它的实践中获致思想提升,但这的确成为此后他完成思想转变过程中不可忽视的环节。众所周知,朱熹早年最重要的老师是李侗(延平),李侗学出罗从彦(豫章),罗从彦受业于二程高弟杨时(龟山)。龟山—豫章—延平一系这一传承系统一般称为道南学派。从杨时到李侗,道南一派极力推崇《中庸》的伦理哲学,尤其注重其中的未发已发说。《中庸》云:"喜怒哀乐未发谓之中,发而皆中节谓之和。中也者,天下之大本也。和也者,天下之达道也。"杨时强调:"学者当于喜怒哀乐之未发之际,以心体之,则中之义自见。"③这就把《中庸》未发的伦理哲学转向具体的修养实践,而"体验未发"也成了龟山门下的基本宗旨,这在罗从彦以至李侗的

---

① 程颢、程颐:《河南程氏遗书》卷二十五,《二程集》,第318页。
② 程颢、程颐:《河南程氏遗书》卷十八,《二程集》,第204页。
③ 杨时:《杨时集》卷二十一,第564页。

脉络中尤为明显。朱熹说:"初龟山先生倡道东南,士人游其门者甚众,然语其潜思力行、任务诣极如罗公(从彦),盖一人而已。……(李侗)闻郡人罗仲素(从彦字)先生得河洛之学于龟山杨文靖公之门,遂从学焉。……尽得其所传之奥。"①这表明自杨而罗乃至李代表了道南的正统传承。罗从彦与李侗一生用力处惟在体验未发,李侗曾在《与朱熹书》中说:"某早时从罗先生问学,终日相对静坐。只说文字,未尝一及杂语,先生极好静坐,某时未有知,退入堂中亦只静坐而已,先生令静中看喜怒哀乐未发谓之中,未发时作何气象。"②朱熹也说:"先生(李侗)既从之(从彦)学,讲诵之余,终日危坐,以验夫喜怒哀乐未发之前气象如何,而求所谓中者,若是者盖久之,而知天下之大本真有在乎是也。"③李侗向朱熹传授的仍是这一点,朱熹曾指出:"李先生教人,大抵令于静中体认大本未发时气象分明,即处事应物自然中节,此乃龟山门下相传指诀。"④由此可见,"静中体验未发"确实是道南龟山一派的真传。

如史所载,罗从彦与李侗终日静坐体验,寻求"天下之大本真有在乎是也"的感受。这一追求承自杨时,其格物思想也渗入了这种对未发体验的色彩。杨时说:"物固不可胜穷也,反身而诚,则举天下之物在我矣。"⑤朱熹后来总是批评杨时这一观点,说:"近世如龟山之论便是如此,以为反身而诚,则天下万物之理皆备于我,万物之理须你逐一去看,理会过方可,如何会反身而诚,天下万物之理便自然备于我,

---

① 朱熹:《延平先生李公行状》,《晦庵朱先生文集》卷九十七,《朱子全书》第25册,第4517页。
② 朱熹:《延平答问·庚辰五月八日书》,《文渊阁四库全书》第698册。
③ 朱熹:《延平先生李公行状》,《晦庵朱先生文集》卷九十七,《朱子全书》第25册,第4517页。
④ 朱熹:《晦庵朱先生文集》卷四十,《朱子全书》第22册,第1802页。
⑤ 杨时:《题萧欲仁大学篇后》,《杨时集》卷二十六,第693页。

成个什么！"①如陈来先生所言，实际上朱熹未必意识到，杨时说的"反身而诚万物皆具于我"正是与杨时自己提倡的体验未发联系在一起的，而这一种基于未发体验的与物同体说又根于程颢所提出的"仁者浑然与物同体""仁者以天地万物为一体"的思想。而这其中还包含着心理体验。朱熹从学李侗时，李侗曾努力引导他向体验未发上发展，然而，正如朱熹所说："余蚤从延平李先生学，受《中庸》之书，求喜怒哀乐未发之旨，未达而先生没。""昔闻之师，以为当于未发已发之几，默识而心契焉，……向虽闻此而莫测其所谓。"②"旧闻李先生论此最详，……当时既不领略，后来又深思。"③不管朱熹如何努力尽心于未发体验，他始终未曾找到那种体验。正是由于未能找到那种可以受用的体验，才迫使他有了丙戌、己丑两次中和之悟的反复究索，从而走上了一条自觉探求未发已发，以致引发出他的整个心性情的理论体系的思想转变之路。

总之，如前所及，程颐的中和思想主要表现在他与弟子平常的问答上，尤其在与吕大临、苏季明围绕"中和"问题所展开的辩论上最为集中。程颐与吕大临、苏季明所讨论的问题主要是对"中""和"尤其是对"中"的理解问题。《中庸》只说到性的问题而未谈到心的问题，程颐与弟子在论述中和问题时，既论及性又论及心，在与司马光的讨论中，也是既提到了"性"，也提到了"心"，由"性"论起，由"心"收拾，强调"心"的主宰作用，而这又皆被朱熹所看到，并将其纳入之后的理论建构的框架中，这既增加了《中庸》诠释的广度，也开启了我们研究朱熹思想的不同视域。朱熹在接受了程颐主敬的观点后，就实现了对周敦颐的"无极"

---

① 朱熹：《中和旧说序》，《朱熹集》卷七十五，第3949页。
② 朱熹：《答何叔京四》，《晦庵朱先生文集》卷四十，《朱子全书》第22册，第1805页。
③ 朱熹：《答林择之二十》，《晦庵朱先生文集》卷四十三，《朱子全书》第22册，第1979页。

"主静"说和程颢的"定性"说。尽管程颢较之于周敦颐而言,除了充分强调内在之性的寂静状态外,还坚持要如实客观应对外在事物,但依然被朱熹将湖湘学派重视在日用常行中寻求真理的方法与闽学派静坐体验天理的方法的统一所超越。更加强调读书的意义和经验观察的重要性,也成为思想成熟期的朱熹所着力强调的工夫路径。由此,我们切不可因为朱熹思想的主体深受程颐的影响,而一味地强调或刻意地在湖湘学派和道南学派那里在有关继承二程思想的问题上进行划线,从而遮蔽了包括"中和"等具体问题上思想史演变与发展的历史真实。应该看到,在朱熹中和新旧说的形成过程中,除了李侗的引导、以张栻为代表的湖湘学者的争鸣、对二程思想的直接吸收外,从司马光论"中"思想的局限中予以超越,亦当成为不可忽视的方面。

作为对中国元明清时期思想文化产生重要影响的学者,朱熹对司马光的态度对后世的司马光思想研究和定位起到了非常重要的作用。在当时的历史环境下,朱熹通过对以往的儒学理论资源尤其是北宋的儒学进行系统的反思,建构起了自己的思想体系。作为北宋时期著名的儒家学者,司马光的思想资源进入朱熹的视野当是必然的现象。从现有的资料来看,朱熹不仅没有舍弃司马光,也不仅仅是在人格上对司马光置以较高评价,而且在史学、经学及哲学方面对司马光思想都有或多或少的吸收。在史学方面,朱熹根据司马光的《资治通鉴》,穷数年之力编订《通鉴纲目》①,该书与胡三省的注一起,成为在"通鉴学"上影响深

---

① 如朱熹在与李伯谏(李宗思)讨论《通鉴纲目》的来往书信中曾说:"《通鉴》诸书,全不得下功。前此却修得晋事,粗定条例,因事参考,亦颇详密。但晋事最末两三卷未到,故前书奉速。今承喻已寄少典处。"(朱熹:《答李伯谏》,《晦庵朱先生续集》卷四八,《朱子全书》第 25 册,第 4786 页。)可见朱熹在编《通鉴纲目》时用力之深,也从一个侧面看出朱熹对司马光《资治通鉴》之重视。

远的重要著作。在经学方面,朱熹虽不同意司马光疑孟尊扬的学术立场,但对于司马光的礼学研究却有着特别的关注。据学者考证,朱熹的《仪礼经传通解》及《朱子家礼》几乎是对司马光的成果进行了全面吸收。至于司马光的《孝经》研究,朱熹亦是特别重视。① 对这一段历史稍加回顾,即可注意到,在当时的尊孟大潮中,司马光的疑孟与朱熹的尊孟相较,不仅不合拍且不符合主流,同时,在孝宗朝流行起来的通鉴学中,司马光在历史学中表现的"正统论"和朱熹的观点也大相径庭。② 应该说,在经史观和评价孟子立场上的分歧,只是在一定意义上成为朱熹认同司马光的重要影响因素,但这与其本着二程立场的道统观的建构并没有直接的关系,也就不能成为朱熹未将司马光纳入其道统理论谱系的重要缘由。③ 基于朱熹在中国文化史、思想史上的特殊地位和重要影响,重视司马光与朱熹之间的思想承接关系,尤其是探讨他与司马光中和论之间的关系,对于从整体上把握朱熹的思想世界,准确理解和把握宋元明清时期思想史发展的脉络,具有异乎寻常的意义。

通过以上对涑水后学、二程及朱熹对司马光中和思想的继承与发

---

① 据舒大刚考证,朱熹曾据《古文孝经》作《孝经刊误》,将 22 章调整为"经一章,传十四章,删去古文二百二十三字"。(舒大刚:《今传〈古文孝经指解〉并非司马光原本考》,《中华文化论坛》,2002 年第 2 期。)且在《朱子语类》卷八十二中,朱熹曾言:"古文孝经却有不似今文顺者。如'父母生之,续莫大焉',又著一个'子曰'字,方说'不爱其亲而爱他人者,谓之悖德'。兼上更有个'子曰',亦觉无意思。此本是一段,以'子曰'分为三,恐不是。温公家范以父子兄弟夫妇等分门,却成一个文字,但其间有欠商量未通行者耳。"
② 朱维铮:《历史编纂学:过程与形态》,《复旦学报(社会科学版)》,2006 年第 6 期。
③ 如前所述,本着二程本位的立场,朱熹在其道统观中最终实际上连张载、邵雍都没有纳入,更不用说与他们整体思路迥异的司马光了。详参魏涛:《朱熹缘何未将司马光纳入到儒家道学谱系》,《山西师范大学学报(社会科学版)》,2013 年第 4 期。

展的分析探讨,可以看到,过去被长期忽视的司马光哲学的意义和价值得以进一步凸显。在整个中华中文化发展史上,司马光作为一个中和理论的集大成者,其所建构的以中和为核心的理论体系无论是对于后世诸多学派的创立与发展,对包括理学在内的思想流派与学术思潮问题域的拓展,还是对士大夫处世哲学、思想方法、人生品格的形塑与锻造,都发挥了积极的作用。

结语　司马光哲学的历史定位

近千年以来,对司马光思想的评价褒贬不一、莫衷一是。或因立场的差异,或因关注点的不同,或因评价角度的不同,致使司马光成为史上争议颇大的重要人物。在儒家经学变革与唐宋儒学转型之际,在对汉儒评价之争议所表现出的新儒学理论建构的多样化经典选择体系之大背景下,作为曾经在政治实践上产生重要影响的思想家,司马光哲学理论建构的特点当是不可忽视的重要环节。在道学理论尚未真正成熟完善之时,任何一种儒学理论形态都孕育着后世理论发展的一种可能方向。本书超越道学与变法两种研究范式,直面司马光哲学著作,对其思想体系进行了整体的诠释与重构,似可从如下几个方面对其进行初步的定位。

第一,从儒学发展的多元路径上看,司马光的为学进路与北宋其他儒者迥然不同,不失为一条回应当时社会变革的有效路径。基于司马光特有的经典选择,他表现出对汉儒扬雄哲学格外推崇,对孟子思想大胆质疑的鲜明特点。进而,在对《周易》的研究上,他与在疑经思潮中宋儒提出的直面经典的路径截然不同,形成了自己"由玄而易,由虚而玄"的特殊路径。他在反省王弼的玄理易学基础上,采取兼重象数与义理的路径,重新以儒家义理充实易学,借由"虚"与"气"之结合打破王弼的"贵无"诠释观点,将王弼"无"和"有"的体用、本末关系,转为"无"和"有"并重的和合关系,"虚"是有形之前的有无合一之宇宙本原,而"虚"

又是"一",即"至理""中",是气能运化生成、生生不息之理。因此司马光的哲学思想形态,在致思取向上与周敦颐、张载有着一定的相似性。王弼重义轻象,司马光则主张象数为义理之本,并构造出一套新的象数系统,将天道与人道、自然规律与政治社会伦理结合起来,优化人道伦理与天道规律的关系。其质实的易学思想,充满以人道模拟于天道的教化理念,在北宋哲学史上有其重要价值。

第二,从儒家内圣与外王之道的理论贯通和中和哲学的理论体系建构上来看,司马光的思路也有着重要的意义。在司马光那里,《潜虚》是其思想之纲维,中和论是贯穿其思想各个层次的统系,他从"气"着眼,建构起了一个万物生生的基本原则,提出天地万物乃至人身心合理运作,皆一以中和为准。作为一种辩证地类比天、人的理论形态,该论点十分重视"中"在生活中的运用。通过对其虚气关系的再考察,会看到在司马光那里虚和气的意涵当是有别而不可等同的,虚才是万物之祖,是万物之本原,气只是其形构万物,即"成体"的质料,而阴阳谐和的"中和之气"则成为其认定的事物存在之理想状态。基于对阴阳二气各自局限性的体察,司马光明确意识到了天和人各自的有限性,并在此基础上提出以"中"指导的天与人既相分又相感的"天人共济"理论。将这种思路下贯于人道,则形成了其"体""性"架构下善恶相兼之人性论和"以中为念"、治心养体的工夫论。对受性之"体"的重视和以平天下为指向的"中和之心"养成意义之彰显,使得他在理解义与利、王道与霸道、因循与变革、德治与法治之关系上渐趋向其所讲的"中和之道",从而为实现其"一以治万,寡以治众"之合法性的"中和之政"奠定了深厚的理论基础。而这也正体现了备受其重视的《大学》所显发的"修齐治平"之传统儒家的基本思路。

第三,从中华传统中文化理论发展脉络上来看,司马光可以说是中和理论之集大成者。在唐宋儒学理论转型的大背景下,他从宇宙论、天人观、人性论、修养工夫论、治道论等方面对中国传统中和理论进行了充分的汲取与整合,逐步形成了以中和为统领的完整哲学体系,在当时和后世都产生了强烈的反响和重要的影响。中道作为儒家一以贯之的道统之道,作为儒家文化和传统文化的核心,在儒学思想体系中内在地居于中心地位,其一个非常重要的附属概念即是中和。作为儒学最基本、最主要的范畴,中和撑开了整个儒学的思想体系,成为儒学重要的理论生发点。作为孔子思想中最为重要的范畴,仁、礼、中庸分别是道德哲学、政治哲学和最高方法论的集中体现,展现出孔子思想的深度和高度。在三者中间,中庸构成了仁和礼的本质和原则,作为"至德"的最高智慧,实现了内外统一、上下四方的和合。之后的董仲舒以阴阳中和作为宇宙万物产生发展的根本原因,提出:"夫德莫大于和,而道莫正于中,和者,天地之大美;中者,万物之达理。"在他那里,中和实现了美善统一,既是最高的国家治理之道,亦是最佳的养生之道。此后,从扬雄的"动化天下,莫尚于中和",王充的"阴阳和则万物育",到王弼、郭象的"自然之分尽为和",乃至柳宗元、刘禹锡、韩愈、李翱的中和思想,从北宋司马光"中和之道,无所不周"的完整中和哲学体系的建构,到"天下之理,莫善于中"的二程哲学,"中和在我,天人无间"的朱熹中和哲学,从陆九渊"中也,内外合,体用备",王阳明"中和一也""和上用功",到罗钦顺"理一故能致中和"、刘宗周"慎独即是致中和"的深度哲学理论体系的建构,中和可谓是贯穿中国传统儒学发展的始终。从尧舜禹汤文武、周公孔子到后世儒学发展的整个历程,儒家中和思想以它特有的刚柔得中、阴阳兼和之性格历两千年而绵延不绝。应该看到,传统的中和哲学在处理有关道德理性、道德情感和道德行为之间的关系时所包蕴的合理因素,迄今仍值得借鉴。陈荣捷先生曾言,"中"在中国传统哲学中有六义:"曰中心,曰无过无不及,曰中正之道,曰心,曰太极,曰空。"①这些意涵在司马光这里基本都有了体现。从这个意义上说,司马光的中和哲学具有极其丰富的理论面向,并形成了系统的理论体系,对宋代中和哲学的理论发展与完善发挥了重要作用。②无论是涑水后学在理论上的秉持、实践上的坚守,还是二程的批评与讨论,以及朱熹对其中和理论局限的克服与新的创发所形成的"中和旧说"与"中和新说",充分展现了司马光哲学对当时和后世产生的重要影响。

综上所述,基于对司马光原有哲学著作的再研究和对新资料价值的发掘,对道学与变法两种研究范式的有意识超越,和以"中和"范畴为统领对司马光哲学所进行的重构与新的诠释,在对司马光为学进路特征的把握和思想体系内在关系的转承与解释上,相信能对以往的研究进行了一定的改进。在学术研究日益取得相对独立地位的今天,我们应该尽量从对司马光著作文本的直面分析入手评价司马光思想,而不能过分地强调变法的背景,进行先入为主的评价,也不能带着"唯物""唯心"的有色眼镜进行极端的划线,更不能用西方哲学的惯常板块去套解,这些对于正确评价司马光之学术思想都是非常不利的。

---

① 陈荣捷:《儒学"中"的概念之检讨》,《中国哲学论集》,台北"中研院"中国文哲研究所 1994 年版。
② 蔡世昌在《北宋道学的"中和"说》一文中认为:"康节有《中和吟》,以中和为养生之要,司马光亦有《中和论》,同样以中和为'养生作乐之本'。至二程,中和始进入道学家的问题意识之中。程颐与其高弟的中和之辨,不但重新激发了儒家经典《中庸》的诠释活力,而且也深刻影响了宋明道学中各派的中和观。从二程开始,中和成为新儒学的核心话语。"(载陈来主编:《早期道学话语的形成与演变》,安徽教育出版社 2007 年版,第 119—120 页。)此处对司马光哲学的意义重视不够,未看到其所包蕴的丰富意涵,进而对司马光中和哲学的定位亦不甚准确。

然而不可否认的是，由于本人在以往的学习当中长期偏重于对义理的体会和累积，没有在象数理解上形成深厚基础，故而对司马光这一溯源于扬雄《太玄》与《法言》的义理与象数并重的哲学家，在理解上恐有诸多隔膜，不足之处定为数不少，权且作为引玉之石，深祈方家批评指正。

参考文献

一、古籍部分
(一)基础古籍

司马光:《道德真经论·道藏本》,台北新文丰出版社1977年版。

司马光:《法言集注》,《文渊阁四库全书》第696册,台北商务印书馆1983年版。

司马光:《古文孝经指解》,《文渊阁四库全书》第182册,台北商务印书馆1983年版。

司马光:《稽古录》,王亦令点校,中国友谊出版公司1987年版。

司马光:《历年图》,《文渊阁四库全书》第225册,台北商务印书馆1983年版。

司马光:《潜虚》,《文渊阁四库全书》第803册,台北商务印书馆1983年版。

司马光:《书仪》,《文渊阁四库全书》第142册,台北商务印书馆1983年版。

司马光:《司马光集》,李文泽、霞绍晖校点,四川大学出版社2010年版。

司马光:《司马光日记校注》,李裕民校注,中国社会科学出版社1994年版。

司马光:《司马光奏议》,王根林点校,山西人民出版社1986年版。

司马光:《司马温公集编年笺注》,李之亮笺注,巴蜀书社2008年版。

司马光:《司马温公文集》,商务印书馆1938年版。

司马光:《司马文正公传家集》,商务印书馆1937年版。

司马光:《涑水记闻》,邓广铭、张希清点校,中华书局1989年版。

司马光:《温公家范》,天津古籍出版社1995年版。

司马光:《温公易说》,《文渊阁四库全书》第8册,台北商务印书馆1983年版。

司马光:《增广司马温公全集》,日本汲古书院1993年版。

司马光:《资治通鉴》,胡三省音注,中华书局1986年版。

司马光:《资治通鉴》,胡三省注,中华书局1981年版。

苏天木:《潜虚述义》,上海商务印书馆1929年版。

扬雄撰、司马光集注:《太玄集注》,中华书局1998年版。

(二)相关古籍

陈亮:《陈亮集》(增订本),中华书局1987年版。

程颢、程颐:《二程集》,中华书局1981年版。

范祖禹:《帝学校释》,陈晔校注,华东师范大学出版社2015年版。

范祖禹:《唐鉴》,刘韶军、田君、黄河译注,中华书局2008年版。

黄宗羲原著、全祖望补修:《宋元学案》,陈金生、梁连华点校,中华书局1986年版。

黎靖德编:《朱子语类》,王星贤点校,中华书局1986年版。

李隆基注、邢昺疏:《孝经注疏》,北京大学出版社1999年版。

李觏:《李觏集》,中华书局1981年版。

李焘:《续资治通鉴长编》,中华书局1981年版。

李心传:《道命录》,朱军点校,上海古籍出版社2018年版。

欧阳修:《欧阳文忠公集》,四部丛刊本。

皮锡瑞:《经学历史》,周予同注释,中华书局2008年版。

邵伯温:《邵氏闻见录》,李剑雄、刘德权校,中华书局1983年版。

脱脱等:《宋史》,中华书局1977年版。

汪荣宝:《法言义疏》,陈仲夫点校,中华书局1987年版。

王安石:《王安石全集》,复旦大学出版社 2016 年版。

王安石:《王荆公文集笺注》,巴蜀书社 2005 年版。

王安石:《王临川先生文集》,四部丛刊本。

王安石:《王文公文集》,唐武标校,上海人民出版社 1974 年版。

王夫之:《读通鉴论》,中华书局 1975 年版。

王夫之:《宋论》,中华书局 1964 年版。

王梓材、冯云濠:《宋元学案补遗》,四明丛书之约园刊本。

卫湜:《礼记集说》,宋嘉熙四年新定郡斋刻本。

扬雄:《太玄校释》,郑万耕校释,北京师范大学出版社 1989 年版。

佚名:《诸儒鸣道》,山东友谊出版社 1992 年版。

余允文:《尊孟辨》,《文渊阁四库全书》第 197 册,台北商务印书馆 1983 年版。

张载:《张载集》,中华书局 1978 年版。

朱熹:《朱熹集》,郭齐、尹波点校,四川教育出版社 1996 年版。

朱熹:《朱子全书》,上海古籍出版社、安徽教育出版社 2002 年版。

二、著作类

包弼德:《斯文:唐宋思想的转型》,江苏人民出版社 2000 年版。

蔡仁厚:《宋明理学·北宋篇》,台湾学生书局 1984 年版。

蔡上翔:《王荆公年谱考略》,上海人民出版社 1974 年版。

陈克明:《司马光学述》,湖北人民出版社 1990 年版。

陈睿超:《司马光易学宇宙观研究》,北京大学出版社 2020 年版。

陈植锷:《北宋文化史述论》,中国社会科学出版社 1991 年版。

陈钟凡:《两宋思想述评》,上海书店 1990 年版。

邓广铭:《北宋政治改革家王安石》,生活·读书·新知三联书店 2007 年版。

邓广铭:《邓广铭治史丛稿》,北京大学出版社 1997 年版。
邓广铭、漆侠主编:《中日宋史研讨会中方论文选编》,河北大学出版社 1991 年版。
邓小南:《祖宗之法:北宋前期政治述略》,生活·读书·新知三联书店 2006 年版。
丁为祥:《学术性格与思想谱系——朱子的哲学视野及其历史影响的发生学考察》,人民出版社 2013 年版。
董根洪:《儒家中和哲学通论》,齐鲁书社 2001 年版。
董根洪:《司马光哲学思想述评》,山西人民出版社 1993 年版。
方满锦:《先秦诸子中和思想研究论集》,台北万卷楼出版社 2015 年版。
高叶青:《范祖禹的生平与史著研究》,陕西人民出版社 2018 年版。
顾奎相:《司马光》,黑龙江人民出版社 1985 年版。
韩梅岑:《中国政治哲学思想之主潮与流变》,青年出版社 1998 年版。
侯外庐:《中国思想通史》第四卷上,人民出版社 1959 年版。
季平:《司马光新论》,西南师范大学出版社 1987 年版。
贾丰臻:《宋学》,商务印书馆 1934 年版。
贾海涛:《北宋"儒术治国"政治研究》,齐鲁书社 2006 年版。
金春峰:《汉代思想史》,中国社会科学出版社 2006 年版。
李昌宪:《司马光评传》,南京大学出版社 1998 年版。
李峰:《北宋史学思想流变研究》,人民出版社 2013 年版。
李华瑞:《王安石变法研究史》,人民出版社 2004 年版。
李建军:《宋代〈春秋〉学与宋型文化》,中国社会科学出版社 2008 年版。
李明辉编:《儒家经典诠释方法》,华东师范大学出版社 2008 年版。
李祥俊:《王安石学术思想研究》,北京师范大学出版社 2000 年版。
李裕民:《宋史考论》,科学出版社 2009 年版。

林安梧:《道的错置——中国政治思想的根本困结》,台湾学生书局2003年版。

林素芬:《北宋中期儒学道论类型研究》,台北里仁书局2008年版。

刘复生:《北宋中期儒学复兴运动》,文津出版社1991年版。

刘乃和、宋衍申:《司马光与资治通鉴》,吉林文史出版社1986年版。

刘苑如主编:《生活园林:中国园林书写与日常生活》,台北"中研院"文哲研究所2013年版。

刘泽华:《中国传统政治哲学与社会整合》,中国社会科学出版社2000年版。

卢国龙:《宋儒微言》,华夏出版社2001年版。

吕思勉:《理学纲要》,上海书店1990年版。

马峦、顾栋高:《司马光年谱》,中华书局1990年版。

马宗霍:《中国经学史》,商务印书馆1936年版。

彭永捷:《中国政治哲学史》第2卷,中国人民大学出版社2017年版。

漆侠:《宋学的发展和演变》,河北人民出版社2002年版。

漆侠:《王安石变法》,上海人民出版社1979年版。

漆侠、李华瑞主编:《中国改革通史·两宋卷》,河北教育出版社2000年版。

钱穆:《宋明理学概述》,九州出版社2010年版。

邱佳慧:《〈诸儒鸣道〉与道学之再检讨》,台北花木兰文化出版社2009年版。

沈松勤:《北宋文人与党争》,人民出版社1998年版。

石训等:《北宋哲学史》,河南人民出版社1987年版。

束景南:《朱熹年谱长编》,华东师范大学出版社2001年版。

宋衍申:《司马光全传》,长春出版社1998年版。

宋衍申:《司马光传》,北京出版社1990年版。

孙立尧:《宋代史论研究》,中华书局 2009 年版。
唐君毅:《中国哲学原论·原道篇》,中国社会科学出版社 2008 年版。
唐明贵:《宋代〈论语〉诠释研究》,中国社会科学出版社 2018 年版。
陶懋炳:《司马光史论探微》,湖南师大出版社 1989 年版。
田浩:《宋代思想史论》,社会科学文献出版社 2003 年版。
田浩:《朱熹的思维世界》,江苏人民出版社 2009 年版。
田智忠:《诸儒鸣道集研究》,中国社会科学出版社 2012 年版。
王瑞明:《宋人文集概述》,华夏文化艺术出版社 2009 年版。
王引淑:《中国传统政治哲学:十大著名思想家的治国方略》,中国社会科学出版社 1997 年版。
吴国武:《经术与性理:北宋儒学转型考论》,学苑出版社 2009 年版。
吴震主编:《宋代新儒学的精神世界——以朱子学为中心》,华东师范大学出版社 2009 年版。
夏君虞:《宋学概要》,上海书店 1990 年版。
向世陵:《理气性心之间——宋明理学的分系与四系》,湖南大学出版社 2006 年版。
萧永明:《北宋新学与理学》,陕西人民出版社 2001 年版。
小野泽精一等:《气的思想》,上海人民出版社 2007 年版。
徐复观:《两汉思想史》,华东师范大学出版社 1983 年版。
徐洪兴:《思想的转型——理学发生过程研究》,上海人民出版社 1996 年版。
徐洪兴:《中国学术思潮史(道学思潮)》,上海社会科学院出版社 2006 年版。
杨洪杰、吴麦黄:《司马光》,山西人民出版社 1997 年版。
杨儒宾、祝平次等:《儒学的气论与工夫论》,华东师范大学出版社 2008 年版。

杨天保:《金陵王学研究》,上海人民出版社2008年版。

余敦康:《内圣外王的贯通——北宋易学的现代阐释》,学林出版社1997年版。

余英时:《宋明理学与政治文化》,吉林出版集团有限公司2008年版。

余英时:《朱熹的历史世界》,生活·读书·新知三联书店2004年版。

张晶晶:《司马光哲学研究——以荀学与自然气本论为进路》,台北花木兰文化出版社2013年版。

张立平:《司马温公通鉴"臣光曰"研究》,台北花木兰文化出版社2007年版。

张立文、祁润兴:《中国学术通史(宋元明卷)》,人民出版社2005年版。

张培锋:《宋代士大夫佛学与文学》,宗教文化出版社2007年版。

张岂之、邱汉生等主编:《宋明理学史》,人民出版社1997年版。

张岂之、朱汉民:《中国思想学说史(宋元卷)》,广西师范大学出版社2007年版。

张清泉:《北宋契嵩的儒释融会思想》,台北文津出版社1998年版。

张祥浩、魏福明:《王安石评传》,南京大学出版社2006年版。

郑苏淮:《宋代人学思想研究》,巴蜀书社2009年版。

周淑萍:《两宋孟学研究》,人民出版社2007年版。

朱伯崑:《易学哲学史》,北京大学出版社1986年版。

邹永贤:《〈资治通鉴〉治国思想研究》,厦门大学出版社1998年版。

三、论文部分

(一)期刊论文

蔡瑞霞:《从〈稽古录〉看司马光的帝王论》,《浙江学刊》,2000年第6期。

陈睿超:《司马光〈潜虚·名图〉对"中和"价值的彰显》,《中国哲学史》,2019年第6期。

陈涛、范立舟:《司马光哲学与政治思想刍议》,《求索》,2007年第6期。

邓小南:《司马光〈奏弹王安石表〉辨伪》,《北京大学学报(哲学社会科学版)》,2002年第3期。

邓小南:《"正家之法"与赵宋的"祖宗家法"》,《北京大学学报(哲学社会科学版)》,2000年第4期。

邓卓海:《司马光祖宗之法不可变浅析》,《晋阳学刊》,1986年第1期。

董根洪:《"动化天下,莫尚于中和"——论扬雄的中和哲学》,《社会科学研究》,1999年第3期。

董根洪:《司马光的义利统一观》,《晋阳学刊》,1993年第3期。

董根洪:《司马光是理学的重要创始人》,《山西大学学报(哲学社会科学版)》,1996年第4期。

董根洪:《司马光〈温公易说〉探析》,《周易研究》,1996年第1期。

杜洪义:《论司马光以史资治的政治思想》,《辽宁师范大学学报(社会科学版)》,1995年第6期。

段海宝、方国根:《司马光中和思想试论》,《浙江工商大学学报》,2010年第3期。

方诚峰:《司马光〈潜虚〉的世界》,《清华大学学报(哲学社会科学版)》,2017年第1期。

葛兆光:《洛阳与汴梁:文化重心与政治重心的分离——关于11世纪80年代理学历史与思想的考察》,《历史研究》,2000年第5期。

谷继明:《论王船山对〈潜虚〉与〈洪范数〉的批判》,《周易研究》,2019年第1期。

顾全芳:《重评司马光与王安石变法》,《学术月刊》,1990年第9期。

顾全芳:《司马光的政治思想》,《河南大学学报(哲学社会科学版)》,1984年第4期。

顾全芳:《司马光与青苗法》,《广东社会科学》,1992年第1期。

顾全芳:《王安石的〈言事书〉与司马光的〈论财利疏〉》,《河南大学学报(社会科学版)》,1986年第4期。

郭晓东:《论司马光对〈中庸〉"性"与"诚"的诠释:从经学史与道学史的双重脉络考察》,《复旦学报(社会科学版)》,2010年第5期。

郭晓东:《论司马光"中和"学说及其在道学史上的意义与局限》,《陕西师大学报(社会科学版)》,2010年第4期。

侯道儒:《北宋思想家对于扬雄〈太玄经〉的看法》,《清华学报(台湾)》,2014年第4期。

季平:《把司马光划为保守派的根据何在?》,《西南师范大学学报(人文社会科学版)》,1990年第4期。

季平:《王安石和司马光的政治思想探源》,《四川师范学院学报(社会科学版)》,1985年第3期。

姜广辉、夏福英:《宋以后儒学发展的另一走向——试论"帝王之学"的形成与发展》,《哲学研究》,2018年第8期。

晋生:《司马光哲学思想论略》,《河南师范大学学报(哲学社会科学版)》,1989年第4期。

李建:《论司马光〈通鉴〉史论的内容特点》,《齐鲁学刊》,2002年第2期。

李敬峰、周勤勤:《从胡宏〈释《疑孟》〉看两宋之际尊孟思潮的转向》,《齐鲁学刊》,2013年第6期。

李叔毅、龚佩琏:《从〈温公易说〉看司马光的政治历史观》,《信阳师范学院学报(哲学社会科学版)》,1987年第2期。

李文泽:《现存司马光文集版本考述》,《四川图书馆学刊》,2001年第1期。

李祥俊:《北宋诸儒论扬雄》,《重庆社会科学》,2005年第12期。

李向伟、刘双:《也谈司马光和王安石变法》,《天中学刊》,1990年第3期。

李裕民:《新发现的秘史:司马光与宋神宗密谈实录》,《炎黄春秋》,1992年第4期。

李元庆:《论司马光的宇宙观与人性论——兼与〈中国思想通史〉作者商榷》,《运城师专学报(哲学社会科学版)》,1986年第3期。

林乐昌:《张载成性论及其哲理基础研究》,《中国哲学史》,2005年第1期。

林乐昌:《张载礼学论纲》,《哲学研究》,2007年第12期。

林乐昌:《张载两层结构的宇宙论哲学探微》,《中国哲学史》,2008年第4期。

林素芬:《司马光易学思想蠡测》,《东华人文学报》,2008年第7期。

刘成国:《宋代尊扬思潮的兴起与衰歇》,《史学月刊》,2018年第6期。

刘丽丽:《司马光与二程交游考述》,《平原大学学报》,2007年第2期。

刘蔚华:《略论司马光的〈潜虚〉》,《中州学刊》,1984年第1期。

刘小林:《从司马光对君臣关系的论述看他的辩证史观》,《广西师范大学学报(哲学社会科学版)》,1990年第4期。

刘欣、吕亚军:《司马光文化人格及其成因探究》,《中北大学学报(社会科学版)》,2009年第2期。

刘学智:《朱熹"中和新说"与关学关系探微》,《哲学研究》,2015年第12期。

路杰:《论"内圣外王"之道》,《河南社会科学》,1999年第1期。

罗家祥:《司马光、王安石德才异同论》,《晋阳学刊》,1985年第3期。

曲家源:《论司马光的吏治思想》,《山西师范大学学报(社会科学版)》,1989年第3期。

舒大刚:《司马光指解本〈古文孝经〉的源流与演变》,《烟台师范学院学报(哲学社会科学版)》,2003年第2期。

宋衍申:《司马光与理学》,《东北师大学报(哲学社会科学版)》,1989年第5期。

孙颖涛:《司马光儒门史学实践的内在冲突——兼论程颐、朱熹与司马光史观之差异》,《史学月刊》,2016年第11期。

唐明贵:《范祖禹〈论语说〉的诠释特色》,《湖南大学学报(社会科学版)》,2015年第4期。

王立军:《试论司马光礼学思想的基本特征》,《唐都学刊》,2001年第3期。

王立军:《司马光礼学思想初探》,《中州学刊》,2002年第2期。

王冉冉、邓瑞全:《司马光〈潜虚〉政治哲学思想初探——以〈气图〉和〈体图〉为中心》,《浙江学刊》,2016年第4期。

王毓:《司马光理学思想特征及其意义探析》,《孔子研究》,2014年第1期。

魏涛:《司马光佚书〈《大学》《中庸》广义〉辑考》,《宋史研究论丛》第十四辑,2013年。

魏涛:《司马光与理学关系之再讨论》,《晋阳学刊》,2013年第4期。

魏涛:《新儒学理论建构视域下的司马光哲学价值》,《山西师范大学学报(社会科学版)》,2012年第6期。

魏涛:《朱熹道统理论与思想视界中的司马光》,《理论月刊》,2013年第2期。

魏涛:《朱熹缘何未将司马光纳入道学谱系》,《山西师范大学学报(社会科学版)》,2013年第4期。

奚柳芳:《论熙丰变法中的司马光》,《贵州民族学院学报(社会科学版)》,1989年第4期。

夏长朴:《司马光疑孟及其相关问题研究》,《台大中文学报》,1997年第9期。

徐燕斌:《器物之礼与权力的正当性——以唐代为中心》,《华侨大学学报(哲学社会科学版)》,2007年第1期。

杨天保:《以〈玄〉准〈易〉两乾坤——司马光、王安石易学精神之比较》,《周易研究》,2008年第6期。

杨万里:《进入圈子与隔离道统:司马光与理学之渊源辨析》,《北方论丛》,2017年第5期。

杨阳:《方法与视野:中国传统文化研究——兼论政教合一与中国传统文化的王权主义本质》,《齐鲁学刊》,2000年第2期。

叶步日:《司马光王安石经济思想比较》,《西南师范大学学报(哲学社会科学版)》,1991年第1期。

叶福翔:《司马光哲学发展大纲》,《中华文化论坛》,1997年第3期。

叶坦:《论司马光的理财思想》,《北京师范大学学报(社会科学版)》,1986年第5期。

殷慧:《朱熹道统观的形成与释奠仪的开展》,《湖南大学学报(哲学社会科学版)》,2010年第3期。

尹家涛:《司马光政治因革思想探析》,《华北水利水电学院学报(社会科学版)》,2009年第1期。

于瑞桓:《司马光的史学思想及其理学精神》,《山东大学学报(哲学社会科学版)》,2002年第3期。

曾也鲁:《王船山与司马光史学思想异同论》,《衡阳师范学院学报(哲学社会科学版)》,1992年第5期。

张晶晶:《论司马光对〈中庸〉之诠释及其思想史意义》,《东方人文学志》,2007年第1期。

张凯作:《论司马光的性情观》,《孔子研究》,2017年第4期。

张立文:《司马光的潜虚之学的价值》,《晋阳学刊》,2012年第1期。

张伟:《浅议北宋熙宁年间的役法改革——兼评王安石与司马光在役法问题上的论争》,《宁波大学学报(教育科学版)》,1991年第3期。

章启辉:《略论司马光的家庭伦理思想》,《湖南大学学报(社会科学版)》,1993年第1期。

章伟文:《司马光的易学历史观探析》,《史学史研究》,2011年第2期。

赵冬梅:《和解的破灭:司马光最后18个月的宋朝政治》,《文史哲》,2019年第5期。

赵吉惠:《试论司马光的历史哲学》,《哲学研究》,1986年第9期。

竺培升:《司马光是改革派还是守旧派?——与顾全芳同志商榷》,《湖北师院学报(哲学社会科学版)》,1986年第3期。

朱维铮:《历史编纂学:过程与形态》,《复旦学报(社会科学版)》,2006年第6期。

(二)论文集

陈广芬:《以〈易〉论史,以史寓政——论司马温公的〈易〉学思想》,《唐宋思想学术论集》,台北万卷楼出版社2013年版。

林乐昌:《唐宋儒学转型模式探索》,《〈汉唐儒学基本特征及思想精华〉学术研讨会论文集》,陕西师范大学2010年版。

林乐昌:《张载哲学化的经学思想体系》,《经学今诠五编》,辽宁教育出版社2010年版。

台湾政治大学、台湾文艺基金会编:《纪念司马光、王安石逝世九百周年学术研讨会论文集》,台湾文史哲出版社1986年版。

夏长朴:《尊孟与非孟——试论宋代孟子学之发展及其意义》,《经学今诠三编》,辽宁教育出版社2002年版。

杨渭生:《关于司马光文集的几个问题》,《〈文史〉第三十八辑》,文史资料出版社1962年版。

张晶晶:《论司马光〈潜虚〉中的本体论》,《道南论衡——2007年研究生汉学学术研讨会论文集》,台大出版中心2008年版。

(三)学位论文

包米尔:《司马光哲学思想研究》,中央民族大学博士学位论文,2017年。
毕游:《司马光政治思想考论》,中国社会科学院硕士学位论文,2009年。
陈伟强:《中国近世政治正当性思想的形成初探——以唐中叶至北宋士人的政治思维为中心》,台湾大学硕士学位论文,2005年。
段海宝:《司马光哲学思想新探》,中国人民大学博士学位论文,2009年。
符云辉:《〈诸儒鸣道集〉述评》,复旦大学博士学位论文,2007年。
高华夏:《理学视阈下的北宋〈中庸〉学研究》,陕西师范大学博士学位论文,2017年。
高丽爽:《司马光〈资治通鉴〉政治哲学探析》,南开大学硕士学位论文,2008年。
李建平:《司马光的易学思想——以〈温公易说〉为主要解读对象》,山东大学硕士学位论文,2013年。
梁山:《司马光与道学的兴起》,西北大学硕士学位论文,2017年。
梁甜:《〈温公家范〉中的孝道教育思想研究》,山西师范大学硕士学位论文,2017年。
刘丽丽:《司马光交游考述》,郑州大学硕士学位论文,2004年。
刘潇雨:《从〈唐鉴〉看作者范祖禹的历史观》,河北师范大学硕士学位论文,2016年。
卢奕璇:《司马光〈资治通鉴〉之"春秋"书法研究——以中晚唐为例》,台湾成功大学硕士学位论文,2009年。
罗晶:《司马光伦理思想研究》,湖南师范大学博士学位论文,2013年。
邱佳慧:《道学运动中的刘安世》,台北"中国文化大学"硕士学位论文,2001年。
尹佳涛:《历史与现实之间的政治思考——司马光政治哲学研究》,南开大学博士学位论文,2010年。

袁承维:《王安石和司马光的思维模式比较:以"理事不二"与"理一分殊"为观照通孔》,台湾政治大学博士学位论文,2016年。

张晶晶:《司马光哲学研究——以荀学和自然气本论为进路》,台湾政治大学硕士学位论文,2009年。

张晓敏:《〈温公家范〉主体思想研究》,青岛大学硕士学位论文,2008年。

赵兴余:《苏轼与司马光〈中庸〉诠释比较研究》,陕西师范大学硕士学位论文,2011年。

周方高:《论〈资治通鉴〉史论中司马光的治国思想》,湘潭大学硕士学位论文,2002年。

后 记

这本书是在我的博士论文和国家社科基金青年项目"司马光重要哲学文献的整理与思想体系研究"部分结项成果的基础上数易其稿修改完成的。尽管存在的问题还有不少,但总算是对长期关注我、帮助我发展的师友、亲人们有了一个暂时的交代。诚惶诚恐之余,以此拙笔,深致谢忱。

首先衷心感谢我的硕士、博士生导师林乐昌教授。二十年前幸得入陕西师范大学林乐昌教授门下研习中国哲学史。长期以来,林老师不弃我之愚钝,循循善诱,一步步引导着我步入中国哲学研究的体大思精之门。在他"善读精思"的思想指导下,我从熟读原典、基本文献出发,在全面了解研究动态的前提下,选定论题,查找文献,推敲提纲,锤炼语句,规范标点,这其中每一个环节,无不渗透着恩师大量的心血。林老师以他心细如丝的缜密和精益求精的严谨,力破学术空疏和粗制滥造之弊,让我从急功近利的时风中走出来。在随林老师学习的多年中,我的每一步发展都倾注了恩师大量的心血。尽管目前的陋作与老师的期待还有相当的距离,但我相信通过自己的不断努力,从林老师这里获取的宝贵财富之效用将在我未来的学习与研究中进一步展现出来。在生活上,林老师与师母孙康宁老师一样,多年来时时给予我和我的小家以悉心的关怀与照顾,在此,向他们致以最衷心的感谢! 同时也感谢陕西师范大学中国哲学导师组的刘学智教授、丁为祥教授、康中乾教授,他们为学、为人方面的不同风范给我启迪良多,从他们身上我看到了中国哲学和思想不同切面所展现的多元魅力。在他们要么以课题、参会引领,要么以棒喝敲打,要么以精思为范的言传身教中,我在陕西师范大学这方中国哲学的沃土上获益良多,在此向各位老师表示诚挚的谢意!此外,在我长期的求学过程中,哲学系的金延老师、宋宽锋老师、孙萌老师、许宁老师,历史系商国君老师、黄永年老师也曾给予很大帮助,在此一并致谢。

感谢当年主持我博士论文答辩的中国社科院哲学所蒙培元先生和论文评审的武汉大学欧阳祯人教授、北京师范大学李祥俊教授、首都师范大学白奚教授、山东大学王新春教授、东北师范大学的庞立生教授等提出的修改建议和对我的鼓励;也感谢国家社科基金项目立项和结项评审专家的鼓励与肯定。他们的真知灼见汇聚成我之后对书稿进行修改的重要参考,也成为指引着我在中国哲学的园地逐步登堂入室的指路明灯!在此向这些前辈学者们致以深深的谢意!

感谢郑州大学马克思主义学院和历史学院有关领导的大力支持和热诚关心,让我在十年的郑大工作期间能够顺利渡过一次次难关,有较为充分的时间和政策保障以潜心修改书稿。感谢郑州大学公共管理学院原副院长刘太恒教授,在拙作修改最为关键的时期,刘老师给我以颇多鼓励和指导,并将拙作纳入其主持的"郑州中华之源与嵩山文明研究会"重大课题——"中华传统中文化研究"的子课题,给予拙作充分的资助。刘老师在百忙之中认真审读了书稿,小到标点符号、字词句,大到框架结构、义理诠释的方法,每次都给我非常精到的悉心指导,让我对于很多问题有了更进一步的认识。在此向刘老师和郑州市嵩山文明研究基金会致以诚挚的感谢!

该书稿系统修改的最后阶段是在 2018 年下半年台湾佛光大学人

文学院访问交流期间完成的。佛光大学云五馆丰富的藏书和张宝三教授的悉心指导,让我在访问交流期间受益匪浅,无论是学术视野和学术研究能力都有了较大提高。由张宝三教授引荐,台湾清华大学的杨儒宾教授、政治大学的林启屏教授、"中研院"文哲所的李明辉研究员、"中央大学"哲学所的杨祖汉教授、台湾东华大学的魏慈德主任和吴冠宏教授、慈济大学的林素芬教授、辅仁大学的张琏教授等前辈学者皆对我启发良多,他们的治学思路和方法成为我成长道路上的宝贵营养。也感谢台湾"国图"的黄文德先生、台大图书馆的蔡小姐、"中研院"傅斯年图书馆和台北故宫博物院文献室不知姓名的馆员们,他们不厌其烦地提供热情周到的服务,让我在资料搜集的繁忙中时时感到不尽的温暖。佛光大学交流期间,忘年交佛光大学外文系黄东秋教授、公共事务系周力行教授,还有西北大学赴佛光大学交流访问的王有红兄,在繁忙的交流学习之余,每周二晚上佛光大学香云居宿舍的小聚,成为我们海阔天空、思想汇聚的幸福时刻,这段深厚的友谊相信会伴随着即将付梓的这本小书,推动着我在庸常的生活中时时存念着诗和远方!

需要说明的是,该书稿的部分内容曾先后刊发于《晋阳学刊》《山西师范大学学报》《郑州大学学报》《宋史研究论丛》等刊物,感谢如上刊物的编辑们的辛苦校正和卓有见地的修改。另有部分内容曾经在运城召开的"弘扬优秀传统文化时代价值——儒学创新与发展国际学术论坛"、河北衡水召开的"董仲舒与儒家思想国际学术研讨会"、江西抚州召开的"纪念王安石诞辰1000周年学术研讨会"上发言予以介绍,感谢当时参会的郑州大学辛世俊教授及有关学者所提出的问题和建议,也感谢中国社科院历史研究所的雷博博士、山西省当代儒学研究会柳河东会长、衡水学院魏彦红教授等的盛情相邀与热诚鼓励!书稿在正式提交出版前,对以上部分内容进行了修改,特此说明。

读博三年和郑大工作的十年，我的爱妻在自己既工作还要读博的极度繁忙之中，任劳任怨，在生活和精神上给予我极大的支持，并在我三年博士的学习生活即将结束之际，在孤独中默默承担起孕育我们未来希望的重担，毕业后又不辞辛苦几乎包揽了所有家务，默默支持着我永无尽头的繁忙。因单位需要，我于2018年下半年带领学生赴台湾访学，走时妻子已有孕在身，她再次克服困难，在孤独与辛劳中煎熬了整整一学期。两个孩子在孕育中都未能好好陪伴，想来不禁心生愧疚！每当我畏难而准备退缩之时，想起妻子的鼓励，想起我们的孩子，我的内心就充满了希望，丝毫不敢懈怠。书稿修改完成之际，恰值我们的第二个孩子出生，我的内心充满了憧憬和喜悦，更是平添了无穷的动力。我深知，唯有在未来的年年岁岁奋马扬鞭，有所成就，才是对他们的最大慰藉和感谢。在这本书稿即将付梓之际，我不禁想起二十多年来为了成就我的学业而长期劳累，一天天苍老多病的父母，和早早就不得已离开校园踏进社会、承担起家庭重担的弟弟和妹妹，还有在我们的家庭生活处于极度艰难之时，多次在经济和生活上给予大力支持的岳父、岳母、妻妹、妻弟，没有他们的长期默默奉献，我就不可能实现今天的稳步发展。

　　树高千尺不忘根，生养我者父母，成就我者师友。三年读博生活和十年的郑州大学工作经历，让我深深地感觉到前进的不易。感恩生命中的每一位贵人，正是你们的鞭策与鼓励、奉献与支持，让我不断将其内化为一种恒久的力量，时时让我能够不忘初心，一往无前！

魏　涛

2022年6月于郑州陋室

作者简介

魏涛,郑州大学历史学院副教授,河南省青年骨干教师,兼任国际儒学联合会理事、黄河文化与二程理学研究中心执行主任、河南省二程研究会秘书长等职。主要研究方向为宋元明清哲学,曾在《孔子研究》《宋史研究论丛》等刊物发表论文数十篇。已参与或主持10余项国家及省部级课题,先后获得中央编译局青年优秀论文奖、河南省教育厅及社科联优秀成果一、二等奖等多种奖项。